2024

中国现代枸杞产业高质量发展报告

中国枸杞产业蓝皮书

中国现代枸杞产业高质量发展报告

2024

宁夏回族自治区林业和草原局
国家林业和草原局发展研究中心　编

中国林业出版社
China Forestry Publishing House

图书在版编目(CIP)数据

中国枸杞产业蓝皮书：中国现代枸杞产业高质量发
展报告.2024 / 宁夏回族自治区林业和草原局，国家林
业和草原局发展研究中心编. —北京：中国林业出版社，
2024.4

ISBN 978-7-5219-2687-3

Ⅰ.①中… Ⅱ.①宁… ②国… Ⅲ.①枸杞-产业发
展-研究报告-中国-2024 Ⅳ.①F326.12

中国国家版本馆 CIP 数据核字(2024)第 083206 号

责任编辑：洪 蓉
封面设计：睿思视界视觉设计

出版发行　中国林业出版社
　　　　　（100009，北京市西城区刘海胡同 7 号，电话 83143564）
电子邮箱　cfphzbs@163.com
网　　址　http://www.cfph.net
印　　刷　北京中科印刷有限公司
版　　次　2024 年 4 月第 1 版
印　　次　2024 年 4 月第 1 次印刷
开　　本　787mm×1092mm　1/16
印　　张　17.5
字　　数　450 千字
定　　价　98.00 元

中国枸杞产业蓝皮书

——中国现代枸杞产业高质量发展报告2024

编委会

编委会主任 徐庆林(宁夏) 李淑新(北京)

编委会副主任 (以姓氏笔画为序)

马如林(宁夏) 王自新(宁夏) 巴连柱(北京) 旦　增(青海)

刘天波(甘肃) 刘建军(宁夏) 刘常青(宁夏) 孙晨光(河北)

李俊杰(宁夏) 邸多隆(甘肃) 林星辉(新疆) 郝向峰(宁夏)

娄伯君(内蒙古) 徐　龙(宁夏) 徐宏伟(青海) 菅宁红(北京)

曹有龙(宁夏)

编委会成员 (以姓氏笔画为序)

才让吉(青海) 万云霄(宁夏) 马利奋(宁夏) 马国飞(宁夏)

马宗卫(宁夏) 马　玲(宁夏) 马雅芹(宁夏) 王生云(青海)

王宁丽(甘肃) 王　冰(宁夏) 王　芳(宁夏) 王英华(宁夏)

王　瑛(宁夏) 王　微(宁夏) 王　旖(宁夏) 毛炎新(北京)

冉　琳(宁夏) 包晓燕(宁夏) 乔彩云(宁夏) 刘　军(内蒙古)

刘　畅(宁夏) 刘建飞(甘肃) 刘春彩(宁夏) 刘艳蓉(宁夏)

刘敏彦(河北) 刘得国(青海) 刘茂盛(宁夏) 闫　伟(宁夏)

安　巍(宁夏) 祁　伟(宁夏) 许芷琦(宁夏) 孙　伟(宁夏)

杨庆明(青海) 杨　荣(内蒙古) 杨淑婷(宁夏) 李世岱(宁夏)

李　阳(宁夏) 李国民(宁夏) 李建红(甘肃) 李建领(青海)

李　勇(新疆) 李祯子(宁夏) 李嘉欣(宁夏) 何　雪(宁夏)

何鹏力(宁夏) 余君伟(宁夏) 邹轩傲雪(宁夏) 张玉荣(宁夏)

张优良（青海） 张 军（宁夏） 张 雨（宁夏） 张学艺（宁夏）

张 艳（宁夏） 张 蓉（宁夏） 张 静（宁夏） 张 静（宁夏）

张慧玲（宁夏） 纳 慧（宁夏） 阿丽日苏（内蒙古） 苟春林（宁夏）

季 瑞（宁夏） 赵佳鹏（宁夏） 赵 娜（新疆） 胡永宁（内蒙古）

柳 红（青海） 段国珍（青海） 段淋渊（宁夏） 禹瑞丽（宁夏）

俞建中（宁夏） 姚 源（宁夏） 夏 瑞（宁夏） 徐晶晶（甘肃）

高 萌（宁夏） 唐建宁（宁夏） 黄新异（甘肃） 崔 健（宁夏）

康鹏波（宁夏） 塔 娜（宁夏） 董 婕（宁夏） 韩兆敏（内蒙古）

韩作兵（宁夏） 裴 栋（甘肃） 樊光辉（青海） 滕保琴（甘肃）

霍建强（青海） 魏至岳（甘肃）

主 编 王自新

副主编 何鹏力 毛炎新 祁 伟 唐建宁 王 瑛 纳 慧

杞福天下　共享健康
拥抱大健康　一"杞"向未来

　　枸杞以药食同源、养生保健功效广为人知，广泛应用于药品、保健品、食品、饮品和化妆品等行业。近年来，宁夏、甘肃、青海、新疆、内蒙古、河北等枸杞主产区，以高质量发展为目标，不断完善产业扶持政策，持续推进绿色标准化种植、精深加工转型升级，新产品、新品类竞相勃发，消费端线上线下持续发力，关键核心技术取得新突破。现代枸杞产业在助力农民增收、巩固脱贫攻坚、推动乡村振兴中发挥了重要作用，正在迈向标准化种植、规范化生产、品牌化带动、融合化发展的高质量发展道路。

　　2016年以来，习近平总书记两次视察宁夏，都对枸杞产业作出重要指示，为现代枸杞产业高质量发展指明了前进方向、提供了根本遵循，也赋予全国现代枸杞行业新使命、新担当。宁夏坚决贯彻落实习近平总书记重要指示精神，按照自治区党委、政府确立的"六新六特六优"战略部署，提出了宁夏现代枸杞产业"123456"的工作思路，勇担使命、砥砺前行，坚持果用、叶用、茎用并举，立足"一核两带"产业布局，建立了省级领导包抓机制，举全区之力合力推进现代枸杞产业高质量发展，枸杞产业正稳步向千亿产值目标迈进。

　　枸杞已有4000余年文字记载史、3000余年药用史、500余年品牌史，承载着几千年的中华文明。传承好、保护好、发展好中医药养生文化，推动现代枸杞产业高质量发展，是一代枸杞人践行习近平总书记重要指示精神，弘扬中华优秀传统文化、拥抱大健康时代的历史使命。

要坚持开放合作包容，拥抱大健康时代。进入新时代，健康赢未来。大健康时代，健康产品国际、国内市场前景广阔，锁鲜枸杞、鲜果、原浆、功能性养生保健品深受消费者青睐，枸杞国际市场也以年销售量30%以上的速度递增。全球大健康产业市场规模已达11.3万亿元，预计2025年将达到18.4万亿元。大健康时代为发展现代枸杞产业提供了广阔空间。"一花独放不是春，百花齐放春满园"。"万物并育而不相害，道并行而不相悖"。宁夏将秉持"开放包容、互学互鉴、互利共赢"的精神，发挥宁夏在枸杞种苗、科研、品牌、市场等方面的优势，加强国际合作、产区合作，推动企业优势互补，做大企业、做强产业，以更加开放的胸怀，共同拥抱大健康时代，合力构建中国现代枸杞产业共同体，努力把现代枸杞产业打造成全国大健康产业的主力军、佼佼者。

要守好质量安全底线，杞福天下共享健康。质量安全是现代枸杞产业的"生命线"。好枸杞是种出来的，也是管出来的。要立足全产业链，以构建枸杞标准体系、绿色防控体系、检验检测体系、产品溯源体系等"四个体系"建设为统领，实现与国际标准同线、同标、同质，绿色防控理念由"治"到"防"，实现精准覆盖，建设国家级、自治区级、市(县)级和企业级四级检验检测体系，实现枸杞及其制品"应检尽检"。完善产品溯源体系，实现"生产过程可控、质量安全可溯、品牌信誉可靠、带着标志上市"的全过程质量安全监管。守好质量安全底线，企业是第一责任人。质量是品牌的根基，品牌是质量的代言。要加强"宁夏枸杞""中宁枸杞"等区域公用品牌宣传，带动培育宁夏乃至全国知名企业品牌和"拳头"产品品牌，打造知名品牌集群。做足"枸杞+"的文章，做优道地产区特色，做强区域公用品牌，做大企业知名品牌，唱响"中国枸杞之乡"，擦亮"宁夏枸杞""中宁枸杞"红色名片，引领中国现代枸杞产业绽放大健康时代。今年，宁夏与香港标准及检定中心(STC)签订了战略合作框架协议，就宁夏枸杞产品质量安全管理、检验检测、信息发布、品牌保护等方面开展合作，共同推进宁夏枸杞质量安全建设，提升"宁夏枸杞""中宁枸杞"品牌影响力和美誉度，以"香港认"，推动"国际认"，发挥香港"桥头堡"作用，抢占国际市场，祈福天下共享健康。

要实施创新驱动战略，一"杞"向未来。创新是产业高质量发展的强大"引擎"。近年来，张伯礼、肖伟、冯起、苏国辉、仝小林、王志珍、陈凯先、陈润生、段金廒、曹有龙、邸多隆等院士、专家团队潜心研究，首次明确了枸杞在增强免疫力、坚筋壮骨、清肝明目、抗抑郁、抗衰老等方面的功效作用机理，解析了枸杞遗传密码完整基因组，系统分析了枸杞小分子成分，引领世界枸杞科学研究。宁夏充分发挥中国枸杞研究院作用，加强国际间、区内外和"院地、院企"合作，在枸杞基因组学、品种选育、高效栽培、绿色生产、农机农艺、精深加工等方面强力攻关，尤其是突出枸杞养生保健优势，在枸杞药品、保健品、食品、饮品等赛道同时发力，积极开展科技创新、产品创新、模式创新，聚焦枸杞明目、保肝、抗衰老及免疫调节、修复神经等保健功效，开发以枸杞为原材料的"药"字号、"健"字号以及"枸杞+"等功能性新产品，让枸杞这个中华瑰宝飞入寻常百姓家。宁夏将加强与中国科学院、香港大学医学院、南京中医药大学等国内顶级枸杞研发机构的科研合作，推动宁夏枸杞科技研发及成果转化。依托国内高水平研发机构科研优势，持续开展枸杞药品、保健品研发，并协调相关单位、科研院所及有关企业推动科研成果的示范转化和产业化、市场化，推动宁夏现代枸杞产业向更高层次迈进。同时，利用物联网、大数据、云计算等先进信息技术，建立现代枸杞产业数字化平台，全方位赋能现代枸杞产业高质量发展。

党的二十大吹响了高质量发展的号角，大健康时代赋予现代枸杞产业广阔发展空间。全国枸杞同行要以党的二十大精神为引领，以推进产业高质量发展为目标，努力在推进现代枸杞产业高质量发展上再创新辉煌、一"杞"奋发、一"杞"向未来！

前　言

党的二十大报告提出，高质量发展是全面建设社会主义现代化国家的首要任务，发展新质生产力是推动高质量发展的内在要求。枸杞产业是我国北方地区具有特色的富民产业。近年来，全国枸杞行业踔厉奋发、砥砺前行，在推动现代枸杞产业高质量发展上下真功、出实招，产业蓬勃发展，行业欣欣向荣。

为深入贯彻习近平总书记重要讲话和指示批示精神，把握新发展阶段、贯彻新发展理念、构建新发展格局，推动现代枸杞产业实现质量变革、效率变革、动力变革，增加更多的高质量科技创新与供给，加快发展新质生产力，自2022年开始，宁夏回族自治区林业和草原局与国家林业和草原局发展研究中心携手，联合甘肃、青海、新疆、内蒙古、河北等5省(自治区)枸杞产业主管部门，共同编撰出版了《中国枸杞产业蓝皮书(2022)》(综合版)和《中国枸杞产业蓝皮书(2023)》(科技版)，为全国枸杞同行提供了有益参考，得到了相关领域的广泛关注与认可，获得了产业界的好评。

标准是对重复性事物和概念所做的统一规定，以特定形式发布作为共同遵守的准则和依据。2024年，国务院发布的《以标准升级助力经济高质量发展工作方案》指出，推进标准升级对于更好满足群众需要、助力产业转型、推动高质量发展具有重要意义。作为战略性创新资源，标准是提升产业核心竞争力的制胜法宝。当前，全国现代枸杞产业标准体系建设较为完善，对产业高质量发展起到了保驾护航的重要推动作用。2024年，《中国枸杞产业蓝皮书(2024)》(标准版)编委会聚焦发展枸杞产业新质生产力，阶段性总结和梳理枸杞行业标准体系建设成效，联合全国枸杞主产区产业主管部门开展了全方位、多角度的研究，从现代枸杞产业高质量发展急迫需要和长远需求出发，分综述篇、法规篇、现代产业体系篇、现代生产体系篇、现代经营体系篇、地域篇、实践篇、大事记和附录等9个部分，组织行业管理专家、教授、企业家等联合攻关，编撰完成了《中国枸杞产业蓝皮书(2024)》(标准版)，力求全面、客观反映2023年全国现代枸杞产业高质量发展在科技创新、品牌建设、质量安全、市场营销等方面的发展情况，蓝皮书重点总结我国枸杞产业标准体系建设方面取得的阶段性成果，分析包括产业体系、生产体系、经营体系在内的"三大体系"建设方面标准发展态势，剖析不同产区、不同企业实践应用枸杞标准的典型案例，为进一步加强我国现代枸杞产业标准体系建设提供前瞻性政策建议。以期为全国枸杞行业提供客观、公正、权威的行业资料，增强产业的透明度和公信力，为政府决策提供科学依据，为科研机构和企业提供有益参考和借鉴，助推全国现代枸杞产业高质量发展。

《中国枸杞产业蓝皮书(2024)》(标准版)的出版发行，得到了全国枸杞同行的广泛参与和大力支持。在此，谨向关心、支持、参与本书编撰工作的全国枸杞同仁及社会各界朋友表示诚挚的感谢！

杞福天下，共享健康！

本书编委会

2024年3月

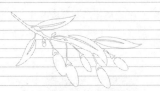

目 录

序

前　言

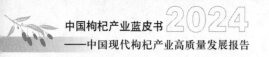

综述篇

中国枸杞产业蓝皮书
——中国现代枸杞产业高质量发展报告
2024

中国现代枸杞产业高质量发展报告(2024)

王自新　唐建宁　何鹏力　祁伟　毛炎新[*]

2023 年是全面贯彻落实党的二十大精神的开局之年。立足新起点，乘着党的二十大的浩荡东风，在习近平生态文明思想指引下，中国现代枸杞产业阔步迈上了高质量发展的新征程。纵观全国枸杞各主产省区，现代枸杞产业绿了大地、红了产业、富了百姓，走上了一条生态友好、绿色低碳、特色鲜明的高质量发展之路，助推乡村振兴战略实施，取得了显著的生态、经济和社会效益。

一、总体情况

2023 年，借力大健康产业快速发展的大环境，全国枸杞人踔厉奋发，砥砺前行，推动产业高质量发展再创佳绩。各主产省区聚焦"优化前端、培育中端、提升后端"，坚持延链强链补链壮链，优化产品结构，推动现代枸杞产业全链条发展。宁夏按照现代枸杞产业高质量发展"123456"工作思路印发《加强"三大体系"建设推进枸杞产业高质量发展实施方案（2023—2027 年）》，聚焦打造千亿级产业，全面建设完备的现代枸杞产业体系、生产体系、经营体系。甘肃以"生态产业化、产业生态化"为发展方向，坚持"产、学、研"全链条贯通。青海以发展"绿色枸杞"为目标，大力建设"中国有机枸杞产业先行示范区"。据不完全统计，截至 2023 年年底，全国枸杞种植面积 183 万亩（1 亩 $\approx$ 667m²）。其中，甘肃 75.4 万亩、青海 47.6 万亩、宁夏 32.5 万亩、新疆 25 万亩、内蒙古 1.2 万亩、河北 0.8 万亩、其他省区 0.5 万亩，分别占到全国的 41.2%、26.0%、17.7%、13.7%、0.7%、0.4%、0.3%。鲜果产量 140 万吨左右，加工转化率 20%。干果产量 24.6 万吨，深加工产品产量 6 万吨（表 1）。全国现代枸杞产业带动近 50 万农户、400 余万人从业，主产基地县农民平均经营性收入的 50% 来自枸杞。

注：王自新，宁夏林业和草原局党组成员、副局长，二级教授；唐建宁，宁夏枸杞产业发展中心主任，正高级林业工程师；何鹏力，宁夏枸杞产业发展中心主任，高级林业工程师；祁伟，宁夏枸杞产业发展中心副主任，正高级林业工程师；毛炎新，国家林业和草原局发展研究中心处长。

表1 我国枸杞产业发展基本情况(2023年)

省区	面积(万亩)	鲜果产量(万吨)	干果产量(万吨)	深加工产品产量(万吨)
合计	183.0	140.0	24.6	6.0
甘肃	75.4	57.8	10.8	2.3
青海	47.6	37.0	7.2	1.3
宁夏	32.5	32.0	4.4	2.0
新疆	25.0	11.0	1.6	0.4
内蒙古	1.2	1.0	0.3	—
河北	0.8	0.7	0.2	—
其他省区	0.5	0.5	0.1	—

数据来源：2023年枸杞产业数据部分来源于各省区产业主管部门提供，部分为相关报道数据。

(一)全产业链发展打造"新业态"

1. 种植端质效显著提升

各主产省区在提产增效上大胆探索、创新发展，大力推广新模式、新技术，成效显著。宁夏推广"良种+良方"技术，建设"百、千、万"绿色丰产示范点29个，成功举办第二届全区现代枸杞产业茨农技能大赛，提升种植技术，海原县、沙坡头区示范点亩利润达3000~5000元。从32家枸杞种植主体调查结果看，2023年，亩均鲜果产量较上年增长22.7%，干果(毛货)价格平均达45.5元/千克，增长22.9%，企业售价高出合作社和农户15%以上，亩均纯收益达到2800元，较上年增长123.9%(表2)。甘肃坚持绿色兴农、质

表2 近三年宁夏种植枸杞亩均成本收益调查表

年份	经营主体	鲜果产量(千克/亩)	干果产量(千克/亩)	干果均价(元/千克)	产值(元/亩)	总成本(元/亩)	投入品费用(元/亩)	人工费用(元/亩)	净产值(元/亩)	纯收益(元/亩)
2021	企业	644.04	137.33	43.98	6040.10	4928.60	2160.13	2768.47	3879.97	1111.50
	合作社	802.64	156.64	38.26	5992.36	4715.37	1569.69	3145.68	4422.67	1276.99
	农户	485.50	106.36	42.08	4476.00	3462.10	1278.40	2183.70	3197.60	1013.90
	平均	644.06	133.44	41.24	5502.82	4368.69	1669.41	2699.28	3833.41	1134.13
2022	企业	773.63	164.18	40.99	6729.23	4834.46	1937.85	2896.61	4791.38	1894.76
	合作社	767.18	154.91	36.72	5688.09	4745.18	1663.53	3081.65	4024.56	942.91
	农户	644.70	151.50	33.02	5002.00	4088.80	1515.50	2573.30	3486.50	913.20
	平均	728.50	156.86	37.02	5806.44	4556.15	1705.63	2850.52	4100.81	1250.29
2023	企业	856.52	183.88	53.58	9851.74	6296.49	2564.04	3732.44	7287.70	3555.25
	合作社	923.18	181.45	41.34	7500.91	5372.28	1830.13	3542.15	5670.78	2128.63
	农户	902.30	204.70	41.93	8584.00	5868.90	2267.00	3601.90	6317.00	2715.10
	平均	894.00	190.01	45.50	8645.55	5845.89	2220.39	3625.50	6425.16	2799.66
总平均		770.19	161.49	41.71	6736.30	4964.54	1896.71	3067.51	4839.58	1771.98
较上年度增减	2022(%)	13.11	17.55	-10.24	5.52	4.29	2.17	5.60	6.98	10.24
	2023(%)	22.72	21.13	22.92	48.90	28.31	30.18	27.19	56.68	123.92

数据来源：来自宁夏32家(企业11家、合作社11家、农户10家)枸杞种植主体2021-2023年的生产情况调查数据。

量兴农、品牌强农理念，集群化发展，扶大育强新型经营主体，目前成为全国枸杞种植面积最大的省份。青海大力推广绿色生产方式，引导企业和农户把牢有机发展定位，全省枸杞种植面积47.6万亩，成为全国重要的枸杞种植区，其中有机枸杞基地面积近10万亩，年综合产值达100亿元，带动10万茨农增收致富。海西州都兰县枸杞种植面积达20万亩，分别占全省、全州的42%、47%，建成全国集中连片、种植规模最大、单产产量最高、产品品质最优的"柴达木枸杞"种植示范基地。新疆枸杞产区主要分布在博州、巴音郭楞、塔城等地区，其中精河县枸杞种植面积10.3万亩，研发出8大类26个产品，培育了13家枸杞精深加工企业，枸杞产业产值占农业总产值35%以上，占农民可支配收入的21%。

2. 产品多元化态势明显

围绕"果、叶、茎"开发利用，枸杞产品种类不断丰富，枸杞粉、枸杞籽油胶囊等枸杞功能性食品以及枸杞咖啡、枸杞巧克力豆等休闲食品陆续上市。以枸杞嫩叶、嫩茎为原材料的冰鲜菜、糕点、饺子馅等10余种叶用枸杞产品已摆上百姓餐桌。枸杞啤酒、枸杞白兰地、枸杞冰激凌等新产品不断涌现。宁夏智慧宫与福建正山堂合作成立宁夏枸杞红茶研究院，闽宁合作"两片叶子"研发成功枸杞红茶新品类。宁夏中宁县做好"枸杞+"文章，又开发出枸杞新品类10余种。新疆精河县2家龙头企业带动引领11家企业和25家合作社提升枸杞加工能力，开发枸杞啤酒等产品40余个，创建"果生康""精杞神"等品牌23个。甘肃白银市新上年产枸杞原浆3000吨的生产线，弥补了白银枸杞原浆生产加工的空白，预计产值达2.1亿元，实现了枸杞深加工新突破。

3. 质量安全进一步提升

宁夏继续完善绿色防控体系，树牢病虫害防治由"治"到"防"新理念。青海海西州建成了全国最大的有机枸杞种植生产基地，累计认证绿色、有机企业95家，绿色、有机产品351个，认证规模居青海省第一。宁夏推进国家枸杞产品质量检验检测中心(宁夏)顺利通过国家市场监管总局评审验收，40个项目通过国家级CMA资质认定，将面向全国开展枸杞产品检验检测服务，对我国枸杞产品检验检测意义重大。同时，促进国家枸杞产品质量检验检测中心(宁夏)与香港标准及检定中心(STC)建立合作机制，有望为检测合格枸杞企业发放"正品正标"认证标志，将有利于提升全国枸杞检测结果在全球的认可度。青海海西州市场监管局完成2023年度枸杞专项抽检，共抽检321批次，合格316批次，抽检合格率达98.44%。新疆精河县市场监督管理局对"精河枸杞"开展执法检查，推进监管效能大幅提升。

4. 融合发展步伐加快

宁夏组织召开了现代枸杞产业高质量发展第四次推进会、现代枸杞产业高质量发展省级领导包抓机制会议，高位推进现代枸杞产业高质量发展。以"杞福天下 共享健康"为主题，在中卫市中宁县成功举行第六届枸杞产业博览会，采用"线上+线下""国内+国际"相结合模式，全面展示枸杞新品种、新技术、新工艺、新成果。邀请央视一套拍摄《山水间的家》栏目组走进枸杞核心产区中宁县，讲好"宁夏枸杞"故事。建成以枸杞与建筑艺术完美融合的一二三产融合发展文旅项目百瑞源殷红子熟枸杞庄园。甘肃在白银市靖远县举办第六届甘肃靖远乡村振兴枸杞采摘节暨经贸洽谈会，以"品味丝路杞韵 逐梦河美靖远"为主题，通过枸杞鲜果采摘体验、名优特产展销、大型文艺演出、经贸洽谈、项目签约等十大活动，推进农旅深度融合，持续扩大靖远枸杞品牌的影响力，推动乡村产业振兴和农民增收。青海在海西蒙古族藏族自治州格尔木市召开首届枸杞产业发展大会，以"世界枸杞在中国，有机枸杞在青海，国家公园，大美青海，绿色有机，青海枸杞"为主题，开展专家研讨、启动都兰现代农业产业园特色农产品展示交易中心、宣读"柴达木枸杞"地理标志专用标志企业名单、颁发有机枸杞基地认定证书。青海枸杞企业与京东健康共同打造枸杞产业带，从店铺运营的微观层面、产业带运营的宏观层面，依托"互联网+"赋能青海枸杞产业链创新发展，为青海枸杞产业插上了"数字化"的翅膀，为提升青海枸杞产业高质量发展注入强劲动能。新疆举办"精河信合杯"2023年60里枸杞文化长廊半程马拉松赛，品味特色枸杞之美、自然生态之美，做足"融"的文章，召开"丝路杞遇·红动中国"2023年精河枸杞产销对接会，推动枸杞产、研、运一体化发展。新疆精河县启动"聚力启航 共筑精彩"京东云新疆(精河)枸杞产业供应链运营中心项目，依托京东云技术能力与精河枸杞传统产业资源优势相结合，通过"技术+产业、平台+运营"的合作模式，搭建"一基地三中心"产业服务体系，积极探索"农业+旅游"模式，大力开展枸杞基地自然体验、生态教育、产地旅游，推动枸杞产业与文化旅游深度融合，每年因"精河枸杞"品牌到精河县旅游观光的游客达600万人次，实现旅游收入45.2亿元。

(二) 科技创新释放"新动能"

1. 标准体系建设取得新进展

2023年，各枸杞主产省区围绕产品质量安全、绿色生态可持续等重点领域，支持各类研究机构、科研院校、社会团体、行业学会、产业经营主体等广泛参与标准研制，重点企业围绕种植、生产、加工、流通、产品等全过程和全要素不断开展全产业重要标准制定和修订，保证了标准有效供给。全年发布行业标准1部、制修订地方标准10部、行业团体标准25部。据不完全统计，2023年全国各类枸杞生产经营主体制定企业标准90余部，宁夏普世特膳科技有限公司发布《枸杞精华饮》(Q/PSTS 0016S—2023)，杞滋堂(宁夏)健康产业有限公司发布《枸杞粉》(Q/QZTS 0004S—2023)，河南叁禾源生物医药科技有限公司发布《人参枸杞固体饮料》(Q/HSY 0019S—2023)等，并建立了企业产品和服务标准自我声明公开的监督机制，加强事中、事后监管，通过市场化机制，培育企业标准领跑者。

2. 新品种选育取得新成效

国家林业和草原局公布2023年植物新品种权名单，宁夏农林科学院枸杞科学研究所培育的'宁农杞16号''宁农杞17号''宁农杞18号''宁农杞19号''宁农杞20号''宁杞菜2号''宁杞菜3号''宁杞菜4号'，宁夏杞鑫种业有限公司培育的'杞鑫5号''杞鑫6号''杞鑫7号''杞鑫8号''杞鑫9号'，内蒙古林业科学研究院培育的'荣杞1号''林杞5号'，内蒙古农业大学培育的'林杞1号'被授予植物新品种权。宁夏农林科学院作物新品种专场拍卖会上，黄果枸杞新品种'宁农杞20号'拍出81.5万元，夺得标王。以上10余个枸杞新品种(系)的相继选育推出，反映了我国枸杞科技创新能力，为实现枸杞种植品种多样化、丰富枸杞新产品的研发提供了材料保证，将对枸杞产业的提质增效和可持续发展奠定坚实基础。

3. 科技研发应用成果丰硕

近 10 年来，我国枸杞科技研发持续发力，仅国内每年发表以枸杞为主题的各类学术论文 700 篇以上，2023 年发表 740 余篇(图 1)，涉及枸杞产业全产业链各方面的研究结论。全国各类期刊共刊载硕博士论文达到 1900 余篇，2023 年刊登 137 篇(图 2)，体现出枸杞高层次人才培养的硕果。我国枸杞专利拥有量逐年增长，截至 2023 年年底，全国枸杞产业专利拥有量 18403 件(图 3)，专利质量提升明显，其中发明公开专利占 59%、实用新型专利占 10%、外观设计专利占 8%、发明授权专利占 23%(图 4)。目前我国登记各类枸杞科技成果 740 余项(图 5)，其中处于成熟应用阶段的成果占 52.5%，中期阶段的成果占 25.9%，初期的成果占 21.6%。以上科技成果反映了我国枸杞科学技术发展的前沿水平和枸杞学科及产业发展的科学性、创新性、理论性的进一步完善，为现代枸杞产业高质量发展提供了强大的知识产权服务支撑。

(三) 品牌培育构建"新颜值"

1. 区域公用品牌价值再提升

目前，我国已形成宁夏"宁夏枸杞""中宁枸杞""惠农枸杞"，甘肃"靖远枸杞""瓜州

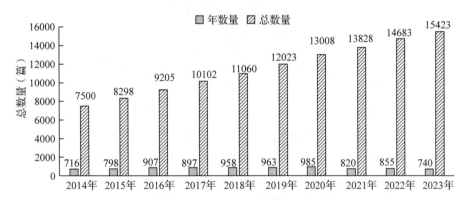

图 1　近 10 年我国枸杞产业相关学术论文发表情况

(数据来源：中国知网)

图 2　近 10 年我国枸杞产业相关硕士、博士论文发表情况

(数据来源：中国知网)

图3 近10年枸杞产业发布专利情况

（数据来源：中国知网）

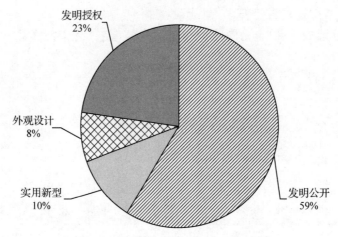

图4 近10年枸杞产业专利发布类别统计

（数据来源：中国知网）

图5 近10年枸杞产业成果发布情况

（数据来源：中国知网）

枸杞""民勤枸杞""景泰枸杞""玉门枸杞",青海"柴达木枸杞",新疆"精河枸杞",内蒙古"巴彦淖尔河套枸杞""先锋枸杞"等12个著名枸杞区域公用品牌,在推动现代枸杞产业高质量发展中发挥着重要引领作用。2023年,宁夏"中宁枸杞"成功入选"2023中国品牌价值评价信息"区域品牌(地理标志)价值榜,位列第11位,品牌价值突破198亿元。青海"柴达木枸杞"名列全国区域品牌榜第42名,品牌价值92.5亿元。新疆"精河枸杞"在首届西部四省区地理标志品牌培育创新大赛上荣获金奖。2023年6月,中国品牌建设促进会认定宁夏"玺赞"枸杞企业品牌价值达到4.89亿元。

2. 品牌打造和宣传再发力

宁夏枸杞首次纳入国礼、年礼赠送外国元首,中国电影家协会主席陈道明公益代言宁夏枸杞,29家枸杞企业被授权使用"宁夏枸杞"地理标志证明商标,并授权颁证建设"宁夏枸杞"北京、上海、广州等8家运营中心,"中宁枸杞"地理标志证明商标授权使用企业达到110家,中宁县在广州开展"杞福天下·共享健康·中宁枸杞粤上行"推介会,并授牌建设"中宁枸杞"华南运营中心。甘肃在兰州市打造"高原宏"靖远地标产品体验馆,颁发"靖远枸杞"地理标志企业使用牌,为进一步提高"靖远枸杞"品牌知名度和美誉度,延伸特色产业链条增添了新引擎。青海从生态优势、品质优势出发,打造"1+N"即"区域公用品牌(青海枸杞)+企业自主品牌"的运营模式,培育"青海枸杞"区域公共品牌,发布青海枸杞"柴达木""神奇柴达木"等区域公用品牌,18家企业获得"柴达木枸杞"地理标志专用标志使用核准。新疆举办2023年"丝路杞遇·红动中国"京东618启动仪式暨"精河枸杞"公共品牌发布会,通过品牌建设+长效运营的方式,提炼并塑造"源自北纬44度中国枸杞之乡"的品牌定位,提出了"丝路传杞·杞能错过"的品牌诉求,清晰传递了"精河枸杞"的地域文化和独特价值,让"精河枸杞"有了全新的展示形象和推介名片。

3. 品牌助力乡村振兴效果再增强

各枸杞主产省区积极开展地理标志助力乡村振兴行动,围绕用好地理标志、提升品牌价值、发展特色产业等促农增收。2023年,国家知识产权局确定宁夏"擦亮中宁枸杞金字招牌,全面助推乡村振兴"和新疆"千年丝绸路,一品精河红"两个枸杞产业案例入围地理标志助力乡村振兴典型案例。继甘肃"靖远枸杞"、宁夏"中宁枸杞"、新疆"精河枸杞"之后,又将青海"柴达木枸杞"列入第二批地理标志运用促进重点联系指导名录,在众多地理标志产品(220件)中枸杞占据了4席,体现出各省区枸杞地理标志在提质强基、品牌建设、产业强链等方面竞相勃发,得到各行各业广泛认可,影响力不断增强,在助力乡村振兴上发挥了标杆和样板作用。

(四)市场营销呈现"新格局"

1. 生产经营主体集聚发展

截至2023年12月,全国从事枸杞生产经营的企业达到31794家(图6),从地区分布来看,宁夏、甘肃、青海、河北、新疆拥有的枸杞企业位居前五(图7)。专业大户、家庭农场、农民合作社、龙头企业等经营主体快速发展,特别是各主产省区整合各类资源对枸杞企业进行系统性、阶梯性技改优化,集中力量培育了一批具有设计研发、核心制造能力的枸杞产业骨干企业,加快培育了一批"专精特新"中小企业,逐步使其成为枸杞品牌和产品配套的依托力量，在现代枸杞产业高质量发展中形成了众雁齐飞的生动局面。宁夏早康枸杞股份有限公司在北京证券交易所顺利挂牌"新三板"，成为主营枸杞系列产品的专精特新"小巨人"企业。

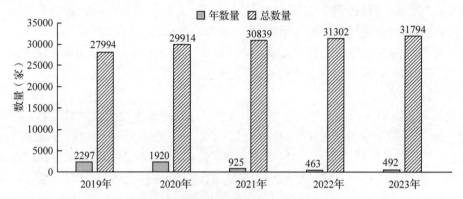

图 6　近 5 年我国枸杞企业注册情况

（数据来源：企查查）

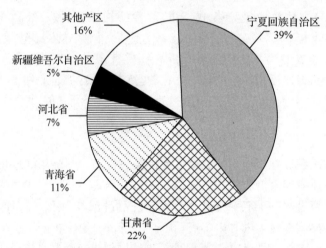

图 7　2023 年全国枸杞企业分布图

（数据来源：企查查）

2. 宣传推介扩大国内外市场取得新进展

宁夏现代枸杞产业高质量发展省级包抓领导带队赴福建、广东、香港等地宣传推介宁夏枸杞，高位推进经贸合作，组织枸杞企业赴巴西、新加坡参加世界级展览会，在阿根廷、泰国开展宁夏枸杞专场推介活动，"宁夏枸杞""中宁枸杞"亮相杭州商圈，成为杭州亚运会官方枸杞产品。甘肃在云南昆明召开特色优势产业推介会，在陇南举办 2023"一带一路"美丽乡村国际论坛"甘味"特色农产品展示展销活动，枸杞深加工产品亮相推介会。新疆在四川成都召开"丝路传杞 杞能错过"精河枸杞成都推介会。一系列精准推介，使得枸杞产品销售渠道得到迅速拓展。我国枸杞产品远销欧盟、美国、日本、新加坡等 50 多个国家和地区，枸杞出口量常年保持在 1.1 万吨以上，出口金额常年保持在 6 亿元以上。

2023 年，我国枸杞出口量达到 1.4 万吨，比 2022 年增加了 21.2%。枸杞出口额 7.5 亿元，比 2022 年增加了 23.1%(图 8)。主要出口省域为宁夏、广东、山东、湖北、河北、青海等地。枸杞出口的主要形式有枸杞干果、枸杞酒、枸杞果汁、枸杞粉等，其中干果出口一枝独秀，占总量的 80%以上。

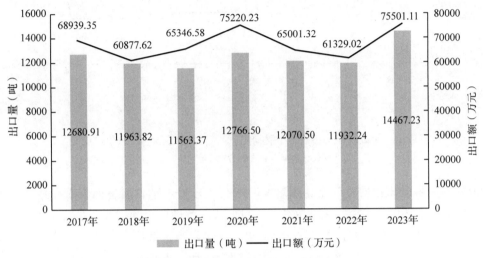

图 8　我国枸杞出口量及出口额情况

(数据来源：中国海关)

3. 枸杞价格企稳回升

我国枸杞干果统货价格在药材市场上持续保持 50~60 元/千克，价格相对稳定(图 9)。2022—2023 年，在全国经济逐步回暖的大趋势下，我国枸杞市场价格先扬后抑，曲折上升。具体看，由于 2022 年枸杞生产季期间受疫情等因素影响，价格持续低迷，2023 年上半年全国枸杞价格整体呈现低位震荡走势，随着 2023 年新采摘季的到来，以及下游需求逐渐复苏，市场走势出现回暖迹象，并在 9 月达到年内高位(图 10)。

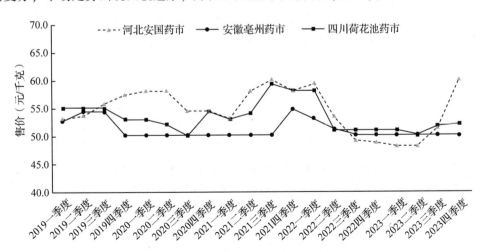

图 9　我国主要药市枸杞统货价格趋势图

(数据来源：中药材天地网)

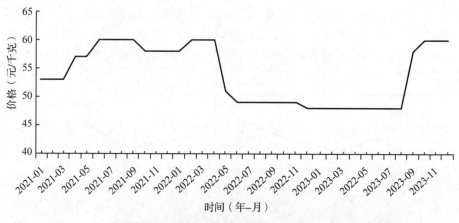

图10 河北保定安国药市宁夏枸杞(规格：280粒/50克)**售价趋势图**

（数据来源：中药材天地网）

2023年，我国现代枸杞产业高质量发展取得了较好成绩，但也面临着一些不足和问题。一是生产基础仍然不稳。从种植端看，目前我国各枸杞主产省区栽培技术不一，枸杞鲜果单产水平为500~1000千克/亩，与20世纪末宁夏中宁县核心产区枸杞鲜果产量2000千克/亩左右相比，目前单产水平低，生产波动大，加上近年来化肥、农药等农资价格及人工工资上涨，种植比较效益下降，枸杞种植主体意愿不强。二是加工利用层次较低。从加工端看，我国枸杞企业仍处于产业链的低端、价值链的低位。加工产品主要以干果、鲜枸杞汁等初加工产品为主，产品同质化现象严重。除宁夏产区外，其他地方干果占销量的80%以上，精深加工比例不到20%。功能饮料、生物制药、化妆品、医药保健品、功效物质成分提取物等明显不足。精深加工能力不足，综合利用层次不高，产业链短、产品附加值低仍然是制约现代枸杞产业高质量发展的最大短板。三是大型龙头企业培育难度大。从消费端看，目前枸杞的消费仍然是初级产品比例高，精深加工产品占比低。枸杞原浆打破了传统食用方法，但也只是枸杞果实形态的变化，仍属于初级加工产品。新型枸杞功能性饮品品类少，"爆款产品"不多，在激烈竞争的饮料市场，枸杞饮品占比依然偏低。全国枸杞行业没有10亿级的龙头企业，培育大型龙头企业任重道远。

二、形势分析

枸杞是珍贵的药食同源养生佳品，养生保健功效广为人知。我国枸杞产业经过多年发展具备了独特优势，面对黄河流域生态保护和高质量发展、乡村振兴战略实施等重大政策机遇，伴随着大健康产业快速发展和消费迭代升级，现代枸杞产业高质量发展前景依然乐观。

（一）现代枸杞产业具有"两个"独特性优势

1. 资源禀赋优势强

枸杞为世界性分布物种，全球约有80种，呈离散分布，大部分分布在南美洲和北美洲。我国枸杞属植物有 7 个种和 3 个变种，尽管只占全球枸杞资源的 1/8 左右，但我国是全球进行枸杞属物种资源的收集、驯化、栽培、研究和开发利用最早的国家。目前我国枸杞良种繁育在全球处于核心地位，掌握着枸杞栽培的话语权，宁夏已建成世界最大的枸杞属种质资源库，保存资源近 3000 份，是世界上收集枸杞种质资源种类最多、活体保存数量最大的基因库和重要的战略资源储备基地，为推进现代枸杞产业高质量发展厚植了基础。

2. 科技赋能效应强

我国枸杞产业基础研究、产品研发和技术转化等方面优势突出，全球领先。仅宁夏就建成 4 个国家级研发平台，2 个院士工作站，14 个枸杞产业人才高地工作站。"宁杞"系列良种被各产区广大种植者普遍推广，覆盖全国所有枸杞产区，占我国枸杞主栽品种的 95% 以上，对现代枸杞产业高质量发展的科技支撑做出了贡献。其他省区也自主培育出"甘杞""青杞""精杞""蒙杞""宝杞"等系列枸杞良种。各主产省区围绕果、茎、叶、根，在产品类型、食用领域、适应人群等方面探索差异化发展。枸杞保健品、药品、干果、原浆、饮料、化妆品、叶菜、枸杞绿茶、枸杞红茶等一系列深加工产品，持续拓展国内外消费市场，科技创新已成为我国现代枸杞产业迈向价值链高端的核心要素。

(二) 现代枸杞产业面临"三个"发展机遇

1. 黄河流域生态保护和高质量发展政策机遇

2023 年 6 月，习近平总书记在内蒙古考察时强调要全力打好黄河"几字弯"等"三大攻坚战"，锲而不舍推进"三北防护林体系建设工程"等重点工程建设。面对黄河流域生态保护和高质量发展的重大战略和国家一系列利好政策，给聚集在黄河流域的枸杞主产省区带来发展的重大机遇，各省区全面加快推进生态产业化和产业生态化，紧紧围绕黄河流域这个"共同体"，引领振兴枸杞产业。从整体性、系统性、全局性视角，把坚持创新驱动，统筹推进枸杞产业同加强黄河流域生态保护和打好荒漠化防治"三大攻坚战"有机结合起来，必将蹚出一条以绿色发展为导向的现代枸杞产业高质量发展之路。

2. 乡村振兴国家战略重大机遇

乡村振兴目标是乡村美、产业兴、百姓富，其中产业兴旺是乡村振兴的基础和关键。各省区大抓县域经济、特色经济和联农带农经济，落脚点就是做好产业大文章，发力点是突出提高特色产业的生产效率和质量，提高产业的核心竞争力。抢抓乡村振兴战略实施机遇，利用我国西北部地区得天独厚的优势，扩展标准化枸杞生产基地规模，在治理丘陵、山地水土流失，保护自然生态的同时，可有效提升枸杞产业创新力和竞争力，助推我国现代枸杞产业走上高质量发展的快车道，为巩固脱贫攻坚成果作出重要贡献。

3. 消费市场迭代升级新机遇

后疫情时代，随着全球经济不断发展，消费者健康关注度提高，促进全球保健品市场持续增长。据欧睿国际(Euromonitor)对全球保健品市场发展趋势预测，2023—2028 年，全球保健品市场复合增长率约为 5.4%。欧美、东南亚、南美等市场广阔，预计到 2028 年，市场规模近 1.4 万亿美元，大健康产业将会迎来黄金发展期[1]。历代中医古籍早已明确了

---

[1] 资料来源：2023—2028 年全球及中国保健品行业市场及前景分析[EB/OL]. 前瞻网，2023-07-05.

枸杞的药用价值与养生地位，枸杞有近 3000 余年的药用史，伴随着大健康产业迎来前所未有的机遇和广阔的发展前景，消费者对安全、优质、特色的养生保健品需求快速增长，枸杞作为养生佳品也必将迎来广阔的发展空间。

三、对策建议

我国现代枸杞产业要以高质量发展为根本遵循、以新质生产力为驱动、以乡村振兴为依托、以绿色发展为引领、以全产业链建设为抓手，坚持目标导向、树立系统思维、强化联农带农机制。在稳规模、促转型、保质量、树品牌、拓市场上持续发力，不断巩固稳中向好的产业基础，积极构建与产业链、市场链、价值链完整匹配的现代产业体系、生产体系、经营体系，推动现代枸杞产业高质量发展取得新突破。

（一）坚持标准化种植，守好强基固本"主战场"

1. 抓好基地更新改造稳规模

把稳住核心区优生区种植规模作为根本要求，把优生区退化茨园更新作为产业自我革新的有效途径，以"农户为单元、整村（合作社、公司）推进"引导种植主体对现有低产低效茨园全面改造提升，集中新建更多适度规模（20~30 亩）高标准精品茨园，夯实产业良性稳定发展根基。

2. 优化品种布局调结构

示范推广枸杞优新品种，加强良种繁育基地建设，培育专业化苗木企业，提升优质苗木保障能力。加强苗木质量监管，规范市场秩序，坚持"品种优质、产区最适"发展模式，做好产业种植区划，调整优化打造种植核心区。

3. 推广新模式新技术增效益

牢固树立"好枸杞首先是种出来的"理念，立足"优质高效、资源匹配、生态和谐"，改变"重树上管理、轻树下供给"，集成"旱作节水、有机质提升、全程机械化"三个关键，结合产区风土条件，突出轻简化、省力化、节本型栽培。围绕产出率、优果率、亩效益等主要参数，加大栽培模式创新。推广宁夏首创"良种+良方"种植模式，实现枸杞种植由扩面增产向提质增效导向转变。

（二）坚持新质化驱动，打好科技创新"攻坚战"

1. 强化科技研发促转型

加强优良种质资源挖掘、评价和利用，以现代生物育种技术推动枸杞新品种研发。持续在多学科交叉和系统方法、传感技术、数据科学和信息科学、基因组学等领域发力，以新质生产力推动产业转型升级。建立专家引领、专业协作、企业参与的现代枸杞科技攻关联盟，围绕果、叶、茎开发利用，加强枸杞全产业链技术研发，在"药"字号、"健"字号、"枸杞+"功能性产品开发上实现新突破。

2. 依靠科技创新强支撑

建立以企业为主体、市场为导向、产学研深度融合、产业链协同合作、大中小企业和各类市场主体融通发展的科技创新体系，支持企业对接国内外一流科研院校，加强交流合作，建设技术创新中心、重点实验室等科技创新平台。积极争取国家重大研究专项和重点研发计划，加强枸杞产业关键共性技术研发、核心技术攻关。引导中小枸杞企业利用好各类枸杞科技创新平台，提升自主创新能力。

3. 夯实人才队伍促发展

进一步做实做细引才、育才、用才、留才文章，不断推进枸杞产业人才链与产业链、创新链深度融合，为高质量发展塑造新优势，为现代枸杞产业高质量发展开辟新赛道。加强科技研发和成果转化实用人才队伍建设，建立定员、定向、长期培训机制，打造人才培养技术平台、人才高地和人才培育示范基地，不断壮大专业化人才和产业经营主体领航队伍。

（三）坚持集群化发展，用好品牌引领"组合拳"

1. 加强区域公用品牌的保护

产业管理部门要发挥公共服务职能，探索公用品牌良性发展机制和经营模式，统一宣传背书，政府授权使用，推行品牌使用、维护、推介市场化机制，制定区域公用品牌产品的生产管理和流通标准，有效保护区域公用品牌影响力和美誉度。

2. 大力培育优质企业品牌

要把"做企业就是做品牌，一流企业要有一流品牌""品牌也是生产力，自主品牌是企业的核心竞争力"和"品牌是企业的无形资产，是实现保值增值的重要途径"三大理念作为企业文化建设的重要内容。深耕细作、持续发力，打造一批与企业规模体量、发展愿景相匹配的管理科学、价值领先的一流枸杞企业品牌。通过知名企业品牌的培育，形成品牌集群。通过集群品牌的联动，提高产业集群的知名度和影响力。

3. 打造知名产品品牌

以消费者为中心，强化产品品牌创新。制定品牌策略、设计品牌标识、加强品牌质量管控、完善品牌管理架构、打造品牌鲜明印记，建立品牌声誉，不断提升产品品牌"附加值""含金量"，着力增强品牌"美誉度"，提升产品的影响力、市场竞争力和市场占有率，持续塑造品牌"引领力"，培育"头部"大牌，在同质化的产品市场中破局突围。

（四）坚持市场化导向，增强主打产品"刚需性"

1. 增加产品多元供给

支持企业优化升级常规系列产品，发展时尚化、功能化、个性化新产品，推出小众产品，以优势产品为依托，围绕优势产品培育二线产品，丰富产品品类，满足多样化、多口味市场需求，加强产品的差异化供货，提升产品附加值，延长产业链。

2. 强化产品影响力

鼓励企业加大产品品牌宣传推介力度，组织企业参加国内外博览会、展销会等宣传推介活动。鼓励企业立足国内市场，开拓国外市场，精细划分市场，优选一个产区、组织一批企业、瞄准一个市场、突出一个单品，集中推广、重点突破，对消费者产生潜移默化的影响，改变消费者观念，增强用户黏性，提高产品渗透率。

3. 创新市场营销模式

鼓励枸杞企业在目标市场和重点区域分类建立直销体验中心和直营店，与经销商形成产品营销利益共同体，创新营销模式，全方位推动枸杞进入大众市场。深耕产销对接，聚焦优势产区、大型客商、重点县区，开展"采购商枸杞主产区行"活动，配套开展枸杞招商引资，做大实物交易量。

（五）坚持体系化保障，筑牢质量安全"生命线"

1. 完善产业标准体系

围绕产品质量安全和绿色生态可持续等重点领域，着力构建全要素、全链条、多层次的现代枸杞全产业链标准化体系，逐步纳入相关国际标准体系，有效支撑现代枸杞产业体系、生产体系、经营体系建设。运用大数据、人工智能等新技术和农产品电商等新模式，推进循环枸杞、智慧枸杞、休闲枸杞等标准化建设，不断增强我国作为全球枸杞最大生产国的国际话语权。

2. 完善绿色防控体系

完善监测体系和预警网络，加强业务培训，系统掌握本地区枸杞病虫害发生情况、发生趋势，准确预报虫情动态，为实时防治提供科学依据。以促进枸杞安全生产、减量化使用农药为目标，积极采用生态调控、生物防治、物理防治等措施控制枸杞病虫害。加强投入品管理，从源头上杜绝枸杞农残问题。

3. 完善检验检测体系

加强各级枸杞质量安全检验检测体系建设，引导重点枸杞产品生产主体自建产品质量安全检测室，形成面上抽检与企业内检相结合的枸杞产品质量安全监控网络和质检体系。鼓励小农户、合作社、协会建立农残速测室开展自检，守住枸杞产品质量安全大关。

4. 完善质量追溯体系

积极运用物联网、互联网、云平台、大数据等现代信息技术，建立健全枸杞产品质量追溯管理信息系统，推进枸杞产品原产地可追溯制度和质量标识制度的落实，实现枸杞产品质量安全及其相关信息可追溯。

（六）坚持融合化发展，深挖"枸杞文化+"

1. 传承枸杞文化

千百年来，火红的枸杞，火红的文化，枸杞刺绣、剪纸、根雕、绘画、书法和文学作品层出不穷，形成了独特的枸杞文化体系。枸杞文化代表的是一种成功的文化、吉祥的文化、健康的文化。要深入延续历史文脉，坚定不移地守护好、传承好枸杞历史文化、传奇文化、医药文化、饮食文化、吉祥文化、地域文化和国际性文化等，为产业高质量发展提供精神支撑。

2. 挖掘枸杞文化

枸杞是一种具有悠久药用历史的中药材，被广泛应用于中医临床。其具有滋补肝肾、益精明目、润肺止咳等功效，被视为强身健体、延年益寿的佳品。在中华医学宝库中，枸杞始终占据着举足轻重的地位，被誉为"东方神草"。枸杞文化伴随着华夏文明从 4000 多年前的殷商文化走来，在人们心目中，它源远流长的历史、神奇功效的药理、养生保健的饮食，代表着红红火火的吉祥。要继续深度挖掘枸杞文化蕴含的时代价值，最大限度形成食用者和消费者的枸杞文化认同、情感认同。

3. 弘扬枸杞文化

枸杞从过去单一的地方名优特产，特殊的药食两用植物，在产业化发展过程中，逐渐演变成了国际国内关注的商品。要大力弘扬枸杞文化，以文化塑产业、以产业彰文化，用文化丰富枸杞产业内涵，让丰厚的枸杞文化资源为现代枸杞产业高质量发展提供深厚而持久的力量。各主产省区特别要全方位、多角度讲好"枸杞故事"，促进枸杞文化和现代枸杞产业产品融合、市场融合、业态融合、服务融合，为推进现代枸杞产业高质量发展提供强大的文化凝聚力、价值引导力和精神推动力，注入智慧启迪和发展新动能。

(七) 坚持数字化赋能，跑出提质增效"加速度"

1. 推动数字化赋能种植端提产增效

建立智慧种植系统，及时感知气象、土壤、环境等因子变化，提供解决方案，指导企业、种植主体合力配置人力、物力，科学种植、精准管理，高产优质，实现种植端效益最大化。

2. 推动数字化赋能加工端提质扩能

利用大数据、云计算、人工智能精准分析消费市场，开发主推品类，研发生产物流销售智慧决策系统，指导企业创新研发精深加工智能化机械设备，优化升级枸杞现代加工方式，提高枸杞鲜果利用率、转化率，促进枸杞精深加工产品提质扩能。培育数字化加工设备研发企业，在枸杞制干、原浆制备、新产品加工环节进行智能化改造，推动加工端产业数字化转型升级。

3. 构建数字化销售新引擎

建立数字化市场分析模型，科学预测发展趋势，精准匹配产品品类和消费群体。在电商平台建立企业品牌官方旗舰店，借助电商平台宣传推广枸杞产品，扩大产品销售渠道，提升产品销售量。培养行业销售人员数字化思维和营销能力，打造销售新引擎，带领行业进入数字化营销新时代。

习近平总书记强调"要牢牢把握高质量发展这个首要任务，因地制宜发展新质生产力"。政府工作报告提出，大力推进现代化产业体系建设，充分发挥创新驱动作用，以科技创新推动产业创新，加快发展新质生产力，不断塑造发展新动能、新优势。开启新时代，展望全国现代枸杞产业，一定要坚持高质量发展是新时代的硬道理，抢抓新一轮科技革命和产业变革带来的新机遇，开辟高质量发展新领域、新赛道，塑造发展新优势，打造高质量发展新的增长极和新亮点。拥抱大健康产业，以市场为导向，以技术为纽带，大力推动技术创新，发展新质生产力，培育"拳头产品"，提高品牌影响力，积极拓展国际、国内两个市场，推动中国现代枸杞产业高质量发展再上新台阶。

备注：在本报告撰写过程中，宁夏枸杞产业发展中心许芷琦、乔彩云、董婕参与了数据调查、收集、整理和图表制作工作。

枸杞产业标准化发展报告

张军 塔娜 韩作兵 刘艳蓉*

摘　要： 本文立足现代枸杞产业标准体系的建设与发展，通过数据呈现现代枸杞产业在标准方面的制定情况及标准对推动枸杞产业发展的基础性保障与技术性支撑作用，对现代枸杞产业标准化建设的重点工作与取得的成效进行分析与解读。总体来看，现代枸杞产业高质量标准体系进一步健全，标准创新能力持续增强，标准化效能不断彰显，不断驱动现代枸杞产业向绿色化、融合化、数字化及可持续化等方向发展。根据枸杞产业发展现状及未来发展需求，提出了现代枸杞产业标准化建设在"两端"发力、深化政府标准与市场标准协同治理、有序扩大标准制度型开放等发展思路。

关键词： 现代枸杞产业　标准体系　高质量发展　展望

习近平总书记指出，"要着力推动规则、规制、管理、标准等制度型开放，提供高水平制度供给、高质量产品供给、高效率资金供给，更好参与国际合作和竞争。"2021年10月，中共中央、国务院印发《国家标准化发展纲要》指出，标准是经济活动和社会发展的技术支撑，是国家基础性制度的重要方面。标准化在推进国家治理体系和治理能力现代化中发挥着基础性、引领性作用。2023年，中共中央、国务院印发《质量强国建设纲要》指出，"面对新形势新要求，必须把推动发展的立足点转到提高质量和效益上来，培育以技术、标准、品牌、质量、服务等为核心的经济发展新优势，推动中国制造向中国创造转变、中国速度向中国质量转变、中国产品向中国品牌转变，坚定不移推进质量强国建设。"标准作为国家质量战略的重要组成部分，对推进新时期我国现代枸杞产业高质量发展具有长远的重要意义。

随着枸杞科技的进步和市场影响力的扩大，中国枸杞产业化程度逐步走向纵深，枸杞产业的区域化、全国化、国际化程度也在同步提升，对枸杞标准化的内涵、模式、方法、路径提出了新的需求。凝聚黄河文化、农耕文化、医药文化、地域文化、康养文化、休闲文化与现代科技文明于一身的枸杞文化，迫切需要标准化战略推动枸杞文化的跃升，迫切需要发挥标准对现代枸杞产业高质量发展的引领作用，不断推动现代枸杞产业向市场化、品牌化与国际化迈进，最终实现现代枸杞产业与文化、旅游、中医药等产业深度融合，持

注：张军，宁夏回族自治区市场监督管理厅，标准化处处长；塔娜，宁夏标准化研究院，标准质量研究室主任；韩作兵，宁夏标准化协会会长；刘艳蓉，高质标准化（宁夏）管理科学研究院，标准编审师。

续推动现代枸杞产业高质量发展。

一、标准化数据概览

（一）标准制定主体

截至 2023 年 11 月 1 日，全国共制定发布枸杞产业标准 268 项，其中国际标准 1 项、国家标准 7 项、行业标准 18 项、地方标准 160 项、团体标准 82 项（图 1）。同时，枸杞产业涉及国家和行业食品类标准 162 项，包括国家标准 153 项、行业标准 9 项。

目前，268 项标准中现行有效标准 223 项。主要分布在苗木繁育及质量、种植栽培、病虫害防控、生产加工、枸杞产品等领域，对推动枸杞产业的技术进步与工艺升级发挥了至关重要的作用。45 项

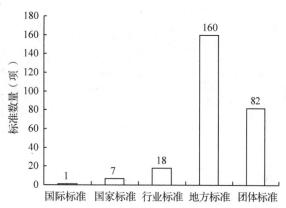

图 1　截至 2023 年 11 月全国枸杞产业公布的标准数量

标准（不完全统计）在不断优化中被逐渐废止或替代，充分体现了不断提升技术水平、满足产业运营，推动现代枸杞产业持续高效发展的产业需求。

从标准制定主体来看，从过去政府主导、科研院所为基础的政府标准供给模式向政府、市场二元供给转变，大量团体标准、企业标准涌现。新型市场主体逐步开始参与各种标准化活动以提升市场竞争力。从标准纵向结构来看，标准化参与主体以地方为主，地方枸杞科研机构、高校等组织参与标准建设比重大，可更好地将一线科研成果和知识纳入标准化体系中。按标准制定主体不同可分为国际标准、国家标准、行业标准、地方标准、团体标准等。

（1）国际标准　为适应枸杞产业链的快速发展，提升枸杞子药材的国际影响力与竞争力，由上海中医药大学主导制定并发布的国际标准《中医药 枸杞子》（ISO 23193）于 2020 年 8 月 28 日正式实施，标准主要从种源、性状指标、理化指标、检测方法及包装、存储等方面进行制定。该标准的制定为推动枸杞子国际标准化发展起到很好的引领作用，对提高枸杞子药材及产品的国际影响力和竞争力，推动枸杞子药材的国际贸易发挥积极助推作用。该国际标准的发布也是宁夏回族自治区重点研发计划重大科技项目"枸杞功效的重大基础研究及功能产品研发"的重要成果之一。

（2）国家标准　2001 年《枸杞干、葡萄干辐照杀虫工艺》（GB/T 18525.4—2001）作为枸杞产业第一项国家标准发布实施。其他标准包括：《枸杞栽培技术规程》《地理标志产品 宁夏枸杞》《枸杞》《食品安全国家标准 桑枝、金银花、枸杞子和荷叶中 488 种农药及相关化学品残留量的测定 气相色谱–质谱法》《食品安全国家标准 桑枝、金银花、枸杞子和荷叶中 413 种农药及相关化学品残留量的测定 液相色谱–质谱法》《果酒质量要求 第 1 部分：枸杞酒》。标准涵盖了种植栽培、枸杞产品及检验检测等方面，为提升枸杞及深加工产品

的质量、推动枸杞产业的全国化奠定了坚实的基础。

（3）行业标准　枸杞行业标准主导制定涉及 6 个部门 18 项标准，其中，农业农村部（含原国家农业部）10 项、供销合作总社 3 项、中国气象局 2 项、原国家林业局 1 项、原国家出入境检验检疫局 1 项、工业和信息化部 1 项（图2）。枸杞行业标准制定的类别主要包括：气象观测与等级、生产技术、枸杞产品及检验检测等方面，从多个行业、各领域呈现枸杞产品的开发、质量控制能力和市场影响力。

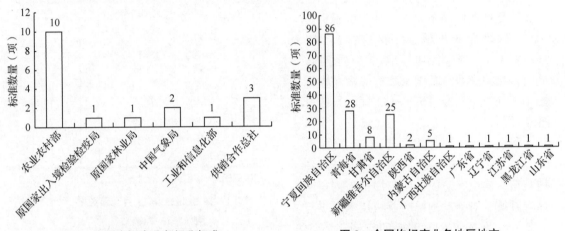

图 2　全国枸杞产业各行业标准	图 3　全国枸杞产业各地区地方
制定情况及分布数量	标准制定情况及分布数量

（4）地方标准　枸杞地方标准的制定涉及全国 12 个省（自治区、直辖市）共计 160 项地方标准，其中，宁夏 86 项、青海 28 项、新疆 25 项、甘肃 8 项、内蒙古 5 项、陕西 2 项、其他省（自治区、直辖市）各 1 项（图3）。

枸杞地方标准的制定多集中于宁夏、青海、新疆、甘肃。其中，宁夏制定的标准占地方标准总数量的 53.8%，青海占 17.5%，新疆占 15.6%，甘肃占 5%，四个地区标准占比达到 91.8%（图4）。

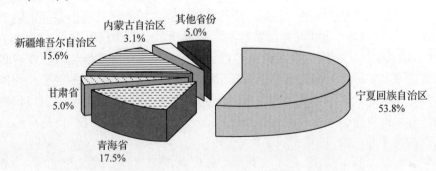

图 4　全国枸杞产业各地区地方标准数量占比情况

（5）团体标准　枸杞产业团体标准的制定涉及团体组织层次广、组织多。在国家级团体组织层面，共制定了 10 项团体标准。中国农业机械学会 3 项、中国医药保健品进出口商会 2 项、中华中医药学会 3 项、中国营养保健食品协会和中国林业与环境促进会各个 1

项。在地方层面，有 8 个地方团体组织制定 72 项团体标准。其中，宁夏 53 项、青海 7 项，其他地方分别制定 1~4 项不等(图5)。

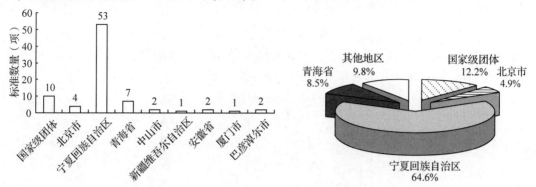

图5　全国枸杞产业各地区团体标准制定情况　　图6　全国枸杞产业各地区团体标准数量占比情况

82 项团体标准中，宁夏占 64.6%，国家级团体标准占 12.2%，青海占 8.5%，北京市占 4.9%，总体占比达到 90% 以上，团体标准制定地区高度集中(图6)。

总体来看，枸杞产业标准制定主体形成了政府供给和市场供给同步并重的现代枸杞产业高质量发展格局。

(二)标准类型

为推动现代枸杞产业高质量发展，2022 年 12 月 19 日宁夏回族自治区制定的《宁夏"六特"产业高质量发展标准体系　第 2 部分：枸杞》(DB64/T 1830.2—2022)正式实施，该标准代替《宁夏枸杞标准体系建设指南》(DB64/T 1639—2019)，将枸杞产业标准化战略提升到全新的高度，从顶层设计上规划了产业的发展路径。该标准从气象、种质资源、选地建园、苗木繁育及质量、种植栽培、病虫害防控、生产加工、产品、道地枸杞、检验检测、商贸物流、交易市场服务、产品追溯、社会化服务、品牌建设与保护、枸杞文化旅游、产业数字化、产业可持续发展等 18 个子体系规划了宁夏现代枸杞产业标准化发展战略，涵盖了现代枸杞产业全产业链标准化建设(图7)。

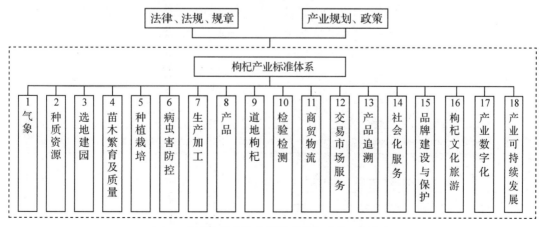

图7　宁夏枸杞产业高质量发展标准体系框架图

枸杞产业标准类型以《宁夏"六特"产业高质量发展标准体系 第2部分：枸杞》18个子体系作为主要分类依据。另外，增加了产业规划、评价与分级两个类型，共计20个类型。

从宁夏现代枸杞产业高质量发展标准体系结构来看，全国268项枸杞产业标准中，数量最多的是产品标准，共计68项，其次是种植栽培49项、检验检测44项、生产加工27项、病虫害防控20项、苗木繁育及质量19项，其他类型均在10项以下（图8）。

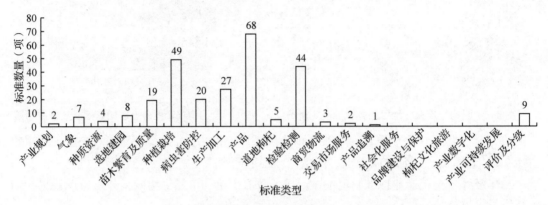

图8 全国枸杞产业标准类型及其分布数量

此外，社会化服务、品牌建设与保护、枸杞文化旅游、产业数字化、产业可持续发展等五个方面尚无现行标准（体系中包含了相关国家标准与行业标准），标准体系中提出待制定标准9项，也是未来标准化发展的主要目标和方向。

从枸杞产业标准的"主体+类型"分布看（图9），枸杞产业国家标准主要分布在产品标准。行业标准主要分布在产品、检验检测。地方标准主要分布在苗木繁育及质量、种植栽培、病虫害防控、生产加工、产品等产业链前端。团体标准主要分布在生产加工、枸杞产品、检验检测等产业链的中端及中后端。整体标准覆盖的环节更宽更广，涵盖产前、产中、产后，各环节活动趋向于规范统一。标准制定价值追求更加多元化，紧密围绕高质量发展和市场竞争力提升需求，由单一经济效益价值向经济、社会、生态价值追求转变。充分体现了政府基于全产业链尤其是产业链前端运营能力的提升，市场基于产业链中后端运营能力提升，也反映出枸杞产业链后端相对薄弱与未来巨大的发展空间。

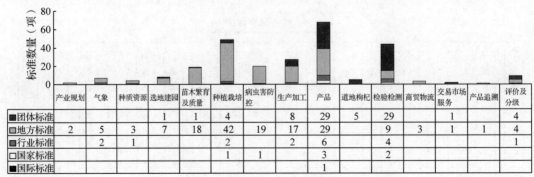

图9 全国枸杞产业标准制定"主体-类型"分布数量

全国枸杞产业各类型标准制定情况如下：

（1）枸杞产品标准 枸杞产品标准数量共计 68 项（不含道地枸杞产品标准 5 项）。其中，国际标准 1 项、国家标准 3 项、行业标准 6 项、地方标准与团体标准各为 29 项（图 10）。呈现出枸杞产业对产品标准的高度重视及产品研发、创新的活力，也说明枸杞产品形成了以政府引领与市场积极推动的良好局面。

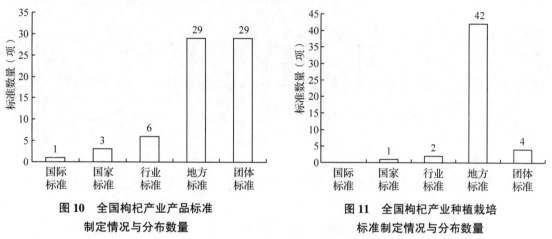

图 10　全国枸杞产业产品标准
制定情况与分布数量

图 11　全国枸杞产业种植栽培
标准制定情况与分布数量

（2）种植栽培标准 枸杞种植栽培标准共计 49 项，其中地方标准以绝对数量占据主导地位，也体现出在种植栽培方面的标准主要来自政府的供给，而市场活力相对不足，需要进一步强化社会团体的力量（图 11）。

（3）检验检测标准 枸杞检验检测标准共计 44 项，其中团体标准以较大数量占据主导地位（图 12）。

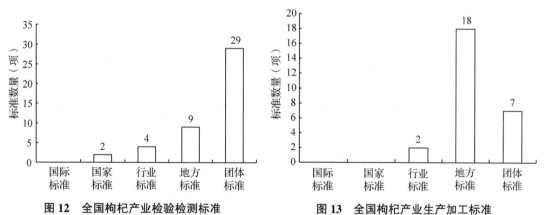

图 12　全国枸杞产业检验检测标准
制定情况与分布数量

图 13　全国枸杞产业生产加工标准
制定情况与分布数量

（4）生产加工标准 枸杞生产加工标准共计 27 项，其中地方标准 18 项，团体标准 7 项，行业标准 2 项（图 13）。从数量分布看，政府依然是生产加工标准的主要制定者与提供者。团体标准的制定与实施，反映社会市场的活跃度也在逐步呈现，将进一步推动现代枸杞产业生产领域与市场需求的高度融合。

（5）评价及分级标准 枸杞评价及分级标准共计 9 项，其中地方标准与团体标准分别有 4 项(图 14)。评价及分级标准是产业不断改进升级的有效驱动力,根据标准制定情况,枸杞产业还需加强对评价标准的制定,尤其是针对产业链中后端,如市场交易与推广、社会化服务、品牌建设与保护、产业数字化运营等,从而实现种植、生产加工、销售与服务、品牌建设、评价改进等全产业链闭环运营的良性局面。

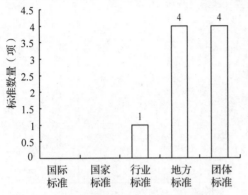 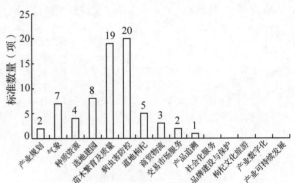

图 14　全国枸杞产业评价及分级标准
制定情况与分布数量

图 15　全国枸杞产业其他类型标准
制定情况与分布数量

(6)其他标准　枸杞产品、种植栽培、检验检测、生产加工等枸杞产业链中前端完成了较强的标准化建设,而枸杞产业链后端如社会化服务、品牌建设与保护、产业可持续发展等方面尚属标准化建设领域的空白(图 15),需要进一步加大标准化建设力度,从而推动枸杞社会服务、品牌建设、市场推广,拉动现代枸杞产业高质量发展。

(三)标准发布时间

全国枸杞产业自 1995 年制定实施第一个与枸杞有关的标准《富硒鲜葡萄、富硒鲜猕猴桃、富硒鲜大枣、富硒鲜桃、富硒鲜杏、富硒鲜山楂、富硒鲜枸杞》(DB61/T 223—1995)以来,枸杞产业标准化建设迅速推进,尤其是近年来,枸杞产业的标准供给不断提升。从时间分布看,2010 年以前供给标准 42 项、2011—2015 年供给标准 47 项、2016—2019 年供给标准 66 项、2020—2023 年供给标准 113 项(图 16)。如图 16 所示,2020 年以后标准

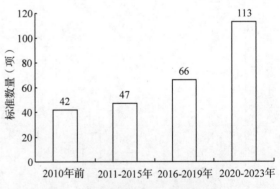

图 16　全国枸杞产业各阶段标准
制定与实施分布数量

供给数量占所有标准数量的 42%,说明近年来枸杞产业标准化建设呈现出新的活力,产业信心指数全面提升。

(1)标准"时间-类型"分布　2010 年前,枸杞产业标准主要分布于种植栽培、病虫害防控、生产加工和枸杞产品等产业链中前端;2011—2015 年,标准分布开始向产业链上下游延伸,扩大标准实施范围;2016—2019 年,标准主要在苗木繁育、种植栽培、枸杞产品及检验检测等方面发力,进一步夯实产品的质量;2020 年之后,标准向全产业链发展的趋

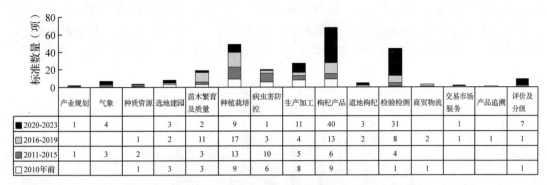

	产业规划	气象	种质资源	选地建园	苗木繁育及质量	种植栽培	病虫害防控	生产加工	枸杞产品	道地枸杞	检验检测	商贸物流	交易市场服务	产品追溯	评价及分级
■2020-2023	1	4		3	2	9	1	11	40	3	31		1		7
☐2016-2019			1	2	11	17	3	4	13	2	8	2	1	1	7
■2011-2015	1	3	2		3	13	10	5	6		4				
☐2010年前			1	3	3	9	6	8	9		1				1

图17 全国枸杞产业各阶段不同类型标准制定与实施分布数量

势比较明显，全面推动产业结构优化升级（图17）。

总体来看，近年来枸杞全产业链标准化建设明显增强，但在社会化服务、电子商务、品牌建设、文化旅游、产业可持续发展方面的标准需要进一步引导，加强枸杞产业在市场运营方面的能力，反向带动种植、生产等实现高质量发展。

（2）标准"时间-主体（区域）"分布　从标准主体（区域）分布看，2010年之前的标准主要由宁夏、新疆、青海及国家与行业供给；2011—2015年的标准主要由宁夏、新疆、青海和行业供给；2016—2019年的标准主要由宁夏、青海供给，但其他地区也开始积极参与标准化建设，集群效应显现；2020年之后各地区参与更加积极，尤其是地方标准与团体标准，地区与市场活力逐步释放（图18）。

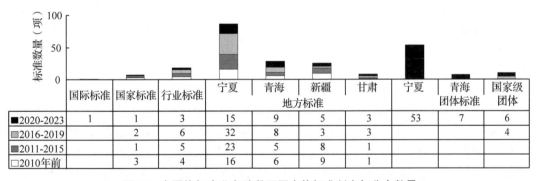

	国际标准	国家标准	行业标准	宁夏	青海	新疆	甘肃	宁夏	青海	国家级团体
					地方标准			团体标准		
■2020-2023	1	1	3	15	9	5	3	53	7	6
☐2016-2019		2	6	32	8	3	3			4
■2011-2015		1	5	23	5	8	1			
☐2010年前		3	4	16	6	9	1			

图18 全国枸杞产业各阶段不同主体标准制定与分布数量

从各地区表现看，宁夏在标准化建设方面表现更加突出：一是各阶段均体现出良好的、相对均衡的标准化建设状态，尤其是地方标准的制定，团体标准自2020年后开始全面发力；二是地方标准和团体标准制定数量最多，体现出宁夏地区对枸杞产业的重视程度以及枸杞产业在宁夏区域经济发展中的地位。另外，青海与新疆也积极推进地方标准的制定与实施，共同推动现代枸杞产业做大做强。

（四）宁夏标准制定

宁夏作为全国枸杞产业标准的主要供给者，主导制定的地方标准与团体标准共计139项，其中地方标准86项、团体标准53项。地方标准分布于产业中前端的各主要环节，尤其是产业链的中端，而团体标准主要分布于产业链的中端，在前端有一定表现(图 19)。

从总体结构看，在社会化服务、品牌建设、枸杞文化、产业数字化、产业可持续发展方面尚未制定地方标准或团体标准，需要将来进一步完善标准化建设，以驱动产业高质发展。

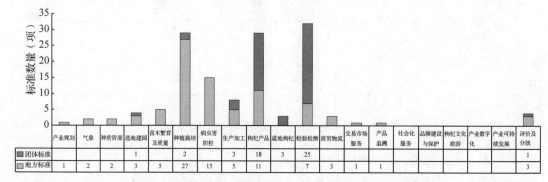

	产业规划	气象	种质资源	选地建园	苗木繁育及质量	种植栽培	病虫害防控	生产加工	枸杞产品	道地枸杞	检验检测	商贸物流	交易市场服务	产品追溯	社会化服务	品牌建设与保护	枸杞文化旅游	产业数字化	产业可持续发展	评价及分级
团体标准				1		2		3	18		25									1
地方标准	1	2	2	3	5	27	15	3	11	1	7	1	1							3

图 19　宁夏枸杞产业制定的地方标准与团体标准分布数量

(1)标准制定时间　从地方标准供给看，在各个阶段均处于相对均衡的状态，2020—2023 年地方标准供给有所减少，一方面是地方标准一定程度上趋于完善，另一方面在地方标准的供给上需要优化结构，向产业链后端发力，即向市场化运营方面发展；从团体标准供给看，2020 年之后迅速增长，体现出强劲的发展力量，一方面说明了团体标准的市场需求不断提高，另一方面也体现出由政府主导向市场主导转型的趋势(图 20)。

图 20　宁夏枸杞产业各阶段地方标准与团体标准分布数量

(2)宁夏枸杞标准体系　《宁夏"六特"产业高质量发展标准体系　第 2 部分：枸杞》(DB64/T 1830.2—2022)于 2022 年 12 月代替《宁夏枸杞标准体系建设指南》(DB64/T 1639—2019)正式实施，具有里程碑的意义。标准体系以更加广阔的视野规划构建了宁夏现代枸杞产业发展战略，集成了包括国家标准、行业标准、地方标准、团体标准等 113 项标准，提出待制定地方标准 22 项，包括社会化服务、品牌建设及可持续发展等(图 21)。标准体系从引用国家标准和行业标准的角度弥补了

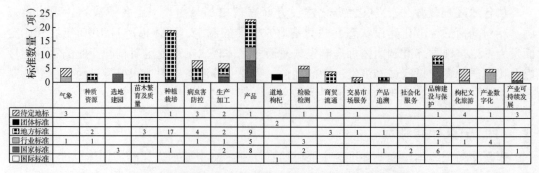

	气象	种质资源	选地建园	苗木繁育及质量	种植栽培	病虫害防控	生产加工	产品	道地枸杞	检验检测	商贸流通	交易市场服务	产品追溯	社会化服务	品牌建设与保护	枸杞文化旅游	产业数字化	产业可持续发展
待定地标	3				1		3	2								4	1	3
团体标准									2									
地方标准		2		3	17	4	2	9			3	1		1	2			
行业标准	1	1			1			5		3					1		1	
国家标准			3		1		2	8		2					6	1		2
国际标准								1										

图 21　宁夏枸杞产业高质量发展标准体系标准分布数量

产业链后端建设的不足，同时，引导产业加强市场化运营能力的提升，激发社会组织团体标准的制定与实施，充分发挥市场的主动性与能动性，强化标准市场供给能力和标准化实施能力，进一步增进产业的经济效益。

（五）标准废止情况

据不完全统计，截至 2023 年 11 月 1 日，全国枸杞产业废止的标准数量 45 项，其中行业标准 1 项，地方标准 44 项，主要分布于种植栽培、苗木繁育及质量、枸杞产品等方面（图 22）。

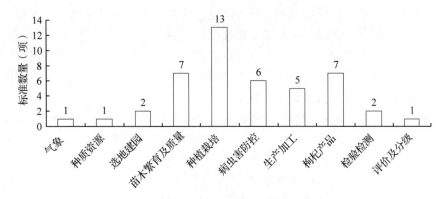

图 22　全国枸杞产业各领域废止标准数量分布

从标准废止情况看，废止标准分布在产业链的各主要环节，体现出产业在各环节的优化改进意识与能力，不断优化产业链标准供给质量，推动产业结构优化发展战略。

二、标准化重点工作

（一）高质量发展标准体系进一步健全

（1）枸杞产业标准体系逐步完善　全国枸杞产业先后制定了 2 项枸杞产业标准体系。2003 年，新疆维吾尔自治区质量技术监督局制定《枸杞标准体系　总则》（DB 65/T 2083—2003），并于 2012 年进行修订；2019 年，宁夏回族自治区市场监督管理厅制定《宁夏枸杞标准体系建设指南》（DB64/T 1639—2019），2022 年该标准被《宁夏"六特"产业高质量发展标准体系　第 2 部分：枸杞》（DB 64/T 1830.2—2022）所代替。2 项标准体系的制定，推动枸杞产业全面向产业链结构化、系统化发展，加速构建枸杞产业从点到线、从线到面、从面到体的标准化格局，实现全产业的高质量发展。

（2）枸杞产业标准层次更加完整　《宁夏"六特"产业高质量发展标准体系　第 2 部分：枸杞》（DB 64/T 1830.2—2022）标准体系覆盖了枸杞全产业链，包含了现有、应有和待制定标准 113 项，其中国际标准 1 项、国家标准 25 项、行业标准 18 项、地方标准 44 项、待制定地方标准 22 项、团体标准 2 项。该标准体系对枸杞产业标准化建设具有更强的层次性、结构性和发展性。首先，标准体系层次性更加清晰，包含国际标准、国家标准、行业标准、地方标准及团体标准在内的多层次标准，为枸杞产业在各层面、各领域提供了清晰的发展路径；其次，标准体系结构性更加完善，除已有的种植栽培、生产加工等生产性内容外，新增了社会化服务、品牌建设与保护、产业数字化建设、可持续发展等市场化内容，进一步完善了枸杞产业链标准化建设；第三，明确了预计制定标准的蓝图，标准体系给出了 22 项待制定地方标准，展现枸杞产业基于地方的特色价值，挖掘地方枸杞文化特色、种植生产特色等，提高枸杞附加值与市场影响力；第四，推进标准的市场供给能力，将团体标准融入标准体系，加强团体标准的制定，推动枸杞产业标准化建设从政府主导向政府与市场共同主导转化。

（3）枸杞产业标准结构链条全面优化　枸杞产业标准化建设已经完成了从供应链走向生产链、从生产链走向销售链的基础目标，制定与实施的相关标准达到了 268 项，采用的国家与行业食品类标准 162 项，标准的支撑度超过了 400 多项，为未来全面走向市场服务链、消费价值链积淀了丰厚的产业资产和标准支撑。依托产业优势，加速推进枸杞产业的社会化服务、品牌化建设、数字化推广、绿色消费及可持续发展战略，标准的供给结构将更加完善，标准对产业带动能力将全面呈现。

（4）枸杞产业标准战略更加明确　枸杞产业标准体系率先从枸杞全产业链的高度进行枸杞产业发展战略的规划，为枸杞全产业链发展构建了新的战略方向与路径，在枸杞产业全国化发展的良好形势下，借助大健康产业的发展机遇，枸杞产业在标准体系的指导和引领下，将持续优化产业结构，加速推进市场运营与品牌化建设，充分应用互联网、大数据、人工智能、物联网等新技术、新方法开拓新市场、满足新需求，强化产业可持续发展战略，推动产业经济效益、社会效益和生态效益提质增效。

（二）市场团体标准创新能力持续增强

（1）市场团体标准实施能力明显增强　自 2020 年以来，枸杞产业团体标准供给总量超过了以往团体标准供给量的总和，团体标准的制定与实施主要集中在产业链的中后端，尤其是在中端集中发力，具体表现在种植栽培、生产加工、枸杞产品、检验检测、评价与分级等方面，呈现出枸杞企业及经营销售机构等市场主体对产品质量的重视，也体现了市场消费对产品质量需求发生的变化，驱动市场主体提高标准对产品质量、市场消费的基础性保障作用的认识，加快了标准的制定与实施。

（2）市场团体标准发展范围趋于扩大　据不完全统计，截至 2023 年 11 月 1 日，枸杞产业团体标准数量 82 项，其中宁夏团体标准数量 53 项。自 2020 年以来，北京市、青海省、安徽省、中山市等地均加大了团体标准的制定与实施。中华中医药学会、中国农业机械学会、中国医药保健品进出口商会、中国营养保健食品协会等社会组织也积极参与枸杞产业标准的制定与实施，枸杞产业市场主体标准的区域范围进一步扩大。另一方面，团体标准重点基于枸杞生产加工、产品的技术升级与质量提升、检验检测等核心技术的创新方面更加突出，为枸杞产业的市场化发展保驾护航。

（3）市场团体标准创新能力持续增强　随着枸杞市场主体标准的数量、区域、结构等不断扩大与优化，标准的创新能力也持续增强，《保健食品用原料 枸杞子》（T/CNHFA 111.2—2023）、《中国生态良品 参杞虫草压片糖果》（T/CCPEF 070—2021）、《有机枸杞种植技术规范》（T/CXDYJ 0013—2020）、《电子商务 农产品质量管理与控制 枸杞》（T/STSI

12—2020)、《枸杞芽菜保鲜技术规程》(T/NAIA 0224—2023)、《枸杞中碳、氮稳定同位素比值的测定 稳定同位素分析仪法》(T/NAIA 0208—2023)、《中药材枸杞种植基地环境标准》(T/NSFST 008—2022)、《枸杞中浸出物含量的测定 热浸法》(T/QAS 012—2020)等基于品质保障、市场消费、品牌建设、产业可持续发展等方面起到积极的助推作用，而且将驱动产业逐步形成集群创新意识和创新能力，从市场的需求维度推进产业的良性发展。

（4）市场团体标准供给更具发展空间 以全国统一大市场建设为契机、以国家大健康产业发展战略为引领、以满足新消费需求为目标、以枸杞产业市场主体标准化建设基础为依托，枸杞产业市场主体标准将从点到面形成燎原之势，加之有效的产业政策引导、标准效能助力、经济效益与社会效益支撑，枸杞产业市场主体标准创新能力将开启新的发展空间。

（三）地方标准化发展效能不断彰显

（1）宁夏地方标准供给成效显著 宁夏枸杞产业地方标准以 86 项的总数居于全国各地区地方标准领先地位，标准结构包含了产业链的核心环节，种植栽培 27 项、病虫害防控 15 项、枸杞产品 11 项、检验检测 7 项等，对枸杞产业的发展起到了至关重要的驱动和引领作用。宁夏现代枸杞产业高度依托标准化技术支撑的战略作用，有效促进产业结构转型升级，取得了显著经济效益及社会效益。长期以来，作为宁夏特色优势产业的重要组成部分，枸杞产业对宁夏经济的发展形成了有效的带动作用。宁夏地方标准除供给总量领先外，在发展形式上也较为均衡（图 23）。宁夏地方标准在各阶段稳步发展，体现了宁夏通过标准化有序推动产业良性发展的战略与决心。

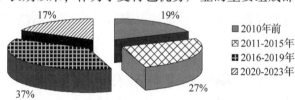

图 23 宁夏枸杞产业地方标准不同阶段供给情况

（2）青海地方标准发展有序推进 据不完全统计，截至 2023 年 11 月 1 日，青海省制定发布地方标准 28 项，标准结构主要集中在种植栽培、生产加工、枸杞产品等方面，体现了枸杞产业对生产种植与产品等创新发展的重视程度。青海省委、省政府高度重视枸杞产业发展，提出"东部沙棘、西部枸杞"的战略部署，相继制定印发《关于推进枸杞产业高质量发展的意见》《关于加快有机枸杞产业发展的实施意见》《关于促进枸杞加工产业发展的意见》等政策文件，编制《青海省枸杞产业发展规划（2011—2020）》《青海省枸杞产业发展"十四五"规划》，推动现代枸杞产业高质量发展再上新台阶。

（3）新疆地方标准建设目标明确 据不完全统计，截至 2023 年 11 月 1 日，新疆制定发布地方标准 25 项，标准主要集中在气象、种植栽培、生产加工、枸杞产品等方面，重点加强枸杞产业化发展。2022 年 9 月，为了促进精河枸杞产业高质量发展，推进乡村振兴，新疆维吾尔自治区第十三届人民代表大会常务委员会第三十五次会议审查批准《博尔塔拉蒙古自治州精河枸杞产业促进条例》，重点推动枸杞核心产区发展。

（4）其他地方标准呈现集群发展 从标准供给区域结构看，甘肃、陕西、内蒙古、广西、辽宁、江苏、黑龙江等地也积极参与枸杞产业的标准化建设，主要涉及枸杞基地建设、种植栽培、生产加工、枸杞产品等方面，为共同推动枸杞产业发展增添了新的动能。

（四）枸杞产业标准化基础进一步夯实

（1）枸杞产业标准结构全面覆盖　枸杞产业标准主体全面覆盖了从国际标准到团体标准五个层级，形成了多元主体供给形势；枸杞产业标准结构覆盖了产业的各环节，支撑了产业结构化发展局面；枸杞产业标准对象全面覆盖了产品标准、过程标准和服务标准，完善了枸杞产业核心要素的拉动效应；枸杞产业标准领域全面覆盖了核心地区与核心社会组织，加速了枸杞产业市场化发展速度。枸杞产业目前越来越呈现结构性发展的良好局面，也是未来枸杞产业可持续发展的核心驱动力。

（2）枸杞产业标准供给机制健全　标准的发展已经呈现政府主导与市场主导相互协同的二元结构，在政府的全面引导与带动下，市场主体参与标准化建设的意识和趋势显著增强，标准的制定、发布、实施、宣传、评价、改进等各方面形成产业的闭环式发展，实现标准助力产业提质增效、产业驱动标准改进升级的良性循环，对枸杞产业依托标准实施高质量发展具有现实性意义。

（3）枸杞产业标准持续优化改进　据不完全统计，目前全国枸杞产业废止标准45项，行业标准1项、地方标准44项，标准的废止体现了标准已经不符合产业发展的需求，或者说，产业的转型升级、持续发展需要建立新的标准，需要新的标准的支撑。标准的改进优化不但体现在不同的时间段，也体现在各个地区、产业链的各个环节。同时，根据产业发展需求，制修订了新的标准，建立了有效的标准退出与标准创新策略，形成了对产业的基础保障与技术支撑。

三、枸杞产业标准化发展展望

习近平总书记曾提出"以高标准助力高技术创新、促进高水平开放、引领高质量发展""形成一批中国标准"的要求。《国家标准化发展纲要》指出，着力推动标准供给从政府主导向政府、市场并重转变，标准运用由产业贸易向经济社会全域转变，标准化发展由国内驱动向国内、国际相互促进转变，标准化工作由数量规模型向质量效益型转变。为进一步推进现代枸杞产业高质量发展战略，全国现代枸杞产业将以习近平新时代中国特色社会主义思想为指导，全面贯彻党的二十大精神，牢牢把握中国式现代化的本质要求，深入实施《国家标准化发展纲要》，重点推动枸杞产业标准化建设做好四个方面的工作：

（一）着重加强高质量发展标准体系建设

结合枸杞产业良好的标准化基础，从五个方面加快推进全国枸杞产业高质量发展标准体系建设，一是立足全产业链标准体系建设，从枸杞供应链、生产链、销售链标准体系向服务链、消费链、信息链、价值链等标准体系转化，重点加强枸杞产业链补链、强链、延链，优化完善产业结构。二是立足全国化标准体系建设，从地方标准体系向行业标准体系、国家标准体系转化，为枸杞产业提供更具战略性、前瞻性和引领性的标准体系，达到"独行快"到"众行远"的集群效应。三是立足消费型标准体系建设，从注重枸杞生产型标准体系建设向注重枸杞消费型标准体系建设转化，不断挖掘市场潜力、满足消费需求，扩大枸杞消费区域与消费群体的覆盖面。四是立足服务型标准体系建设,从贸易型标准体系建设向服务型标准体系建设转化,创新完善"线上+线下"科技手段与服务模式,探索新时期、新需求下的市场服务方法与路径。五是立足体验式标准体系建设,从传统产品式标准体系向现代体验式标准体系转化,依托互联网、大数据等信息数字化技术,开展线上线下一体化、B端C端一体化、传播销售一体化等新零售体验式标准体系建设。

(二)在标准化"两端"发力

为进一步强化枸杞产业标准化发展战略,提高产业结构化、市场化程度,需要将标准有效供给与实施评估高度结合,通过"两端"发力,形成从数量到质量、从技术到产品、从产品到品牌、从产业到市场的供需一体化发展格局,建立健全标准的供给、实施、评价、研制与创新等良性循环机制,形成基于产业链发展的标准化闭环运营体系。一方面,通过标准化市场应用机制,提高标准的供给效能,扩大标准化集群参与的积极性与能动性,充分发挥社会组织、优势企业的引领效应,带动产业群体共同参与标准化工作。另一方面,扩大评价标准的建设与应用领域,推动产业制定基地建设、技术应用、生产加工、产品性能、品牌建设、人才队伍建设及组织保障等方面的评价标准,通过对核心环节、关键要素、重点项目的实施成效进行有效评估,不断优化提升枸杞产业的核心竞争力,推动产业转型升级、提质增效。

(三)深化政府标准和市场标准协同治理

近年来,在国标、行标和地标等政府标准的引领下,枸杞产业以团体标准为主导的市场标准的供给能力快速提升。2020—2023年,全国各地枸杞产业团体标准的供给超过了之前所有团体标准的总和,市场标准的供给能力在枸杞产业呈现快速发展之势,枸杞产业的市场化发展进一步得到了标准的有效支撑。根据《国家标准化发展纲要》部署,标准的供给将由政府主导向政府与市场共同主导发展(图24)。枸杞产业在保证政府标准供给的同时,重点从三方面提升市场标准的供给能力,从而达到政府标准与市场标准对枸杞产业协同治理的效果:一是积极的产业政策引导,尤其加大市场标准制定的政策引导力度。二是扩大市场标准实施成效的宣传力度,抓关键标准、树典型企业,用标准的实际成效引导企业、社会组织提高标准化建设的积极性。三是加强标准化人才队伍建设,完成市场标准的共创、共建、共享,提高标准对于社会治理和经济发展的技术性支撑。

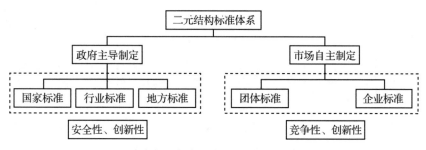

图24 政府主导与市场主导的二元结构标准体系

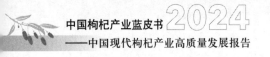

(四) 稳步有序扩大标准制度型开放

鼓励各地政府标准化部门、企业与社会组织积极参与行业标准、国家标准甚至国际标准的制定与修订。一是加强标准层级的互通,在目前有效引用国家与行业162项标准的基础上,基于枸杞产业发展需求,继续加强对行业标准、国家标准的引用,大力推动枸杞产业标准与国家、行业食品标准、质量标准、服务标准的融合与互鉴,尤其是加强市场化运营,如电子商务、信息数字化、品牌建设与保护、生态建设与可持续发展等行业标准、国家标准对枸杞产业的支撑作用,以开放、包容、互通、共享的心态共同推进产业发展。二是加强产业间的互通协作,深入研究枸杞产业与其他相关产业的融合,依托多产业之间的联动效应,积极推动枸杞产业标准的国际化发展,有序提升枸杞标准化的国际话语权、内核力。

标准是支撑未来产业发展的技术基础和关键所在,标准是技术创新成果转化的载体。前瞻布局未来产业,既需要通过标准体系建设加强产业发展的顶层设计,明确产业健康发展的路线图,做到"谋定思动";也需要通过对关键标准的研制与主导,加快构建产业核心竞争力,把握发展的主动权,做到"以点带面"。枸杞产业标准化需要在生产经营活动中建立各方面、各要素的协同关系,通过对枸杞的风土环境、种植栽培、生产加工、经营活动等进行统一标准化管理,使其在标准化力量的推动下,走上生态化、融合化、数字化、科学化的可持续发展道路。

法规篇

中国枸杞产业蓝皮书
——中国现代枸杞产业高质量发展报告
2024

现代枸杞产业标准化高质量发展法律法规及政策保障体系建设报告

张静　王微　杨淑婷*

摘　要：枸杞产业标准化工作是实施创新驱动发展战略的内在要求，是推动枸杞产业高质量发展的实现路径。本章节在系统梳理枸杞产业标准供给内容、法律法规框架、枸杞产业发展政策等基础上，界定了枸杞质量安全标准体系的偏重方向，论述了枸杞产业发展政策的保障要义，从推进道地中药材产地立法保护，筑牢道地中药材质量安全"壁垒"、强化基地保护政策，筑牢道地产区优势和发展根基、坚持多主体协同工作机制，完善产业发展保障制度等方面提出了促进枸杞产业高质量发展的愿景与展望，旨在为加快枸杞产业标准化发展进程提供政策参考。

关键词：枸杞产业发展政策　枸杞质量安全标准体系　政策法规

绿色发展是经济社会高质量发展的必然要求。2021年中共中央、国务院印发的《国家标准化发展纲要》中明确指出"标准是促进创新成果转化的桥梁和纽带，创新则是提升标准水平的手段和动力。"积极地将创新转化为标准，可以加速创新成果扩散，加快其市场化和产业化步伐，通过标准化所产生的乘法效应形成强大的创新动力，引领新业态、新模式发展壮大。因此，标准化在助力枸杞产业绿色发展方面将发挥重要作用。为全面贯彻落实习近平总书记关于标准化工作的重要论述和视察宁夏重要讲话和指示批示精神，优化枸杞产业标准供给结构，夯实枸杞产业质量安全标准底线，加快建设引领枸杞产业高质量发展的标准体系显得格外迫切。本章节在系统梳理枸杞产业标准供给内容、重点工作及政策保障的基础上，提出筑牢枸杞道地产区优势的若干发展展望，以期为夯实枸杞产业质量安全根基，推动枸杞产业高质量发展提供理论依据与政策建议。

一、建设现状及成效

（一）现代枸杞产业标准化高质量发展法律法规条例及规章制度保障

1. 法律法规保障体系建设进一步健全

近10年，国家层面出台了许多政策进一步规范中药材种植产业发展，政策主基调聚

注：张静，宁夏农林科学院农业经济与信息技术研究所助理研究员，宁夏农产品质量标准与检测技术研究所助理研究员/农业工程师；王微，宁夏农林科学院农业经济与信息技术研究所助理研究员；杨淑婷，宁夏农林科学院农业经济与信息技术研究所助理研究员。

焦"标准化、集聚化、品牌化",通过推动中药材产品原产地认证、建设中药材追溯系统、支持中药材生产基地建设等举措,实现有规划的中药材种植标准化发展,通过推动建设优势特色产业集群、认定认证一批中药材生产基地等举措,实现了中药材种植集聚化发展。宁夏枸杞是《中华人民共和国药典》唯一明确可以入药的枸杞,也是国家市场监督管理总局确定的唯一药食同源枸杞。"中宁枸杞"于2017年被列入首批国家道地中药材标准认证品种。道地药材标准对枸杞的来源、植物形态、历史沿革、道地产区及生境特征、质量特征等都做了详细要求[1]。2018年12月中华中医药学会对《中药材商品规格等级(226种)》进行了复审,复审结论为继续有效,同时根据实际应用调整了标准编号,"枸杞子"对应标准号为T/CACM 1021.50—2018,同时规定了枸杞子的商品规格等级。该标准的发布对规范"枸杞子"中药材市场流通秩序,合理引导中药材生产,促进优质优价等方面效果显著。

《全国道地药材生产基地建设规划(2018—2025年)》为助力乡村振兴,明确了西北道地药材产区的主要发展品种、主攻方向和建设目标。国家从多个层面对我国中药材发展提出了明确的发展方向和奋斗目标[2]。目前,中宁枸杞子、盐池甘草、盐池麻黄、平罗菟丝子、同心银柴胡、黄芩、六盘山黄芪、柴胡、秦艽、海原产小茴香等10种药材为国内市场公认的道地产区。其中,"中宁枸杞"获得了国家农产品地理认证,入选"中国百强区域公用品牌",位列区域品牌(地理标志)第12位。2021年,宁夏回族自治区党委、人民政府印发的《关于促进中医药传承创新发展的实施意见》中强调要"大力推动中药材质量提升和产业高质量发展。完善宁夏枸杞生产质量管理体系,优化道地药材产业发展,形成以完善标准体系、保护商标、地理标志和开展信誉评级相结合的道地药材保护机制。"2021年施行的《宁夏回族自治区发展中医条例》中明确"应当加强道地中药材、特色中药材产区的生态环境保护,鼓励采取地理标志产品保护等措施对枸杞子、甘草、黄芪、银柴胡等道地中药材、特色中药材进行保护,培育和打造中药材地域品牌。"2021年10月宁夏回族自治区人民政府办公厅印发《关于加快中医药特色发展的若干措施》和《宁夏中药材产业发展实施方案(2021—2025年)》。《关于加快中医药特色发展的若干措施》中提出要"实施道地中药材质量提升工程。以枸杞、甘草、黄芪、银柴胡等宁夏道地特色中药材为重点,打造一批道地、特色中药材良种繁育、生态种植、林下仿野生种植和生产基地,建设一批中药材种植专业合作社。"《宁夏中药材产业发展实施方案(2021—2025年)》中强调要"努力把中药材产业培育成保障中药质量的基础产业、支撑乡村振兴的特色产业、强区富民的优势产业、可持续发展的生态产业。要加强中药材资源保护利用、推进中药材规范化种植、完善中药材市场流通体系、强化中药材科技支撑、促进中药材产业融合发展"等重点措施。宁夏立足推动地方药品标准体系建设,发布了枸杞子(冻干工艺)中药饮片炮制规范,将其作为中药饮片炮制地方标准纳入《宁夏中药饮片炮制规范》,2023年对《宁夏中药饮片炮制规范》(2017年版)进行了勘误。

青海省2022年5月开始施行《青海省中医药条例》和《青海省生态环境保护条例》,重点强调加强中药保护与发展,保护和改善生态环境,着力提升科研创新能力。2023年青海省聚焦林草产业富民的总要求,加快推动《青海枸杞产业促进条例》立法,建立冬虫夏草产业联席会议制度,大力发展特色经济林、林草种苗、汉藏药材、林下经济等传统特色林草产业。加快推进林草产业标准体系建设,发布冬虫夏草(鲜品)、冬虫夏草保护采挖、沙棘采摘基地、小叶黑柴胡等道地药材标准。规范设置、调整优化生态管护公益岗位,推进生态保护、民生改善共赢。甘肃省为进一步优化枸杞产业发展的政策环境,制定《中医药发展战略规划纲要(2016—2030年)》,《纲要》指出"推进中药材规范化种植养殖。制定中药材主产区种植区域规划,加强道地药材良种繁育基地和规范化种植养殖基地建设。"

2. 产品质量安全保障体系建设进一步加强

(1)法律法规框架体系逐步成熟 有法可依是促进我国枸杞产业高质量建设实现法制化的前提。目前我国形成了以《中华人民共和国农产品质量安全法》(以下简称《农产品质量安全法》)、《中华人民共和国食品安全法》《中华人民共和国进出口商品检验法》等法律为基础,《农药管理条例》《中华人民共和国食品安全法实施条例》《中华人民共和国计量法》《农产品质量安全检测机构考核办法》等法律法规,以及各省级地方政府的规章为补充,还有一些与枸杞质量安全相关的配套法规、行政规章、食品标准及检验规程等80余部法律法规的框架体系,为我国枸杞质量安全水平的提高提供了法制化保障。

(2)枸杞质量安全标准体系已基本覆盖产品生产全流程各环节 目前,枸杞质量安全标准体系基本形成了覆盖枸杞生产、流通和销售各环节,涉及农药残留、重金属、食品添加剂、微生物等质量安全评价指标体系。现有涉及枸杞检测的国家强制性限量标准有5项,《食品安全国家标准 食品中农药最大残留限量》(GB 2763—2021)中分别规定了枸杞干果和鲜果中各17种和19种农药限量值,根据枸杞干果加工工艺特征,枸杞干果中二氧化硫添加应符合《食品安全国家标准 食品添加剂使用标准 》(GB 2760—2014)的要求,《食品安全国家标准 食品中污染物限量》(GB 2762—2022)对枸杞作为新鲜水果规定了铅和镉的限量要求,对枸杞作为水果干制品仅规定了铅的限量值,《食品安全国家标准 预包装食品中致病菌限量》(GB 29921—2021)和《食品安全国家标准 散装即食食品中致病菌限量》(GB 31607—2021)规定了枸杞作为即食果蔬制品和散装即食食品中沙门氏菌和金黄色葡萄球菌限量值。宁夏作为枸杞的主产省份,为使枸杞质量安全评估有据可依,也制定了相应地方标准《食品安全地方标准 枸杞干果中农药残留最大限量》(DBS 64/005—2021),包含杀菌剂、杀螨剂和杀虫剂农药种类40种,比国家限量标准增加23种。

此外,枸杞及其制品作为商品,应满足商品标识规定的标准要求,包括中华人民共和国国家标准《枸杞》(GB/T 18672—2014)、《地理标志产品 宁夏枸杞》(GB 19742—2008)、《绿色食品 枸杞及枸杞制品》(NY/T 1051—2014)和《宁夏枸杞干果商品规格等级规范》(DB 64/T 1764—2020)、《食品安全地方标准 枸杞》(DBS 64/001—2022)、《中宁枸杞》(DB 64/T 1640—2019)、《食品安全地方标准 枸杞原浆》(DBS64/ 008—2022)、《食品安全地方标准 黑果枸杞》(DBS64/ 006—2021)、《食品安全地方标准 枸杞》(DBS63/ 0005—2021)、《宁夏富硒农产品标准(水稻、玉米、小麦与枸杞干果)》(DB64/T 1221—2016)、《地理标志产品 靖远枸杞》(DB62/T 2379—2019)、《地理标志产品 柴达木枸杞》(DB63/T 1759—2019)、《地理标志产品 民勤枸杞》(DB62/T 2752—2017)、《干制枸杞果品质量分级》(DB65/T 4474—2021)等相应标准等级感官理化品质要求,同时应满足《食品安全国家标准 预包装食品标签通则》(GB 7718—2011)等要求。

3. 现代枸杞产业标准化高质量节奏步入"快车道"

(1)技术标准不断完善 枸杞质量安全标准和检验检测方法标准是枸杞质量安全检验

检测体系的重要的组成部分，也是枸杞质量安全检验检测的依据。随着枸杞产业的快速发展，其检验检测标准体系也不断完善，我国已初步建立了以国家标准为主体，行业、地方、团体标准相配套，强制性标准与推荐性标准互为侧重的结构较为合理的枸杞质量安全标准体系。目前，我国制订发布枸杞质量安全有关国家标准8项、行业标准4项、地方标准12项、团体标准11项。包括中华人民共和国国家标准《枸杞》（GB/T 18672—2014）、《地理标志产品 宁夏枸杞》（GB 19742—2008）、《食品安全国家标准 食品添加剂使用标准》（GB 2760—2014）、《食品安全国家标准 食品中真菌毒素限量》（GB 2761—2017）、《食品安全国家标准 食品中污染物限量》（GB 2762—2022）、《食品安全国家标准 食品中农药最大残留限量》（GB 2763—2021）、《食品安全国家标准 预包装食品中致病菌限量》（GB 29921—2021）和《食品安全国家标准 散装即食食品中致病菌限量》（GB 31607—2021）；中华人民共和国农业行业标准《绿色食品 枸杞及枸杞制品》（NY/T 1051—2014）（正在修订）、《枸杞中黄酮类化合物的测定》（NY/T 3903—2021）、《绿色食品农药使用准则》（NY/T 393—2020）和《绿色食品 食品添加剂使用准则》（NY/T 392—2000）；各主产省区发布的地方标准《食品安全地方标准 枸杞》（DBS64/001—2022）、《食品安全地方标准 枸杞干果中农药残留最大限量》（DBS64/ 005—2021）、《宁夏枸杞干果商品规格等级规范》（DB64/T 1764—2021）、《中宁枸杞》（DB64/T 1640—2019）、《食品安全地方标准 黑果枸杞》（DBS64/ 006—2021）、《食品安全地方标准 枸杞》（DBS63/ 0005—2021）、《宁夏富硒农产品标准（水稻、玉米、小麦与枸杞干果）》（DB64/T 1221—2016）、《地理标志产品 靖远枸杞》（DB62/T 2379—2019）、《地理标志产品 柴达木枸杞》（DB63/T 1759—2019）、《地理标志产品 民勤枸杞》（DB62/T 2752—2017）、《干制枸杞果品质量分级》（DB65/T 4474—2021）和《柴达木绿色枸杞质量生产控制规范》（DB63/T 1133—2012）；行业组织和协会推出的团体标准《道地宁夏枸杞子 白尖枸杞》（T/NXFSA 007S—2021）、《道地宁夏枸杞子 枸杞秋果》（T/NXFSA 006S—2021）、《雪花枸杞》（T/NAIA 062—2021）、《道地宁夏枸杞子 小纺锤枸杞》（T/NXFSA 005S—2021）、《枸杞子》（T/NAIA 0124—2022）、《柴达木枸杞 干果》（T/QHYJGQX 001—2021）、《有机枸杞质量评价》（T/CXDYJ 0014—2020）、《枸杞药材质量标准》（T/NSFST 006—2022）、《中药材商品规格等级 枸杞子》（T/CACM 1021.50—2018）、《地理标志证明商标产品 惠农枸杞》（T/NAIA 0155—2022）和《锁鲜枸杞》（T/NXF-SA 059—2023）。

（2）检验检测方法不断丰富 枸杞检测方法标准有《枸杞中甜菜碱含量的测定 高效液相色谱法》（NY/T 2947—2016）、《进出口枸杞子检验规程》（SN/T 0878—2000）、《枸杞中二氧化硫快速测定方法》（DB64/T 675—2010）、《枸杞子甜菜碱含量的测定 高效液相色谱-蒸发光散射法》（DB64/T 1577—2018）、《黑果枸杞中花青素含量的测定 高效液相色谱法》（DB64/T 1578—2018）、《枸杞中总黄酮含量的测定 高效液相色谱法》（DB64/T 1139—2015）、《枸杞中总黄酮含量的测定-分光光度比色法》（DB64/T 1082—2015）、《枸杞及枸杞籽油中玉米黄质、β-胡萝卜素和叶黄素的测定》（DB64/T 1514—2017）、《枸杞中玉米黄质、叶黄素、β-胡萝卜素、β-隐黄素棕榈酸酯和玉米黄素双棕榈酸酯成分的含量测定 高效液相色谱法》（T/NAIA 0122—2022）、《枸杞中芦丁含量的测定 高效液相色谱法》（T/QAS 013—2020）、《枸杞中浸出物含量的测定 热浸法》（T/QAS 012—2020）、《枸杞及其制品中二氢槲皮素的测定 高效液相色谱法》（T/NAIA 050—2021）、《枸杞及其制品中 2-O-β-D-葡萄糖基-L-抗坏血酸（AA-2βG）的测定 高效液相色谱法》（T/NAIA 049—2021）、《枸杞中酚酸化合物含量的测定 高效液相色谱法》（T/NAIA 034—2021）、《植物提取物 枸杞糖肽》（T/CCCMHPIE 1.77—2022）、《黑果枸杞及其制品中花青素（花色苷）的含量测定 pH 示差法》（T/QAS 075—2022）、《枸杞提取物 枸杞红素油》（T/NXFSA 021—2022）、《黑果枸杞提取物 花色苷》（T/NXFSA 022—2022）、《枸杞中枸杞多糖含量的测定 高效液相色谱法》（T/NAIA 0121—2022）、《枸杞中总酚含量的测定 分光光度法》（T/NAIA 097—2021）、《枸杞中微量元素的测定》（T/NAIA 089—2021）、《枸杞多糖》（QB/T 5176—2017）、《食品安全国家标准 桑枝、金银花、枸杞子和荷叶中 488 种农药及相关化学品残留量的测定 气相色谱-质谱法》（GB 23200.10—2016）、《食品安全国家标准 桑枝、金银花、枸杞子和荷叶中 413 种农药及相关化学品残留量的测定 液相色谱-质谱法》（GB 23200.11—2016）、《枸杞中乙基多杀菌素及其代谢物残留量的测定 液相色谱-质谱/质谱法》（T/NAIA 032—2021）、《枸杞中 12 种农药残留快速检测方法胶体金免疫层析法》（T/NXSPAQXH 001—2019）、《枸杞中二氧化硫含量的测定 离子色谱法》（T/NAIA 035—2021）、《枸杞中溴氰虫酰胺及其代谢物残留量的测定 液相色谱-质谱/质谱法》（T/NAIA 100—2021）等 33 项，及相关的食品安全国家标准等，包含了感官指标、理化指标（品质指标、风味指标等）、安全指标（农药残留、重金属残留、食品添加剂、真菌毒素、致病菌）的主要检验检测方法，基本能满足生产和贸易的需求。

（二）现代枸杞产业标准化高质量发展国家、行业、地方政策措施保障

2021 年《宁夏现代枸杞产业高质量发展"十四五"规划》《现代枸杞产业高质量发展实施方案》等相继出台，明确推进现代枸杞产业高质量发展"123456"的发展思路：即唱响"中国枸杞之乡"这一战略定位，打造两个区域公用品牌，建设"三个国家级平台"，构建"四大体系"，打造"五个中心"，重点实施"六大工程"。2022 年，宁夏回族自治区第十三次党代会将现代枸杞产业列为"六特"产业之一，举全区之力加快发展，重新修订《宁夏回族自治区枸杞产业促进条例》并颁布实施，印发了《关于印发支持"六新""六特""六优"产业高质量发展有关财政政策措施的通知》，成立自治区现代枸杞产业高质量发展省级领导包抓机制。2022 年 7 月 1 日，《宁夏回族自治区枸杞产业促进条例》修订实施。通过加强顶层设计和质量安全管理，进一步健全枸杞产业标准、绿色防控、检验检测、产品溯源"四个质量安全体系"建设，切实加强"宁夏枸杞"地理标志证明商标的保护使用和管理，持续提升了宁夏枸杞从"田间"到"舌尖"的质量安全管理水平。2022 年宁夏回族自治区人民政府印发《宁夏回族自治区推动高质量发展标准体系建设方案（2021—2025 年）》（以下简称《方案》）。《方案》聚焦建设先行区，立足"九个重点产业"发展，"十大工程项目"建设和实施"四大提升"行动，构建自治区高质量发展标准体系，明确宁夏优势特色农产品应建立完善全产业链农产品质量安全保障标准体系。围绕优势特色产业，建立健全覆盖产地环境、生产过程控制、包装分级、贮藏运输、品牌培育、评价与保护等全产业链农业标准体系。严格执行强制性标准，大力推进农产品标准化生产，以"两品一标""良好农业规范（GAP）"认证企业以及国家级、自治区级龙头企业、合作社为重点，开展对标达标行动，推动农产

品生产全过程标准化管理。"针对枸杞产业，《方案》强调要"完善由产地环境、良种繁育、标准化建园、标准化栽培、水肥管理、病虫害防治、气象监测预报、采摘制干、生产加工、质量认证认定、产品分等分级、标志标识、包装贮运、检验检测、市场流通、产品产地追溯等构成的枸杞产业标准体系，结合产业发展需要，及时修订完善种苗繁育、良种良法配套、农机农艺融合、病虫害绿色防控等相关标准。"2023年，宁夏继续坚持果用、叶用、茎用并举，完善"一核两带"产业布局，积极推广"两减一增一提升"行动和"良方+良种"栽培技术，建设"百、千、万"绿色丰产示范点29个以上。加强枸杞质量安全管理，制定发布地方标准2项以上、团体标准5项以上，开展枸杞产品质量风险监测、例行监测、质量抽检1600批次以上。2023年，宁夏谋划编制了《自治区现代枸杞产业千亿产值发展规划（2023—2030年）》，印发了《加强"三大体系建设"推进枸杞产业高质量发展实施方案（2023—2027年）》，进一步加强延链补链强链，规划到2027年，宁夏枸杞种植面积稳定在50万亩，鲜果产量50万吨，实现全产业链产值680亿元；到2030年，全区新增面积32万亩，总面积70万亩，鲜果产量70万吨，加工转化率60%以上，实现全产业链产值1000亿元。

近年来，青海省全面推进"一优两高"和"五个示范省"建设，紧紧围绕保护生态、绿色发展、和谐共生，加快推进有机枸杞生态产业发展，取得了显著的生态、经济和社会效益。根据《青海省人民政府办公厅关于推进枸杞产业高质量发展的意见》（青政办〔2021〕121号），经青海省政府同意，成立青海省推进枸杞产业高质量发展领导小组，以"生态产业化、产业生态化"为发展方向，建设"中国有机枸杞产业先行示范区"。2022年底，青海枸杞"柴达木"品牌、千亩千年枸杞林、《中国青海"柴达木"枸杞白皮书》、青海枸杞"柴达木"品牌Logo、"青海省有机枸杞基地"认定结果正式对外发布。2023年1月10日青海省人民政府办公厅印发《青海省枸杞产业发展"十四五"规划》，明确了"六大"重点任务和"十大"重点工程。"重点任务"主要是严格保护资源环境、夯实生态根基，建设现代生产基地、降成本优品质，推进产品创新、延伸产业增值链，加快品牌培育、提升市场竞争力，加强文化赋能、促进融合发展，强化科技创新、完善支撑体系。"重点工程"主要包括枸杞资源保护工程、枸杞种植基地工程、优良种苗繁育工程、枸杞产品创新工程、枸杞交易市场工程、枸杞品牌建设工程、枸杞循环经济建设工程、枸杞文化旅游融合发展工程、枸杞产业园区提档升级工程、枸杞科技创新工程。

2023年2月8日甘肃省白银市人民政府印发《白银市枸杞产业绿色优质高效发展实施方案》（以下简称《方案》），将枸杞产业列入白银市构建"四集群+四片带+N"农业特色产业布局重点产业。《方案》明确要实施基地建设、龙头扶优、科技赋能、质量提升、品牌创建"五大行动"，建立健全枸杞产业、生产、经营三大体系，全面提升枸杞产业质量效益和竞争力，到"十四五"末，白银市枸杞产业实现品种培优、质量提升、产值倍增、体系健全、绿色发展"五大目标"，将白银打造成全国绿色优质高效枸杞系列产品供应基地。

二、短板与挑战

（一）检验检测供给不足是枸杞质量安全的主要短板

经过多年努力，枸杞质量安全检验检测体系基本健全，设施装备条件明显改善，检测能力迅速提升，为枸杞产业高质量发展提供了有力支撑。但仍存在着各级检测机构发展不均衡等问题，大多数部级、省级检验检测机构的检测资质全面，人员能力较强，仪器设备配置水平较高，检验检测实力较强，在政府重大活动保障、食品安全风险排查、重大案件稽查中发挥了重要作用，而大多数市县级检验检测机构作用发挥不明显、标准供给机制不健全、枸杞检验检测标准化技术实用技能型人才引进与培养力度不够，导致现有服务供给满足不了现有市场需求。此外，虽然我国已建立了枸杞质量安全检验检测法律法规体系框架，但对应枸杞质量安全管理的需求，现有法规从立法术语、监测计划可操作性、资质管理和信息发布等方面依旧存在疏漏与不足，有待进一步完善。

(二)产业发展政策的导向协调创新性带来的集聚效应不够突出

"集聚效应"促进了创新、协同合作和资源共享，为新质生产力的形成和发展创造了良好的基础和环境[3]。在推动建设现代枸杞产业体系的过程中，鼓励各产区发展各具特色的创新集聚区，建立产业链上下游企业共同体，推动人才链与产业链、创新链的深度融合程度不够。其次，产业发展短板仍须进一步加强，产业发展政策覆盖面亟须进一步扩大。目前，枸杞粉、枸杞籽油胶囊等功能性食品及枸杞原汁、化妆品、特膳特医食品等深加工产品有 10 余大类 100 余种，但相关产品引领带动行业整体效益距离实现预期目标还有较大差距，且相关产品标准制定仍以团体标准为主，行业标准与地方标准尚未形成，因此亟须促进地方标准形成，拓宽产业发展政策覆盖面，并制定相关扶持政策。

三、发展展望

(一)扬优势推进道地中药材产地立法保护，筑牢道地中药材质量安全"壁垒"

随着耕地红线和生态红线等政策调控及"粮草争地"等多重矛盾制约，枸杞种植空间越来越少，枸杞基地扩增受限情况也愈发突出。因此，在全面梳理研判现有枸杞产业发展条例的基础上，牢牢把握"产区保护"和"产业促进"两个关键，通过废、改、立相关制度，探索建立宁夏现代枸杞产业产区保护条例，推动道地中药材产地立法保护。产区保护条例应当包括产区的保护与发展、枸杞种植区划定、公共基础设施配套建设、生态保护措施、品牌保护等内容，并着重明确在枸杞种植区范围内的禁止行为等。种植者应当建立种植档案，记录品种、产量、农业投入品使用情况、病虫害防治、采收日期等，同时应不断完善枸杞产区基础服务设施水平和环境品质，推动宁夏枸杞质量安全标准与国际接轨。

(二)补弱项加强枸杞中药产业守正创新发展，构筑大健康产业枸杞国家品牌

一是推动老旧基地宜机化改造和新基地宜机化建设，利用宜林地、疏林地、荒山荒地建设高标准道地中药材基地，支持枸杞道地中药材基地向集约化、现代化方向发展。坚持绿色导向、标准引领，引导各类生产经营主体通过土地流转、资源托管等形式，持续扩增现有中药材绿色种植基地，对现有中药材基地通过土壤改良、增施有机肥、化肥、水肥一体化管理、专业化修剪等措施进行提升改造，实现枸杞中药材种植基地提质增效。二是可以联合宁夏乃至全国现有知名药食品牌，通过联合、兼并和有偿使用等多种方式，在开展

枸杞绿色有机农产品基地创建,加大对达标基地的认证保护,提升枸杞产业标准化生产水平,对种植、生产、制干、运储、加工、流通等全过程进行溯源的基础上,升级拓展宁夏枸杞精深加工与大健康产业,创建宁夏枸杞大健康产业枸杞国家品牌和标志性品牌。

(三)协同协作建立多主体(产区)协同发展机制,合力推进现代枸杞产业标准化高质量发展

枸杞因自身有中药材、农经产品、林产品等多重属性,且受多个部门管理,在不同产区又存在原产地、传统产区和新发展产区相互竞争等因素影响,在管理中涉及多个部门多头管理,因此未来应依托宁夏回族自治区现代枸杞产业高质量发展、省级领导包抓机制,明确现代枸杞产业高质量发展责任主体,主管部门统一管理、总体协调,各管理部门应全面落实好包抓工作机制安排的任务,紧抓规划落实、政策落实、项目落实。标准化行政管理部门牵头开展高质量发展标准体系建设,统筹推进标准化改革,研究推进标准化工作的政策措施,对跨部门跨领域、存在争议标准的制定和实施进行协调,形成工作合力,统筹推进,为推动现代枸杞产业高质量发展提供坚强组织保障。

参考文献

[1]黄璐琦.道地药材标准汇编[M].北京:北京科学技术出版社,2020.

[2]崔治家,邵晶,马毅,等.甘肃省道地药材枸杞子资源现状及产业发展对策研究[J].中国现代中药,2023,25(1):15-21.

[3]张宇.更好发挥新兴产业创新的"集聚效应"[N].光明日报,2024-02-22(15版)

现代产业体系篇

枸杞多糖标准体系构建研究进展

邸多隆　刘建飞　王宁丽　黄新异　裴栋*

摘　要: 标准是驱动产业高质量发展的风向标。枸杞作为我国康养食疗的主要药食两用物质,近年来备受全球消费者的青睐。因此,构建完善的质量标准体系,是推动枸杞产业迈向国际化的重要举措。本文以枸杞中主要活性成分枸杞多糖为对象,综述了其定性定量分析的研究进展,在此基础上构建了一种微波消解-离子色谱法测定枸杞多糖含量及组成的新方法,利用该方法制定了国家标准《枸杞中枸杞多糖的测定 离子色谱法》。目前,该标准已经通过国家标准化管理委员会组织的专家评审。该标准的应用将为枸杞多糖的定性定量分析提供更加科学的技术支撑。

关键词: 标准　枸杞　枸杞多糖　定性定量　离子色谱　国家标准

标准是国家经济活动发展的技术支撑,是国家基础性制度的重要方面。标准化在推进国家治理体系和治理能力现代化中发挥着基础性、引领性作用,是质量强国建设的重要内容。中药质量是中药临床安全有效的基础,是中药产业发展的生命线。中药质量标准、质量控制研究和应用是关系到中医药科学和产业发展的国家战略问题。2022年,国务院发布了《"十四五"中医药发展规划》,是继2021年印发《关于加快中医药特色发展若干政策措施》后又一重要举措,着力强调提升中药质量控制水平仍是中药研究的主要任务之一,建立以中医药理论为指导的中药全过程质量评价体系仍是中药研究的艰巨任务。质量标准体系其科学性、先进性、适用性及全覆盖性,主要体现在应最大限度地提供中药的化学信息,检定方法达到辨别真伪、评价优劣的目的,指标成分的有无或含量高低能够反映分析中药的内在品质。

枸杞是第一批列入"药食同源"物质名单的名贵中药,也是广泛用于食品、保健食品和中成药等大健康产业,享誉古今中外的保健珍品。枸杞多糖是枸杞的主要活性成分和指标成分之一,是一种以葡萄糖、甘露糖、鼠李糖、半乳糖、木糖、果糖、阿拉伯糖、半乳糖醛酸、葡萄糖醛酸等为单糖单元,通过脱水缩合以糖苷键聚合而成的高分子化合物,绝大多数枸杞多糖还缀合少量的蛋白质、多肽、脂质等,形成糖苷复合物。枸杞多糖由于其显

注:邸多隆,中国科学院兰州化学物理研究所,研究员,主任;刘建飞,中国科学院兰州化学物理研究所,副研究员;王宁丽,中国科学院兰州化学物理研究所,助理研究员;黄新异,中国科学院兰州化学物理研究所,研究员;裴栋,中国科学院兰州化学物理研究所,研究员。

著广泛的生物活性，备受消费者青睐。因此，对枸杞多糖及其相关制品的品质评价与质量控制显得尤为重要。不同于小分子化合物，受单糖单元类型、链接方式、异头碳构象等影响，枸杞多糖的定量定性分析及测定标准制定依然是一项极具挑战的工作。

与日益增长的枸杞需求相比，国内外枸杞多糖的相关标准一直未得到很好的提升，无法保证枸杞的质量，从而影响相关产品的品质，使得枸杞相关产品良莠不齐。近年来，随着欧美等发达国家市场对枸杞的逐步了解，枸杞的营养保健功效在西方国家逐渐得到证实和认可。枸杞的国外市场需求逐渐从亚洲地区和华裔市场拓展到了欧盟、美国、澳大利亚等国家和地区。在国际市场需求的带动下，国内从事枸杞进出口业务的企业逐渐增多，枸杞的进出口贸易规模也在不断扩大。根据海关的统计数据，2019 年我国枸杞进出口贸易总量 11587 吨，其中：枸杞出口总量 11563 吨，出口金额 9446 万美元，检测约 10000 余次。为避免枸杞交易过程中以次充好的现象，建立枸杞中枸杞多糖含量测定的统一检测方法十分关键，不仅可以保证枸杞及相关产品的质量，还有利于引导质量提升、规范市场秩序、促进公平贸易、实现优质优价和维护消费者权益。

全国具有 CMA 资质的食品检测机构（包括省市级食品药品检验检测研究院/所、省市级疾控中心）1000 余家，民营的食品检测机构（如华测、谱尼、莱茵、诺安、SGS 等）116家，大部分均可开展枸杞中枸杞多糖的检测。目前全国最大的枸杞交易中心为"中宁国际枸杞交易中心"，每年枸杞交易量约 15 万吨，占到全国枸杞交易量的一半，其质量安全检测中心每年平均需要检测枸杞多糖 5 万余批次，而目前我国关于枸杞多糖的标准有《枸杞》（GB/T 18672—2014 ）和《枸杞多糖》（QB/T 5176—2017），该方法是通过多糖类成分在浓硫酸作用下水解，与苯酚缩合成有色化合物，然后利用分光光度法测其多糖含量。经过多年的应用和实施，检验和生产行业领域对该标准中规定的检测方法，公认存在两个不足：一是该方法专属性差、重现性差、干扰严重导致检测结果准确性差；二是检测方法不能实现高通量检测，因为该方法是显色反应，检测结果与显色时间有直接相关性，所以较难实现自动化、大批量的检测。此外，该方法标准使用大量的浓硫酸和苯酚衍生物等高腐蚀、有毒试剂，对环境和实验人员均有较大负面影响。因此，构建枸杞多糖定性定量新方法，完善和制定枸杞多糖的专属性检测方法，是推动我国枸杞产业高质量发展，稳步走向国际化的重要前提。

一、枸杞多糖定量分析研究进展

目前，枸杞多糖的定量分析主要集中在对总碳水化合物和糖醛酸的定量，前者主要有硫酸苯酚法和蒽酮硫酸法，后者主要有咔唑硫酸法和间羟基联苯法。咔唑硫酸法在测定糖醛酸含量时，受中性多糖的干扰严重，所以间羟基联苯法经常用于糖醛酸的定量。历版《中国药典》和现行国家标准《枸杞》（GB/T 18672—2014）均使用硫酸苯酚法测定枸杞多糖的含量。然而，由于枸杞多糖的单糖组成复杂，各种单糖对比色的响应度不同，选择葡萄糖作为唯一对照品时，含量测定结果的准确性和专属性越来越受到众多分析化学家的质疑。Wang 等人[1]提出了一种近红外漫反射光谱结合硫酸苯酚法评估枸杞多糖含量的策略，并对114 个来自中国枸杞主产地不同产区的样品进行了分析，通过用偏最小二乘法建模，基于相

关系数 R 和载荷权重 X 确定了有效波长为 4003~5087、5568~7002 和 7463~12000 cm^{-1} 时效果最佳，所建模型能够成功预测外来样本，并快速确定具有完整颗粒样本的枸杞多糖，唯一缺陷是依然需要依赖硫酸苯酚法的测定结果。Cheong 等人[2]开发了一种不需要对照品和标准曲线就可以定量多糖的方法，利用高效分子排阻色谱对多糖进行分离，凭借多角度激光散射仪测定不同馏分的分子量，最后利用多糖对示差折射率检测器的浓度响应以及多糖比折光指数增量值(dn/dc)对其进行量化。Wu 等人[3]将该方法应用于枸杞多糖的定量分析，研究了来自中国不同地区的枸杞子样本中多糖及其不同组分的含量，结果显示所有样本中水溶性多糖的含量为 1.02%~2.48%，内蒙古、新疆和甘肃采集的枸杞粗多糖中 3 个多糖组分的平均含量与宁夏的相似，青海样本的各组分则显著低于宁夏采集的样本。该方法目前已经推广至其他中药活性多糖及其组分的定量分析，尤其是在对酶解后多糖特定片段的精准定量分析方面具有突出的优势。

枸杞多糖分子量大，缺乏光学吸收基团，不具备紫外吸收能力，提纯后直接检测较为困难，无法满足高灵敏度分析手段的检测要求。衍生化可以使枸杞多糖的糖链转变为具有光学活性的物质，在检测信号增强的同时，也提高了检测灵敏度。并且经衍生化反应后结构改变，极性也随之变化，原本难以分离的组分可以用常规的分离方法分开。常用的衍生化试剂包括氨基含氮杂环类、苯胺类、氨基吡啶酮类、吡唑啉酮类等。1-苯基-3-甲基-5-吡唑啉酮(1-phenyl-3-methyl-5-pyrazolinone，PMP)是其中一个典型的吡唑啉酮类衍生试剂，Honda 等首次发现 PMP 与还原碳水化合物几乎定量反应，生成 2∶1 的化合物，无立体异构且在 245 nm 处具有强烈吸收，反应条件温和、高效环保且灵敏度高，该方法被证明对分析糖蛋白的组成单糖特别有效，对还原寡糖的分离也有效果，PMP 因此被广泛用于糖类化合物的衍生化反应。糖类经 PMP 衍生后，疏水性得到提高，衍生物带电，就可以使用多种分离模式进行分析，随着反应条件的不断改进，已经可实现对中性、酸性和碱性醛糖的分离。将枸杞多糖通过酸水解后得到各种单糖，再经过 PMP 衍生后，通过高效液相色谱法或气相色谱法对相应的单糖进行定量，从而间接反映多糖含量。但应用该方法时，多糖提取溶液常需在 110~120℃条件下三氟乙酸水解 5~6 h，存在前处理耗时、长时间强酸高温环境易引起目标物质不稳定等缺点。为了缩减样品前处理时间，提高目标物质的专属性与稳定性，本课题组将建立的微波消解技术水解 LBPs 样品的前处理方法与 PMP 柱前衍生-HPLC 法进行联用[4]，构建了微波消解-PMP 柱前衍生-HPLC 法测定枸杞多糖含量新方法，大大缩短了样品前处理时间，提高了测定的稳定性，经方法学评价，8 种单糖均具有良好的线性关系，相关系数均大于 0.98；平均加标回收率为 94.95%~99.22%，相对标准偏差小于等于 1.90%；检出限和定量限良好，应用该方法对我国 4 个产地枸杞(新疆精河、宁夏中宁、甘肃玉门和青海都兰)样品中的 LBPs 含量进行测定并分析其单糖组成，以期为不同产地枸杞品质评价提供参考方法，也为中药、食品等相关领域中多糖含量的测定提供可借鉴的方法。

二、枸杞多糖定性分析研究进展

枸杞多糖是宽分子量分布的高分子聚合物，受检测技术与仪器的局限性，无法对其完整结构进行表征。同时，枸杞多糖和其他植物多糖一样，也是由自然界中最常见的几种单糖以脱水缩合的方式通过糖苷键聚合而成的，至今也没有找到特异性的多糖片段作为质量标准制定的对照品。因此，对于枸杞多糖的定性研究目前主要集中在纯度、分子量、单糖组成、糖醛酸以及糖苷键等方面。然而由于操作复杂、重复性差及检测成本昂贵等因素，导致将上述指标作为枸杞多糖常规质量控制策略显然是不现实的。纵然获知了这些指标的信息，也依然无法判断枸杞多糖的真伪优劣。

中药指纹图谱是中药或天然药物制剂及其提取物质量控制的手段之一，其模糊性和整体性的特点，受到国际同行的一致认可。WTO 早在 1996 年就推荐将指纹图谱作为质控方法用于以草药为原料的保健食品和药物产品的品质评价。因此，利用中药指纹图谱的理念，构建基于多糖的单糖组成、分子量分布、紫外光谱或红外光谱的指纹图谱以及多元指纹谱图，从而对枸杞多糖进行品质评价是一种有效可行的方法。Wu 等人[3]利用凝胶渗透色谱耦联多角度激光散射检测器对来自青海、宁夏、内蒙古、甘肃和新疆 5 大枸杞产区 50 批枸杞样品进行了分析，通过计算机拟合得到的代表性凝胶渗透色谱图和分子量分布，不同产区枸杞多糖分子量大于 3000 Da 的色谱峰轮廓基本相似，分子量分布都在 $1 \times 10^4 \sim 2.3 \times 10^6$ Da，并且 3 个代表性峰都比较狭窄（分散系数分别为 $1.14 \sim 1.73$，$1.06 \sim 1.28$，$1.02 \sim 1.23$），该谱图可以作为标准谱图，为枸杞多糖及其制品的质量控制和品质评价提供科学依据。

无论是 HPSEC-MALLs、HPESC-ELSD 或 HPSEC-RID，所呈现出的多糖谱图都过于简单，无法体现多糖之间的细微差别，这主要归因于目前所使用的分子排阻色谱柱依然无法将不同聚合度多糖，尤其是分子量比较接近的多糖达到基线分离。鉴于绝大多数多糖的单糖组成类型及含量不同，用多糖水解后的单糖指纹图谱作为枸杞多糖质量控制的手段是一条行之有效的方法。Liu 等人[5]利用该策略，对 16 批来源于中国不同枸杞主产区的枸杞子样本进行分析，筛选并确定半乳糖、半乳糖醛酸、葡萄糖和阿拉伯糖 4 种单糖作为潜在质量标记物，对枸杞子进行真伪甄别和产区溯源。传统的多糖分析方法大多依靠单糖组成和糖苷键链接信息来预测样品中的多糖结构，这往往会导致预测出几种母体多糖结构。例如：由葡萄糖作为唯一单糖单元聚合而成的多糖，包括直链淀粉、纤维素、凝乳多糖、地衣多糖和 β-葡聚糖，单凭单糖组成和糖苷键链接方式的数据是无法区分的。因此，将多糖通过部分降解成为寡糖，用现代分析技术对寡糖进行鉴定与表征，再将其作为标记物进行母多糖的质量检测与控制，该策略的特异性更高，可信度更强。碳水化合物凝胶电泳（carbohydrate gel electrophoresis，PACE）和高效薄层色谱（high performance thin layer chromatography，HPTLC）也是近年来用以分析多糖降解产物的新兴方法，具有稳定性高、重复性好，分辨率好，并且可多个样品同时分析等特点。Wu 等人[6]使用果胶酶、β-1,3-葡聚糖酶、阿拉伯聚糖内切酶以及含有 β-1,3-葡聚糖酶和阿拉伯聚糖内切酶的复合酶消解了来自中国不同生化环境的枸杞多糖样本，利用 PACE 和 HPTLC 对其酶解产物进行分析，发现枸杞多糖中存在 β-1,3-糖苷键、α-1,4-半乳糖苷键和 α-1,5-阿拉伯糖苷键，不同产地的枸杞多糖之间存在相似性。通过果胶酶酶解产物与三七、当归、黄芪多糖对比，结果发现枸杞多糖果胶酶酶解产物具有明显的特异性。因此，基于 HPTLC 和 PACE 分析的糖类图谱可作为 LBPs 质量控制的常规方法。

　　枸杞多糖之所以深受广大消费者的喜爱，得益于其具有诸多显著的生理活性，而活性与多糖的化学结构，尤其是高级结构密切相关。目前枸杞多糖的质量评价方法多围绕其一级结构开展。如果能在现有方法的基础上，引入与高级结构相关的检测指标，则会更加科学全面地反映枸杞多糖的品质，也会促进枸杞产业跨越式发展。受现有检测手段和分析平台的限制，多糖高级结构的表征一直是分析化学的难点。针对以上问题，Xie 等人[7]采集了中国不同产区的枸杞子样本，考察了总多糖、多糖部分酸解和酶解产物对细胞巨噬RAW264.7 的影响，结果表明不同产地的枸杞多糖免疫调节作用相似，但由于有效多糖组分的含量不同导致活性大小有所差异，通过构效关系研究发现 α-1,4-D-半乳糖苷键和 α-1,5-阿拉伯糖苷键是免疫调节作用的主要生物标记物。该研究有利于促进基于药理活性的枸杞多糖质量控制，也为在多糖品质评价和质量溯源体系构建中引入多糖高级结构提供了思路。

三、国家标准《枸杞中枸杞多糖的测定 离子色谱法》的制定

　　植物多糖是天然多糖的主要来源之一，也是中药的主要活性成分之一。如果仅从多糖含量的角度衡量中药及其产品的品质，很容易出现"掺假"现象。因此，针对枸杞多糖，研究团队在前期定量分析的基础上，构建了一种微波消解-离子色谱法测定枸杞多糖的含量及组成的新方法[8]，并以此开展了国家标准《枸杞中枸杞多糖的测定 离子色谱法》的制定。

（一）标准制定原理

　　枸杞子样品经乙醇除杂、水回流提取得到枸杞多糖后，用三氟乙酸消解，产物经阴离子色谱柱分离，经离子色谱仪测定，外标法定量，以各单糖的峰面积为基准计算出样品中枸杞多糖的含量。

　　（1）样品中各单糖的含量计算　按公式（1）计算：

$$m_i = \frac{\rho_i \times D \times V_1}{V_2} \times V_3 \times 10^{-3} \tag{1}$$

　　式中：m_i 为试样中各单糖的质量，单位为毫克（mg）；ρ_i 为由标准曲线计算所得试样中各单糖组分的质量浓度，单位为毫克每升（mg/L）；D 为稀释倍数；V_1 为消解后总体积，单位为毫升（mL）；V_2 为用于消解的枸杞多糖提取液的体积，单位为毫升（mL）；V_3 为枸杞多糖提取液浓缩后定容的总体积，单位为毫升（mL）。

　　（2）样品中多糖的含量计算　按公式（2）计算：

$$m = \sum_{i=1}^{n} \left(m_i - \frac{m_i}{M_i} \times M_{(H_2O)} \right) \tag{2}$$

　　式中：m 为试样中多糖的质量，单位为毫克（mg）；m_i 为试样中各单糖的质量，单位为毫克（mg）；M_i 为试样中各单糖的摩尔质量，单位为克每摩尔（g/mol）；$M_{(H_2O)}$ 为水的摩尔质量，单位为克每摩尔（g/mol）。

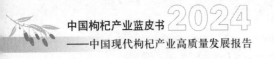

(3)样品中多糖的含量　按公式(3)计算：

$$w = \frac{m \times 10^{-3}}{m_s \times 100} \tag{3}$$

式中：w 为枸杞多糖含量，单位为克每百克(g/100 g)；m 为试样中多糖的质量，单位为毫克(mg)；m_s 为试样的质量，单位为克(g)。

(二)枸杞多糖提取条件优化

2020版《中华人民共和国药典》首先用了乙醚提取去除脂质成分，因为药典中的方法是比色法，脂质成分会对吸光度造成干扰，而新构建的离子色谱法在进样前用反相净化小柱尽可能除去了小极性物质，同时，考虑到乙醚在实验过程中对实验人员有一定的毒性作用。因此，构建新标准时去除了该步骤。然而，用80%乙醇提取后并不能去除枸杞本身含有的单糖对检测结果的影响，同时，考虑到较低浓度乙醇提取时可能将多糖提取出来，导致最后测定结果不准确，因此最终确定先用80%乙醇溶液提取1次，再用60%乙醇溶液提取2次。并对60%乙醇溶液是否将多糖提取出来进行了实验验证，取0.5 g枸杞粉末用150 mL 80%乙醇溶液回流提取1 h，150 mL 60%乙醇溶液回流提取1 h(提取2次)，再用150 mL水提取2 h，定容到250 mL容量瓶；两次60%乙醇溶液提取液各取30 mL，浓缩干燥后加入20 mL去离子水，等分为4份，每份5 mL，其中两份直接用离子色谱仪测定，另外两份分别取4 mL并加入2 mol/L三氟乙酸4 mL微波消解20 min，消解温度120 ℃，消解后操作同本标准中试样消解后的操作，最后用离子色谱仪测定。60%乙醇提取液直接测定平均峰面积总和为7043.721，60%乙醇提取液经微波消解后测定平均峰面积总和为6941.962，说明60%乙醇溶液提取只是除去了枸杞本身的绝大多数单糖或二糖，并未将枸杞多糖提取出来。

(三)枸杞多糖消解条件优化

量取枸杞多糖提取液4 mL，固定三氟乙酸浓度3 mol/L和微波消解温度120 ℃，分别考察微波消解时间(10、20、30、40、50 min)对枸杞多糖水解效率的影响；固定微波消解温度120 ℃和消解时间20 min，分别考察三氟乙酸浓度(1、2、3、4、5 mol/L)对枸杞多糖水解效率的影响；固定三氟乙酸浓度3 mol/L和消解时间20 min，分别考察微波消解温度(90、100、110、120、130、140 ℃)对枸杞多糖水解效率的影响。

由图1-A可知，随着微波消解时间的增加，各单糖含量是先增加后下降，说明长时间使用微波加热会导致水解后的单糖构型发生变化，最后使其分解。因此，确定微波消解时间为20 min。图1-B结果显示，随着三氟乙酸浓度的增加，大部分单糖含量变化趋势是先增加后趋于平缓，拐点出现在浓度为2 mol/L的三氟乙酸，同时，三氟乙酸浓度对半乳糖醛酸含量影响较大。因此，选择2 mol/L的三氟乙酸浓度为最适宜的水解浓度。图1-C结果显示，随着消解温度的增加，各单糖含量呈现先增加后趋于平缓或下降，受温度影响最大的依然是半乳糖醛酸，从变化趋势及拐点可以看出，120℃为最佳消解温度。

为了进一步确认枸杞多糖水解条件，对不同消解时间、不同三氟乙酸浓度及不同消解温度下各枸杞多糖含量进行计算(图2)，以枸杞多糖含量为考察因素，最终确定最佳水解

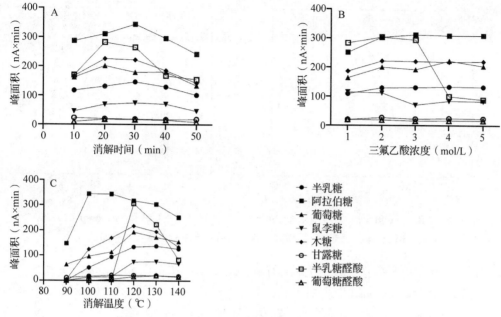

图1　消解时间、三氟乙酸浓度及消解温度对枸杞多糖水解效果的影响

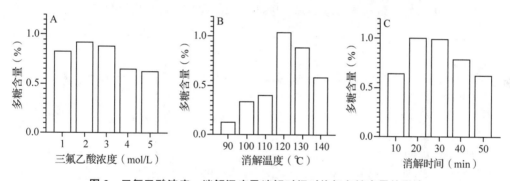

图2　三氟乙酸浓度、消解温度及消解时间对枸杞多糖含量的影响

条件为：消解时间20 min、三氟乙酸浓度2 mol/L、消解温度为120℃。

（四）离子色谱分析条件优化

1. 色谱柱优化

保持其他色谱条件一致的情况下，分别考察 Hamilton RCX-30（4.6×250 mm）色谱柱和 Metrosep Carb 2（4.0×250 mm）色谱柱对单糖混合溶液的分离效果，优化离子色谱分析条件。如图3所示，Metrosep Carb 2（4.0×250 mm，5 μm）色谱柱分离效果（峰形、分离度）明显优于 Hamilton RCX-30（4.6×250 mm，5 μm）色谱柱，因此，后续分析中选择 Metrosep Carb 2（4.0×250 mm，5 μm）色谱柱进行分析。

2. 洗脱程序优化

保持其他色谱条件一致的情况下，分别考察6种洗脱程序对单糖混合溶液的分离效

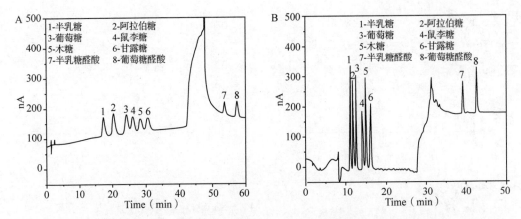

图 3　使用 Hamilton RCX-30（4.6×250 mm，5 μm）色谱柱（A）和 Metrosep Carb 2（4.0×250 mm，5 μm）色谱柱（B）分析单糖混合标准溶液的色谱图

果，优化离子色谱分析条件。其中洗脱程序 1、2、3 和 6 中的 A 溶液为水，B 溶液为 100 mmol/L 氢氧化钠和 150 mmol/L 乙酸钠混合溶液；洗脱程序 4 和 5 中的 A 溶液为 2 mmol/L 氢氧化钠和 1 mmol/L 乙酸钠混合溶液，B 溶液为 100 mmol/L 氢氧化钠和 150 mmol/L 乙酸钠混合溶液。通过比较 6 种不同洗脱程序对 8 种单糖混合溶液分离的峰形以及分离度，程序 1 至程序 5 无法实现各单糖基线分离。因此，选择程序 6 进行后续分析。

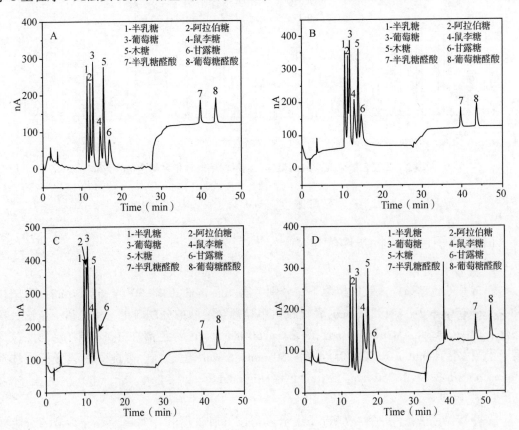

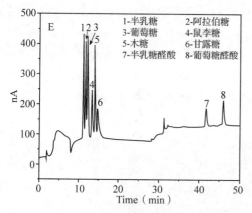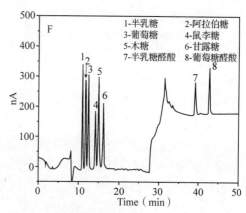

图4 同洗脱程序(A:程序1，B:程序2，C:程序3，D:程序4，
E:程序5，F:程序6)对单糖混合溶液的分离效果

(五)方法学考察

1. 标准曲线

分别取混合单糖标准中间溶液 0 mL、1 mL、5 mL、10 mL、15 mL、20 mL、25 mL 至 500 mL 容量瓶，用水定容至刻度，混匀，配制成不同质量浓度的混合单糖标准系列工作溶液，按照上述优化条件进行离子色谱分析测定。由保留时间对各单糖进行定性，根据混合单糖标准系列工作溶液中各单糖响应信号，建立标准工作曲线。

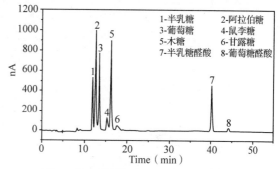

图5 混合单糖标准工作溶液色谱图

待测样液中各单糖的响应值应在标准曲线线性范围内，超过线性范围则应稀释后再进行分析。分析过程中，每 20 次样品测定后应加入一个与样品峰面积相近的混合标准工作液，如果测得的值与原值相对平均偏差超过 5%，则应重新进行标准曲线的制作。

2. 检出限和定量限

方法检出限：分析 10 批次样品空白，计算检测结果的标准偏差(s)，方法检出限表示为：样品空白值+4.65s。

方法定量限：检测添加了 10 倍信噪比浓度的空白样品时，精密度 $RSD<5\%$，回收率在 90%~110% 之间，即确定为方法定量限。

3. 精密度

标准样品的测定：在同一实验室，由同一操作者使用相同设备，按相同的测试方法，取一定浓度的同一混标平行测定 6 次，分别计算测定的半乳糖、阿拉伯糖、葡萄糖、鼠李糖、木糖、甘露糖、半乳糖醛酸和葡萄糖醛酸平均值为 1.905、4.063、2.932、1.117、2.764、0.457、10.059 和 0.453 mg/L，标准偏差为 0.0347、0.0254、0.0371、0.0131、0.0354、0.0192、0.0739 和 0.0158 mg/L，相对标准偏差为 1.82%、0.63%、1.26%、1.17%、1.28%、4.20%、0.73 和 3.49%。

实际样品的测定：在同一实验室，由同一操作者使用相同设备，按相同的测试方法，取同一试样，连续进样 6 次，按给定的色谱条件检测，比较试样中各单糖对应的色谱峰峰面积，分别计算测定的半乳糖、阿拉伯糖、葡萄糖、鼠李糖、木糖、甘露糖、半乳糖醛酸和葡萄糖醛酸平均值为 1.231、2.956、2.284、1.009、2.962、0.212、9.438 和 0.317 mg/L，标准偏差为 0.0164、0.0312、0.0337、0.0226、0.0456、0.0069、0.1453 和 0.0080 mg/L，相对标准偏差为 1.33%、1.05%、1.47%、2.24%、1.54%、3.26%、1.54 和 2.54%。

4. 重复性

在同一实验室，由同一操作者使用相同设备，按相同的试样制备方法，共处理 3 批次枸杞试样，每个批次枸杞试样制备 3 份，每份 2 个平行，并按相同的测试方法对 3 个批次 18 份枸杞试样分别检测，根据各单糖峰面积相对应的含量，计算枸杞多糖含量，并计算平均值、标准偏差、相对标准偏差等参数，结果见表 1，色谱图如图 6~图 8 所示。

表 1 重复性结果

平行样品编号		批次 1	批次 2	批次 3
测定结果(%)	1	0.98	0.92	1.03
	2	0.98	0.90	1.03
	3	0.93	0.90	1.07
	4	0.90	0.88	1.02
	5	0.95	0.87	1.00
	6	0.96	0.90	1.06
平均值 $\bar{x}$(%)		0.95	0.90	1.03
标准偏差 S(%)		0.03	0.02	0.03
相对标准偏差 RSD(%)		3.39	1.77	2.54

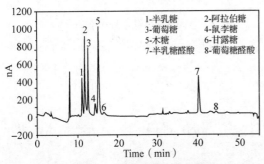

图 6 批次 1 枸杞多糖溶液色谱图

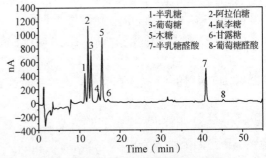

图 7 批次 2 枸杞多糖溶液色谱图

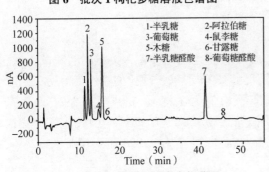

图 8 批次 3 枸杞多糖溶液色谱图

5. 加标回收率

本研究同时也进行了加标回收率的测定，以检测新建立的离子色谱法对枸杞中不同含量的枸杞多糖的检测精度。各单糖添加量分别为试样溶液中各单糖浓度的 0.5 倍（低浓度）、1 倍（中浓度）和 1.5 倍（高浓度），每个浓度 6 个平行，然后干燥，并按照优化后的色谱条件检测，分别计算平均值、标准偏差、相对标准偏差、加标回收率等参数，检测结果显示，低浓度加标回收率为 84.9%～105.3%，中浓度加标回收率为 82.9%～111.0%，高浓度加标回收率为 84.1%～104.6%，回收率均满足要求。

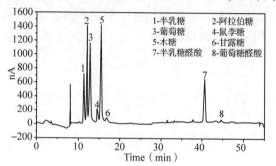

图 9　低浓度枸杞多糖溶液色谱图　　　　图 10　中浓度枸杞多糖溶液色谱图

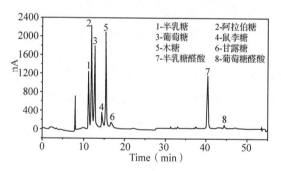

图 11　高浓度枸杞多糖溶液色谱图

（六）方法验证

1. 参加验证的实验室

选择 5 家具有资质的实验室参加方法的验证工作。验证单位按照方法草案准备实验用品，在规定时间内完成验证实验并反馈验证结果报告。在方法验证前，参加验证的操作人员应熟悉和掌握方法原理、操作步骤及流程。方法验证过程中所用的试剂和材料、仪器和设备及分析步骤应符合方法相关要求。

2. 方法验证结果

（1）加标回收率试验　5 家实验室对各单糖的 3 个加标水平的枸杞样品进行了分析测定，结果显示，5 家实验室验证结果表明：半乳糖平均加标回收率在 91.9%～107.7% 之间，相对标准偏差范围<6.25%；阿拉伯糖平均加标回收率在 90.3%～103.8% 之间，相对标准偏差范围<7.58%；葡萄糖平均加标回收率在 90.7%～110.0% 之间，相对标准偏差范围<5.65%；鼠李糖平均加标回收率在 85.2%～113.9% 之间，相对标准偏差范围<8.63%；

木糖平均加标回收率在 88.2%~106.7% 之间,相对标准偏差范围 <7.44%;甘露糖平均加标回收率在 86.2%~112.7% 之间,相对标准偏差范围 <9.54%;半乳糖醛酸平均加标回收率在 85.4%~119.6% 之间,相对标准偏差范围 <12.95%;葡萄糖醛酸平均加标回收率在 85.0%~113.5% 之间,相对标准偏差范围 <7.14%。

(2)实验室间重复性试验 按相同的试样制备方法,每家实验室分别处理 3 批次枸杞试样,每个批次枸杞试样制备 3 份,每份 2 个平行,并按相同的测试方法对 3 个批次枸杞试样分别检测,根据各单糖峰面积相对应的含量,计算枸杞多糖含量,并计算平均值、标准偏差、相对标准偏差等参数。结果显示 5 家实验室对 3 批枸杞试样中枸杞多糖含量检测结果平均值分别为 0.09%、1.04% 和 1.06%,相对标准偏差 <10%。

(七)结论

本研究制定的国家标准《枸杞中枸杞多糖的测定 离子色谱法》,精密度与准确性高,检出限低,重复性好,可用于枸杞中枸杞多糖含量的检测。将该标准应用于枸杞多糖的定性定量分析,能够杜绝枸杞多糖掺假的现象,客观真实反映枸杞多糖的品质。

四、总结与展望

作为生命四大物质之一,多糖因其复杂多样的化学结构和多靶协同的生理活性,被视为未来人类攻克复杂疾病和探索未知世界的"金钥匙"。受单糖类型、异头碳构型、糖苷键连接方式及连接顺序等影响,枸杞多糖的化学结构十分复杂,但其承载的诸多生理学功效也同样令人青睐。因此,枸杞多糖的结构鉴定及定量定性分析是其早日进入临床应用的关键科学问题之一。随着科学技术的发展,也涌现出很多多糖结构表征和分离分析的策略与方法,涉及化学分析、仪器分析和生物分析等手段,覆盖了多糖制品、寡糖及单糖的分离分析,虽然取得了长足的进步,但在枸杞多糖精准定性定量分析方面依旧困难重重。国家标准《枸杞中枸杞多糖的测定 离子色谱法》的制定,标志着枸杞多糖的定性定量分析取得了阶段性突破,可以为以枸杞多糖为主要质量标准物的产品提供科学的检测标准,为其他中药多糖的标准修订提供参考。但是,枸杞多糖特征成分(糖苷键、寡糖片段等)详细结构及构效关系依然尚未明晰。因此,继续开展枸杞多糖的分离分析及质量控制等方面的研究仍然具有重要的科学意义。

参考文献

[1] Wang Y G, Gao Y, Yu X Z, et al. Rapid determination of *Lycium barbarum* polysaccharide with effective wavelength selection using near-infrared diffuse reflectance spectroscopy[J]. Food Analytical Methods, 2016, 9(1): 131-138.

[2] Cheong K L, Wu D T, Zhao J, et al. A rapid and accurate method for the quantitative estimation of natural polysaccharides and their fractions using high performance size exclusion chromatography coupled with multi-angle laser light scattering and refractive index detector[J]. Journal of Chromatography A, 2015, 1400: 98-106.

[3] Wu D T, Lam S C, Cheong K L, et al. Simultaneous determination of molecular weights and contents of wa-

ter-soluble polysaccharides and their fractions from *Lycium barbarum* collected in China[J]. Journal of Pharmaceutical & Biomedical Analysis, 2016, 129(10)：210-218.

[4]燕梦雨，刘建飞，邱多隆，等. 微波消解-1-苯基-3-甲基-5-吡唑啉酮柱前衍生-高效液相色谱法测定枸杞多糖含量及组成[J]. 食品安全质量检测学报，2022, 13(22)：7297-7304.

[5]Liu W, Xu J, Zhu R, et al. Fingerprinting profile of polysaccharides from *Lycium barbarum* using multiplex approaches and chemometrics[J]. International Journal of Biological Macromolecules, 2015, 78：230-237.

[6]Wu D T, Cheong K L, D Yong, et al. Characterization and comparison of polysaccharides from *Lycium barbarum* in China using saccharide mapping based on PACE and HPTLC[J]. Carbohydrate Polymers, 2015, 134 (10)：12-19.

[7]Xie J, Wu D T, Li W Z, et al. Effects of polysaccharides in *Lycium barbarum* berries from different regions of China on macrophages function and their correlation to the glycosidic linkages[J]. Journal of Food Science, 2017, 82(10)：2411-2420.

[8]颉东妹，刘建飞，邱多隆，等. 微波消解-离子色谱法测定枸杞多糖的含量及组成[J]. 食品安全质量检测学报，2022, 13(4)：1065-1072.

道地中药材现代枸杞产业标准化发展报告

马玲　高萌　王英华　马宗卫*

摘　要： 本文立足枸杞子道地药材现代产业标准化发展现状，明确枸杞子中药材法定基原和道地产区，梳理从种植采收、药材生产、饮片炮制、追溯系统、等级评价等覆盖全产业链关键环节的枸杞子药材技术规程和标准化建设情况，了解掌握当前国家、行业、地方开展枸杞子药材产业标准化工作现状。优质道地药材的生产既要保证其道地属性更要保障其质量安全性，据此基于全流程视角提出枸杞子道地药材标准化建设的若干思考和建议，以期为进一步提升枸杞子道地药材产业标准化水平，推动产业高质量发展提供参考和启示。

关键词： 枸杞子　中药材　标准化　道地药材

2021年10月中共中央、国务院印发了《国家标准化发展纲要》，为我国标准化发展指明了方向，绘制了今后一个时期我国标准化发展的蓝图，明确了标准化在推进国家治理体系和治理能力现代化中发挥着基础性、引领性作用[1]。枸杞子为茄科枸杞属植物宁夏枸杞 *Lycium barbarum* 的干燥成熟果实[2]，为传统名贵中药材。现代药理学研究表明，其具有免疫调节、抗衰老、降血糖、调血脂、抗肿瘤和抗诱变等作用[3]。药用枸杞始载于秦汉时期《神农本草经》，至今已有两千多年的历史，历代本草所载枸杞子药材的基原以枸杞 *Lycium chinense* 和宁夏枸杞为主流，到明清时期形成宁夏枸杞质优的共识。1977年版之后各版《中华人民共和国药典》（以下简称《中国药典》）均以宁夏枸杞为枸杞子药材唯一法定正品来源。2019年中华中医药学会颁布的《道地药材 宁夏枸杞》中记载道地产区为"以宁夏中宁为核心产区及其周边地区"。宁夏作为枸杞子原产地和道地产区，以粒大、色红、肉厚、质柔润、籽少、味甜而品质为佳，国家中医药管理局将宁夏定为全国唯一的药用枸杞产地，也是全国十大药材生产基地之一。

道地药材是指经过中医临床长期应用优选出来的，产在特定地域，与其他地区所产同种中药材相比，品质和疗效更好，且质量稳定，具有较高知名度及地域特点的药材[4,5]。中药材标准化是现代化中医药高质量发展的必然要求，是一项基础性、战略性、全局性的工作[6]。通过开展道地中药材枸杞产业标准化工作，能够有效促进产业提质增效和高质量发展。

注：马玲，宁夏药品检验研究院，主任药师，副院长；高萌，宁夏药品检验研究院，主管药师；王英华，宁夏药品检验研究院，主任药师（退休）；马宗卫，宁夏药品检验研究院，院长。

一、枸杞子药材产业标准化建设现状

目前，我国已发布一系列枸杞子药材产业相关标准，标准体系已见雏形。截至 2023 年 11 月 1 日，全国共制定发布枸杞子药材产业标准 47 项，其中国家标准 7 项、行业标准 3 项、团体标准 20 项、地方标准 10 项（图 1）。

基于枸杞子道地药材生产全过程的标准化体系建设和实施基本能够解决道地性、安全性、质量可控性等关键问题，对于实现中药枸杞子产量和质量的稳定，保障临床用药的安全性和有效性具有重要意义。通过归纳总结枸杞子药材产业标

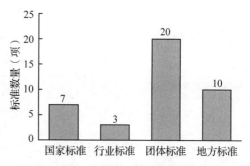

图 1　截至 2023 年 11 月全国枸杞子产业公布的标准数量

准化建设现状，梳理从种植采收、药材生产、饮片炮制、追溯系统、等级评价等覆盖全产业链关键环节的枸杞子药材技术规程和标准，了解掌握当前国家、行业、地方开展枸杞子药材产业标准化工作现状，结合实际提出下一步标准化发展建议和展望，以期进一步推进产业健康发展。

（一）枸杞子药材产业国家标准和行业标准

截至 2023 年 11 月 1 日，枸杞子药材相关国家标准和行业标准共有 10 项。其中国家标准 7 项、行业标准 3 项。涵盖枸杞子药材产业链的主要环节，如生产阶段的《中药材种子检验规程》和《中药材生产质量管理规范》等；质量控制阶段的《中国药典》及《全国中药饮片炮制规范》项下枸杞子标准；销售阶段的《七十六种药材商品规格标准 枸杞子》。3 项行业标准分别针对枸杞子药材产地加工技术、商品规格和进出口枸杞检验规程方面进行规范（表 1）。

表 1　枸杞子药材产业国家标准和行业标准信息

序号	类别	标准号	标准名称	颁发部门
1	国标	—	中华人民共和国药典（2020 年版）	国家药典委
2	国标	—	中华人民共和国药品生产质量管理规范	原卫生部
3	国标	—	中药材生产质量管理规范公告（2022 年第 22 号）	国家药监局、农业农村部、国家林草局、国家中医药局
4	国标	—	全国中药饮片炮制规范（2022 年版）	国家药典委
5	国标	GB/T 41221—2021	中药材种子检验规程	国家标准化管理委员会
6	国标	GB/T 18672—2014	枸杞	国家标准化管理委员会
7	国标	GB/T 19742—2008	地理标志产品 宁夏枸杞	国家标准化管理委员会
8	行标	国药联材字（84）第 72 号文附件	七十六种药材商品规格标准 枸杞子	原国家医药管理局、卫生部
9	行标	SB/T 11183—2017	中药材产地加工技术规范	商务部
10	行标	SN/T 0878—2000	进出口枸杞检验规程	国家出入境检验检疫局

（二）枸杞子药材产业团体标准

截至 2023 年 11 月 1 日，共检索到团体标准 20 项。其中涉及育种、种植、采收、生产、储藏、信息追溯及评价等方面的中药材通用标准 15 项，其余 5 项为枸杞子药材产业发展领域团体标准，主要从枸杞子药材基原及植物形态、道地产区、生境特征、种植生产及商品规格等级等方面，对我国枸杞道地药材的生产、销售、鉴定及使用进行规范(表 2)。

表 2 枸杞子药材产业团体标准信息

序号	标准类型	标准号	标准名称	颁发部门
1	团标	T/GDATCM 0002—2021	中药材种子种苗与种源生产和使用指导原则	广东省中药协会
2	团标	T/ZNT 071—2021	中药材种植高效节水技术规范	浙江省农产品质量安全学会
3	团标	T/GDATCM 0005—2021	中药材种植农药使用指导原则	广东省中药协会
4	团标	T/GDATCM 0003—2021	中药材种植肥料使用指导原则	广东省中药协会
5	团标	T/GDATCM 0010—2021	中药材种植指导原则	广东省中药协会
6	团标	T/GDATCM 0004—2021	中药材种植选址指导原则	广东省中药协会
7	团标	T/GDATCM 0006—2021	中药材采收指导原则	广东省中药协会
8	团标	T/GDATCM 0011—2021	中药材生产质量管理指导原则	广东省中药协会
9	团标	T/CATCM 004—2017	中药材及饮片防霉变储藏规范通则	中国中药协会
10	团标	T/CATCM 005—2019	中药追溯体系实施指南	中国中药协会
11	团标	T/CATCM 006—2019	中药追溯信息要求 中药材种植	中国中药协会
12	团标	T/CATCM 014—2021	中药追溯信息要求 植物类种子种苗生产	中国中药协会
13	团标	T/CATCM 007—2019	中药追溯信息要求 中药饮片生产	中国中药协会
14	团标	T/OTOP TY001—2020	中国食药同源好产品评价通则	中国民族贸易促进会
15	团标	T/CATCM 001—2019	中药品牌评价	中国中药协会
16	团标	T/NSFST 008—2022	中药材枸杞种植基地环境标准	宁夏食品科学技术学会
17	团标	T/NSFST 011—2022	中药材枸杞种植生产规范	宁夏食品科学技术学会
18	团标	T/NSFST 007—2022	中药材枸杞种植技术规范	宁夏食品科学技术学会
19	团标	T/CACM 1021.50—2018	中药材商品规格等级 枸杞子	中华中医药学会
20	团标	T/CACM 1020.53—2019	道地药材 宁夏枸杞	中华中医药学会

20 项团体标准中，国家级团体组织层面共制定了 9 项，包括中国中药协会 6 项、中华中医药学会 2 项、中国民族贸易促进会 1 项。在省（自治区、直辖市）层面，有 3 个省（自治区、直辖市）的团体组织制定 11 项团体标准。其中广东 7 项、宁夏 3 项、浙江 1 项，仅宁夏食品科学技术学会制定枸杞子药材产业领域团体标准，其他两省团体组织制定的均为中药材通用团体标准（图 2）。

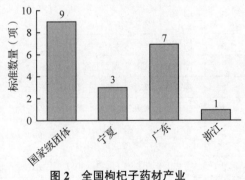

图 2 全国枸杞子药材产业团体标准制定情况

(三)枸杞子药材产业地方标准和企业标准

1. 地方标准

截至 2023 年 11 月 1 日，共检索到地方标准 10 项，全部为各省（自治区、直辖市）颁布现行有效的中药饮片炮制规范。自 1980 年起至今共有 23 个省（自治区、直辖市）在历版地方中药饮片炮制规范中收载了枸杞子品种，后因地区实际用药需求改变及国家标准重复收载等问题，部分地方标准再版修订后未收载枸杞子品种。宁夏作为枸杞子中药材道地产区，枸杞子药材产业相关地方标准数量居首，产业标准化建设工作处于全国前列（表 3）。

表 3   枸杞子药材产业地方标准信息

序号	标准类型	标准名称	颁发部门
1	地标	广西中药饮片炮制规范 盐枸杞子（2022 年版）	广西药品监督管理局
2	地标	重庆市中药饮片炮制规范 酒枸杞子（2022 年版）	重庆市药品监督管理局
3	地标	湖南中药饮片炮制规范 盐枸杞子（2021 年版）	湖南省药品监督管理局
4	地标	内蒙古蒙药饮片炮制规范 枸杞子（2020 年版）	内蒙古食品药品监督管理局
5	地标	内蒙古蒙药饮片炮制规范 枸杞子粉（2020 年版）	内蒙古食品药品监督管理局
6	地标	上海市中药饮片炮制规范 枸杞子（2018 年版）	上海市药品监督管理局
7	地标	宁夏中药饮片炮制规范 枸杞子（2017 年版）	宁夏药品监督管理局
8	地标	宁夏中药饮片炮制规范 枸杞子（冻干）（2017 年版）	宁夏药品监督管理局
9	地标	宁夏中药饮片炮制规范 鲜枸杞子浆（2017 年版）	宁夏药品监督管理局
10	地标	福建省中药饮片炮制规范 枸杞子（2012 年版）	福建省药品监督管理局

枸杞子药材地方标准的制定涉及全国 7 个省、自治区及直辖市，共计 10 项地方标准，其中，宁夏 3 项，内蒙古 2 项，广西、重庆、湖南、上海、福建各 1 项（图 3）。

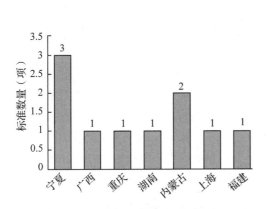

图 3   全国枸杞子药材产业各地区
地方标准制定情况及分布数量

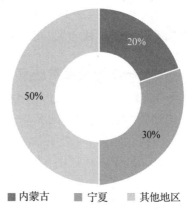

图 4   枸杞子药材产业各地区
地方标准数量占比

枸杞子药材地方标准的制定主要集中在宁夏回族自治区，其中宁夏制定的标准占地方标准总数量的 30%；内蒙古制定地方标准 2 项，占比 20%；其他 5 个省、自治区及直辖市共计制定 5 项，占比 50%（图 4）。宁夏作为全国枸杞子药材产业地方标准的主要供给者，主导制定了多项地方标准，在标准化建设方面表现突出。

2. 企业标准

各地企业标准种类较多。以"枸杞"为关键词在全国标准信息公共服务平台进行检索，可查阅枸杞相关企业标准40余项，枸杞制品相关企业标准50余项。枸杞属于药食同源药材，被广泛应用于保健食品的加工中，查阅的企业标准均为食用枸杞企业标准，以中药材枸杞子生产、加工及销售时，企业按照国家和地方标准执行。

二、枸杞子道地药材产业标准化建设中需要完善的方面

枸杞子道地药材产业发展的同时，也面临诸多困难与挑战，如在种植和生产环节规范化程度、质量控制水平、药材炮制工艺和标准规范统一等方面须进一步完善。

（一）标准化基地建设有待加强

枸杞子种子种苗品种混杂、质量参差不齐，充分利用道地产区优良品种的筛选和推广工作有待加强。枸杞子产地、品种及加工工艺的不同，对其产品质量均会产生较大影响，在种植及生产加工时的不规范、不科学操作甚至导致部分产品存在重金属超标、二氧化硫残留、农药残留等问题，影响用药安全。枸杞子生产合作社多，但规模小、技术力量缺乏，没有形成合力。田间生产技术规范化不足，技术指导不及时，缺乏统一的推广实施。

（二）现代化制干技术推广应用效果有待提高

目前，自然晾晒仍然是枸杞子最常用的制干方式。室外晾晒占用场地面积大，制干时间长且易受环境污染和天气影响，而且针对枸杞含糖量高、易吸潮、色质不稳定等问题，生产加工者常采用硫黄熏蒸的方法，以达到缩短制干时间、防腐防霉及增色护色等目的，硫黄熏蒸过程产生的二氧化硫对人体健康有一定的危害，且会与枸杞中部分基团发生化学反应，从而改变其成分和含量，这些因素对枸杞营养和品质均会产生影响。

（三）产业一体化建设推进有待加力

《中国药典》中把枸杞子仅归为中药材，《全国中药饮片炮制规范》中将枸杞子饮片炮制方法仅描述为"取原药材，除去杂质"，致使行业内常将枸杞子产地加工和炮制加工混为一谈。产业一体化建设推进不足，导致种植、生产、加工及炮制等多环节缺乏规范、统一的标准，生产实践中的经验化、随意化，不能很好地保证批间稳定性及临床用药的安全、有效性。

（四）全过程质量追溯体系推广力度有待提升

中药材生产链长，影响因素多，仅凭最终的成品检验，难以全面、有效地控制道地药材的质量。质量标准的执行一定程度上保证了枸杞子药材的质量，但是由于缺少必要、直观、可操作性强的"监督链"，生产实践中存在标准化技术执行不彻底、种植不规范、不科学等情况，质量控制水平有待稳定提升。

三、枸杞子道地药材标准化建设对策建议

枸杞子道地药材标准化建设是产业高质量发展的需要，是国家标准化战略部署的要求，是适应国际标准化发展趋势的重要举措。进一步大力推进枸杞子道地药材标准化建设，在规范管理、保证质量、提升效益、促进发展等方面都具有重要意义。深入强化标准的制修订和推广应用，着力以科学标准引领枸杞产业优质化发展。提出以下建议：

（一）切实加强枸杞子道地药材标准化基地建设

加快建立、健全枸杞子道地药材标准化示范基地，依托基地建设，发展先进规范的栽培、生产技术和配套的管理办法。依法保护和巩固枸杞子道地产区基地规模，构建较为完整的道地枸杞子良种培育、绿色种植、规范生产和现代经营的标准体系。进一步提高枸杞品质和经济效益，以"示范基地"引领带动产业高质量发展。

（二）持续深化枸杞子制干工艺的研究和推广应用

加强枸杞子传统制干工艺与现代清洁能源绿色制干工艺的守正创新研究和有效融合，逐步建立枸杞制干技术规范化生产线，去除枸杞传统制干过程带来的二次污染。

（三）全面推进枸杞子道地药材产业一体化发展

有关部门借力枸杞子道地药材标准化研究成果，积极推进枸杞子道地药材产业一体化发展。特别地，引导中药饮片企业推广应用规范、统一的枸杞子一体化炮制技术，可在一定程度上避免枸杞子产地加工经验化、随意化的弊端，实现生产工艺的规范化、标准化。大力推进枸杞子道地产区种植基地、产地加工、饮片炮制规范、包装贮藏、营销一体化建设，推动枸杞子道地中药材现代化产业高质量发展。

（四）大力推广全过程质量追溯体系

全过程质量追溯体系是基于风险管控的科学理念，以中药材种植—生产—流通—使用过程为主线，以质量关键影响因素为重点的全过程追溯。中药标准化建设的核心是解决质量问题，要从中药材源头抓起，督促企业履行主体责任，规范产地初加工，建立中药材质量追溯体系，强化中药材质量控制。在提高和完善枸杞子药材、饮片标准及生产、经营质量管理规范的基础上，建立和推广全过程质量追溯体系。从多方主体视角出发，各环节进行规范操作。构建从枸杞子药材种植、生产、质检、仓储运输到销售全过程质量追溯体系，通过扫码实现枸杞子药材产地来源、生产加工、市场流通、销售使用等环节的信息查询和追溯。全过程质量追溯体系的建立不仅是对现有枸杞标准体系的有效补充，也是推动产业良性健康发展的重要保证。

参考文献

[1]中共中央、国务院. 国家标准化发展纲要[M]. 北京：中国标准出版社，2022.

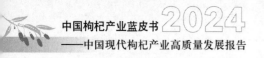
［2］国家药典委员会．中华人民共和国药典：一部［M］．北京：中国医药科技出版社，2020：260-261.

［3］周晶，李光华．枸杞的化学成分与药理作用研究综述［J］．辽宁中医药大学学报，2009，6（11）：93-94.

［4］国务院办公厅．国务院办公厅关于转发工业和信息化部等部门中药材保护和发展规划（2015—2020年）的通知［EB/OL］．http：//www.gov.cn/，2015-04-27.

［5］孙君杜，郑志安，张秀清，等．优质道地药材规范化生产探索［J］．中国现代中药，2015，17（8）：756-761.

［6］于文明．深入实施中药标准化项目促进中药产业发展提质升级［J］．前进论坛，2021（4）：24.

枸杞干、鲜果
质量安全与认证标准化发展报告

段淋渊 曹有龙 安巍*

摘　要：文章主要从各省市现有枸杞干、鲜果生产标准数量、所涉领域、有效性和适用性等方面进行对比研究分析，找出现有标准的短板并提出建议，以期推动枸杞干、鲜果生产标准体系建设。

关键词：枸杞　干、鲜果生产　标准

枸杞作为我国重要的传统药食同源植物，在我国栽培面积达 400 万亩，已发展成为宁夏乃至西北地区重要的经济林产业[1]。根据《中国枸杞产业蓝皮书（2023）》统计[2]，截至 2023 年 1 月，宁夏枸杞种植面积 38 万亩，综合产值 270 亿元，开发前景广阔。随着市场对绿色高质量枸杞产品需求的提升，开展枸杞干、鲜果生产标准化发展研究，并制定、修订相应标准成为推进枸杞产业高质量发展的重要举措。

枸杞干、鲜果质量安全与认证标准是枸杞生产标准体系建设的重要组成部分，是促进枸杞产业高质量发展、建设黄河流域生态保护和高质量发展先行区的重要举措，其伴随枸杞产业特别是鲜果生产、干果初加工的不断发展而逐步完善。截至 2023 年，经过 20 多年的积累，已经形成覆盖枸杞鲜果生产、干果生产、保鲜流通、安全管理等多生产环节的标准体系。

一、枸杞干、鲜果质量安全与认证标准发展现状

截至 2023 年 5 月，现有涉枸杞干、鲜果质量安全与认证标准 31 项，其中枸杞鲜果生产类标准 3 项，均为国标、行标；枸杞干果生产类 17 项，枸杞保鲜流通类 3 项，枸杞安全管理类 8 项（表 1、图 1）。枸杞干果依然是枸杞生产的主要方式，随着市场对绿色健康枸杞产品需求的增加，涉枸杞安全管理类标准增加明显。

注：段淋渊，宁夏农林科学院枸杞科学研究所，助理研究员；曹有龙，宁夏农林科学院枸杞科学研究所，原主任、博士、原自治区枸杞产业首席专家；安巍，宁夏农林科学院枸杞科学研究所，原副主任、研究员、宁夏现代枸杞产业技术体系岗位副首席。

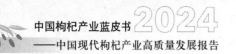

表1　枸杞干、鲜果生产标准

类别	领域	标准号	标准名称	发布时间	地区/部门
产品深加工（31项）	鲜果生产类（3项）	GX/T1237—2019	枸杞浆	2019-03-21	国标/行标
		GH/T1271—2019	枸杞清汁	2019-11-28	国标/行标
		GH/T1302—2020	鲜枸杞	2020-12-07	国标/行标
	干果生产类（17项）	DB65/2093—2003	无公害食品　枸杞（枸杞子）	2003-12-26	新疆
		NY5248—2004	无公害食品　枸杞	2004-01-07	国标/行标
		NY/T1051—2006	绿色食品　枸杞	2006-01-26	国标/行标
		GB/T 19742—2008	地理标志产品　宁夏枸杞	2008-07-31	国标/行标
		DB21/T 2066.2—2013	枸杞猪肝汤烹调操作规程	2013-01-14	辽宁
		GB/T 18672—2014	枸杞	2014-03-27	国标/行标
		NY/T1051—2014	绿色食品枸杞及枸杞制品	2014-10-17	国标/行标
		DB15/T 741—2014	内蒙古地方菜 枸杞扒白菜	2015-01-15	内蒙古
		DB64/T 1221—2016	宁夏富硒农产品标准（水稻、玉米、小麦与枸杞干果）	2016-12-28	宁夏
		DB62/T 2752—2017	地理标志产品　民勤枸杞	2017-04-10	甘肃
		DB63/T1759—2019	地理标志产品　柴达木枸杞	2019-10-18	青海
		DB62/T2379—2019	地理标志产品　靖远枸杞	2019-11-28	甘肃
		DB64/T 1764—2020	宁夏枸杞干果商品规格等级规范	2020-12-29	宁夏
		NY/T4343—2023	黑果枸杞等级规格	2023-04-11	国标/行标
		DB63/T 1133—2023	柴达木绿色枸杞生产质量控制规范	2023-08-28	青海
		20205072-T-424	枸杞及其制品中枸杞多糖的测定	2020-12-24	中国标准化院
		GB/T 41405.1—2022	果酒质量要求第1部分：枸杞酒	2022-04-15	国标/行标
	保鲜流通类（3项）	DB64/T399—2004	枸杞干果储藏管理技术规程	2004-10-18	国标/行标
		DB64/T1649—2019	枸杞包装通则	2019-11-01	宁夏
		DB64/T1650—2019	枸杞贮存要求	2019-11-01	宁夏
	安全管理类（8项）	SN/T0878—2000	进出口枸杞子检验规程	2000-06-22	国标/行标
		GB/T 18525.4—2001	枸杞干、葡萄干辐照杀虫工艺	2001-12-05	国标/行标
		DB64/T 675—2010	枸杞中二氧化硫快速测定方法	2010-12-03	宁夏
		DBS64/001—2017	食品安全地方标准　枸杞	2017-06-01	宁夏
		DB64/T1651—2019	枸杞交易市场建设和经营管理规范	2019-11-01	宁夏
		DB64/T1652—2019	宁夏枸杞追溯要求	2019-11-01	宁夏
		DB64/T1648—2019	枸杞加工企业良好生产规范	2019-11-01	宁夏
		DB64/T1869—2023	宁夏枸杞及其制品质量检测体系建设规范	2023-02-21	宁夏

　　从标准制定主体看（图2），国标、行标14项（鲜果生产类3项，干果生产类8项，保鲜流通类1项，安全管理类2项），占现有标准的45%；其次为宁夏地区10项（干果生产

类 2 项，保鲜流通类 2 项，安全管理类 6 项），占现有标准的 32%；青海省和甘肃省各 2 项，均集中在干果生产类，分别占现有标准的 7%；新疆、内蒙古和辽宁省各占 1 项，均为干果生产类，分别占现有标准的 3%；枸杞国标、行标的增加体现了政府对枸杞产业高质量发展的重视，随着全国统一大市场形成及枸杞受众的增加，枸杞国标、行标有进一步增长的趋势。同时可以看到，宁夏地区仍然保持单一省份枸杞标准制定大省的地位，较其他省份在数量和质量方面均占优势，尤其在安全管理类标准制定方面，宁夏地区占统计数量的 75%，优势明显，反映了宁夏对枸杞产品安全可靠性的重视。

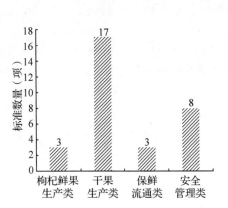 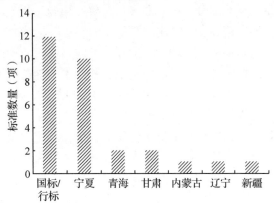

图 1　枸杞干、鲜果现有生产标准数量　　**图 2　各制定主体制定枸杞干、鲜果生产标准数量**

从标准制定时间看（图 3），2000 年以前枸杞干、鲜果生产标准制定几乎空白。2000—2015 年，制定枸杞标准 12 项。2016—2020 年，制定枸杞标准 15 项（2016 年 1 项，2017 年 2 项，2019 年 9 项，2020 年 3 项）。2022 年制定标准 1 项，2023 年制定标准 3 项。可见，枸杞产业发展受政策和市场双重影响，受《再造宁夏枸杞产业发展新优势规划（2016—2020年)》政策影响，宁夏地区枸杞干、鲜果生产标准在 2017—2019 年增长明显，有力推动了宁夏地区枸杞行业的标准化生产进程。

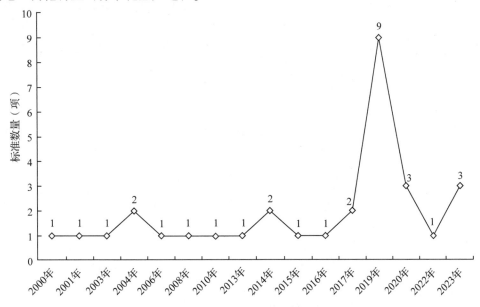

图 3　枸杞干、鲜果生产标准制定量随发布时间变化

二、现有枸杞干、鲜果质量安全与认证标准存在的不足

一是基础研究薄弱。标准体系是随着经济、技术和社会发展而不断调整和完善的动态系统。标准的制定应基于科学数据和相应的风险评估。当前标准制定基础研究相对滞后，部分标准的科学性和适用性得不到保证，难以适应变化了的市场要求，不利于产业发展。

二是针对性不强。标准作为规范生产和评判产品质量的技术准则，应有其鲜明的适用对象。现有部分枸杞标准服务对象不明确，制定标准的目标模糊、依据不足，考虑产业发展水平和流通交易需求较少。

三是结构不合理。在国际标准体系中，农产品加工标准以具有通用性的基础标准和检测方法标准为主。当前枸杞干、鲜果生产加工标准结构不尽合理，尤其是对加工过程要素的覆盖不够全面，一些过程要素标准缺失，如产品及加工用原料分级标准、技术操作规程、全程质量控制标准等。

四是标准发布实施平台还不健全，一定程度影响了标准的高效性和灵敏性。

五是枸杞产业相关技术标准委员会尚未建立。

六是缺少枸杞标准制定的复合型人才。

三、对枸杞干、鲜果质量安全与认证标准体系建设的建议

一是加强基础研究，完善各生产环节标准体系建设，构建立体化标准体系，力求最大程度发挥整体效应；二是细化标准体系建设，因时因势完善标准体系，适时制（修）定或委托行业机构及时搜集整理最新研究成果，增强标准体系的针对性和时效性；三是重点突出，整体把控。根据需要合理布局标准的制定，同时整合各生产环节标准，化繁为简，推动标准的落地实行；四是建立标准体系推广实施平台，以便于行业部门及市场对相关标准的发布及使用，从而迅速、高效地向社会推广产业标准体系；五是建立枸杞产业相关技术标准委员会，解决标准重复制修订及技术内容不一致等问题；六是加强标准化人才培养，以枸杞产业发展实际需求为向导，培养懂技术又懂标准的复合型人才，以标准领跑促进枸杞产业高质量发展。

参考文献

[1]李惠军，祁伟，张雨. 关于宁夏枸杞产业发展的调查与思考[J]. 宁夏林业，2017(4)：32-34.

[2]宁夏回族自治区林业和草原局，国家林业和草原局发展研究中心. 中国枸杞产业蓝皮书（2023）[M]. 银川：宁夏人民出版社.

枸杞精深加工产品标准化发展报告

季瑞　张慧玲　余君伟 *

摘　要：标准化工作对推动枸杞产业的健康、持续、快速发展至关重要。当前，枸杞精深加工的标准化工作在提升产品质量、保障消费者健康、促进产业升级等方面发挥了积极作用。本文通过调研、梳理、分析枸杞精深加工产品标准化工作现状和面临的挑战，从枸杞的标准体系建设、标准的宣传贯彻和实施监督、推进试点示范等方面给出了提升现代枸杞产业标准化水平的对策与建议，以期助力枸杞精深加工产品的市场竞争力提升和枸杞产业的高质量发展。

关键词：枸杞　精深加工　标准化

枸杞是我国重要的药食两用优质植物资源，其源于上古时代，文字记载始于商代，文化记载始于春秋，药用记载始于汉代，农耕文化早丁唐，盛于明清，发展于当代。目前全国 13 个省（自治区、直辖市）开展枸杞种植，枸杞已成为宁夏、甘肃、青海、新疆、内蒙古和河北等地优势特色产业，在优化产业结构、带动区域经济增长、推动乡村振兴和促进农民增收方面发挥着重要作用。近年来，随着人民生活水平的提高和科技的快速发展，人们越来越注重生活品质，对健康和康养产品的需求也日益旺盛，枸杞作为重要的大健康产品，更是得到了消费者的追捧和青睐。据不完全统计，截至目前，枸杞及其深加工食品涉及食用油、调味品、乳制品、饮料、方便食品、饼干、罐头、冷冻饮品、速冻食品、保健食品、特膳食品等 23 类，品种达千余种；以枸杞为原料的国产非特殊用途化妆品有 600 余款，进口化妆品有 20 余款，从面膜、精华、润肤乳、护手霜、爽肤水、口红到洗发水、沐浴露，品类丰富，功效主要为保湿、美白、修护等。

枸杞产业蕴含着独特的地域文化、技艺和资源，要想将这些优势转化为市场竞争力，就需要有统一的标准来规范产品的质量、生产和销售。标准化不仅能够提升产品和服务质量，促进科学技术进步，保障消费者健康，提升消费者信心，还有助于产业的规模化发展和品牌化建设。同时，随着国内外市场竞争的加剧，符合国际或国内通行标准的地方特色产品更容易获得市场准入，从而拓展更广阔的发展空间。因此，在枸杞产业全面开展标准化工作对推动现代枸杞产业健康、持续、快速发展具有不可或缺的作用。本报告旨在分析

注：季瑞，宁夏食品安全协会，副秘书长；张慧玲，宁夏食品标准化技术委员会，秘书长；余君伟，宁夏中宁枸杞产业创新研究院，执行院长。

当前枸杞精深加工产品的标准化发展现状、存在问题并探索性提出相应的对策建议，以期助力全国现代枸杞产业高质量发展。

一、枸杞产业标准化现状

（一）枸杞相关标准制定情况

国内枸杞产业的发展在文化、育种、种植、加工、科研等方面处于国际领先水平。中国枸杞年产量占全球的95%以上，且品质优良，不但满足了国内市场需求，还能满足日益增长的国际市场需求，中国枸杞的出口规模显著大于进口规模，显示出其在国内外的强大竞争力。鉴于此，国内制定了一系列关于枸杞的国家标准、行业标准、地方标准、团体标准和企业标准。标准涵盖枸杞的育种、种植、采摘、加工、贮存、交易、运输等各个环节，这些标准在提升枸杞产业产品质量和安全水平、促进产业升级和科技创新、打造品牌形象和拓展市场、提高产业效益和农民收入以及推动产业可持续发展等方面都发挥了重要作用。据统计，截至2023年年底，国内现行有效的枸杞精深加工食品、化妆品类标准制定及实施情况如下：

（1）国家标准　共计1项。2022年，由全国酿酒标准化技术委员会归口制定的《果酒质量要求　第1部分：枸杞酒》（GB/T 41405.1）正式颁布实施，对加强枸杞酒行业技术创新力度、提高枸杞酒生产技术水平、规范枸杞酒行业监管起到重要作用。

（2）行业标准　共计4项。包括《绿色食品 枸杞及枸杞制品》（NY/T 1051）、《枸杞多糖》（QB/T 5176）、《枸杞浆》（GH/T 1237）、《枸杞清汁》（GH/T 1271）。

（3）食品安全地方标准　共计8项。其中，宁夏5项，青海3项。包括：《食品安全地方标准 枸杞果酒》（DBS64/ 515）、《食品安全地方标准 枸杞白兰地》（DBS64/ 517）、《食品安全地方标准 超临界CO_2萃取枸杞籽油》（DBS64/ 412）、《食品安全地方标准 枸杞原浆》（DBS64/ 008）、《食品安全地方标准 枸杞叶茶》（DBS64/ 684）、《食品安全地方标准 枸杞芽茶》（DBS63/ 0004）、《食品安全地方标准 枸杞籽油（超临界CO_2萃取法）》（DBS63/ 0003）、《食品安全地方标准 枸杞蜂蜜》（DBS63/ 0006）。

（4）团体标准　在全国团体标准信息服务平台上，有7个社会团体发布枸杞精深加工食品类团体标准共计18项。其中，枸杞饮料类标准9项，数量排第一位。从发布团体标准区域来看，排名第一位的是宁夏，共发布了15项枸杞精深加工食品类团体标准。

（5）企业标准　据天眼查专业版显示，截至2024年1月10日，企业名称或经营范围中含有"枸杞"的，且状态为在业、存续的从事枸杞农副食品加工业、食品、酒、饮料和精制茶制造业的企业有3023家。企业通过企业标准信息公共服务平台自我声明公开枸杞精深加工食品、化妆品类相关标准300余项，排名前五的省份依次为山东、江西、陕西、宁夏、浙江。

（二）枸杞标准化技术组织、标准化试点示范

我国已经建立了多个与食品产业相关的标准化技术组织，如全国工业发酵、罐头、食品质量控制与管理、农产品食品编码、食品工业、特殊食品、食品追溯技术、休闲食品、

食品营养健康管理等标准化技术委员会。这些组织在推动枸杞食品标准化建设方面都发挥了重要作用。与此同时，全国各地竞相开展枸杞标准化试点示范工作，通过示范引领，带动整个产业的标准化发展。据统计，截至 2023 年年底，全国各地已建立枸杞国家农业标准化示范区项目 21 个，主要分布于宁夏、青海、甘肃、内蒙古、新疆等地。

（三）枸杞标准国际化

枸杞的国际标准主要由中国主导制定，如《中医药 枸杞子》（ISO 23193）这一国际标准由上海中医药大学主导制定并发布。该标准遵循 ISO 国际标准编制规则，涉及种源、性状指标、理化指标、检测方法及包装、存储等多个方面，还规定了部分农药和重金属控制指标。这些标准的制定有助于提升中国枸杞的国际形象和影响力，同时也为全球枸杞产业提供了规范化、标准化的参考。据了解，《果酒质量要求 第 1 部分 枸杞酒》国家标准外文版也正在批准发布中。

然而，枸杞的国际标准化水平仍需进一步提高。一方面，需要更多国家和地区的参与，共同制定更加完善、科学、实用的国际标准；另一方面，需要不断提升国内枸杞产业的质量管理水平和国际竞争力，确保符合国际标准的枸杞产品能够更好地进入国际市场。因此，中国枸杞产业需要在保持国内领先地位的同时，继续加强国际合作和交流，不断提升国际标准化水平，以更好地满足全球消费者的需求。

二、枸杞标准化工作面临的挑战

（一）标准体系尚不完善，标准的制定和更新滞后于市场对产品的需求

1. 主要表现

一是标准不统一，重要标准短缺。标准之间存在相互矛盾、重复、不协调等问题，某些种类的产品有多个标准，多个标准同时存在，造成标准之间指标混乱，给监管工作造成不少麻烦。有机枸杞及相关产品标准缺失，导致生产者无标准可依，消费者无所适从。

二是标准复审和修订不及时。标准要求每五年进行复审，但由于多个历史原因和多部门参与的复杂性，标准未能按要求定期及时进行复审和修订，部分标准标龄偏长，导致标准老化滞后。[1]由于市场需求的不断变化和新技术的涌现，企业要不断研制开发新产品求得生存和发展，现行标准技术无法满足枸杞生产新工艺、新产品和行业的发展需求。

三是标准的适应性不足。采用国际标准程度低。缺乏对国际标准和国外先进标准的研究，标准指标体系不能适应产业参与国际市场竞争的需要。如我国的枸杞农残限量指标大部分都不如欧盟和美国严格，无法与国际标准接轨。[2,3]当前国内外对有机食品的认证标准存在差异，导致企业在申请认证时面临不同的要求和难度。

2. 造成的主要影响

一是由于缺乏统一的标准，不同产品之间可能存在显著的标准差异，导致消费者在选择产品时感到困惑，并可能影响他们的购买决策。一些企业可能会利用标准的不完善，通过降低产品质量来降低成本，从而获得竞争优势。这会导致市场竞争秩序混乱，破坏公平竞争的市场环境，并对行业的健康发展造成威胁。

二是由于标准的不完善和制定、更新的滞后，一些产品可能不符合新的或更严格的标准，导致产品质量问题频发。消费者可能会对市场上的产品失去信心，对产品的性能、安全性和可靠性产生疑虑，从而减少购买或转向其他品牌和渠道。这不仅会影响消费者的利益，还可能对整个行业的声誉造成损害。

三是标准的制定和更新滞后可能会阻碍技术创新的发展。由于缺乏新技术的明确标准，企业可能会对投资新技术持谨慎态度，以免不符合现有的标准。这会限制行业的创新能力和竞争力。

四是在全球化的背景下，一个国家或地区的产品标准体系如果滞后于市场需求，可能会导致该国的产品在国际市场上竞争力下降。其他国家或地区可能采用更为先进和严格的标准，从而在国际贸易中占据优势。

(二) 企业对标准化工作重视不足

标准化良好行为企业是指按照企业标准化系列国家标准的要求，开展企业标准化工作，建立企业标准体系，能有效运行并取得良好经济和社会效益的企业。在企业标准化良好行为服务平台上公示的标准化良好行为获证企业中，仅有 9 个省 (自治区) 的 40 多家食品类生产企业开展了企业标准化良好行为评价。枸杞主产区中只有河北省的 1 家食品企业开展了标准化良好行为评价。

企业对标达标是指企业在生产经营活动中，参照国内外同行业先进水平或标准，制定并实施相应的改进措施，以提高自身的产品质量、服务质量和管理水平。在全国对标达标信息服务平台上，以"枸杞"为产品名称进行搜索，可查询到 15 个省 (自治区、直辖市) 的 46 条枸杞产品对标信息。枸杞主产区宁夏和青海未查询到企业开展枸杞相关产品对标达标。

枸杞精深加工产品种类繁多，包括枸杞饮料、枸杞酒、枸杞糕点、枸杞糖果等，这些产品在原料选择、生产工艺、质量控制等方面存在较大差异。由于枸杞食品生产企业的规模参差不齐，缺乏专业的标准化管理团队和标准化知识，部分企业对标准化工作重视不够，未建立完善和科学有效的标准体系，法律、法规及相关标准修订后，未能及时识别并更新相关文件等，致使企业未能合法、合规生产，导致产品质量难以保证。[4]

(三) 标准宣传贯彻及实施监督力度不够

标准的制定只是第一步，关键在于如何将标准有效地实施。标准的实施力度不够是由各种原因造成的，比如宣传推广不够、缺乏持续的培训，缺乏必要的资源和支持，在实际执行过程中，没有严格按照标准要求去做，或者标准的要求没有得到充分的理解和认同，标准与实际情况脱节，以及缺乏有效的管理和监督机制，都会导致标准实施的效果大打折扣。由于历史原因、从业人员综合素质较低、宣传不到位，导致枸杞行业规模化和组织化程度不高，部分标准的实施覆盖率较低。

我国对食品安全企业标准实行的是备案制度，备案过程不要求对文本内容进行实质审查，由企业自行负责，由于企业标准制定人员的水平参差不齐，导致提交备案的标准存在原辅料使用错误、食品添加剂错用或滥用等各种问题，企业依据这些错误的标准生产食品，将可能导致食品中出现各种安全隐患。[5]企业在生产过程中受到政府相关部门在质量和安全上的监督，这些监督具有强制性和法制性。但是有些检查只是走过场，这不但给某些产品不合格的企业一个钻空子的机会，也影响了整个监督的风气。

三、对策建议

(一)完善标准工作机制，持续优化高质量发展的现代枸杞产业标准体系

1. 建立跨部门管理协调机制

成立专门的标准管理协调小组，由食品、农产品、药品等相关部门的代表组成，共同负责枸杞标准的制定和修订工作。各部门代表应具有相应的专业背景和决策能力，以确保在协调过程中能够提出有价值的意见和建议。定期召开协调会议，讨论和解决标准之间的冲突和不一致问题。鼓励各方提出改进意见和建议，持续优化协调机制，确保其适用性和有效性，以更好地满足枸杞产业发展的需求。

2. 建立标准信息共享平台

建立枸杞标准信息共享平台，专门用于发布、更新和存储各类与枸杞相关的标准及制修订情况。平台应该对所有相关方开放，包括生产商、销售商、消费者、监管机构以及研究机构等。让相关部门和人员可以及时获取和了解现行枸杞标准及制修订情况，确保所有的利益相关方都能参与相关工作，并对标准的内容提出意见和建议，促进标准制修订过程的透明度。促进研究成果和技术方法等资源共享，避免重复投入和浪费。

由宁夏中宁县枸杞产业发展服务中心提出，宁夏中宁枸杞产业创新研究院联合国内知名食品标准服务商，面向枸杞全产业链客户开发的"杞标汇"小程序，可实时在线提供枸杞全产业链的国际、国内1050项标准，其中国外法规及标准80余项，涵盖美国、欧盟、日韩、东南亚等国家和地区，包含通用法律法规、横向通用标准、质量规格、产品标准、检测方法等。可方便业内人员及时了解枸杞相关行业动态，快速查询相关法规、政策、产品标准、检测方法等，同时还可自动生成产品标签和营养成分标签，帮助企业有效规避产品违规风险。

3. 建立标准实施反馈机制

建立标准实施的反馈机制，设立专门的反馈渠道，如在线反馈平台、电子邮箱或热线电话等，方便利益相关方提供反馈。制定清晰的反馈流程，确保反馈信息能够顺畅、有序地传递到相关部门和人员。鼓励相关方在使用标准的过程中提出反馈意见，包括对标准的理解、执行过程中遇到的问题等。定期收集反馈的意见和建议，对收集到的反馈数据进行整理和分析，制定相应的改进措施，及时发现和解决标准中存在的问题。实现标准研制、实施和信息反馈闭环管理。

4. 加强标准复审和修订工作

定期对现有标准进行复审和修订，根据行业发展和技术进步的情况，可适当调整复审周期。对于标准实施中发现的问题和矛盾，及时组织修订和完善，确保标准的适用性和可操作性。关注行业发展趋势和技术创新动态，及时将新技术、新工艺纳入标准中，确保标准与产业发展和技术进步保持同步。

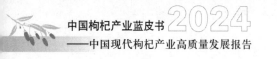

5. 推动枸杞质量安全标准与国际接轨

在现有国家、行业、地方标准的基础上，参照有关国际标准，进一步完善枸杞深加工过程中产品质量、分等分级、加工包装等环节一系列标准，使枸杞深加工环节全部实行标准化管理；紧密结合国内外市场消费趋势，进一步创新技术标准，提高枸杞产业整体水平，为开拓国内外市场、做大做强枸杞产业打下坚实的基础。

《宁夏现代枸杞高质量发展实施方案》提出，实施质量保杞工程要完善现代枸杞产业标准体系，推动宁夏枸杞质量安全标准与国际接轨，加强标准指标验证、示范推广、宣传培训，加快生产、加工、物流、营销、服务等全产业链标准化的普及应用，充分发挥"标准化+"效应。《青海省枸杞产业发展"十四五"规划》也提出要建立健全枸杞全产业链标准体系，以质量安全为核心，围绕基地建设、栽培生产、生物防控、储运加工、质量安全、品牌建设等全产业链建立健全产业标准体系，提升枸杞产品质量。

(二) 加强标准宣传贯彻和实施监督，提高企业标准化水平

1. 多种途径和手段加大标准宣传和培训力度

政府部门应加大对枸杞产业标准化建设的投入和支持力度，包括资金、技术、人才等方面的支持，推动枸杞产业的健康快速发展。标准宣贯是标准化工作的基础，是标准实施的前提条件，是关系到企业生产质量的重要工作。相关部门应通过各种途径和手段加大对标准的宣传和培训力度，提高企业对标准化工作的认识和重视程度。将标准宣贯纳入日常工作，建立长效机制，确保标准宣贯工作的持续推进。对标准宣贯工作定期进行评估，总结经验教训，不断优化策略，提高宣传和培训效果。引导企业依据标准建立和完善质量管理体系，确保产品质量从源头到终端的全程控制。

2. 提高企业对标准化工作的重视程度

企业领导层应提高对标准化工作的重视程度，将其纳入企业的发展战略，为企业标准化工作提供有力的组织保障。根据企业自身的发展战略，制定科学合理的标准化发展规划，明确标准化工作的目标、任务和措施。建立健全标准化管理体系，包括标准制定、实施、监督、评价等环节，确保标准化工作的有序进行。积极参与国家、行业、地方标准的制定，同时根据企业的实际情况，制定企业内部标准。企业高层管理人员担任或兼任企业标准总监，运用标准化手段提升管理水平、提高生产经营质量、促进形成优质产品品牌。

3. 简化企业标准备案流程，提高标准制定和应用水平

相关主管部门应大力组织宣传执行"国卫办食品发〔2024〕4号"《国家卫生健康委办公厅关于进一步优化食品企业标准备案管理工作的通知》精神，取消食品企业标准备案前公示环节，简化申请材料，取消备案前、备案中审查等要求，取消加盖备案公章、水印、备案号等做法，同时，强化备案后管理，落实食品企业主体责任，企业要对提交备案标准的合法性、食品安全指标是否严于食品安全标准负责，不断提升食品企业标准制定和应用水平。

4. 开展标准质量及实施效果评价

标准质量和实施效果评价是确保标准和其执行效果达到预期目标的关键过程。评价标准的质量和实施效果对于改进和提升标准化工作、提高产品质量、推动技术进步具有重要

意义。相关部门应可以运用多种方法，如问卷调查、实地考察、案例分析等，开展枸杞标准的规范性、适用性和可操作性等评价工作，了解标准在实际应用中的普及和执行程度。分析标准实施后对相关产业、企业经济效益的影响，包括降低成本、提高生产效率等方面的效果。评估标准实施对规范行业经营、能源资源节约、消费者权益保护等方面的贡献。针对标准实施过程中出现的问题和不足，提出改进建议，为标准的修订和完善提供依据。标准质量和实施效果评价是标准化工作的重要组成部分，通过科学、客观的评价，可以不断提升标准的质量和实施效果，为经济社会发展提供有力支撑。

(三)推进试点示范引领，提升产业整体标准化水平

枸杞产业推进标准化试点示范的具体做法，可以通过以下几个方面进行：

制定枸杞种植、加工、流通等方面的标准，建立完善的标准体系。同时，建立标准化管理体系，包括标准的制定、实施、监督和考核等环节，确保标准的贯彻执行。

针对枸杞产业相关从业人员，开展标准化培训，提高他们的标准化意识和技能水平。使其了解并掌握相关标准，能够按照标准进行操作和管理。

鼓励枸杞种植户和加工企业采用标准化生产方式，严格按照标准进行种植、加工和销售。同时，推广先进的种植技术和加工工艺，提高枸杞产品的质量和附加值。

以标准化的枸杞产品为基础，打造具有影响力的品牌。通过品牌推广，提高消费者对标准化枸杞产品的认知度和信任度，增强产品的市场竞争力。

建立枸杞产品质量追溯体系，实现从种植、加工到销售的全过程追溯。通过追溯管理，确保产品质量安全可靠，提高消费者信心，同时也有助于问题的追溯和解决。

与国内外相关机构和企业加强合作与交流，引进先进的标准化理念和技术，提高枸杞产业的标准化水平。通过交流学习，促进产业协同发展，提升整体竞争力。

试点实施过程中，定期进行检查和评估，确保标准的执行效果。同时，要总结经验，不断完善试点示范工作机制。通过对试点示范的实施情况进行分析和总结，提炼出一套有效的标准实施模式，为全面推广标准化生产提供参考和借鉴。通过示范引领，提升整个产业的标准化水平。

(四)坚持标准化与科技创新相结合，发挥标准化促进产业升级的独特作用

未来的枸杞产业标准化将更加注重科技创新。通过引入现代农业技术、生物技术等手段，实现枸杞种植的精准化、智能化，提高产量和品质。同时，利用现代分析检测技术，对枸杞中有效成分进行深入研究，可以开发出更加多样化、高品质的枸杞产品，为制定更科学、更严格的标准提供有力支撑。通过加强关键技术领域的标准研究，确保科技创新成果得到有效的推广和应用。

随着枸杞产业标准化的深入推进，产业的整体素质将得到显著提升。标准化将引导企业加强自身管理、提升产品质量，促进产业向集约化、规模化发展。同时，标准化将推动产业与相关领域的融合发展，如生态农业、旅游观光等，为产业开辟新的发展空间。

(五)注重社会共治与公众参与

未来的枸杞产业标准化不仅是政府和企业的责任，还将广泛吸纳社会各界参与。通过

加强宣传教育，提高公众对枸杞标准化的认知度和参与度，形成全社会共同关注、共同推进的良好氛围。同时，建立健全社会监督机制，鼓励消费者、媒体等社会力量对枸杞产业进行监督评价，推动产业持续改进提升。

（六）加强国际交流与合作

在全球化的背景下，枸杞产业的国际交流与合作将更加频繁。通过参与国际标准的制定和修订，引进国外先进的生产和检测设备，有助于提高我国枸杞产品的质量和技术水平，提升我国枸杞产业的国际地位，推动中国枸杞走向世界。

参考文献

[1]葛荣荣.食品安全标准实施中存在的问题及对策分析[J].现代食品，2023(16)：161-163

[2]王培涌.枸杞安全卫生标准水平分析[J].质量探索，2019(3)：16-20.

[3]胡美玲.我国枸杞对外出口面临的问题与发展策略[J].对外经贸实务，2018(10)：49-53.

[4]范长军.食品生产企业标准体系建设及思考[J].中国标准化，2022(4)：19-24.

[5]余超.我国食品安全企业标准备案工作现状及分析[J].中国食品卫生杂志，2020(32)：212-215.

现代生产体系篇

现代枸杞产业栽培技术标准
建设与标准化发展报告

祁伟 乔彩云 董婕 张雨 何鹏力 唐建宁 俞建中*

摘　要： 在推进现代枸杞产业高质量发展进程中，枸杞栽培标准化起着基础性作用。报告从苗木繁育及质量控制、选地及建园、种植栽培、社会化服务、产品溯源等方面介绍了现代枸杞产业栽培技术标准化的发展现状，以及在品种培育多样化、基地建设标准化、抚育管理绿色化、社会服务专业化等方面开展的重点工作，提出现代枸杞产业栽培技术标准化在良种良法配套、农机农艺融合、集约化与标准化水平等方面存在的问题与不足。从种子"芯片"科研攻关、"四新"技术配套应用、新型社会化专业服务组织培育壮大对现代枸杞产业栽培技术标准化发展进行展望，为现代枸杞产业高质量发展提供参考。

关键词： 现代　枸杞产业　栽培　标准化　发展

枸杞栽培标准化是农业产业标准化的重要组成部分，是指枸杞生产全过程的系统标准化，包括了生态环境、生产资料投入、农作制度与生产操作技术、生产管理与服务、产品质量及其监控等诸多方面标准的制定与贯彻实施。因此，大力推进枸杞产业栽培技术标准化，对发展新质生产力，提高枸杞产品的国内外市场竞争力，促进现代枸杞产业高质量发展具有重要意义和作用。[1]

一、枸杞栽培技术标准现状

据不完全统计，截至 2023 年底，现代枸杞产业栽培技术标准总计 142 项，其中，苗木繁育及质量控制方面 23 项，选地及建园环节 10 项，种植栽培方面 67 项，社会化服务方面 29 项（植保服务 24 项、气象服务 5 项），产品溯源方面 13 项（产品追溯 3 项、品牌建设与保护 10 项）。

（一）苗木繁育及质量控制方面

截至 2023 年年底，枸杞苗木繁育及质量控制方面发布标准共计 23 项，按照标准适用

注：祁伟，宁夏枸杞产业发展中心副主任，正高级工程师；乔彩云，宁夏枸杞产业发展中心，工程师；董婕，宁夏枸杞产业发展中心，林业工程师；张雨，宁夏枸杞产业发展中心，林业工程师；何鹏力，宁夏枸杞产业发展中心主任，高级工程师；唐建宁，宁夏枸杞产业发展中心副主任，正高级工程师；俞建中，宁夏枸杞产业发展中心，正高级工程师。

范围分类，行业标准 2 项，占枸杞苗木繁育及质量领域标准的 8.7%。地方标准 20 项，其中宁夏地方标准 7 项、青海 5 项、新疆 3 项、内蒙古 2 项、黑龙江 1 项、甘肃 1 项、陕西 1 项，占枸杞苗木繁育及质量领域标准的 87.0%。团体标准 1 项，占枸杞苗木繁育及质量领域标准的 4.3%。经"企查查"查询，全国登记在册且处于存续、在业的枸杞苗木生产经营主体达 136 家，其中，宁夏 28 家，青海 32 家，甘肃 30 家，新疆 5 家，内蒙古 6 家。宁夏已初步建成枸杞良种育、繁、推一体化现代种业推广体系，枸杞良种苗木年繁育能力突破 1 亿株，培育的宁杞系列优新良种覆盖全国所有枸杞产区，占全国枸杞主栽品种的 95%以上。建成 2 个国家级种质资源圃，1 个自治区级枸杞种源基地，3 个自治区级良种繁育示范企业。青海省产业主管部门和相关科研院所加强良种繁育项目合作，重点在枸杞种质资源评价、育种平台建设、种苗繁育等方面开展研究，建设完成了青海省枸杞种质资源圃。[2]

(二)选地及建园环节

枸杞正常生长发育直接受外界自然环境因素影响。虽然枸杞适应性强，生长季能耐 38℃高温，也耐寒，耐盐碱，在土壤含盐量为 0.5%~0.9%，pH 值为 8.5~9.5 的灰钙土和荒漠土均可生长，在轻壤土和中壤土栽植最适宜。不同的外界自然环境导致枸杞间存在不同的品质差异。据统计，截至 2023 年年底，枸杞选地建园时针对环境大气、农田灌水、土壤质量领域发布标准共计 10 项，按照标准适用范围分类，国家标准 3 项，行业标准 4 项，地方标准 2 项(宁夏地方标准 1 项、新疆地方标准 1 项)，团体标准 1 项。环境大气中的污染物项目、监测方法、数据统计的有效性规定、实施与监督等从 2016 年开始按照《环境空气质量标准》(GB 3095—2012)执行。农田灌水中的水质要求、监测与分析方法、监督管理按照《农田灌溉水质标准》(GB 5084—2021)执行。土壤质量及风险管控按照《土壤环境质量 农用地土壤污染风险管控标准(试行)》(GB 15618—2018)执行。

(三)种植栽培方面

枸杞标准体系中内容最全面、数量最多的属枸杞种植栽培子体系。截至 2023 年年底，枸杞种植栽培方面发布标准共计 67 项，按照标准适用范围分类，国家标准 1 项，占总种植栽培方面标准的 1.5%。行业标准 1 项，占总种植栽培方面标准的 1.5%。地方标准 57 项，其中，宁夏 22 项，青海 14 项，新疆 11 项，内蒙古 2 项，甘肃 5 项，广东 1 项，广西 1 项，山东 1 项，占总种植栽培方面标准的 85.1%。团体标准 8 项，占总种植栽培方面标准的 11.9%。按照种植栽培环节分类，综合类标准为 49 项，占总种植栽培方面标准的 83.0%。水肥类标准为 9 项，占总种植栽培方面标准的 15.3%。机械中耕类标准为 1 项，占总种植栽培方面标准的 1.7%。从数据分析看，枸杞整形修剪类的标准还处于空白。

(四)社会化服务方面

(1)植保服务 党的二十大报告指出，必须牢固树立和践行"绿水青山就是金山银山"的理念，站在人与自然和谐共生的高度谋划发展，强调推动绿色发展，提升生态系统多样性、稳定性、持续性。现代枸杞产业的高质量发展离不开高标准的枸杞病虫害绿色防控。

截至 2023 年年底，枸杞病虫害防控方面发布标准共计 24 项，按照标准适用范围分类，国家标准 1 项，占总枸杞病虫害防控方面标准的 4.2%，行业标准 2 项，占总枸杞病虫害防控方面标准的 8.3%，地方标准 21 项，占总枸杞病虫害防控方面标准的 87.5%。21 部地方标准中，宁夏地方标准 16 项，占比 76.2%，青海地方标准 2 项，占比 9.5%，新疆地方标准 3 项，占比 14.3%。宁夏农林科学院植物保护研究所依托宁夏回族自治区重点研发计划项目"农业生物灾害监测预警关键技术研究与应用"和自治区财政林业优势特色产业（枸杞）发展直补资金项目，联合宁夏枸杞产业发展中心、宁夏森林病虫防治检疫总站、宁夏农林科学院枸杞科学研究所、枸杞气象服务中心在前期科研工作的基础上，不断完善枸杞植保大数据平台，进一步利用地理信息系统、遥感、物联网、大数据分析、决策支持、媒体处理分析等技术，制定规范的监测预报技术规程，实现枸杞病虫害的定位、识别、监测、分析预警、会商管理、辅助决策、自动报文和信息发布等技术，将科学成果应用于产业服务，指导病虫害防治，提高产业生产水平。[3] 2021 年，宁夏回族自治区林业和草原局、农业农村厅、市场监督管理厅、宁夏农林科学院、宁夏气象局、银川海关等 6 部门联合印发了《现代枸杞病虫害绿色防控体系建设实施方案（试行）》，以建立健全现代枸杞病虫害绿色防控监测预报及防治体系为目标，深度融合大数据、"3S"、物联网等现代信息技术，全面推广应用"五步法"绿色防控技术，完善社会化服务水平，提升病虫害绿色防控能力。[4]

（2）气象服务 枸杞气象是研究气象条件与枸杞生产之间的关系及其变化规律的科学，属于林业气象学中的特色经济林果气象领域。[5] 气象标准涉及气象工作的方方面面，是提高气象防灾减灾和应对气候变化能力的重要基础，是气象科技成果转化为业务服务能力的重要途径，也是气象部门履行社会管理和公共服务职能、引领气象事业科学发展的重要支撑和保障。做好枸杞气象服务，对提高枸杞应对气候变化，防灾减灾有着至关重要的作用。截至 2023 年年底，枸杞气象服务方面发布标准共计 5 项，按照标准适用范围分类，行业标准 2 项，占总枸杞气象服务方面标准的 40%，地方标准 3 项（宁夏地方标准 2 项，青海地方标准 1 项），占枸杞气象服务方面总体标准的 60%。《枸杞农业气象观测规范》《枸杞炭疽病发生气象等级》2 项行业标准，是气象部门在前期枸杞气象研究成果的基础上，总结归纳枸杞农业气象观测规范、枸杞病虫害监测、预警、评估等方面，并参考已发布的有关行业标准和国家标准，于 2015 年制定发布。当时在国内外尚没有枸杞气象方面的相关气象等级标准，2 项标准的颁布弥补了宁夏气象无行标的空白，也标志着宁夏气象标准化工作进入了一个新阶段。[6]

（五）产品溯源

数据智能服务已成为推动行业高质量发展共识，现代枸杞产业数字化转型迫在眉睫。党的二十大提出，推动高质量发展是全面建设社会主义现代化国家的首要任务，扎实推动宁夏现代枸杞产业数字化转型升级，既是传统枸杞产业现代化改造的必经之路，也是赋能区域经济高质量发展的现实需要。[7]

（1）产品追溯 决定枸杞质量安全的关键因素是生产及加工过程的全程管理。推行标准化生产及管理技术、规范田间生产档案记录、按照国际惯例和市场需求建立与市场准入相衔接的枸杞产品全程质量追溯制度，是全面提高管理水平的一个重要举措，也是提高枸杞产品质量安全和竞争力、保障消费安全的一个重要手段，更是推动枸杞生产方式变革、提高枸杞种植者收入的一条有效途径。[8,9]据不完全统计，截至2023年年底，枸杞产品溯源方面发布标准共计3项，按照标准适用范围分类，国家标准1项，地方标准1项（宁夏地方标准），团体标准1项。将枸杞生产全过程纳入追溯体系，按照产业链从前往后进行追踪，即从原料种植基地、收购商、运输商、加工企业、到销售商，就是为了对枸杞的生产实现从农田到餐桌全部过程的有效控制，保证枸杞的质量安全。《宁夏枸杞追溯要求》地方标准制定发布后，可建立健全枸杞质量安全标准体系，使枸杞生产加工的全过程都可追溯，进一步保障了宁夏枸杞的质量安全。

（2）品牌建设与保护　品牌保护是促进乡村产业振兴的需要，产业有了品牌效应才会有生命力，才会有效益和溢价力。品牌不仅是政府、企业的无形资产，更是消费者选择产品的主要依据。品牌保护既是企业的切身利益，也是政府职责所在。据统计，截至2023年年底，枸杞品牌建设与保护方面发布、执行标准共计10项，按照标准适用范围分类，国家标准6项，占枸杞品牌建设与保护方面标准总体的60%。行业标准2项，占枸杞品牌建设与保护方面标准总体的20%。地方标准2项（宁夏地方标准），占枸杞品牌建设与保护方面标准总体的20%。枸杞专有的区域公用品牌培育指南、评价通则、管理规范等标准还处于空白。

二、栽培技术标准化发展成效

（一）优新品种培育多样化快速发展

随着枸杞种植区域的扩大和新品种的不断培育，各枸杞主产区结合各自的生态立地条件，开展了枸杞品种栽培试验，筛选出适合当地环境的枸杞品种。宁夏创建了世界上资源最丰富的枸杞种质库，收集保存15种3变种2000余份枸杞种质材料，国内特异种质资源100%入库，国外具有重要经济性状的种质资源60%入库。筛选63份核心种质，构建了20个遗传群体，创建了包含农艺、品质、抗性等200个重要性状表型数据库。制定国家枸杞新品种DUS测试标准，建立了高效育种体系，创制出具有大果、丰产、高类胡萝卜素等优异性状的红果枸杞优系31个、黄果枸杞新优系7个、黑果枸杞新优系12个。2003—2023年，获得植物新品种保护证书的达45个，仅2023年经国家林业和草原局批准获得枸杞植物新品种保护达13个。其中，果用枸杞新品种10个（'宁农杞16号''宁农杞17号''宁农杞18号''宁农杞19号''宁农杞20号''杞鑫5号''杞鑫6号''杞鑫7号''杞鑫8号''杞鑫9号'），叶用枸杞新品种3个（'宁杞菜2号''宁杞菜3号''宁杞菜4号'）。2023年，经宁夏回族自治区林木良种审定委员会认定通过科杞6082、宁农杞15号枸杞良种2个。抢救性保护第一代'宁杞1号'组培苗18亩5000株，为'宁杞1号'种源保护及提纯复壮奠定基础。抢救性保护30年树龄以上的宁夏枸杞老树4000余株，50年树龄以上的宁夏枸杞老树100余棵，100年以上树龄的宁夏枸杞古树5棵。青海省产业主管部门在柴达木枸杞主产区建立了相对集中的种质资源圃及品种品比圃3处，形成了较为完善的柴达木枸杞育种平台。选育审定枸杞新品种7个，其中：红果枸杞5个，黑果枸杞2个。新疆建成了精河枸杞种质资源汇集中心，收集和保存枸杞种类 4 个、品种(系) 45 个，选育审定枸杞新品种 6 个，其中：红果枸杞 5 个，黑果枸杞 1 个。内蒙古 2023 年经国家林业和草原局批准获得枸杞植物新品种保护 3 个('荣杞 1 号''林杞 1 号''林杞 5 号')。随着枸杞品种资源的不断挖掘，黑果枸杞、紫果枸杞、黄果枸杞等一些特异性资源也开始了小面积的引种栽培种植。[2] 2023 年 11 月 30 日，'宁农杞 20 号'以 81.5 万元的价格夺得宁夏农林科学院举办的 2023 年作物新品种专场拍卖会"标王"。

(二)基地建设标准化

标准化的枸杞基地是产业发展的第一车间。各枸杞产区在符合"非农化""非粮化"政策的撂荒地上扩大枸杞种植面积，支持在其他园地、未利用地等规模化种植枸杞，大力推广标准化种植、规模化发展，积极引导小农户传统分散的种植模式向集约化适度规模转变，推动"企业+合作社+农户"种植模式，鼓励新型生产经营主体通过土地流转、杞园托管等形式提高规模化经营水平。宁夏以创建"百千万"绿色优质丰产示范基地为载体，联合示范推广"良种+良方"配套栽培技术，建成百亩绿色丰产示范基地 50 个，千亩绿色丰产示范基地 16 个。宁夏杞鑫种业有限公司的种植模式首次实现秋果产量占总产量的 40%，种植端提产增效取得新突破。评选出"宁夏枸杞"优质基地(示范苗圃) 11 个，11 家企业获全国首批枸杞有机认证试点，2 家基地获得零农残认证，2 家基地获国家 GMP(良好农作物操作规范)认证，13 家企业获 HACCP(危害分析与关键控制体系)认证，11 家企业通过美国 FDA 认可认证，多家企业枸杞产品通过北美 USDA 有机认证、欧盟 EU 和日本 JAAS 有机产品认证，建成全国绿色食品原料枸杞标准化生产基地 10.41 万亩、国家级出口枸杞质量安全示范区 3 万亩、中药材 GAP 种植基地 2020 亩。2023 年，中宁县早康枸杞股份有限公司获批农业农村部首批国家现代农业全产业链标准化生产基地。[10] 青海省 34 家企业获有机枸杞基地认定，有机枸杞种植面积达到 20 万亩，已成为全球最大的枸杞种植地区和有机枸杞生产基地。[11] 甘肃建成百亩以上绿色生产示范点 370 个、千亩以上集中连片示范基地 38 个、万亩枸杞规模化种植基地 8 个、有机枸杞示范基地 2 个、枸杞产业扶贫示范基地 10 个、万亩以上枸杞专业乡镇 11 个，建立枸杞标准化技术示范点 5 个，辐射带动面积达到 30 万亩。玉门市昌马乡 1500 亩枸杞被评定为优质道地药材(枸杞子)示范基地，瓜州县 5.8 万亩枸杞被认定为全国绿色食品原料(枸杞)标准化生产基地，靖远枸杞栽培示范区获得全国绿色食品原料标准化生产基地认定。[2] 2022 年 1 月，全国 59 个园区被认定为第二批国家林业产业示范园区，国家中宁枸杞产业(林业)示范园区和国家酒泉枸杞产业示范园区(玉门枸杞小镇)榜上有名，分别成为宁夏和甘肃首个且唯一的国家林业产业示范园区。

(三)栽培管理绿色化

产业发展，绿色健康是关键。近 30 年来，枸杞病虫害防控技术得到了长足发展，从单一的以化学农药防治为主发展到绿色防控综合治理，基本掌握了枸杞重大病虫发生灾变规律，建立了枸杞病虫害信息化监测预警技术体系，研发出天敌保护与利用、生物药剂筛选与应用、农药安全评估与高效精准应用等关键技术，探索了枸杞害虫生态调控技术，各产区集成建立了实用性强、易于操作的枸杞病虫害绿色防控技术体系，覆盖各个产区的专业化统防统治队伍从无到有，植保防治能力显著提高，很大程度破解了枸杞产品质量安全问题，有效解决了制约现代枸杞产业发展的瓶颈问题。[7]宁夏已建成由自治区林草部门、科研单位、市(县、区)人民政府、生产经营主体组成的"四位一体"的枸杞病虫害监测预报和绿色防控工作体系。截至 2023 年年底，枸杞病虫害绿色防控体系覆盖 15 个县区和农垦集团，涉及 44 个乡镇，103 个村，42 家枸杞企业，33 家枸杞专业合作社，4 个家庭农场，46 个散户种植村。设立测报网格 170 个，测报样点 1358 个，2716 株枸杞树，组建了一支 201 人的枸杞病虫害信息化监测预报队伍，形成了每月 15 日、30 日 2 次常规监测和重点病虫害专项测报相结合的固定监测工作制度，以及由宁夏枸杞产业发展中心、宁夏农林科学院植物保护研究所、宁夏森林病虫害防治检疫总站、宁夏农林科学院枸杞科学研究所、枸杞气象服务中心等 5 家产业主管部门和科研单位联合发布枸杞病虫害绿色防控实施方案的合作机制。建立并优化升级了枸杞病虫害监测预报信息化平台，包括宁夏农业生物灾害网格化监测预警大数据平台、宁夏农业生物灾害网格化监测预警共享平台 2 个子平台和枸杞病虫害测报 APP 系统的管理功能、自动预警功能和田块圈定功能。发布枸杞允许使用的 25 个有效成分 147 个农药产品，分别在沙坡头区、中宁县等地创建枸杞农药标准化经营示范门店 74 家，设立枸杞用药专柜，确保枸杞用药合法合规。[12]重点实施"两减一增一提高"(减化肥、减农药，增施有机肥，提高单位面积产量)行动方案。青海省开展枸杞病虫害杂草区系调查，通过生物学、生态学特性研究，确定主要病虫害草害种类、有效防治药剂和防治方法。从 25 种化学药剂和 30 种生物药剂的田间药效试验中筛选出防治枸杞害虫的无公害有效药剂 7 种。确定了白粉病、根腐病、枯叶病、流胶病和炭疽病 5 种柴达木地区枸杞主要病害种类，筛选出控制枸杞无公害有效药剂 20 种。研究提出了枸杞有机栽培控制枸杞病虫草害的技术方法。依托相关科研部门的科研成果，在枸杞产区推广水肥一体化节水栽培技术，滴灌覆盖面积达到 12 万亩。通过枸杞水肥耦合各项技术的集成示范，明确了土壤养分分级标准、不同尺度下土壤养分的空间变异来源、不同生育期养分在枸杞植株内的分布特征和年周期内枸杞养分吸收量，确定了符合柴达木盆地土壤条件的滴灌肥配方，研发了厂房式、中型固定式和小型移动式水肥一体化系统，实现了枸杞灌溉施肥的轻简化、高效化和低成本化。[2,7]

(四)社会服务专业化

社会化服务是发展现代农业的必由之路。既可以提高作业效率，又可以降低生产成本。各枸杞产区积极探索发展枸杞社会化服务的路子，鼓励和支持各类新型农业经营主体发挥新优势、发展新业态，持续提升发展规模和服务水平，形成"种植托管""病虫害统防统治""代管代采"等枸杞生产经营新模式。通过政府购买服务、政策引导、示范带动等方式，不断扩大专业整形修剪、农资集采、统防统治、集中烘干、劳务中介等社会化服务覆盖面。鼓励行业组织、产业公共服务机构搭建枸杞产业资讯服务平台，为企业、农户、消费者等提供枸杞产供销信息服务。支持清洁能源设施制干服务中心建设。目前，宁夏枸杞社会化服务体系得到加强，建成国家枸杞标准化区域服务与推广平台 1 个，枸杞绿色生产、设施制干、拣选分级、仓储物流、信息发布、包装设计、机械租赁等全产业链社会化服务能力显著增强，化肥农药等投入品配送、专业化修剪、统防统治、制干、采摘、拣选等社会化专业服务组织达 819 家（图 1）。2022 年 9 月 5 日，全国首个枸杞社会化服务中心在宁夏成功组建。该中心以宁夏回族自治区林业和草原局、国家枸杞工程技术研究中心为技术依托，由宁夏杞鑫种业有限公司、宁夏科杞现代农业机械技术服务有限公司、宁夏祥瑞丰农业发展有限公司共同承建。切实

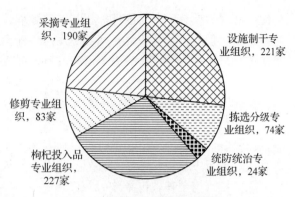

图 1　社会化专业服务组织数量

推进基地建设智慧化、标准化、机械现代化、种植良种化，服务广大种植户，降低成本，科学管理，为枸杞种植基地提供建园规划、精细修剪、水肥一体、机械作业等一系列田间管理保姆式技术服务，并建立服务体系、制定服务标准、培育产业人才，制定"良息+良农+良种+良机+良方+良资＝良品"的高效种植六大举措，积极推进"产业基础人才培养、联合试验示范站打造、技术引领示范推广"的发展模式。截至 2022 年年底，服务中心共计研发枸杞设备 49 款，联合民乐机械公司生产专用装备 149 台套，涵盖枸杞生产中的建园定植、开沟施肥、植保除草、追肥、整形修剪、残枝收集粉碎、秋果采收等。[13] 在区内与百瑞源的长山头基地、红寺堡基地、农垦集团的暖泉农场、巴浪胡农场、前进农场等签订服务合同，提供专用机械和社会化服务，服务面积累计达 4 万亩；区外为甘肃、青海、西藏和河北等枸杞产区提供专用机械和社会化服务，服务面积累计达到 2 万亩。[14] 社会化服务组织充分发挥其专业化、组织化、集约化的优势，广泛开展枸杞种植、生产、加工等社会化服务，在增产降本、提质增效方面成效明显，托管农户与未托管农户相比，每亩降低生产成本 500～800 元，每亩增收 600～900 元，并且可释放农村剩余劳动力从事其他产业，形成务工收入和土地收入的叠加效应，为全面推进乡村振兴、加快农业农村现代化提供了有力支撑。

三、现存的问题与不足

（一）良种良法配套有待加强

一是良种推广与技术推广难结合。长期以来，枸杞良种推广部门与技术推广部门分属两个不同的单位，良种推广部门只重视新品种推广，忽视了与枸杞良种相配套的技术推广。另一方面，枸杞技术推广部门忙于事务性工作，对枸杞品种配套技术接触不够，从体制上制约了良种良法配套推广工作。二是基层林业技术推广服务部门职能发挥不到位。目前，受机构改革等多因素影响，部分地区基层林技推广体系缺乏或不完善，从业人员少，且身兼其他非林业技术领域的工作，导致技术推广力度跟不上。三是良种良法配套的认知度受限。枸杞生产经营主体科技文化素质水平参差不齐是影响良种良法全面推广的重要障碍因素之一。有的生产经营主体认为良种是万能的，在任何立地条件都能高产；或者是一味追风，不结合自身实际条件，效仿他人种植不适合本区域的枸杞良种；抑或是栽植了适

合的良种，却没有配套与该良种相匹配的管理模式。四是良种良法配套技术的示范推广面有待增加。目前，虽然宁夏在"良种+良方"配套栽培技术的示范推广中取得了一些成绩，但在持续扩大示范推广影响力上还有一定发展空间。

(二) 农机农艺融合程度有待提高

一是对农机农艺融合的认识不够。当前，多数从事农机和农艺研究的工作人员对农机农艺融合的认识较为淡薄，没有意识到农机农艺融合对我国现代枸杞产业高质量发展的深远意义。枸杞生产经营主体和有关部门大多只意识到农艺的重要性，对于农机重要性的认识不足，导致枸杞种植过程中轻视工程技术，给现代枸杞产业的高质量发展带来一定困难。二是农机农艺结合度不高。目前，枸杞产业农机农艺融合大都还处于农机迎合农艺的状态，现有的株行距、修剪模式等均是从如何提高枸杞产量为主要研究对象，并没有将适合机械化生产、提高机械效率作为农艺的重点研究内容。三是枸杞产业复合型人才、农机人才不足。当前，我国的枸杞农机工程师和农艺师之间大多彼此独立，农机工程师不了解农艺技术的发展，而农艺师对农机工程也是一知半解。同时，农机工程师和农艺师之间沟通不顺畅，许多问题都没有办法得到及时解决，从而浪费了大量的人力、物力和财力。再加上我国目前枸杞从业人员素质普遍不高，复合型人才更是凤毛麟角，导致农机和农艺始终得不到很好的创新和发展。四是枸杞农机研发资金紧缺，专用设备优化成熟度不够，结构不灵活，部分设备故障率高，大数据融合不精密。[15]

(三) 集约化与标准化水平受限

一是目前全国枸杞生产经营主体很大一部分仍是以散户小规模种植为主，虽然在各枸杞主产区已经成立了多家枸杞相关协会，但协会并没有充分发挥其作用，只是简单地将枸杞生产经营主体登记入会，没有组织其集体经营，协会会员只是根据自身需求分散种植，没有形成以土地入股构建合作经济组织或股份制合作公司等紧密型利益联结机制，很少达到集中连片种植，继而影响了枸杞产业的集约化经营。二是散户的文化水平相对较低，传统的农业生产观念和生产模式根深蒂固，习惯于小而全、多而杂和粗放的生产方式，对新品种、新技术、新装备的接受程度弱，一定程度上阻碍了产业集约化和标准化水平的提升。三是在国家土地"非农化""非粮化"政策背景下，全国枸杞产业发展在扩规上严重受限，同时受近几年枸杞品种退化、劳动力工价和农资价格上涨、枸杞价格低迷等诸多因素影响，枸杞生产经营主体种植积极性严重受挫，导致投入少、产出低、质量差、价格低，形成恶性循环，对产业的可持续健康发展造成严重影响。

四、发展展望

(一) 加快种子"芯片"科研攻关，夯实枸杞产业栽培技术标准化基础

种业是农业战略性、基础性核心产业，加强枸杞种业科技创新是实现枸杞产业现代化的战略任务和重要保障。要加快物联网、大数据、5G、人工智能等信息技术手段在枸杞育种中的应用，实现表型数据采集、传输、分析的数字化、实时化和智能化。加强枸杞种业

基础研究，探索枸杞选育相关规律，提高育种原始创新能力，加强科技储备。综合运用前沿生物技术和常规育种手段，构建枸杞优质品种引进筛选与培育、新品种标准化和规模化测试体系，构建区域性新品种选育、筛选、鉴定和联合评价测试网络。采用全基因组选择、基因编辑、分子聚合育种、基因芯片等现代育种技术，建立常规与模块化分子设计育种相结合的精准、高效育种技术体系。组织实施好枸杞新品种选育专项，创建药用枸杞品种鉴定评价体系，筛选核心种质，加快引进育成高产优质、绿色高效，多抗多适、增产减损，专用特用、转化率高的药用、食用、茎叶用等专用型枸杞新品种。[16]

（二）加快"四新"技术配套应用，提高枸杞产业栽培技术标准执行率

一要加强顶层设计。各枸杞主产区共同组建标准化战略联盟，建立跨省区的区域标准化合作机制，着力构建并完善新型地方标准体系。出台扶持政策，加大枸杞标准化生产扶持力度。二要强化科技服务。通过阳光培训、科技入户等教育培训项目，形成统一规划、逐级培训的工作机制。进一步强化对县、乡枸杞技术骨干和广大茨农的技术培训，大力推广、普及枸杞绿色、标准化生产管理技术，做好枸杞产地、产品的认定和认证工作。科研与技术推广部门要及时改进传统栽培技术，研发推广新技术，不断完善枸杞生产技术规程，示范推广枸杞绿色食品、有机食品生产技术，全面提升枸杞质量安全水平。三要推进技术推广机制体制创新。改革用人制度，全面实行编内人员个人申请全员聘用制度，实现由固定用人向合同用人、由身份管理向岗位管理转变。完善考评制度，建立统一的基层林业技术推广人员考核制度，将林业技术人员的工作量和进村入户推广技术的实绩作为主要考核指标，将枸杞生产经营主体对林业技术人员的评价作为重要考核内容。四要加强宣传引导。结合互联网技术、信息化技术，利用现代科技为产业发展建立中央服务平台，将产业科技信息、技术成果展示通过网络、手机等新媒体，更高效地传递给基层枸杞生产经营主体，有效提升枸杞生产技术水平，提高枸杞生产经营主体对枸杞产业标准化的认识水平。

（三）培育壮大新型社会化服务组织，推进枸杞栽培技术标准化进程

一要放活经营性服务。积极稳妥地将基层技术推广机构中承担的农资供应、产后加工、营销等服务分离出来，按市场化方式运作。鼓励其他经济实体依法进入林业技术服务行业和领域，采取独资、合资、合作、项目融资等方式，参与基层经营性推广服务实体的基础设施投资、建设和运营。积极探索公益性技术服务的多种实现形式，对各类经营性技术推广服务实体参与公益性推广，可以采取政府订购服务的方式。二要培育多元化服务组织。积极支持科研单位、教育机构、企业、农民合作经济组织、农民用水合作组织、中介组织等参与技术推广服务。推广形式要多样化，积极探索科技大集、科技示范场、技物结合的连锁经营、多种形式的技术承包等推广形式。推广内容要全程化，既要搞好产前信息服务、技术培训、农资供应，又要搞好产中技术指导和产后加工、营销服务，通过服务领域的延伸，推进产业区域化布局、专业化生产和产业化经营。

参考文献

[1]张洪程，高辉，戴其根．作物栽培标准化问题的探讨[J]．中国标准化，2003(9)：17-19．

[2]宁夏回族自治区林业和草原局，国家林业和草原局发展研究中心．中国枸杞产业蓝皮书(2022)[M]．
银川：黄河出版传媒集团，宁夏人民出版社，2022．

[3]宁夏农林科学院植物保护研究所．植保所布控枸杞病虫害监测预报及绿色防控技术核心示范基地[EB/
OL]．http：//www．nxaas．com．cn/xwzx/gzdt/202004/t20200424_ 2045683．html．[2020-04-24]

[4]武万里，刘垚，马菁，等．给予 Maxent 模型的宁夏枸杞瘿螨适生性分析[J]．山地农业生物学报，
2022，41(2)：66-70．

[5]农业气象卷编辑委员会．中国农业百科全书(农业气象卷)[M]．北京：中国农业出版社，2023．

[6]马力文，等．枸杞气象业务服务[M]．北京：气象出版社，2018．

[7]宁夏回族自治区林业和草原局，国家林业和草原局发展研究中心．中国枸杞产业蓝皮书(2023)[M]．
银川：黄河出版传媒集团，宁夏人民出版社，2023．

[8]王彩艳．宁夏枸杞质量安全管理长效机制研究[J]．甘肃科技，2008，24(18)：63-64．

[9]苟金萍．枸杞产品标准限值与发展趋势[J]．农业质量标准，2007(4)：28-29．

[10]早康枸杞股份有限公司．中宁县早康枸杞股份有限公司获批农业农村部首批国家现代农业全产业链
标准化生产基地[EB/OL]．http：//zaokang．com．cn/view/catid/16/id/199．html0．[2023-09-01]

[11]永州新闻网．青海34家企业获有机枸杞基地认定[EB/OL]．http：//www．chinadevelopment．com．cn/
zxsd/2022/1229/1816341．shtml．[2022-12-29]

[12]中国新闻网．宁夏建设"三个国家级平台"支撑枸杞全产业链现代化发展[EB/OL]．http：//m．chi-
nanews．com/wap/detail/zw/cj/2023/01-17/9937599．shtml．[2023-01-17]

[13]中国农网．宁夏组建枸杞社会化服务中心推动枸杞产业高质量发展[EB/OL]．https：//www．farm-
er．com．cn/2022/09/07/99899028．html．[2022-09-07]

[14]时报网．加快推进农机农艺融合促进枸杞产业大发展[EB/OL]．https：//www．sohu．com/a/425564897
_ 120894104．[2020-10-18]

[15]巴合达提汗·叶克亚．农机农艺融合现阶段存在哪些问题及解决方法[J]．产业研究，2016(4)：
224．

[16]宁夏回族自治区科技技术厅．自治区种业科技创新行动方案[EB/OL]．https：//kjt．nx．gov．cn/zcfg/
gfxwj/202311/t20231103_ 4338522．html．[2023-11-03]

现代枸杞产业气象服务体系标准化发展报告

马国飞　李阳　张学艺*

摘　要： 加强构建和完善枸杞气象服务标准体系，对枸杞产业高质量发展至关重要。本报告梳理了当前枸杞气象服务标准体系现状和发展历程，分析了枸杞气象服务标准存在的问题，结合枸杞气象服务需求现状和发展趋势，对枸杞气象服务标准体系的应用前景进行了展望，并提出具体建议。

关键词： 枸杞　气象　标准体系

宁夏枸杞 *Lycium barbarum* 是茄科枸杞属多年生落叶灌木，产区主要集中在宁夏、新疆、青海、内蒙古、甘肃等省（自治区），果实是名贵的中药材和保健品。早在《本草纲目》中就有过详细记载，枸杞子有滋肝、补肾、明目和壮阳作用。枸杞生产过程中，天气、气候与枸杞道地性、产量、品质等密切相关，气象的科技支撑能力和社会化服务水平与老百姓的"钱袋子"紧密相连[1,2]。近年来，各省区气象部门为推动枸杞产业高质量发展，在提高枸杞气象监测精密、预报精准和服务精细等方面开展了大量的工作并取得了较好的成效，但枸杞气象服务体系标准不健全在一定程度上制约了枸杞气象服务的高质量发展。制定统一的气象服务标准和规范，既可以确保气象服务的质量和可靠性，提高气象服务效率和质量，又可以为枸杞种植、采摘、加工等环节提供重要的气象信息和预测，促进枸杞气象服务信息共享和交流，帮助生产者做出科学的决策，对提高枸杞产量和品质具有重要的作用[3]。

一、现代枸杞产业气象服务体系标准发展现状

枸杞产业气象服务标准在 2015 年前基本处于空白阶段。2000 年以来，宁夏气象局依托国家自然科学基金项目、科技部社会公益项目和中国气象局气象新技术推广等项目，联合宁夏农林科学院枸杞工程技术研究所、宁夏林业和草原局枸杞产业发展中心、宁夏大学等相关单位和科研院所，在枸杞生长发育、产量、品质形成与气候、土壤的关系[3]、枸杞适宜种植气候区划[4,5]、枸杞气象灾害[6]及病虫害气象监测预警[7,8]、气候变化影响评估[9]等方面取得了大量的研究成果。基于科研成果和业务服务应用的丰富经验，先后制定

注：马国飞，宁夏回族自治区气象科学研究所，技术研究室主任；李阳，宁夏回族自治区气象科学研究所，技术研究室副主任；张学艺，宁夏回族自治区气象科学研究所，所长。

了《农业气象观测规范 枸杞》(QX/T 282—2015)和《枸杞炭疽病发生气象等级》(QX/T 283—2015),实现了枸杞气象服务体系标准零的突破。此后,宁夏气象部门将枸杞气象系列成果推广到青海、新疆、内蒙古、甘肃等地多个省市气象部门,指导青海省气象局制定出台《柴达木地区农业气象观测规范 枸杞》(DB63/T 1400—2015),带动了当地开展枸杞气象科研和服务。

截至 2023 年,枸杞产业气象服务现行相关标准共 9 个(信息来源于全国标准信息公共服务平台)。从标准层次上看,气象行业标准 2 项,地方标准 7 项,暂无国家标准、团体标准;从标准发布区域来看,宁夏目前颁布实施的标准有 5 项,其中 2 项气象行业标准,3 项地方标准,新疆、青海各有 2 项地方标准;从标准涉及的服务领域来看,枸杞发育期观测标准 3 项,病虫害及气象灾害预警标准 3 项,枸杞品质评价类标准共 2 项,气象灾害防御类标准 1 项(表 1)。

表 1   枸杞气象行业标准和地方标准

标准类别	标准号	标准名称
行业标准	QX/T 282—2015	农业气象观测规范 枸杞
	QX/T 283—2015	枸杞炭疽病发生气象等级
地方标准	DB 64/T 859—2022	枸杞气候资源道地性评价
	DB 64/T 1687—2020	枸杞蚜虫气象服务技术规程
	DB 6527/T 007—2023	枸杞夏果期高温热害预警等级
	DB 6527/T 008—2023	农业气象观测规范 黑果枸杞
	DB 63/T 1400—2015	柴达木地区农业气象观测规范 枸杞
	DB 63/T 2176—2023	气候品质评价 枸杞
	DB 64/T 1526—2017	果园霜冻防御技术规程 熏烟和加热法

二、现代枸杞产业气象服务体系标准发展历程

枸杞是我国北方地区特色药材类经济作物,其道地产区为宁夏北部平原。枸杞属于高产值密集型产业,是西部贫困地区农民脱贫致富的主要支柱产业,西部各省区政府十分重视枸杞产业发展,对枸杞气象服务需求日益旺盛。2016 年,宁夏气象局成立了"自治区农业优势特色产业综合气象服务中心",并以中卫市气象局为牵头单位,设立枸杞气象服务中心。2017 年,经国家气象局和农业农村部联合认定,由宁夏气象局和自治区农科院枸杞工程研究中心联合申报并组建全国枸杞气象服务中心,并在宁夏(中卫)、青海、甘肃、新疆、内蒙古设立了枸杞气象服务分中心,全力推动全国枸杞气象服务的发展。在两个中心的推动下,枸杞气象服务体系标准取得快速发展。《枸杞气候资源道地性评价》《农业气象观测规范:黑果枸杞》《枸杞夏果期高温预警等级》《枸杞蚜虫气象服务规程》等地方标准先后颁布实施,特别是 2023 年共有 5 项地方标准出台,1 项行业标准进入专家审查最后阶段。

三、现代枸杞产业气象服务体系标准面临的挑战

随着与枸杞产业相关的科研和服务取得快速发展，枸杞产业气象服务体系标准建设也取得了一定的成效，但也存在气象服务体系标准覆盖面不足、各产区标准发展不平衡、综合性标准体系缺乏、科技支撑能力有限和人才队伍储备不足等制约现代枸杞产业气象服务质量的问题。

(一)枸杞产业气象服务体系标准产供销覆盖面不足

枸杞在生长过程受到低温霜冻、大风沙尘、高温干旱以及秋季连阴雨等气象灾害的影响较大，现行的枸杞产业气象服务标准也仅有一部枸杞夏果期高温热害气象等级地方标准，在气象灾害全链条覆盖方面存在严重不足。在生产过程中，病虫害的绿色防控是影响枸杞产量和品质的关键环节，从已有研究结果看，枸杞蚜虫、木虱、红瘿蚊等病虫害的发生发展与气象环境条件有着极其紧密的关系，但关于各类病虫害发生发展尚未建立相关的气象等级标准。从特色农业气象服务体系来看，气象系统多年来更多的是重视生产链条的气象研究、服务和标准建设。在新形势下，枸杞种质资源保护与利用、枸杞种苗繁育、枸杞产品的加工、运输及储运等服务需求也日益旺盛，但目前因缺乏成熟的研究成果，无法开展相应的气象服务体系标准的制定工作。总的来说，枸杞产业气象服务标准体系的建设，应围绕枸杞全产业链、气象灾害全链条开展，在科研成果的支撑带动下，逐步建立、完善覆盖枸杞产供销的气象服务标准体系。

(二)全国枸杞主产区气象服务标准体系建设不均衡

我国枸杞主要分布在宁夏、新疆、青海、甘肃和内蒙古5个省(自治区)，河北、西藏日喀则、云南等部分地区也有少量种植。宁夏作为枸杞老牌产区，枸杞气象研究与服务在全国处于领先优势，在枸杞气象服务标准体系的建设上也处于领先地位，现行的9项枸杞地方标准中，宁夏占55.6%，新疆、青海各占22.2%，而甘肃、内蒙古等省份无任何枸杞气象服务标准，产区间枸杞气象服务标准体系的建设与发展极不均衡。另外，枸杞气象服务标准层次也不均衡，9项标准中仅有2项气象行业标准，占比为22%，其余均为地方标准，而国家标准、团体标准均未建立。

(三)"气象+部门"综合性标准体系欠缺

枸杞在生长发育、加工、储存运输等各个环节均受气象因素的影响，不同阶段气象因素起到的作用不同。而从目前建立的枸杞产业气象服务体系标准来看，现行的标准主要以气象部门为主导，所形成的标准也主要在各级气象部门内部应用，几乎未涉及跨部门、跨行业的"气象+部门"综合性标准体系。在枸杞产业的发展过程中，各部门合作和交流非常重要，众所周知，气象影响着农业、交通、能源、环境保护等许多领域和行业，而气象服务又是各领域、各行业高质量发展所必备的要素之一，气象部门可以与其他部门广泛合作，共同制定综合性的枸杞气象服务标准体系，以确保气象信息和服务的质量和可靠性。

这些标准可以包括气象数据的采集、处理、传输和应用等方面，可以包括气象服务的质量评价、评估。

(四)枸杞气象服务体系标准化的科技支撑能力不足

主要表现在以下几个方面：一是枸杞农田小气候监测覆盖面不足。枸杞气象研究与服务需要依靠气象监测设备来获取枸杞生长环境的气象数据，目前宁夏已建成 17 套农田小气候站，2017 年枸杞气象服务中心成立以来，新疆、内蒙古、甘肃和青海等主产区也先后建设了枸杞农田小气候监测站网，但站网数量与当地枸杞种植面积严重不匹配。据统计，枸杞气象服务中心与各分中心农田小气候的站点仅有 27 个，监测设备的覆盖范围有限，导致数据采集不全面，从而制约枸杞气象研究与服务工作的发展。二是缺乏稳定资金支持与投入。枸杞气象服务需要投入大量的资金来购买监测设备、分析软件和培训人员等，但由于资金不足，来源有限且不稳定，这在一定程度上导致科研和服务能力不足。三是科技成果转化率不高。枸杞气象研究涉及生长发育、灾害防御、品质评价以及气候区划等诸多方面，但大多数研究人员将科技成果转化应用到标准建设的意识普遍较低，科技成果对枸杞气象服务体系标准化支撑有限。

(五)人才储备急需加强

宁夏枸杞气象服务已有 20 余年的历程，但全国枸杞气象服务起步较晚，新疆、内蒙古、青海、甘肃等省(自治区)从事枸杞气象服务的人员、资金和技术支撑与宁夏相比存在较大差距。主要表现为各省、市(县)气象局从事枸杞气象服务人员多由综合业务岗人员兼任，人员变动大，导致业务经验积累不延续，人才队伍储备不稳定。另外，各省枸杞气象服务分中心均无稳定的业务经费支持，业务运行主要依靠科研项目经费维持，部分地区存在枸杞生长发育观测、气象灾害调查等工作无经费支持的困境，从而导致枸杞科研和服务能力整体偏弱。

四、现代枸杞产业气象服务体系标准化发展设想

(一)做好枸杞产业气象服务体系标准制定统筹规划

枸杞是宁夏、青海、新疆、甘肃和内蒙古等省(自治区)特色产业，现有的行业标准和地方标准主要由宁夏制定，其他省(自治区)多参照宁夏样板针对本省地域特点和服务需求制定地方标准。枸杞产业气象服务体系标准不仅要包含枸杞产前、产中、产后等环节，同时还需要考虑到枸杞种质资源保护、气候区划、种苗繁育与运输等对气象服务的需求，这就需要发挥各省气象局标准化技术委员会的作用，统筹谋划枸杞产业气象服务体系标准建设框架，组建一支专业标准起草团队，梳理可支撑标准制定的科技成果，在枸杞观测、病虫害监测、灾害性天气预警服务等领域，制定一系列具有高实用价值的标准。针对标准制定中欠缺的科技支撑成果，也应制定相应的科技研发计划，以便为标准制定提供强有力的技术支撑。

(二) 强化基础研究和联合研究

标准是经济活动和社会发展的重要技术支撑。枸杞生长发育、气象灾害影响过程以及病虫害的发生发展与气象因子关系的基础性研究仍然存在较大缺口，如枸杞高温热害以及北方普遍存在的枸杞夏眠期形成机理目前仍未探明，枸杞全生育期水分消耗、生物量积累以及枸杞品质和产量与气象条件的关系等问题有待深入研究。基础性研究底子薄、积累少，枸杞产业气象服务体系标准也就缺乏可靠的理论支撑。另外，从社会发展和枸杞生产服务需求方面来看，枸杞科学研究工作仅靠一个系统或部门已经无法满足生产需要，必须加强气象、林业、农业等部门之间的相互合作，取长补短，各自发挥体系和技术优势，联合开展价值性高、实用性广的科学研究，从而为制定综合性的枸杞标准提供技术和理论支撑。

(三) 加快制定急需、紧缺的标准

宁夏既是枸杞优势主产区，也是枸杞种苗繁育、销售的主要省份，而枸杞在生产过程中受到低温、霜冻、阴雨寡照、干旱等多种自然灾害的影响，但目前尚未制定相关气象灾害服务的标准，气象灾害的标准并不等同于枸杞气象灾害的标准，有些气象灾害的监测、评价指标并不能套用到枸杞气象灾害中。为此，应在区分枸杞气象灾害与气象灾害本身的基础上，制定、完善枸杞春季大风致灾气象指标、霜冻监测与损失评价指标、枸杞干旱气象等级指标、枸杞高温热害气象等级指标、低温阴雨寡照致灾等级指标、枸杞裂果气象指标等，并形成相关标准。另外，在耕地"非农化""非粮化"大背景下，一些荒山、坡地等区域或将成为枸杞新兴种植基地的选择，但大多数新建园区在建设过程中并未充分考虑春季霜冻灾害、夏季高温热害以及冬季越冬冻害等各种气象灾害的影响，在一定程度上增加了枸杞气象灾害的风险和防治成本，也增加了枸杞建园、种植和管理成本，影响到枸杞产业的稳定和可持续发展，应立即开展相关标准的研究制定工作。

(四) 推进跨部门、跨省区共同制定标准

科研成果和长期稳定的观测数据是标准制定的重要支撑。近些年来，不同行业部门、不同省区在枸杞科研方面取得较多的研究成果，同时，关于枸杞水分、气象、病虫害等方面也有十分丰富的资料积累。但各部门、跨省区的数据和科研成果因各种限制无法实现共享，仅有极少部分资源可从网络信息平台获取。现行的枸杞气象服务体系标准除个别标准具有地域特殊性外，其他标准在北方主产区应具备通用性，枸杞气象服务体系标准的发展应该充分考虑这一特性。因此，制定高价值、实用性强、适用范围广的枸杞气象服务体系标准必须加快相关数据和科研成果的共享进程。

(五) 加强科普宣传，充分发挥标准在产业发展中的作用

科普宣传可以通过向管理部门、龙头企业、枸杞茨农介绍标准的概念、制定过程、标准意义等方面的知识，以提高公众对标准的认知度，从而增强用户对标准的信任和支持，使各项标准在枸杞产业的发展中充分发挥其使用价值，不仅可以提高枸杞种植过程中气象

灾害防御、病虫害绿色防控质量和效率，同时，也可提高枸杞产品和质量的市场竞争力。此外，还可以向社会各界介绍国际标准的发展趋势和应用情况，促进国内标准与国际标准接轨，提高国内标准的国际化水平。因此，在加快推进枸杞气象及其他领域标准制定的同时，也应同步加强标准的科普宣传，以便充分发挥其作用，推进枸杞产业的高质量发展。

总之，现代枸杞产业气象标准体系的建设是推动枸杞产业可持续发展的重要举措。通过建立科学、系统的气象标准体系，将有助于提高枸杞产业的气象服务水平，降低气象灾害风险，促进枸杞产业的规范化、标准化发展。在未来的发展中，应进一步加强标准的制定和实施，不断完善标准体系，为枸杞产业的高质量发展提供有力支撑。

参考文献

[1]马力文，刘静.枸杞气象业务服务[M].北京：气象出版社，2018.

[2]李剑萍，张学艺，刘静.枸杞外观品质与气象条件的关系[J].气象，2004，30(4)：51-54.

[3]周永锋，陈新来，宋克勤，等.我国枸杞标准体系建设现状及对策建议[J].农产品质量与安全，2017，3：78-80.

[4]张晓煜，李红英，陈仁伟，等.宁夏农业气候区划[M].北京：气象出版社，2022.

[5]马力文，叶殿秀，曹宁，等.宁夏枸杞气候区划[J].气象科学，2009，29(4)：546-551.

[6]段晓凤，朱永宁，张磊，等.宁夏枸杞花期霜冻指标试验研究[J].应用气象学报，2020，31(4)：417-426.

[7]刘静，张宗山，张立荣，等.银川枸杞炭疽病发生的气象指标研究[J].应用气象学报，2008，19(3)：333-341.

[8]刘静，张宗山，马力文，等.宁夏枸杞蚜虫发生规律及其气象等级预报[J].中国农业气象，2015，36(3)：356-363.

[9]李香芳，李栋梁，段晓凤，等.宁夏枸杞生长季气候变化特征及其影响[J].中国生态农业学报(中英文)，2019，27(12)：1789-1798.

现代枸杞产业病虫害绿色防控标准体系建设发展报告

张蓉 刘畅 王芳 孙伟*

摘　要： 本文从枸杞农药安全使用、监测预报技术、绿色防控技术等方面简要综述了枸杞病虫害绿色防控进展及标准制定情况。通过标准信息查询和资料收集对枸杞病虫害绿色防控的标准进行了统计分析，现行枸杞病虫害绿色防控标准共16项，其中，行业标准2项，地方标准14项。本文提出枸杞病虫害绿色防控标准体系框架结构，并建议为满足枸杞病虫害标准体系建设需要加强标准体系制定的科技支撑、积极制定行业标准和国家标准、建立完善标准评价反馈机制及推进标准的宣贯和应用。

关键词： 枸杞　病虫害防控　标准体系

枸杞产业发展过程中面临着病虫害的严重威胁，具有种类多、危害重、发生规律复杂、防控难度大等特点，成为制约产业高质量发展的主要瓶颈之一。技术标准是技术成果转化应用的重要载体、形式和抓手，是现代枸杞产业发展的重要标志，枸杞病虫害绿色防控标准体系建设与应用是保障枸杞生产安全、质量安全、生态安全的迫切需求，对进一步促进现代枸杞产业高质量发展和生态保护等具有重大意义。[1]

一、枸杞病虫害绿色防控进展及标准制定

21世纪初，宁夏全面实施"无公害枸杞行动计划"，从生产源头上杜绝有机磷、有机氯及氨基甲酸酯类等高毒、高残留及禁用、限用农药的使用。"十二五"以来，随着市场对枸杞产品质量的要求和各进口国枸杞农药残留检测标准日趋严格，全国各枸杞产区倡导和实施枸杞病虫害绿色防控技术应用，枸杞病虫害防控领域得到了长足发展，从单一的化学农药防治为主发展到绿色防控综合治理，枸杞信息化监测预报、生物防治、农药安全使用等关键技术取得了实质性突破，建立枸杞病虫害监测预报及绿色防控技术体系，制定了系列标准，推动了枸杞病虫害绿色防控的标准化、专业化，增强了防控技术的系统性、成熟性和实用性。

注：张蓉，宁夏农林科学院植物保护研究所研究员；刘畅，宁夏农林科学院植物保护研究所副研究员；王芳，宁夏农林科学院植物保护研究所副研究员；孙伟，宁夏农林科学院植物保护研究所研究实习员。

（一）科学规范枸杞农药安全使用技术

筛选出了有效防治枸杞主要病虫害的 42 个替代低毒低残留的化学农药，主要为残留低、毒害作用小、对环境无污染的高效低残留绿色农药以及苦参碱、印楝油、蛇床子素、枯草芽孢杆菌等生物农药，开展了农药残留动态试验和风险评估，明确了其使用时期、有效剂量、施药次数及施药间隔期等关键技术指标，形成了枸杞农药安全使用技术，制定了《枸杞病虫害防治农药安全使用规范》《食品安全地方标准 枸杞干果中农药最大残留限量》两项标准，推动枸杞登记化学农药从 2 种增加到 38 种，扩充了枸杞合法使用农药种类，为打破枸杞产品贸易壁垒提供了支撑。

（二）集成枸杞病虫害绿色防控技术

依据枸杞病虫害关键生物学、生态学特性及发生规律，结合枸杞物候期，集成自然天敌保护利用、天敌昆虫释放、物理防治、生物药剂应用、生态调控、农药安全使用和高效精准应用等关键技术及相关标准，建立了实用性强、易于操作的枸杞病虫害"五步法"绿色防控技术体系，其核心技术是 6~7 月采果期实施生物农药与天敌协调的生物控制技术，不使用化学农药，在枸杞产区大面积应用推广，制定了《枸杞病虫害综合防治技术规程》。

（三）形成枸杞病虫害信息化监测预报技术体系

枸杞病虫害信息化监测预报技术研究与应用取得成效，基于"技术–平台–机制–应用"的融合设计，构建了区域性枸杞重大病虫害信息化监测预警关键技术及应用模式，建立了覆盖枸杞种植区的病虫害测报与防控体系，创建了"自治区产业主管部门主导、科研单位监测预报、市（县、区）组织落实、生产经营主体规范防治""四位一体"枸杞病虫害监测预报和防控的新模式。应用多源数据融合处理与空间建模技术、农业物联网技术、人工神经网络技术、无人机技术、"3S"、大数据等现代农业信息技术进行高度集成，创建了宁夏农业有害生物监测预警技术平台和信息化共享平台，实现了监测数据自动化实时传输、跨平台数据融合、空间建模分析、自动报文及可视化动态管理等功能，开发了重大有害生物的监测防控、风险评估、防治建议的集成式全功能系统，制定了《枸杞病虫害监测预报技术规程》。近三年应用该标准组织全区开展常态化枸杞病虫害监测预警，经多批次预测结果验证，准确率达 88.7%，不断提升枸杞害虫监测预警技术科学性和应用性，有力推动了枸杞病虫害绿色防控技术在全区示范推广，实现绿色防控全覆盖。

二、枸杞病虫害绿色防控标准化建设现状

目前，枸杞病虫害防控标准体系建设取得了较大成绩[2]，根据对"全国标准信息公共服务平台""地方标准信息服务平台"等官方网站的信息查询，对现行国家标准、行业标准、地方标准和团体标准中枸杞病虫害绿色防控的标准进行了统计分析。现行枸杞病虫害绿色防控标准共 16 项（表 1），其中，行业标准 2 项，地方标准 14 项；涉及枸杞病虫害综合防治的标准 6 项，科学用药 5 项，监测预报、生态调控、生物防治、品种抗性、物理防

治各 1 项。农业农村部制定相关农药田间药效试验准则行业标准 2 项；从制定标准的地区分布上看，宁夏 10 项，新疆 3 项，青海 1 项，相较而言宁夏在枸杞病虫害研究和标准化发展方面起步较早，标准内容相对比较系统，应用成果较为丰硕。

表 1 现行枸杞产业绿色防控标准名单

标准子体系	现有数量	标准名称	制标省区
监测预报	1	枸杞病虫害监测预报技术规程（DB64/T 852—2023）	宁夏
综合防治	6	枸杞病虫害综合防治技术规程（DB64/T 1877—2023）	宁夏
		枸杞实蝇绿色防控技术规程（DB64/T 1211—2016）	宁夏
		枸杞根腐病无公害综合防控技术规范（DB63/T 1866—2020）	青海
		枸杞有害生物防治技术规程（DB65/T 2091—2012）	新疆
		枸杞瘿螨类无公害防治技术规程（DB65/T 3330—2011）	新疆
		枸杞红瘿蚊无公害防治技术规程（DB65/T 3329—2011）	新疆
生态调控	1	枸杞虫害生态调控技术规程（DB64/T 1576—2018）	宁夏
生物防治	1	粗脊蚜茧蜂防治枸杞蚜虫技术规程（DB64/T 1969—2023）	宁夏
物理防治	1	枸杞红瘿蚊地膜覆盖防治操作技术（DB64/T 554—2009）	宁夏
品种抗性	1	枸杞品种抗性鉴定 枸杞瘿螨（DB64/T 1575—2018）	宁夏
科学用药	5	食品安全地方标准 枸杞干果中农药最大残留限量（DBS64/ 005—2021）	宁夏
		枸杞病虫害防治农药使用规范（DB64/T 1213—2023）	宁夏
		枸杞病虫害机械化防治技术规程（DB64/T 1065—2015）	宁夏
		农药田间药效试验准则 第 63 部分：杀虫剂防治枸杞刺皮瘿螨（NY/T 1464.63—2017）	农业农村部
		农药田间药效试验准则 第 19 部分：除草剂防治枸杞地杂草（NY/T 1464.19—2007）	农业农村部
合计	16		

三、面临的问题与挑战

（一）枸杞病虫害防控技术标准仅限于地方标准

目前枸杞产业病虫害绿色防控标准主要为宁夏制定的地方标准，从病虫害监测预警到综合防控都有相应的标准支撑，特别在枸杞农药的科学规范上制定了《食品安全地方标准 枸杞干果中农药最大残留限量》。青海省仅制定了枸杞根腐病无公害综合防控技术规范，而新疆制定了枸杞有害生物防治技术及枸杞红瘿蚊、枸杞瘿螨的无公害防治技术规程；其它枸杞种植省区则无标准可依，不足以支撑枸杞病虫害绿色防控工作，枸杞产品质量安全和生态安全存在较大风险。现有的两个行业标准主要规范杀虫剂、除草剂田间药效试验方法，枸杞病虫害防控缺乏相应的行业标准和国家标准，对全国不同区域的枸杞病虫害防控支撑力不足。

(二)枸杞病虫害标准体系不够完整

技术标准体系可以成为解决某一技术或相对复杂的关键技术问题的整体解决方案,避免应急开展标准的制定和修订工作。目前已建立宁夏现代枸杞产业高质量发展标准体系,但缺乏各子体系全面、系统、整体性的标准体系设计或计划。病虫害绿色防控标准体系缺乏顶层设计,分布结构不尽合理,内在有机联系的整体性不足,标准制定不系统,配套化程度低。现有标准主要集中在枸杞病虫害综合防治和科学用药方面,缺乏免疫诱导、生物防治、理化诱控及实施管理等方面重要标准的协调统一,特别是生物农药应用技术标准缺失,天敌控制技术仅有粗脊蚜茧蜂防治枸杞蚜虫的技术规程,相对枸杞害虫种类多的特点,天敌控制技术标准较为单一;无人机光谱技术、图像自动识别技术和智能施药的发展和应用已成为病虫害监测预报和防治的重要技术方法,该方面的标准尚属空白;在基础标准、实施管理方面缺乏顶层设计和系统研究,限制了标准的整体性和应用性。同时,在标准子体系中缺乏相应标准在技术和方法上的协调,例如,生态调控技术规程较为单薄,缺乏针对不同种类害虫在功能植物调控、非生物因子调节及枸杞园生态景观设计等标准的协调统一;物理防治仅有《枸杞红瘿蚊地膜覆盖防治操作技术》,缺乏性诱、食诱、色诱等理化诱控技术配套。随着产业发展与科技进步,枸杞病虫害绿色防控标准体系建设亟待完善。

(三)枸杞病虫害标准体系科技支撑不足

标准是以科学、技术和实践经验的综合成果为基础,在一定范围内共同使用、重复使用的规范性文件,必须在对大量的科学成果、实践经验进行分析、凝练、验证的基础上进行规范化[3]。目前,绿色防控先进技术方面研究还较单一,不能完全适应产业发展的要求。监测预警在大尺度上智能化监测、自动化预警方面相对薄弱。由于害虫的多发性和暴发性特点,人工释放天敌的协调控制和生态适应性研究须进一步突破,引进和自主研发生物农药的高效应用技术需要提升;理化诱控在害虫靶向性上研究不足等,限制了标准体系的完整性、协调性和先进性,导致在病虫害防控上出现有标难依、应用效果不突出的状况。

四、枸杞病虫害标准体系建设展望

(一)制定枸杞病虫害绿色防控标准体系框架结构

由于枸杞病虫害发生种类多、发生规律复杂,病虫害绿色防控标准的编写不同于普通的标准,按照系统性、协调性、先进性和实用性等原则,主要根据当前病虫害发生动态、绿色防控特点和技术发展趋势,围绕产业需求进行设置,并通过科学研究、成果转化、示范应用,建立绿色防控标准体系[4]。除了现行有效标准外,根据《宁夏"六特"产业高质量发展标准体系 第2部分:枸杞》的框架结构和要求[5],提出完善的病虫害绿色防控标准框架和指南,明晰标准体系结构、子体系目录和要求,各标准之间共同的技术目标和相关性,每个子体系需要根据技术发展和生产需要进行进一步划分和配套,形成一个有机联系

的整体。充分考虑标准架构、层次和目录，梳理出枸杞病虫害绿色防控标准体系框架（图
1），形成三层标准结构，包含监测预警、免疫诱导、生物防治、生态调控、理化诱控、科
学用药、实施管理 7 个子体系，初步提出相关系列标准共 35 个。

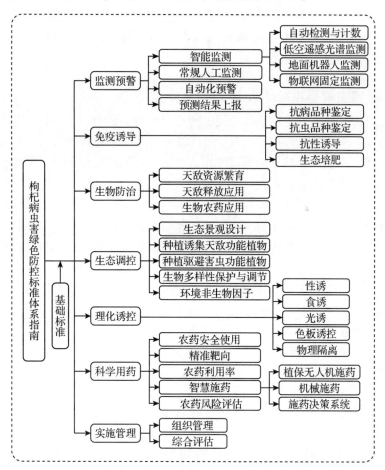

图1 枸杞病虫害绿色防控体系建设框架结构图

在监测预警子体系上，《枸杞病虫害监测预报技术规程》建立了常规预测、自动化预警
及预测结果上报的技术规范，但智能监测技术相对薄弱，需要发展自动检测与计数、低空
光谱遥感监测、地面机器人监测及物联网固定监测等技术，建立、完善枸杞病虫害智能监
测系列技术规范。病虫害免疫诱导技术包括抗性品种应用和通过生物制剂、菌肥等诱导品
种抗性抵御病虫害侵染危害，规范抗病品种、抗虫品种鉴定方法是确定抗性品种应用的基
础。生物防治是现代植物保护技术的重要组成部分，由天敌控制和生物农药应用两方面组
成。生物农药技术是《枸杞病虫害综合防治技术规程》列出的一项防治措施，其高效应用技
术是生物防治的关键环节；天敌控制包括天敌繁育和田间释放应用两项关键技术。生态调
控成为农业病虫害科学防控的发展方向，通过调节与控制两个相辅相成的过程，发挥生物
多样性控害作用，生态调控技术具体包括生态景观设计、诱集天敌和趋避害虫的功能植物
种植、生物多样性调节与保护、环境非生物因子四个方面。理化诱控技术是利用食诱、性

诱、光诱、色诱及物理隔离等手段针对性地调节靶标昆虫行为、干扰昆虫的交配、取食、产卵等正常行为，减少靶标害虫的种群数量，是枸杞多发性害虫防控的重要技术措施。科学用药包含了农药安全使用、农药精准靶向应用、智慧施药及枸杞农药利用率测定、农药风险评估五项关键技术和规范。目前，仅制定了《枸杞病虫害防治农药安全使用规范》。最后，枸杞病虫害防控实施管理包括组织管理和综合评估两个方面，是标准体系建设和各项防控技术综合应用的重要保障。

(二) 加强病虫害标准体系制定的科技支撑

枸杞病虫害绿色防控标准体系的建设必须充分体现系统性、协调性、先进性和实用性等原则。一是在系统性上，进一步加强标准体系的系统性和标准的基础性研究，以枸杞园生态系统为整体，强化综合技术的集成应用，标准体系涵盖监测预报、免疫诱导、生物防治、生态调控、理化调控、科学用药、实施管理等绿色防控技术体系。二是在协调性上，要综合考虑各项防控技术的特点及在实际应用中技术关键的协调统一，枸杞病虫害属于多发性，发生种类多，常发性害虫有蚜虫、枸杞木虱、枸杞瘿螨、蓟马、枸杞实蝇、枸杞红瘿蚊及枸杞炭疽病、枸杞白粉病等，加强枸杞抗性品种的选育和应用，建立枸杞病虫害抗性鉴定方法，在《枸杞品种抗性鉴定 枸杞瘿螨》基础上，建立品种抗性鉴定系列标准；在生物防治上，加强天敌和农药的协调控制技术研究，并在粗脊蚜茧蜂防治枸杞蚜虫的基础上，加强其他天敌种类控制枸杞害虫的研究，不断完善生物防治技术子体系建设。三是在先进性上，充分考虑当前国家、地方枸杞产业对绿色防控的发展要求，强调生态优先和绿色发展，强化顶层设计，加强以天敌控制、生物农药、生态调控、理化诱控、智慧植保的科技创新和关键应用技术突破，加快将新技术、新产品、应用模式、组织管理规范及时转化为标准内容，并借鉴国际标准和国内先进标准，将先进的绿色防控技术体系转化为标准体系，引领国内枸杞产业绿色发展。四在应用性上，必须在科学研究、成果转化、示范应用的基础上，科学制定枸杞病虫害绿色防控技术标准，推进绿色防控与专业化统防统治相融合，促进重大病虫害可持续控制，保障枸杞生产安全、质量安全、环境安全和产业高质量发展。

(三) 积极制定病虫害防控行业标准和国家标准

推进地方标准体系向行业标准体系、国家标准体系转化，建议将目前应用面积大、技术较为成熟的地方标准推荐上升为行业标准或国家标准，立足全国枸杞主产区，针对枸杞种植区域广，时空分布大的特点，开展关键技术研究和集成，进行行业标准的制修订。例如，《枸杞病虫害综合防治技术规程》(DB64/T 1877—2023)是在2013年制定发布的《枸杞虫害防治技术规程》《枸杞病害防治技术规程》的基础上修订的，充分体现了枸杞病虫害"五步法"绿色防控技术，被列入自治区现代枸杞产业高质量发展实施方案在全区推广应用；《枸杞病虫害防治农药使用规范》(DB64/T 1213—2023)在2016年制定的基础上进行了修订，规定了枸杞病虫害49个防治药品的防治对象、安全剂量、安全间隔期及年使用次数。这两项标准技术成熟，实用性强，近年来在实际生产中得到广泛应用，建议上升为行业标准和国家标准进行研制，努力形成国家标准、行业标准、地方标准等三个层级互为补充的技术标准体系框架。

(四)建立完善标准评价反馈机制

标准起草单位多为科研院所，而具体的执行者是企业、农户等生产经营主体，在实际应用中，缺乏用户对标准的反馈机制和反馈渠道，同时随着技术的不断发展和病虫害发生为害的变化，标准技术水平与实际应用需求会存在脱节现象，其技术内容需要不断优化、完善和修订。建议充分利用现有的各省区病虫害绿色防控体系，建立生产经营主体、产业推广部门、科研单位的标准应用体系和反馈机制，畅通标准评价反馈渠道，保证反馈信息及时到位，并广泛征集和收集标准反馈意见，及时梳理、评估反馈意见和标准实施效果，定期开展标准清理、技术指标的制定和修订，使标准制定、修订工作能够反映产业发展和生产需求，促进标准质量的不断提升，从而保证病虫害绿色防控标准的科学性、合理性和实用性。

(五)进一步推进标准的宣贯和应用

加强对绿色防控标准体系及相关标准的宣传、培训、推广和实施，明确标准宣贯的责任主体和具体分工，建立健全标准宣贯制度和效果评估机制，切实改变目前重制定，轻实施的现状。加强科技投入，在枸杞主产区建立枸杞病虫害绿色防控标准化示范基地，突出标准应用的支撑作用，通过技术培训、示范带动和推广应用，不断提高产业发展的标准化水平。

参考文献

[1]宁夏回族自治区市场监督管理厅. 宁夏"六特"产业高质量发展标准体系 第二部分：枸杞（DB/T 1830. 2—2022）[S]. 2022.

[2]塔娜. 宁夏枸杞产业相关标准现状分析[J]. 轻工标准与质量, 2018, 162(6)：17-18.

[3]塔娜. 宁夏枸杞标准体系研究及建立[J]. 现代食品, 2019, (21)：56-57.

[4]孙彩霞, 刘玉红, 章强华, 等. 水稻病虫害绿色防控技术标准体系的研究与建设[J]. 现代食品, 2022, (5)：54-58.

[5]杨万林, 杨芳. 中国马铃薯标准体系建设与发展策略[J]. 中国马铃薯, 2013, 27 (4)：54-58.

现代枸杞产业质量检验检测
体系标准化发展报告

苟春林　张艳　张静　刘春彩[*]

摘　要：以提升枸杞产业链整体标准化建设效益为目标，评述质量检验检测体系标准制定现状，分析总结主要枸杞发展省区枸杞研究领域人才队伍建设及开展的主要工作、研究热点，展望枸杞产业发展趋势。

关键词：枸杞　标准化　农产品　质量标准与检测

标准化是我国进入 21 世纪以来提出的治国理政新战略，习近平总书记指出"中国将积极实施标准化战略。以标准助力创新发展、协调发展、绿色发展、开放发展、共享发展"，强调"要狠抓农产品标准化生产、品牌创建、质量安全监管，推动优胜劣汰、质量兴农"。

"标准决定质量""只有高标准才有高质量"。近年来，宁夏回族自治区党委、人民政府高度重视标准化工作，把标准化作为扎实推动经济高质量发展的重要抓手。《自治区党委 人民政府关于推动高质量发展的实施意见》《宁夏回族自治区贯彻落实〈国家标准化发展纲要〉的实施意见》明确提出，要加快形成推动宁夏高质量发展的标准体系，大力实施标准化战略。

近年来，自治区深入贯彻落实习近平总书记视察宁夏重要讲话和指示批示精神，突出"中国枸杞之乡"战略定位，构建现代枸杞产业标准、绿色防控、检验检测、产品溯源"四大体系"，重点实施基地稳杞、龙头强杞、科技兴杞、质量保杞、品牌立杞、文化活杞"六大工程"，制定发布涉及枸杞生产、加工、销售等各环节地方标准 66 项，成功将枸杞农残限量地方标准上升为国家标准，全区枸杞标准化率达到了 80%。紧紧围绕中宁枸杞产业发展实际，以品种培优、品质提升、品牌打造和标准化生产为主线，对贯穿产前、产中、产后的国家标准、行业标准、地方标准进行全面梳理，提炼中宁枸杞产地环境、生产过程、冷链物流、品牌建设等全产业链标准 58 项。其中，待制定标准 7 项、待修订标准 11 项，形成了国标、行标和地标互为支撑、相互融合、覆盖全产业链、引领高质量发展的绿色、优质、高效标准体系。为进一步提升农产品质量安全水平、增强农产品市场竞争能力、推

注：苟春林，宁夏农产品质量标准与检测技术研究所，副研究员；张艳，宁夏农产品质量标准与检测技术研究所，研究员；张静，宁夏农产品质量标准与检测技术研究所，助理研究员；刘春彩，宁夏农产品质量标准与检测技术研究所，研究实习员。

进全区农业高质量发展提供技术支撑。

一、质量检验检测体系国内标准研究现状

随着枸杞产业的迅速发展，新产品、新工艺不断涌现，现有国家标准已不能满足枸杞产业的发展，各地为强化自己的核心竞争力，相继出台了枸杞相关地方标准84项。其中，宁夏57项、青海11项、新疆7项、甘肃6项、其他地区3项；团体标准62项，其中，中字头协会出台7项，宁夏各协会出台45项，其他省市协会出台10项。宁夏作为国内重要的枸杞产区对标准体系建设十分重视，制定并实施食品安全地方标准8项，种植及其他地方标准49项，以标准化建设规范枸杞产业链整体效益提升。

目前我国形成了以《中华人民共和国农产品质量安全法》（以下简称《农产品质量安全法》）、《中华人民共和国食品安全法》《中华人民共和国进出口商品检验法》等法律为基础，《农药管理条例》《中华人民共和国食品安全法实施条例》《中华人民共和国计量法》《宁夏回族自治区枸杞产业促进条例》等法律法规，以各省及地方政府的规章为补充，还有80余部与枸杞质量安全相关的配套法规、行政规章、食品标准及检验规程等，形成了一个相对完善的法律法规框架体系，为我国枸杞质量安全水平的提高提供了法制化保障[1]。

枸杞是药食同源植物果实，作为中药材原材料检验时，应符合《中华人民共和国药典》中枸杞的相关要求，作为食品检验时，应符合食品安全国家标准、规定、行业以及地方标准。目前，我国制订发布的枸杞质量安全标准有国家标准8项、行业标准4项、地方标准12项、团体标准11项。产品质量标准包括国家标准《枸杞》（GB/T 18672—2014）、《地理标志产品 宁夏枸杞》（GB 19742—2008），行业标准《绿色食品 枸杞及枸杞制品》（NY/T 1051—2014），宁夏地方标准《食品安全地方标准 枸杞》（DBS64/001—2022）、《宁夏枸杞干果商品规格等级规范》（DB64/T 1764—2021）、《中宁枸杞》（DB64/T 1640—2019）、《食品安全地方标准 黑果枸杞》（DBS 64/ 006—2021）等。质量安全标准执行食品安全国家标准，包括《食品安全国家标准 食品添加剂使用标准》（GB 2760—2014）、《食品安全国家标准 食品中真菌毒素限量》（GB 2761—2017）、《食品安全国家标准 食品中污染物限量》（GB 2762—2022）、《食品安全国家标准 食品中农药最大残留限量》（GB 2763—2021）、《食品安全国家标准 预包装食品中致病菌限量》（GB 29921—2021）和《食品安全国家标准 散装即食食品中致病菌限量》（GB 31607—2021）、《食品安全地方标准 枸杞干果中农药残留最大限量》（DBS 64/ 005—2021）等。枸杞检验检测执行国家食品安全标准及相关行业标准。

二、质量检验检测体系研究领域中枸杞主要技术组织、人才队伍及开展的主要工作

（一）质量检验检测体系国内外主要技术组织

分析各机构有关枸杞研究的发文量以及各研究机构间的科学协作，可反映出在枸杞科学研究领域各科研机构的贡献程度以及影响力，国际机构中以中国机构居多，少数来自其他国家（美国、韩国、日本）[2]。其中以中国科学院发文量最多（18篇），其次是香港大学、

建国大学(韩国)、宁夏农林科学院、暨南大学、香港理工大学、西北农林科技大学、上海海洋大学、国家枸杞工程研究中心、康原国立大学(韩国)。可见中国机构在国际枸杞领域受到了一定程度的认可。此外,中国科学院和雀巢 RES 中心、西安交通大学、北京林业大学合作关系密切,其研究方向主要以地理因素对枸杞营养成分的影响、枸杞提取物的临床应用和实验为主,而其他机构更多以枸杞有效成分的鉴别、检识,以及枸杞有效成分在临床上的应用为主。当然也有一些机构对于枸杞的栽培、病虫害防治等方面有一定的研究,如中国科学院、梅克尔大学、黄淮大学。国内研究机构以宁夏机构居多,其中宁夏大学发文量最多(209 篇),其次是宁夏医科大学、甘肃农业大学、广州中医药大学、北京中医药大学、宁夏农林科学院、成都中医药大学、国家枸杞工程技术研究中心、青海大学。可见宁夏作为宁夏枸杞的道地产区,在国内枸杞领域具有一定的影响力。此外,宁夏大学与宁夏农林科学院、宁夏医科大学、中国农业大学、民勤县林业技术推广站、四川大学、成都中医药大学、兰州大学、甘肃中医药大学合作关系较为密切,他们的研究主要集中在枸杞有效成分的测定及枸杞多糖对小鼠的作用等方面。另外,宁夏大学、宁夏农林科学院、宁夏医科大学、国家枸杞工程技术研究中心关于生长环境对枸杞有效成分含量的影响也有一定的研究。还有一些机构对于枸杞作为经济作物的发展前景进行了评估,如西北农林科技大学对枸杞的传统消费和新的经济发展空间做出了分析,枸杞产业将会向多元化、优质化的方向发展。

(二)质量检验检测体系国内外主要人才队伍及开展的主要工作

1. 质量检验检测体系国内外主要人才队伍及开展的主要工作

枸杞科学研究领域的发展趋势、研究热点可以通过年度发文量的变化来反映。从国际层面看,2000—2022 年与枸杞有关的科学研究记录共有 206 项,26 个国家 305 所机构 138 名科研人员参与相关研究。发文量排名前 10 的国家有中国、韩国、美国、日本、瑞士、荷兰、新西兰、埃及、马来西亚和意大利。发文量排名前 10 机构有中国科学院、香港大学、建国大学(韩国)、宁夏农林科学院、暨南大学、香港理工大学、西北农林科技大学、上海海洋大学、国家枸杞工程研究中心、康原国立大学(韩国)。发文量排名前 10 作者有 Cao You long、Mi Jia、Yan Ya mei、Lu Lu、Ding Chang jiang、Zeng Xiao xiong、Li Xiao ying、Hu Xiu zhen、Zhou Wang ting、Hao Ting jie。

随着科技的进步和生物技术的发展,枸杞作为我国药食同源的名贵中药材,枸杞的研究也进入了深层次的探索。从国内研究来看,2000—2022 年与枸杞有关的科学研究记录共有 23843 项,10819 所机构 33571 名科研人员参与相关研究。其中,发文量排名前 10 的省份或直辖市有宁夏、甘肃、北京、青海、新疆、山东、河南、上海、黑龙江、内蒙古。发文量排名前 10 机构有宁夏大学、宁夏医科大学、甘肃农业大学、广州中医药大学、北京中医药大学、宁夏农林科学院、成都中医药大学、国家枸杞工程技术研究中心、青海大学。

根据国内枸杞研究领域的发展趋势,其整体可分为 3 个阶段。2000—2007 年是枸杞领域研究的螺旋式上升阶段,研究内容多集中于枸杞化学成分、药理作用及枸杞的栽培技术。

表1 枸杞科学领域论文高产作者及其成果

作者	发文量	代表论文（发表年份，引用次数，发表期刊）
曹有龙	164	中国枸杞种质资源主要形态学性状调查与聚类分析（2013年，79次，《植物遗传资源学报》）
安巍	108	干旱胁迫对宁夏枸杞叶片蔗糖代谢及光合特性的影响（2013年，54次，《西北植物学报》）
秦垦	84	枸杞根际土壤真菌群落多样性的高通量测序（2017年，37次，《微生物学报》）
许兴	75	外源甜菜碱对盐胁迫下枸杞光合功能的改善（2003年，313次，《西北植物学报》）
李晓莺	75	枸杞类胡萝卜素研究进展（2018年，38次，《食品工业科技》）
罗青	74	抗蚜虫转基因枸杞的初步研究（2001年，41次，《宁夏农林科技》）
王亚军	73	枸杞药用价值的研究进展（2008年，109次，《安徽农业科学》）
郑国琦	71	盐胁迫对枸杞光合作用的气孔与非气孔限制（2002年，191次，《西北植物学报》）
赵建华	70	干旱胁迫对宁夏枸杞生长及果实糖分积累的影响（2012年，47次，《植物生理学报》）
李锋	68	枸杞多糖对电刺激离体蟾蜍腓肠肌疲劳的影响（2000年，54次，《中草药》）

钱彦丛等和龚灿分别对宁夏枸杞和新疆枸杞的果实枸杞子的化学成分及药理作用进行研究，发现枸杞中主要的化学成分为枸杞多糖；方建国等认为枸杞多糖具有调血脂、降血糖、保肝、抗肿瘤及抗衰老的药理作用，且临床应用安全性较高。此外，周洁等对中药材地骨皮（枸杞的根皮）的化学成分进行总结，发现其主要的化学成分为生物碱类、有机酸类、肽类、蒽醌类等，并认为地骨皮降血糖的药理作用尤为显著，但对于地骨皮中降血糖的活性部位存在争议。2008—2018年，枸杞研究进入了快速发展阶段，在此期间，枸杞多糖作为枸杞的主要有效成分，依然是枸杞研究的热点，主要集中在枸杞多糖的含量测定、提取工艺、生物功效（抗氧化、降糖调脂、调节免疫功能、抗肿瘤等）。此外，枸杞种质资源和枸杞产业也出现了更多的相关研究，王晓宇等对宁夏枸杞与枸杞、栽培枸杞和非正品枸杞植物的鉴别特征进行了详细报道，为枸杞属植物资源的开发利用奠定了基础。赵建华等首次提出了评价枸杞植物学数量性状的标准，为枸杞种质资源描述的规范化和标准化提供了理论依据。2019—2022年，枸杞领域的研究进入了发展成熟阶段，此阶段枸杞的研究出现了文献分析、网络药理学、代谢组学的相关研究，微生物、干旱度、产地和土地盐碱度对枸杞栽培和种子培育影响的各项研究相继出现。

通过对国内作者协作关系进行汇总，可以得到合作关系密切的作者有曹有龙、安巍、秦垦、许兴、李晓莺、罗青、王亚军、郑国琦、赵建华、李锋、石志刚、王芳、张波、戴国礼等。表1统计了发表论文最多的前10位作者，其代表论文被多次引用。

2. 质量检验检测体系国内外跨地域开展的主要工作

目前，国内开展枸杞质量安全检测的机构主要有农业农村部枸杞产品质量检验测试中心、中国农业科学院农业质量标准与检测技术研究所、农业农村部农产品质量安全监督检验测试中心（宁波）、农业农村部农产品质量监管检验测试中心（乌鲁木齐）、农业农村部食品质量监督检验测试中心（石河子），枸杞质量检验指标一般分为感官指标、理化指标和卫生指标，枸杞感官指标检测项目主要有形状、杂质、色泽、滋味、气味、不完善颗粒的质量分数、无使用价值颗粒等；枸杞理化指标检测项目主要有粒度、枸杞多糖、水分、总糖（以葡萄糖计）、蛋白质、灰分、脂肪、百粒重等；枸杞卫生指标检测项目主要有无机砷、铅等重金属污染物、二氧化硫、致病菌(沙氏门菌、金黄色葡萄球菌、志贺氏菌等)、农药残留限量指标等。

枸杞研究领域,合作较为频繁的国家为中国与瑞士、新西兰、韩国、印度。除此之外,中国与埃及、俄罗斯、日本、英国等国家的合作也较为密切。其中,中国与美国之间的合作主要集中在不同地区枸杞果实的品种鉴定以及天然抗氧化剂(枸杞提取物)对铅暴露小鼠血铅水平以及对体内钙、铁和锌吸收的影响;中国与瑞士之间的合作以不同枸杞中类胡萝卜素的生物利用度的研究为主;中国与新西兰的研究主要集中在采用草酸盐氧化酶测定枸杞中的总草酸盐含量。

三、质量检验检测体系枸杞研究热点分析

(一)质量检验检测体系国际研究热点分析

从地域的视角出发,分析中国与其他各国在枸杞国际研究领域中的侧重点,中国更侧重于枸杞化学成分、药理作用、临床应用和枸杞品种鉴定的研究,一是采用色谱法分析不同产地枸杞化学成分的差异性,如对枸杞有效成分的提取、分离、纯化以及含量测定;二是对枸杞及其复方制剂的药理作用和疗效评价方面的研究;三是采用分子技术对枸杞品种的鉴定。而其他国家对于枸杞的研究更侧重于枸杞提取物所具有的药理作用和临床应用的研究,如枸杞提取物提高免疫力、抗衰老机制、预防阿尔茨海默病等领域的研究。

(二)质量检验检测体系国内研究热点分析

以省、自治区、直辖市为单元进行地域划分,筛选出总发文量排名前10的行政单元,构建各地区有关枸杞研究的关键词,分析各地区间的研究侧重点与优势。

宁夏有关枸杞研究表明,宁夏枸杞的产量、枸杞多糖以及枸杞的品质等领域的研究较为深入,涉及宁夏枸杞产业和产量、中宁枸杞的品质以及中药材枸杞子的质量控制研究。

甘肃有关枸杞的研究主要集中在黑果枸杞、枸杞多糖、枸杞子、宁夏枸杞中有效成分的提取工艺、含量测定以及标准汤剂的指纹图谱构建,同时对枸杞产业、枸杞栽培技术、枸杞种子萌发以及靖远县枸杞栽培的研究也相对较多。此外,甘肃省枸杞研究的文献中对盐胁迫影响枸杞种植也进行了深入研究。

北京有关枸杞的研究主要集中在借助现代统计学和数据挖掘的方法对枸杞及其复方治疗老年性痴呆、糖尿病、阳痿等疾病用药规律分析,同时也注重枸杞中多糖的提取、分离以及药理作用的研究。此外,对黑果枸杞质量标准的制定、原花青素和花青素含量以及宁夏枸杞病虫害的防治、监测等方面亦有相关研究工作。

青海有关枸杞的研究主要集中在柴达木地区枸杞新品种培育、栽培技术、有效成分分析、黑果枸杞中花青素的含量测定和提取工艺、青海省枸杞产业的发展现状,以及青海不同地区枸杞微量元素的分析、比较[3]。

新疆有关枸杞的研究主要集中在新疆枸杞的化学成分提取、新疆枸杞中的营养物质及其利用价值、新疆精河县等地区枸杞产业的发展对策、影响新疆枸杞品质的因素。同时还有学者采用分子标记技术分析了新疆黑果枸杞的遗传结构以及对黑果枸杞居群繁殖成功的

限制因子进行了深入研究。

山东有关枸杞的研究主要集中在采用 HPLC 法对枸杞中有效成分的含量及农药残留的测定，对含有枸杞复方制剂的质量标准研究通常采用薄层色谱进行鉴定。在山东有关枸杞研究中出现了采用发酵的方法生产枸杞保健酒系列产品，在黑果枸杞研究中从分子水平揭示了种质的遗传基础，还有学者建立了黑果枸杞组织培养的快繁技术体系。此外，对枸杞多糖抑制细胞凋亡的作用机制进行了深入探讨。

河南有关枸杞的研究主要集中在枸杞多糖的提取分离和抗氧化、抗衰老等药理方面，还有枸杞与山楂、红枣、怀山药等药食同源植物配合制取复合饮料，开发预防高血压、心脑血管疾病的保健食品，促进了枸杞资源的开发利用。

上海有关枸杞的研究主要集中在枸杞多糖抗氧化、减肥、缓解疲劳的机制，同时出现了质谱及其联用技术、稳定同位素质谱、矿质元素分析等技术对枸杞产地溯源的研究报道。

黑龙江有关枸杞的研究主要集中在枸杞、黑果枸杞的栽培技术、有效成分的提取和测定及其对动脉粥样硬化、不孕症的临床应用。

内蒙古有关枸杞的研究主要集中在枸杞木虱、枸杞瘿螨、枸杞蚜虫的发生和无公害防治，以及'宁杞 1 号''蒙杞 1 号'枸杞嫩枝扦插繁育技术。

四、质量检验检测体系下枸杞产业发展趋势及展望

当前，我国经济已由高速增长阶段转向高质量发展阶段，高质量的供给与需求、资源配置与经济结构成为新时代产业高质量发展的主要特征。现代枸杞产业发展模式也将由重规模求数量转变为重质量求效益。枸杞质量安全检验检测体系是枸杞质量安全体系的重要技术支撑。必须从农业标准化生产和高质量发展的高度深化认识，把检验检测作为枸杞高质量发展的技术支点，摆上重要位置，明确职能定位、健全管理制度、强化组织保障、提高整体实力，实现"产检打"联动，推动枸杞产业标准化生产。

（一）明晰职能定位，明确发展方向

依据现有的检验检测体系，根据其各级职能定位，在枸杞产业高质量安全建设工作中，合理规划、分工明确，重点发挥好研究型机构的作用，提升枸杞产业标准化引领；完善优化检验检测体系，将第三方检验检测机构作为体系补充，满足社会分工细化、企业服务外包等市场需求。

（二）加强部门监管，强化服务提升

主管部门建立监督考核制度，采取摸底调研、飞行检查、分级管理等方式，针对性地加强检验检测机构监管，完善和加强检验检测机构管理，及时掌握检验检测机构日常运行情况。以"双随机、一公开"监管和"互联网+监管"为基本手段，以信用监管为基础的监管机制，健全部门联合监管模式，加强信息互通和协作联动，充分发挥行业主管部门的监管力度和惩戒力度，进一步规范检验检测机构从业行为。

(三)加强机构管理，强化队伍建设

建立长效培训机制，培训计划、经费落实到人，通过技术培训、内部质量控制、内部练兵、能力验证、技能竞赛、定向委培、交流研讨等方式，不断提高检测技术水平，提升各检验检测机构在行业内的竞争力。鼓励基层县级检验检测机构与省部级、市级机构在资源共享、能力提升等方面开展互帮互助合作。

(四)加大设备投入，提升硬件水平

通过多方筹措资金，争取国家投入，加大省、市、县和行业部门财政投入，为省部级、市级农检机构添置精密设备，促进人员能力提升和仪器设备更新换代。设立大型仪器设备维修资金，作为专用资金可用于大型仪器设备的零配件购置、维修、升级改造等，以保证大型仪器设备正常运行。

(五)健全保障措施，设立激励机制

配套检测人员保障政策措施，对市县级检测机构在岗位设置、职称评审、人才引进、成果分享、奖励设置等方面给予支持，积极引导检测专业技术人才向县级流动。树立行业先进形象、先进人物，鼓励检测行业发展。对基层专业技术人员在职称评审方面给予倾斜，放宽论文、科研等职称评审条件。根据工作发展和检测业务聘用急需的高层次专业技术人才，不受编制限制，根据聘用人员的专业能力、业绩、经历等确定岗位等级，兑现工资待遇。

(六)加强制度建设，提升部门联动

一是建立抽检各环节紧密衔接、交接明晰的程序，明确职能部门，落实工作人员，建立工作联系机制，保证抽检监测数据的及时性、有效性。二是制定信息报送及分析处理工作流程，建立和完善枸杞抽检信息报告机制。三是调整完善各部门相关政策，促进检验检测体系有效运行，助推枸杞产业高质量发展。

参考文献

[1]史蓉，陈丽娟，安若恺.酒泉枸杞产业标准化发展研究[J].中国标准化，2023(21)：132-135.

[2]胡婷，王红.宁夏回族自治区叶用枸杞产业发展现状及对策[J].乡村科技，2022，13(21)：37-39.

[3]聂莹，赵丹华."一带一路"倡议下柴达木枸杞产业发展研究[J].青海社会科学，2020(01)：87-94.

现代枸杞产业质量认证及产品溯源体系建设

夏瑞　唐建宁　祁伟　马利奋　赵佳鹏　许芷琦　王冰*

摘　要：枸杞含有丰富的营养成分，具备一定的药用价值，是药食同源养生佳品。建立枸杞产品质量认证体系，保障枸杞质量安全风险的可控，建立枸杞产品溯源体系，保障枸杞种植、加工、运输、营销等全过程产品质量安全可溯，为现代枸杞产业健康持续发展奠定坚实的基础。文章分析了目前枸杞产品质量认证和溯源体系建设的现状，提出了实践路径和对策思考。

关键词：枸杞　质量认证　产品溯源

枸杞产业作为我国具有地方特色的中药材产业，在区域经济社会生态安全、社会效益和经济效益方面发挥着重要作用，对促进农业农村经济发展有一定的支撑作用，是提高农民收入、帮助农民就业的富民产业、养生产业、朝阳产业。枸杞至今已有4000多年的文字记载史，3000多年药用史，作为中药材其品质关系到它的可持续发展。长期以来，枸杞的种植生产都处于"粗放式经营"的状态，枸杞的产出主要来自散户种植以及大型种植基地。随着时代的发展和科技的创新，粗放式经营会导致产量与质量不能并存，显然已不再适用于枸杞的种植生产。目前枸杞产品质量参差不齐，来源可靠性缺乏，加工不够规范，产品以次充好、假冒伪劣问题时有发生，这些问题亟待解决与完善。因此，面对枸杞在生产流通各环节中可能出现的质量问题，建立起一套高效、现代化的产品质量认证和溯源体系十分必要。

一、枸杞产品质量安全危害及标准规范

不同种植地区的枸杞在药用价值和食用价值方面存在着较大差异。随着消费者对枸杞食用的喜好、药用价值的深入认识，对枸杞的要求已经不再满足于对其营养成分、药理作用机制的单纯了解。对食用（药用）枸杞的安全与品质及其产地、渠道来源的真实性信息已

注：夏瑞，中国检验认证集团宁夏有限公司副总经理；唐建宁，宁夏枸杞产业发展中心副主任，正高级林业工程师；祁伟，宁夏枸杞产业发展中心副主任，正高级林业工程师；马利奋，宁夏枸杞产业发展中心，工程师；赵佳鹏，宁夏枸杞产业发展中心，林业工程师；许芷琦，宁夏枸杞产业发展中心，助理工程师；王冰，中国检验认证集团宁夏有限公司，项目经理。

成为消费者最为关心的核心问题。

(一) 枸杞质量安全主要危害

枸杞质量安全危害主要有生物性危害、化学性危害和物理性危害，主要集中在种植、生产、加工、仓储、运输等环节中。其中，生物性危害主要指枸杞自身生长代谢过程中可能产生的生物性污染，也包括加工、贮存、物流运输时人员、设备、环境引入的污染。常见的生物性危害包括细菌(大肠菌群、沙门氏菌、金黄色葡萄球菌)、病毒、寄生虫、霉菌、虫卵、鼠类和昆虫等。化学性危害主要是指在枸杞生长过程中，从外界环境吸收或人工引入的有毒有害化学物质，包括生长土壤基质、大气、灌溉用水、杀虫除草农药、生物和化学肥料使用带入或形成的有害物质，常见的化学性危害包括重金属、天然毒素(如黄曲霉毒素)、霉菌毒素、农用化学药物(含磷、含氯)、洗涤剂、消毒剂、杀虫剂及其他化学性危害[1]。物理性危害主要是指在枸杞种植中，自然带入的潜在物理性危害的外来物质，在加工过程中，设备设施、加工环境、人员带入的物理性危害，常见的物理性危害有枝叶等枸杞自身含有的，也包括石子、头发、玻璃碴、设备零件、铁屑等加工引入的。

物理性危害往往消费者直接看得见，是消费者经常表示不满和投诉的主要事由。化学性危害和生物性危害需要一定的检测手段。其他危害或风险还包括转基因危害、辐照危害(慢性致病、致癌、致畸形)、食品添加剂超标使用和不规范添加(导致慢性中毒、致病、致癌、致畸风险)、过敏原风险、欺诈风险(产区欺诈、掺杂造假欺诈)、化学试剂违规投加、食品防护风险(人为破坏、投毒)等。

(二) 枸杞质量安全执行标准及危害关键指标

1. 枸杞干果产品(水果干制品、代用茶)质量安全执行主要标准及危害关键指标

《枸杞》(GB/T18672—2014)，感官指标：形状、杂质、色泽、滋味、气味、不完善粒质量分数、无使用价值颗粒。

《进出口枸杞子检验规程》(SN/T0878)，主要包括气味、外观；杂质总量；粒度、不完善粒、百粒重；水分；灰分；总糖；蛋白、脂肪、二氧化硫；虫害；微生物检验。

《食品安全地方标准 枸杞》(DBS64/ 001—2022)，铅≤1.0 mg/kg；镉≤0.3 mg/kg；二氧化硫指标符合GB2760限值：水果干制品100 mg/kg；农药残留包括：除虫菊素≤0.5 mg/kg、吡虫啉≤1 mg/kg、多菌灵≤5 mg/kg等；生物危害要求符合GB29921限值，包括大肠菌群、菌落总数指标，也包括沙门氏菌、金黄色葡萄球菌等致病菌限值要求。

《绿色食品枸杞及枸杞制品》(NYT1051—2014)，重金属限值要求：铅≤1 mg/kg，砷≤1 mg/kg，镉≤0.3 mg/kg；农药残留要求：氯氰菊酯≤0.5 mg/kg，毒死蜱≤0.1 mg/kg等；大肠菌群≤3.0 MPN/g，二氧化硫≤50 mg/kg。

2. 枸杞其他产品质量安全执行主要标准及危害关键指标

枸杞其他深加工产品主要包括：枸杞汁、枸杞浓缩汁、枸杞饮料、枸杞酒、枸杞籽油、枸杞叶黄素、枸杞提取物(枸杞压片)等产品，在枸杞鲜果或枸杞干果质量和食品安全指标要求基础上，增加添加剂以及其他辅料的检测指标，主要引用标准包括《果蔬汁类及其饮料》(GB/T31121)、《食品安全国家标准 饮料》(GB7101)、《食品安全国家标准 饮料

生产卫生规范》(GB12695)、《果蔬汁类及其饮料》(GBT31121—2014)(含第1号修改单)。

以上标准主要对枸杞饮料等相关产品中重金属、毒素、食品添加剂、致病菌指标提出要求。

二、现代枸杞产业质量认证及执行标准

枸杞质量认证体系建设在枸杞产品质量保障、食品安全中发挥了良好的作用。通过质量认证，提高企业质量管理水平，规范枸杞种植加工过程，要求企业严格把控枸杞的质量，遵守国家质量和食品安全标准，执行进口商品要求的国际质量标准，对枸杞优劣进行筛选，剔除不符合标准要求的枸杞，进而约束企业合法合规发展枸杞产业。如GAP(良好农业规范)代表了现代农业规范化管理发展的方向，加大GAP认证推广力度，有助于规范枸杞种植农户规范用药和投入品的使用，促进枸杞标准化种植，改良种植环境和习惯，促进枸杞种植绿色发展。开展ISO9001、FSMS食品安全管理体系认证、道地药材认证、GMP认证、HACCP认证、绿色食品认证、有机产品认证等，增加消费者对枸杞品质及质量安全的认可，实现枸杞优质优价。获得BRC(英国零售商认证)、FSSC22000、HALAL、Kosher等国际认证，增加了欧盟、马来西亚、印度尼西亚等国枸杞出口的机会。

(一)一般枸杞种植企业常规性质量认证及执行标准

1. GAP良好农业规范

以食品良好卫生规范为基础，采用危害分析和预防危害(HACCP)为关键点，结合农业可持续发展，持续改良枸杞种植过程中农场管理，有效降低或避免在枸杞的种植、采收、生产、加工过程中外来物质的污染和危害，涉及的良好农业规范标准包括《第1部分 术语》(GB/T 20014.1)、《第2部分 农场基础控制点与符合性规范》(GB/T 20014.2)、《第3部分 作物基础控制点与符合性规范》(GB/T 20014.3)、《第5部分 水果和蔬菜控制点与符合性规范》(GB/T 20014.5)。主要关注内容包括以下几点：

(1)食品安全危害的管理 枸杞品种的选择；土壤处理，不允许使用溴化钾熏蒸；灌溉水质和植保水质的使用；施肥控制；投入品管控；采收卫生控制；人员培训管理；虫鼠害防控；包装和存储管理；品质控制；采收后的管理(清洗、烘干)。

(2)农业可持续发展的环保要求 野生动植物管理计划，不能破坏生态。

(3)员工福祉 保障员工的职业健康、安全，提高员工福利待遇，为员工配置良好的工作环境，配备急救设施，完善细化应急处理程序与规范等。

2. 有机枸杞

中国有机枸杞产品认证标准：《有机产品生产、加工、标识与管理体系要求》(GB19630)，包括有机种植和有机加工。

(1)有机种植 有机种植遵照特定的管理原则，在种植过程中，不得使用基因工程的方法获得产品及其产物，各环节禁止使用化学合成的农药、化肥、生长调节剂、饲料，以及添加剂等物质，遵循自然生长，符合生态学原理，保持生态系统持续、稳定发展。

(2)有机加工 主要是使用已获得有机认证的枸杞作为原料(必须获得有机销售证)，

进行再次的生产加工，过程中不得采用基因工程，并尽可能减少或不使用化学合成的食品添加剂，尽量减少或避免使用化学类的加工助剂、消毒剂等投入品，最大限度地保持枸杞原有的营养成分和枸杞生物特性，保持产品原有特性。

枸杞属于常年作物，已有耕作史的地块，需要3年的有机转换期，具备荒地证明的，需要1年有机转换期。目前国内获准采用的有机认证包括JAS(日本)、EOS(欧盟)、NOP(美国)、中国有机。

(二)枸杞生产加工企业国内市场营销开展的常规性质量认证

(1)ISO9001《质量管理体系要求》　这是企业管理的基本，在产品或服务质量管理应用中最为广泛，为企业提供了管理框架。

(2)生产加工环节认证　HACCP《危害分析与关键控制点(V1.0)》、ISO22000《食品安全管理体系》是目前枸杞生产和加工行业最常应用的管理体系，以危害分析为基础，从食品链的各个环节考虑，经过分析和评估，建立有效的控制措施(CCP、OPRP、PRP、GHP)，有效降低食品安全危害，并不考虑食品营养的问题。

(3)绿色食品认证　一般可以分为A级、AA级标准。其中，A级标准的绿色产品加工过程，可以在规定范围内使用一定的化学合成生产物料。

(4)道地药材产品认证　主要依据《中华人民共和国药典》《道地药材评价通用要求(RB/T071)》，枸杞通过道地药材产品认证后方可用于中医用药。

(三)枸杞生产加工企业国际市场营销开展的常规性质量认证

(1)BRC《英国零售商协会认证》　主要适用于枸杞出口企业，跨国连锁商超销售应用。

(2)FSSC22000食品安全管理体系认证　只适用于生产加工企业，一般是欧盟出口企业需要。

(3)IFS国际食品标准认证　德国和法国制定的标准，一般欧洲供应商需要。

(4)Kosher认证　犹太饮食法规，以色列、俄罗斯、美国、加拿大等，不同地区选择不同的Kosher认证。

(5)HALAL认证　穆斯林地区客户需求，目前主要是马来西亚、印度尼西亚地区的供应商需要。

(6)IP非转基因认证　适用欧美地区出口商。

(四)全国质量认证证书分布情况

表1　全国质量认证证书领域分布　　　　　　　　　　　　　　　张

认证领域	认证项目	证书数	组织数
	总计	3692517	1009675
	合计	1999469	875017
管理体系认证	质量管理体系	882258	828240
	环境管理体系	463493	454601

（续）

管理体系认证	职业健康安全管理体系	414474	406318
	食品农产品管理体系	56743	41419
	信息安全管理体系	38688	37183
	信息技术服务管理体系	19904	19516
	测量管理体系	5997	5848
	能源管理体系	15784	15320
	知识产权管理体系	30711	30521
	其它管理体系	71417	43671
产品认证	合计	1623120	206142
	强制性产品	485467	51856
	食品农产品	92104	45584
	自愿性工业产品	1045549	119972
服务认证	合计	69928	46001
	国家推行的服务	195	191
	一般服务	69733	45909

注：此表为 2023 年 11 月 28 日按照领域统计。

表 2　全国质量认证证书前十名地区分布

张

地域	证书数	全国排名	占全国比重（％）
广东省	679243	1	18.84
江苏省	483585	2	13.41
浙江省	470402	3	13.04
山西省	262594	4	7.28
上海市	143218	5	3.97
北京市	139233	6	3.86
安徽省	133321	7	3.7
四川省	126260	8	3.5
河北省	126005	9	3.49
福建省	121399	10	3.37

注：此表为 2023 年 11 月 28 日按照地域统计。

三、现代枸杞产业溯源体系建设实践

枸杞溯源体系的建设，主要是依托溯源系统软件开发的应用。溯源体系平台的建设，利用物联网和互联网的结合，与企业终端管理融合的方式，采用条形码追溯信息等实现对枸杞种植产地和加工过程的溯源。一是溯源体系可以从枸杞种植、制干、加工、包装、储运、营销等过程进行追溯，消费者可在互联网上通过查阅文字、照片和视频，清楚地了解枸杞种植过程、生产企业的概况、种植基地土壤和水质及周边环境情况，农药、化肥等各种投入品的使用情况，病虫害防治效果等，满足消费者的知情权和选择权。二是可以有效追溯产品的加工过程，一旦出现质量和食品安全问题，通过溯源体系可以直接追溯到加工企业和经销商，可有效保护消费者权益。三是对于枸杞种植农户、加工企业、销售渠道及各环节相关方，溯源系统可以帮助指导规范地种植，管理生产加工全过程信息，进行自动数据统计分析，从而有助于企业建立标准化管理体系，提高产出效率，增加经济收益。四是溯源体系的防伪技术，可有效防止品牌冒用，从而可以很好地保护高端枸杞品牌，降低企业的品牌风险。开展枸杞产业全过程溯源，实现枸杞产业从种植、加工、物流、销售、消费环节可追溯，保障产品来源优质，加工可控，消费可信。

追溯体系赋予每一件产品唯一身份序号，形成"来源可查、去向可追、责任可究"的信息链条，从而保护产品品牌，保障产品规范流通。追溯系统帮助企业实现品牌防伪功能，使用可防伪的追溯二维码标签，使消费者轻松辨别真伪，在产品出现问题时，迅速查找问题源头，确定责任并究责。

溯源平台功能系统主要通过对传感器、电磁阀、摄像头、气象站、水肥机等物联网设备的远程数据采集、管理与控制，实现现代化、标准化、精准化的农业生产。

建立基于物联网技术的中央监控与管理计算机系统。中央监控与管理系统由中央监控计算机、智能环境与计算机网络系统等组成，集中监控环境调控。中央监控与管理系统通过网络系统，与自动控制系统连接，将自动采集、自动记录生产的各种类型数据与作业情况，建立智能生产管理数据库，包括环境数据库、作物生长信息数据库、生产基础信息数据库，每天的灌溉次数、用水量、施肥量等。系统对数据适时处理，生成不同专题图表，以利于作业管理人员进行智能分析和生产决策，指导生产作业。

溯源系统设置预警和紧急报警功能。把报警信息发送到管理人员的手机上，以防止因故障或事故造成经济损失。用户还可以通过手机视频监控现场；可以通过手机查询农作物环境现状，如现场温度、湿度、气象数据、设备的运行状况等。

物联网技术和云计算技术系统。通过互联网以及无线网络，中央监控与管理系统可以进行远程监控、远程生产管理、远程设备诊断与维护，作物生产过程中的相关数据收集与保存，包含农产品安全电商系统、专家系统、政务政令系统、农产品供求服务系统、病虫害报警防治系统、农业百科系统、农资农机管理系统，以解决作物生产管理和产后分析等一系列问题，提高生产的科技含量和自动化程度。

集中管控系统。通过 WEB、手机 APP、PC 端移动互联手段，实时了解和控制生产状况，并实时管理生产数据，存储历史数据，并判断预警状况，进行实时预警；选配手机插件后，可实时发送最新生产信息及预警信息至指定管理人员手机终端，并实现手机终端的实时查阅及控制。

（一）溯源体系构架

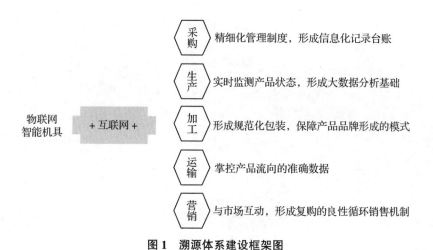

图1　溯源体系建设框架图

（二）溯源系统云平台技术路线

图2　溯源体系云平台框架图

（三）产品溯源系统流程

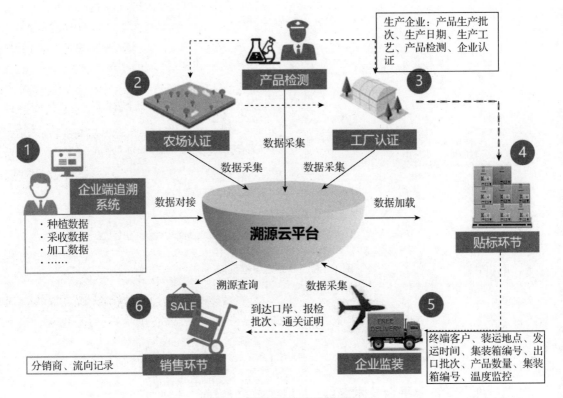

图3　溯源系统流程框架图

（四）溯源系统基本模块

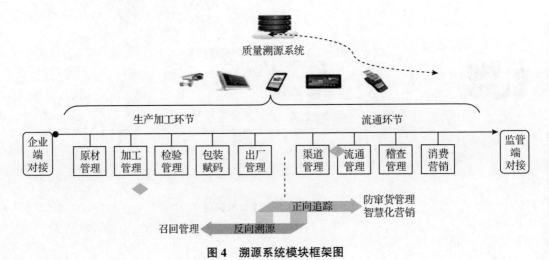

图4　溯源系统模块框架图

(五)溯源标签应用

对袋、盒、箱包装的枸杞加贴溯源码，追溯体系将赋予每一件产品唯一身份序号，形成"来源可查、去向可追、责任可究"的信息链条，从而保护产品品牌，保障产品规范流通。标签信息编码通常有两种，包括 RFID(射频识别)技术，也称为电子标签，是一种非接触式的自动识别技术，在各类产品溯源系统中已得到广泛的应用。另一种是二维码技术，简称为"便携式数据文件"，应用更加广泛。

目前市面常见的溯源查询方式有两种：一是终端管理和消费者端可登录枸杞产品溯源网站，输入产品张贴的溯源条码号，进行产品信息的查询；二是通过手机终端软件扫描产品附带的溯源条形码，通过二维码扫描仪(扫码枪)，读取枸杞产品的溯源信息码，可获取枸杞从种植过程、投入品使用、加工现场、仓储环境、产品运输物流信息到最终消费者的全过程信息。

四、枸杞产品质量认证和溯源体系及标准建设的相关思考

(一)存在的问题

近年来，枸杞流通过程依然存在一些问题，因此亟须建立枸杞产品从生产加工到销售使用的全过程质量溯源体系，有效保障枸杞的品质和使用安全。目前来看，枸杞质量溯源体系建设仍存在很多问题。一是信息来源不够可靠，现有技术已经在一定程度上保证了信息来源的真实性，但仍有信息来源失真的风险，数据资源一定程度上成为"数据孤岛"，因此如何确保数据可靠性和真实性需要进一步研究。二是监管措施不够完善，枸杞成分多样复杂，异地种植使道地药材不再道地，流通环节多，对各个环节实施全方位监管较为困难，缺乏有效沟通、协调合作的机制。三是质量认证和溯源体系建设实施推广不够全面，目前我国现代枸杞产业溯源体系尚未全面开展，推广力度不够大。

(二)对策和建议

针对枸杞质量认证和溯源体系建设存在的一些问题，一是枸杞本身就具有农产品的一般特点，药食同源，可以借鉴以往国内外食品、农产品溯源体系的成功经验，参考其成功建设的案例，对比自身的不足，进行改进和完善，结合中药材行业实际发展状况，秉承传统，开拓创新，明确枸杞质量认证和溯源体系的发展方向。二是未来的发展趋势是基于区块链、物联网、云计算和大数据的溯源平台构建，不断发展技术手段的同时，政府职能部门可以引领企业，或者与企业合作，实施地方政府监管运营平台，提供平台化的技术和监管服务，同时政府监管部门之间也要加强合作，及时沟通协调。三是依据《中国药典》和相关药材管理规范，制定枸杞产品质量认证和溯源的行业和地方标准规范，加大政策扶持和宣传推广力度，进行项目试点建设，由点到面，坚持"全程追溯、全面追溯、统一追溯、持续追溯"原则，逐步推广建立枸杞质量认证和溯源体系。

(三)总结与展望

标准化是现代枸杞产业高质量发展，特别是生产经营体系建设的重中之重，即枸杞要建立"来源可知、去向可追、质量可查、责任可究"的溯源体系。伴随着互联网、大数据、云计算等现代信息技术与传统中医药产业的跨界融合，枸杞溯源体系可以实现生产流通各环节的严格监管，从而对我国现代枸杞产业高质量发展起到实质性的推动作用。对于不断发展与完善我国现代枸杞产业质量认证和溯源体系，实现我国现代枸杞产业高质量发展，首先要强化顶层设计，完善政策机制；其次必须建立健全法规制度，发挥各地区的特色和优势，推动区域经济发展；最后加大人才培养力度，打造枸杞认证和溯源体系建设队伍。

总之，枸杞产品质量认证和溯源体系不仅能从源头上确保枸杞质量，而且对于保障枸杞道地性、守护人民健康安全，以及实现中医药可持续发展具有长远意义。没有质量认证，产业就缺乏生命力；没有质量认证标准，品牌就缺乏灵魂。开展枸杞质量认证及产品溯源标准体系建设是保障现代枸杞产业高质量发展十分必要且极其有效的手段。

参考文献

[1]刘赛. 宁夏枸杞溯源系统建立的关键控制点探讨[J]. 中国中药杂志，2016，14(14)：2619-2624.

现代经营体系篇

现代枸杞产业品牌标准化发展报告

王自新　祁伟　何鹏力　唐建宁　乔彩云　纳慧　姚源　董婕　张雨*

摘　要：品牌是产业的灵魂，品牌兴，则产业旺，产业旺，则国家强。本报告以现代枸杞产业品牌标准化发展为主要内容，通过对中国枸杞产业标杆品牌"宁夏枸杞"及其引领下的企业（产品）品牌形成、发展壮大的历史沿革、标准化发展的传承历程和现代集群化发展的归纳总结，系统梳理了青海、甘肃、新疆、内蒙古、河北等枸杞主产省区区域公用品牌和企业品牌标准化发展成效，聚焦食品枸杞、中药材枸杞子相关联的法律法规条例和强制性国家标准、行业标准、地方标准，以及有关国家和地区的药典对我国枸杞子的介绍，结合现代枸杞产业品牌标准化发展现状和存在问题，提出了具体的对策建议。

关键词：现代枸杞产业　品牌标准化　高质量发展

品牌标准化是现代企业发展中不可忽视的重要因素。品牌是产业和企业（产品）在市场中的独特标志，体现了一个产业的"共性"、一家企业（产品）的"个性"形象和信誉，是市场竞争优势的集中体现。标准是品牌的技术支撑和质量目标，用以规范和指导品牌实践的行为准则，是确保产品和服务质量的基础原则。品牌标准化是企业成功的基石和竞争力的源泉，是枸杞产业现代化发展的必由之路和核心标志；是拓展消费市场、激发消费潜力、促进消费提升的有力抓手，也是推动现代枸杞产业高质量发展的关键举措。

一、发展现状

现代枸杞产业品牌标准化的发展，贯穿枸杞产业实现区域化布局、专业化生产、规模化发展、标准化控制、产业化经营的全过程。近年来，各枸杞主产省区充分发挥品牌的引领作用，以品牌为核心，带动、整合各类资源，提高品牌粘合力和产品附加值，使枸杞的资源优势、区位优势，逐步转化为品牌优势、经济优势。极大促进了产业升级，实现了现代枸杞产业由数量型、粗放型增长向质量型、效益型增长的转变。

注：王自新，宁夏回族自治区林业和草原局党组成员，副局长，二级教授；祁伟，宁夏枸杞产业发展中心副主任，正高级工程师；何鹏力，宁夏枸杞产业发展中心主任，高级工程师；唐建宁，宁夏枸杞产业发展中心副主任，正高级工程师；乔彩云，宁夏枸杞产业发展中心，林业工程师；纳慧，北方民族大学经济学院，副教授；姚源，宁夏枸杞产业发展中心，林业工程师；董婕，宁夏枸杞产业发展中心，林业工程师；张雨，宁夏枸杞产业发展中心，林业工程师。

(一)全国枸杞品牌标准化发展现状

品牌一般分为区域公用品牌和企业(产品)品牌。区域公用品牌的形成,需要区域内具有相当规模的企业品牌、产品品牌聚集群体作为支撑。企业品牌和产品品牌则需要区域公用品牌作为后盾,为其开拓市场提供背书。区域公用品牌和企业品牌、企业产品品牌,是"唇齿相依"的关系。

1. 区域公用品牌

区域公用品牌是指在一个特定的自然生态环境、历史人文因素的区域内,经市场自由选择,由若干经营者共同使用的产品品牌,该品牌名称由"产地名+产品名"构成。区域公用品牌注册为商标后,受国家《商标法》保护,符合条件的经营者只有经过授权方可使用区域公共品牌,如2001年注册的"中宁枸杞"和2021年注册的"宁夏枸杞"。没有获国家注册许可的区域公共品牌,虽然也是经市场自由选择形成的,但使用时无须授权,因此也不受《商标法》保护。区域公用品牌的主要表现形式是"地理标志证明商标""国家地理标志保护产品标识""农产品地理标志保护产品"。

地理标志证明商标是目前国际上保护特色产品的一种通行做法,是特定产品来源的标志,标示着某商品来源于某地区,并且该商品的特定质量、信誉或其他特征主要由该地区的自然因素或人文因素所决定。通过申请地理标志证明商标,可以依法合理充分利用、保存自然资源、人文资源和地理遗产,有效保护优质特色产品,促进特色行业的发展。地理标志保护产品是我国加入世贸组织(WTO)后,为有效保护我国的地方特色品牌,原国家质量监督检验检疫总局根据《中华人民共和国产品质量法》《中华人民共和国标准化法》《中华人民共和国进出口商品检验法》等有关规定,制定了《地理标志产品保护规定》制度,规定了特定标识。地理标志证明商标产品和地理标志保护产品,统称为地理标识产品。目前,我国枸杞主要产区均有自己的区域公用品牌。例如:宁夏的"宁夏枸杞""中宁枸杞""惠农枸杞";青海省的"柴达木枸杞";甘肃"靖远枸杞""玉门枸杞""瓜州枸杞""民勤枸杞";新疆维吾尔自治区的"精河枸杞";内蒙古自治区的"先锋枸杞";河北省的"巨鹿枸杞""宽城枸杞"等。这些地理标识产品通过制定相应的国家、地方或团体标准,明确了各区域公用品牌涵盖的地域范围,有的是省域,如《地理标志产品 宁夏枸杞》(GB/T19742—2008);有的是地区,如《地理标志产品 柴达木枸杞》(DB63/T1759—2019);有的是县域,如《地理标志产品 靖远枸杞》(DB62/T2379—2019)、《地理标志产品 民勤枸杞》(DB62/T2752—2017)、《地理标志证明商标产品 惠农枸杞》(T/NAIA 0155—2022);甚至一个镇,如内蒙古自治区的"先锋枸杞"。不同地域范围的公用品牌代表了各产区在枸杞产品种植上分别具有一定的生态环境和历史人文因素。

农产品地理标志保护产品是原农业部依据《中华人民共和国农业法》《中华人民共和国农产品质量安全法》相关规定,为保证地理标志农产品的品质和特色,提升农产品市场竞争力,制定了《农产品地理标志管理办法》,共计五章二十五条,于2008年2月1日颁布施行。如"中宁枸杞""柴达木枸杞""靖远枸杞""先锋枸杞"也先后获得了农产品地理标志保护产品。2022年3月,农业农村部停止了农产品地理标志登记审批工作。

2. 企业(产品)品牌

企业品牌、产品品牌是区域公用品牌的延伸和区域公用品牌价值的实现者,代表了企业的核心竞争优势。宁夏产区具有一定影响力的企业品牌有"宁夏红""百瑞源""沃福百瑞""早康""杞鑫""厚生记""全通""正杞红""玺赞""润德""得养生""杞滋堂"等。青海产区具有一定影响力的企业品牌有"大漠红""源鑫堂"等。甘肃产区具有一定影响力的企业品牌有"玉门红""杞老大""正昊泰""玉杞凌""高原红""陇原红""杞航枸杞""景沙红"等。新疆产区具有一定影响力的企业品牌有"精杞神""杞瑞""鸿锦"等。内蒙古产区具有一定影响力的企业品牌有"杞花源""沙悟净""诺牧杞""昭君红""宁嘉圣杞"等。河北产区具有一定影响力的企业品牌有"大杞红""晓田农场""隆化枸杞""塞北红""罗汉枸杞"等。

(二)"宁夏枸杞"品牌现状

作为区域公用品牌,宁夏枸杞是中国枸杞产业的标杆品牌。"世界枸杞在中国,中国枸杞看宁夏,中宁枸杞甲天下"。这是消费者对出产于宁夏回族自治区特定地域生产的枸杞产品,所具有的特定滋补养生功能较优的整体认知和总体印象。宁夏回族自治区内,以宁夏枸杞为主要生产、经营对象的企业或组织所拥有或经营的企业品牌、产品品牌以及自治区内地方公用品牌,如"中宁枸杞""惠农枸杞",均是宁夏枸杞区域公用品牌的有效组成部分。

1. 宁夏枸杞区域公用品牌历史沿革

据史料记载,唐代药圣孙思邈(约541—682年)在652年完成的《千金翼方》,记载"灵州"产枸杞。这是明确宁夏出产枸杞并入药的最早文字记载。当时中宁及周边地区为灵武郡地,置鸣沙县(公元599年);元代置应理州(现中卫市),属宁夏路;明代建宁夏中卫(公元1403年),属陕西行都司。清雍正三年(公元1725年)为中卫县,属宁夏府。时任延安知州兼经略安抚使的北宋科学家沈括(1034—1095年),著《梦溪笔谈》记载"枸杞,陕西极边生者,高丈余,甘美异于他地"。延安地区的最西边就是宁夏,当时属西夏。明《宣德宁夏志》物产中有枸杞记载。明弘治十四年(1501年)的《弘治宁夏新志》记载[2]:明成化年间(1464—1487年),产于宁夏中宁县的枸杞被列为皇家贡品。

宁夏枸杞,贵在道地;中宁枸杞,道地珍品。宁夏枸杞的核心产区是中宁县。"中宁枸杞"品牌的前身是产自该县"宁安堡"的枸杞,是我国最早的枸杞品牌。1753年,瑞典科学家林奈首次将宁夏结枸杞果实的植物,作为茄科枸杞属植物的一个种,用宁夏枸杞命名。从此,宁夏枸杞既是人们日常生活中所指的产自宁夏地域范围内一种小红果,又是在植物分类学领域茄科枸杞属植物的一个种。1755年,清乾隆《银川小志》记载"枸杞,宁安堡产者极佳,家家种植"。1761年,清乾隆《中卫县志》记载"各省入药甘枸杞皆宁产也",县志中记载"甘"为地名,时宁夏归甘肃省辖[1],钟鉎元《枸杞高产栽培技术》则将"甘"作"甜"字解[2],奠定了宁夏作为枸杞道地产区的历史地位。在明清时代,围绕宁安堡地域衍生出了宁安堡以东的枸杞品牌,称"东乡枸杞",产于宁安堡以西的枸杞被称为"西乡枸杞"或"舟塔枸杞",还有"聂湾枸杞"等。中宁县于1934年1月在宁安堡建县后,"宁安枸杞"逐渐被"中宁枸杞"品牌所代替,宁夏枸杞自此翻开了新的一页。

1961年,中宁县被国务院确定为全国唯一的枸杞生产基地县。1995年,中宁县被国务院命名为"中国枸杞之乡"。2001年"中宁枸杞"原产地证明商标注册。2008年,宁夏枸杞获原国家质量监督管理总局"地理标志产品保护"。2009年"中宁枸杞"被国家工商总局认定为"中国驰名商标"。2010 年中宁枸杞品牌价值达 30.5 亿元人民币，获评老百姓最喜爱的地理标志保护产品，2017 年品牌价值上升到 172.88 亿元人民币，成为国内具有活力的品牌。中宁县是第一批国家良好农业规范（GAP）认证示范县，中国特色农产品优势区，全国经济林产业区域特色品牌建设试点单位；第二批国家农产品质量安全县。2015 年，"中宁枸杞种植系统"获"中国重要农业文化遗产"保护。2021 年"宁夏枸杞"被国家知识产权总局授予地理标志证明商标，也是迄今为止，唯一一个以省级区域名称命名的区域公用品牌。随着宁夏枸杞、中宁枸杞品牌的传播，带动了宁夏区内及周边引种省区的经济发展，也引发了继"宁夏枸杞""中宁枸杞"之后多省区枸杞品牌的诞生。1900 年，山西、天津的药商将中宁枸杞苗木带到了天津，产出的枸杞叫"津枸杞"，之后传到了河北沧州、邢台、邯郸等。

1950 年始，青海省诺木洪农场从宁夏引进枸杞苗木试验，2000 年沿诺木洪—都兰—乌兰—德令哈一线大规模种植，形成了目前的"柴达木""诺木洪"等枸杞区域公用品牌。1960 年始，内蒙古自治区从宁夏中宁引种枸杞，2004 年在托克托县、鄂尔多斯市、巴彦淖尔盟、乌拉特前旗、达拉特旗等规模化种植，形成了目前的"先锋枸杞"等枸杞区域公用品牌。1964 年新疆维吾尔自治区从宁夏引进枸杞苗木进行试验并取得成功，目前主要在北疆地区的精河县、乌苏、沙湾、石河子、玛纳斯等地，形成了"精河枸杞"等区域公用品牌。1989 年，甘肃省景泰县为治理草窝滩东片的盐碱地从中宁引进枸杞苗木，种植在红跃村；1999 年甘肃靖远县农民自发从中宁引进枸杞苗木种植；2008 年，中宁茨农带着枸杞苗木到玉门、瓜州、嘉峪关等地种植，带动了甘肃省枸杞产业发展，形成了"靖远枸杞""玉门枸杞""瓜州枸杞""民勤枸杞"等区域公用品牌。

2. 宁夏枸杞品牌培育成效

枸杞是宁夏的"地域符号""红色名片"。宁夏回族自治区建立省级领导包抓机制，加强顶层设计，强化政策支持，全区现代枸杞产业步入了高质量发展的快车道，发展模式由传统数量型向质量效益型转变。宁夏枸杞新产品新品类推陈出新，精深加工产品达 10 大类 120 余个，涵盖药品、保健品、食品、饮品、酒类、化妆品等品类，品牌影响力持续扩大。"宁夏枸杞""中宁枸杞"入选"中欧地理标志"第二批互认保护名单，宁夏现有 29 家企业被授权使用"宁夏枸杞"地理标志证明商标，94 家企业被授权使用"中宁枸杞"地理标志证明商标。宁夏枸杞消费市场日益拓宽，枸杞产品首次作为国礼、年礼赠送国外宾客，并邀请中国电影家协会主席、国家一级演员陈道明同志公益代言，冠名 6 辆银川发往东南沿海高铁，并成功举办六届枸杞产业博览会，"中国枸杞之乡"和枸杞产业博览会知名度进一步提升。加强与媒体知名品牌栏目合作，央视《山水间的家》枸杞综艺节目、湖南卫视《天天向上》、浙江卫视《一桌年夜饭》年味美食真人秀成功播出，极大提升了宁夏枸杞品牌影响力和美誉度，有效扩大了宁夏枸杞的影响力。

3. 宁夏枸杞企业（产品）品牌历史沿革

最早的宁夏枸杞企业品牌"庆泰恒"创立于 1877 年（光绪三年），是当时中宁地区最大的枸杞商号，其分号开到了天津、上海、广州、香港等地。1914 年（民国三年），英国商人在宁安堡南门外建立商号经营枸杞，当地人称"南洋行"，同期还有"西洋行"。1929 年，宁夏中宁县的张绪义兄弟三人创立了宁夏枸杞（中宁枸杞）第一个产地企业品牌"福大元"。

目前，宁夏全区共注册枸杞经营主体 7156 家，其中企业 3384 家、合作社 1331 家、个体商户 2400 家、社会团体和事业单位 41 家。现有规上企业 30 家，营业收入 1 亿元以上的有 7 家，国家级龙头企业 16 家，国家农民专业合作社(枸杞)示范社 8 家。枸杞企业获得各类质量认证证书 147 个。其中，国内有机认证 8 个，国外有机认证 10 个，ISO 系列认证 29 个，GAP 认证 9 个，GMP 认证 2 个，HACCP 认证 29 个，绿色食品认证 30 个。其他包括英国零售商协会食品标准认证、美国食品和药物管理局标准认证、犹太洁食认证、SC 食品认证 30 个。形成了"宁夏红""百瑞源""早康"等 12 个中国驰名商标，"沃福百瑞""中杞"等 12 个宁夏枸杞知名品牌，玺赞枸杞庄园、润德枸杞庄园等 11 个宁夏枸杞优质基地(示范苗圃)。

二、主要实践成效

(一)坚持守正创新，枸杞品牌标准化发展薪火相传

枸杞品牌标准化是伴随着产品交易产生的，最早的标准是枸杞干果商品规格等级划分。由于枸杞的品种、种植栽培、采收加工(炮制)、储藏运输以及销售，受不可控的产地生态环境因子和技术等人为因素影响，易造成枸杞产品因质量不均而产生品质与品相的差异。为了便于商品交易，商家按照枸杞产地出处、外观品相差异、气味颜色、形态大小等，进行规格与等级的划分，以此作为枸杞药材品质优劣、价格谈判的依据。早在清代中后期，宁夏(中宁)枸杞就由商家制定了统一的枸杞子商品规格等级，划分为：贡果、魁元、改王、顶王、枣王、大剪 6 个等级，后演变为特等、甲等、乙等、丙等、等外 5 个等级。按标准上市，依标准交易、流通，形成了我国早期枸杞市场上"看货评级，分档定价"的传统标准化质量控制，为早期宁夏枸杞品牌标准化提供了支撑。1963 年《中华人民共和国药典》第二版明确规定入药枸杞子为宁夏枸杞干燥成熟的果实。1964 年原国家卫生部与商务部联合颁发《五十四种中药材商品规格标准》，将 1949—1964 年使用的特等、甲等、乙等、丙等和等外 5 个等级，改为一等、二等、三等、四等、五等 5 个验级标准。2013 年原商务部和国家医药管理局共同推动，由中国中医科学院中药资源中心牵头，组织全国中医药领域的 60 余家单位，共同开展常规中药材商品规格等级标准的研究和制修订工作。2018 年修订完成了 230 余种常用中药材商品规格等级标准，中国中医科学院牵头组织，宁夏起草的《中药商品规格等级标准 枸杞子》位列第 50 位，成为全国中药材行业统一执行使用的商品"枸杞子"市场交易规格等级划分标准。2019 年，按照"三代本草""百年历史"的遴选原则，宁夏起草的《道地药材 第 53 部分 宁夏枸杞》(T/CACM1020.53—2019)，由中华中医药学会发布，成为全国 157 部道地药材标准的第 50 位，明确了道地"枸杞子"的产地范围。同年，宁夏发布了《枸杞加工企业良好生产规范》(DB 64/T 1648—2019)、《枸杞包装通则》(DB 64/T 1649—2019)、《枸杞贮存要求》(DB 64/T 1649—2019)、《枸杞交易市场建设和经营管理规范》(DB64/T1651—2019)、《宁夏枸杞追溯要求》(DB64/T1652—2019)地方标准。2020 年宁夏又发布了《宁夏枸杞干果商品规格等级规范》(DB 64/T 1764—2020)。2022 年宁夏又发布了《枸杞气候资源道地性评价》(DB 64/T 859—2022)等地方标准。

(二)坚持多措并举,枸杞品牌标准化发展体系逐步构建

作为重要的食品资源,国家从法律法规条例和标准上加强规范。据不完全统计,与枸杞食品质量安全相关的国家法律法规有《中华人民共和国农产品质量安全法》《中华人民共和国反不正当竞争法》《中华人民共和国商标法》《中华人民共和国产品质量法》《中华人民共和国消费者权益保护法》《中华人民共和国商标法实施条例》等,枸杞食品类执行的国家强制性标准有10余部,质量安全检验检测方法国家强制性标准50余部。枸杞食品单品国家、行业、地方标准达10余部。其中,枸杞食品包装材料、标签标识、广告宣传作为品牌标准化最重要、最直接的信息体现、传播渠道,涉及的法律法规条例、标准等达13部之多(表1)。

表1 枸杞食品类执行标准汇总

序号	标准名称	标准号
一、与枸杞食品安全有关的国家标准(12个)		
1	食品安全国家标准 食品添加剂使用标准	GB 2760—2014
2	食品安全国家标准 食品中真菌毒素限量	GB 2761—2017
3	食品安全国家标准 食品中污染物限量	GB 2762—2022
4	食品安全国家标准 食品中农药最大残留限量	GB 2763—2021
5	食品安全国家标准 预包装食品中致病菌限量	GB 29921—2021
6	食品安全国家标准 预包装食品标签通则	GB 7718—2011
7	食品安全国家标准 预包装食品营养标签通则	GB 28050—2011
8	食品安全国家标准 预包装特殊膳食用食品标签	GB 13432—2013
9	食品安全国家标准 饮料	GB 7101—2022
10	食品安全国家标准 糖果	GB 17399—2016
11	食品安全国家标准 蜂蜜	GB 14963—2011
12	食品安全国家标准 糕点、面包	GB 7099—2015
二、枸杞食品质量安全检验检测方法标准(45个)		
1	食品安全国家标准 食品中水分的测定	GB 5009.3—2016
2	食品安全国家标准 食品中灰分的测定	GB 5009.4—2016
3	食品安全国家标准 食品中蛋白质的测定	GB 5009.5—2016
4	食品安全国家标准 食品中脂肪的测定	GB 5009.6—2016
5	食品安全国家标准 食品中脂肪酸的测定	GB 5009.168—2016
6	食品安全国家标准 食品中铅的测定	GB 5009.12—2017
7	食品安全国家标准 食品中总砷及无机砷的测定	GB 5009.11—2014
8	食品安全国家标准 食品中镉的测定	GB 5009.15—2014
9	食品安全国家标准 食品中脱氢乙酸的测定	GB 5009.121—2016
10	食品中有机氯农药多组分残留量的测定	GB/T 5009.19—2008
11	植物性食品中有机氯和拟除虫菊酯类农药多种残留量的测定	GB/T 5009.146—2008

（续）

序号	标准名称	标准号
12	植物性食品中有机磷和氨基甲酸酯类农药多种残留量的测定	GB/T 5009.145—2003
13	植物性食品中氯氰菊酯、氰戊菊酯和溴氰菊酯残留量的测定	GB/T 5009.110—2003
14	植物性食品中甲胺磷和乙酰甲胺磷农药残留量的测定	GB/T 5009.103—2003
15	茶叶、水果、食用植物油中三氯杀螨醇残留量的测定	GB/T 5009.176—2003
16	植物性食品中甲基异柳磷残留量的测定	GB/T 5009.144—2003
17	植物性食品中除虫脲残留量的测定	GB/T 5009.147—2003
18	植物性食品中辛硫磷农药残留量的测定	GB/T 5009.102—2003
19	植物性食品中氨基甲酸酯类农药残留量的测定	GB/T 5009.104—2003
20	蔬菜、水果、食用油中双甲脒残留量的测定	GB/T 5009.143—2003
21	蔬菜、水果中甲基托布津、多菌灵的测定	GB/T 5009.188—2003
22	植物性食品中灭幼脲残留量的测定	GB/T 5009.135—2003
23	粮食和蔬菜中 2,4-D 残留量的测定	GB/T 5009.175—2003
24	植物性食品中五氯硝基苯残留量的测定	GB/T 5009.136—2003
25	植物性食品中二嗪磷残留量的测定	GB/T 5009.107—2003
26	植物性食品中亚胺硫磷残留量的测定	GB/T 5009.131—2003
27	食品中莠去津残留量的测定	GB/T 5009.132—2003
28	植物性食品中二氯苯醚菊酯残留量的测定	GB/T 5009.106—2003
29	水果中单甲脒残留量的测定	GB/T 5009.160—2003
30	水果中乙氧基喹残留量的测定	GB/T 5009.129—2003
31	食品安全国家标准 食品中过氧化值的测定	GB 5009.227—2016
32	食品安全国家标准 食品中酸价的测定	GB 5009.229—2016
33	食品安全国家标准 食品 pH 值的测定	GB 5009.237—2016
34	食品安全国家标准 食品中二氧化硫的测定	GB 5009.34—2022
35	食品安全国家标准 食品微生物学检验 菌落总数测定	GB 4789.2—2022
36	食品安全国家标准 食品微生物学检验 大肠菌群计数	GB 4789.3—2016
37	食品安全国家标准 食品微生物学检验 沙门氏菌检验	GB 4789.4—2016
38	食品安全国家标准 食品微生物学检验 金黄色葡萄球菌检验	GB 4789.10—2016
39	食品安全国家标准 食品微生物学检验 无菌检验	GB 4789.26—2013
40	食品安全国家标准 食品微生物学检验 志贺氏菌检验	GB 4789.5—2012
41	食品安全国家标准 食品微生物学检验 乳酸菌检验	GB 4789.35—2016
42	食品安全国家标准 食品微生物学检验 大肠埃希氏菌计数	GB 4789.38—2012
43	食品安全国家标准 食品微生物学检验 单核细胞增生李斯特氏菌检验	GB 4789.30—2016
44	食品安全国家标准 桑枝、金银花、枸杞子和荷叶中 488 种农药及相关化学品残留量的测定 气相色谱—质谱法	GB 23200.10—2016
45	食品安全国家标准 桑枝、金银花、枸杞子和荷叶中 413 种农药及相关化学品残留量的测定 液相色谱—质谱法	GB 23200.11—2016

（续）

序号	标准名称	标准号
三、与枸杞产品有关的行业标准和地方标准(12个)		
1	食品安全地方标准 枸杞	DBS64/ 001 —2021
2	食品安全地方标准 枸杞干果中农药最大限量	DBS64/005—2021
3	食品安全地方标准 黑果枸杞	DBS64/006—2021
4	食品安全地方标准 枸杞原浆	DBS64/ 008 —2022
5	食品安全地方标准 枸杞叶茶	DBS64/684—2022
6	食品安全地方标准 枸杞果酒	DBS64/515—2016
7	食品安全地方标准 枸杞白兰地	DBS64/517—2016
8	食品安全地方标准 超临界 CO_2 萃取枸杞籽油	DBS64/412—2016
9	绿色食品 枸杞及枸杞制品	NY/T 1051—2014
10	枸杞病虫害综合防治技术规程	DB64/T 1877—2023
11	枸杞(果用)品种评价技术规范	DB64/T 1908—2023
12	宁夏枸杞叶茶	DBS64/684—2018
四、与枸杞有关的进出口标准(1个)		
1	进出口枸杞子检验规程	SN/T0878 —2000

一是枸杞食品包装设计与材质国家标准。主要遵守《食品安全国家标准 食品接触用塑料树脂》(GB 4806.6)、《食品安全国家标准 食品接触用塑料材料及制品》(GB 4806.7)、《食品安全国家标准 食品接触用纸和纸板材料及制品》(GB 4806.8)、《食品安全国家标准 食品接触材料及制品用添加剂使用标准》(GB 9685)、《食品安全国家标准 有机硅防粘涂料》(GB 11676)、《包装用塑料复合膜、袋干法复合、挤出复合》(GBT 10004)、《食品包装纸》(QBT 1014)、《限制商品过度包装要求 食品和化妆品》(GB 23350)等。要求食品包装用纸、材料不得使用回收废纸、回收塑料、酚醛树脂，不得使用工业级石蜡，食品包装上油墨、颜料不得印刷在接触食品面。

二是枸杞食品标签标识内容国家法律法规条例。主要遵循《中华人民共和国反不正当竞争法》《中华人民共和国商标法》《中华人民共和国商标法实施条例》等。明确规定：不得标示与驰名商标商品和知名商品商标、名称、包装、装潢相同或相近似的商标、名称、包装、装潢；不得假冒他人的注册商标；不得在不同或相近似商品上擅自使用驰名商标商品、知名商品特有的商标、名称、包装、装潢或者相近似的商标、名称、包装、装潢；不得在同一种商品或者类似商品上使用与其它注册商标相同或者近似的商标；不得未经商标注册人同意，更换其注册商标并将该更换商标的商品又投入市场(反向假冒)；不得在同一种或者类似商品上，将与他人注册商标相同或者近似的标志作为商品名称或者商品装潢使用，误导公众；不得将"中国驰名商标"用于商品、商品包装或者容器上，或者用于广告宣传、展览以及其他商业活动中。

三是枸杞食品标示内容国家标准。主要执行《食品安全国家标准 预包装食品标签通则》(GB 7718)、《食品安全国家标准 预包装食品营养标签通则》(GB 28050)等。首先，规定包装、标签、标识标示内容不得模糊不清，必须清晰、醒目、持久、易于辨认和识读。其次，要求食品或者其包装上应当附加标签、标识（法律、行政法规规定可以不附加的食品除外）；应当直接标注在最小销售单元的食品或者其包装上；应当清晰醒目，背景和底色应当采用对比色，使消费者易于辨认、识读。第三，要求标示内容不得有封建迷信、黄色内容。包装、标签、标识标示内容必须通俗易懂、准确、有科学依据、不得标示贬低其他食品或违背科学营养常识的内容。标示内容不得有治疗疾病及其它虚假、误导、欺骗内容。

《预包装食品标签通则》《预包装特殊膳食用食品标签通则》《中华人民共和国反不正当竞争法》《中华人民共和国产品质量法》《中华人民共和国消费者权益保护法》《食品标识管理规定》《食品广告管理办法》等明确规定：包装、标签、标识内容不得以虚假、使消费者误解或欺骗性的文字、图形等方式介绍食品，也不得利用字号大小或色差误导消费者；不得以直接或间接暗示性的语言、图形、符号，导致消费者将购买的食品或食品的某一性质与另一产品混淆。凡是加工过的食品，不得在包装、标签、标识上或名称前加"鲜"或"新鲜"等表明食品鲜活天然的词语，内容应当真实准确、通俗易懂、健康科学，不得虚假误导，不得出现医疗术语、宣传疗效用语、易与药品混淆的用语以及无法用客观指标评价的用语。《中华人民共和国食品安全法》第73条规定："食品广告的内容应当真实合法，不得含有虚假内容，不得涉及疾病预防、治疗功能。不得伪造或者虚假标注生产日期和保质期；不得伪造食品产地；不得伪造或者冒用其他生产者的名称、地址；不得伪造、冒用、编造生产许可证编号等。不得伪造、冒用产品条码；禁止标注明示或者暗示具有预防、治疗疾病作用的、非保健食品明示或者暗示具有保健作用的、以欺骗或者误导的方式描述或者介绍食品的、附加的产品说明无法证实其依据的、文字或者图案不尊重民族习俗带有歧视性描述的；禁止使用国旗、国徽或者人民币等进行标注。

四是枸杞食品包装不准用语。①免疫调节；②调节血脂；③调节血糖；④延缓衰老；⑤改善记忆；⑥改善视力；⑦促进排铅；⑧清咽润喉；⑨调节血压；⑩改善睡眠；⑪促进泌乳；⑫抗突变；⑬抗疲劳；⑭耐缺氧；⑮抗辐射；⑯减肥；⑰促进生长发育；⑱改善骨质疏松；⑲改善营养性贫血；⑳对化学性肝损伤有辅助保护作用；㉑美容（祛痤疮/祛黄褐斑/改善皮肤水分和油分）；㉒改善胃肠道功能（调节肠道菌群/促进消化/润肠通便/对胃黏膜有辅助保护作用）；㉓抑制肿瘤。不得标示对某种疾病有预防、缓解、治疗或治愈作用。不得标示"返老还童"、"延年益寿"、"白发变黑"、"齿落更生"、"抗癌治癌"或其他类似用语。

五是枸杞食品标签标识广告宣传不得使用绝对化用语。《中华人民共和国广告法》第七条规定："广告内容应当有利人民身心健康，促进商品和服务质量的提高，保护消费者的合法利益。广告中不得使用国家级、最高级、最佳等用语。"不得使用的广告语违禁词：①国家级、世界级、最高级、最佳、第一、唯一、首个、最好、精确、顶级、最低、最底、最、最便宜、最大程度、最新技术、最先进科学、国家级产品、填补国内空白、绝对、独家、首家、最新、最先进、第一品牌、金牌、名牌、最赚、超赚、最先、巨星、奢侈、至尊、顶级享受等绝对性用语；②国家 XXX 领导人推荐、国家 XX 机关推荐、国家XX 机关专供、特供等借国家、国家机关工作人员名称进行宣传的用语；③质量免检、无需国家质量检测、免抽检等宣称质量无需检测的用语；④使用人民币图样(但央行批准的除外)；⑤繁体字(商标除外)、单独使用外国文字、或中英文结合用词；⑥祖传、秘制等虚假性词语；⑦强力、特效、全效、强效、奇效、高效、速效、神效等夸大性词语；⑧处方、复方、治疗、消炎、抗炎、活血、祛瘀、止咳、解毒、疗效、防治、防癌、抗癌、肿瘤、增高、益智、各种疾病名称等明示或暗示有治疗作用的词语；⑨神丹、神仙等庸俗或带有封建迷信色彩的词语。标示内容必须使用汉字(注册商标除外)。一并使用拼音、少数民族文字、外文的，其不得大于相应的汉字(注册商标除外)。食品标签、标识不得与包装物(容器)分离。食品名称标示必须醒目、突出，表明食品的真实属性，不得缩隐、晦暗、含糊不清。标示内容必须有配料清单。配料清单应以"配料"或"配料表"作标题；各种配料应按制造或加工食品时加入量的递减顺序——排列(加入量不超过2%的配料可以不按递减顺序排列)；在食品中直接使用甜味剂、防腐剂、着色剂的，应当在配料清单食品添加剂项下标注具体名称；使用其他食品添加剂的，可以标注具体名称、种类或者代码。净含量标示不得使用非法定计量单位，且要与食品名称在同一版面展示；应依据《定量包装商品计量监督管理办法》法定计量单位，标示包装物(容器)中食品的净含量。

六是枸杞食品标签标识必须标示厂名、厂址。预包装食品应标示食品的生产者名称、地址和联系方式。应当标注食品的产地，食品产地应当按照行政区划标注到地市级地域。生产者名称和地址应当是依法登记注册、能够承担产品安全质量责任的生产者的名称、地址。有下列情形之一的，应按下列规定予以标示：① 依法独立承担法律责任的集团公司、集团公司的分公司(子公司)，应标示各自的名称和地址。②依法不能独立承担法律责任的集团公司的分公司(子公司)或集团公司的生产基地，可以标示集团公司和分公司(生产基地)的名称、地址，也可以只标示集团公司的名称、地址。③受其他单位委托加工预包装食品但不承担对外销售，应标示委托单位的名称和地址；对于实施生产许可证管理的食品，委托企业具有其委托加工的食品生产许可证的，应当标注委托企业的名称、地址和被委托企业的名称，或者仅标注委托企业的名称和地址。④进口预包装食品应标示原产国的国名或地区名(指香港、澳门、台湾)，以及在中国依法登记注册的代理商、进口商或经销商的名称和地址。⑤分装食品应当标注分装者的名称及地址，并注明分装字样。

七是枸杞食品标识内容其他强制性要求。必须标示生产日期、保质期、贮存条件，日期不得另外加贴、补印或篡改。标示内容必须有产品标准号。国内生产并在国内销售的包装食品(不包括进口预包装食品)应标示企业执行的国家标准、行业标准、地方标准或经备案的企业标准的代号和顺序号。必须标示质量(品质)等级(产品标准分质量(品质)等级的)。企业执行的产品标准已明确规定质量(品质)等级的产品，应标示质量(品质)等级、加工工艺等。必须标示食品生产许可证号(纳入食品生产许可证制度管理的食品)。实施生产许可证管理的食品，应当标注食品生产许可证号。委托生产加工实施生产许可证管理的食品，委托企业具有其委托加工食品生产许可证的，可以标注委托企业或者被委托企业的生产许可证编号。特殊食品：需标明适宜人群和警示语。

作为重要地方特色优势资源，地方政府从体制机制上加强管理，建立管理组织机构，制定出台品牌管理办法，颁布地方性条例，发布地方性标准，有力促进枸杞品牌标准化管理、法制化监督。

1937 年，中宁设立裕宁枸杞公司，专营中宁枸杞。1951 年，国家将枸杞划由国营供销社独家经营，1954 年枸杞改由国家统购统销，统称宁夏枸杞。1956 年改由中国药材公司甘肃省医药公司银川支公司中宁县药材公司统一经营。1958 年始由宁夏药材公司中宁分公司独家经营。1962 年宁夏回族自治区人民政府第一次向银川、中卫、中宁下达枸杞种植任务 248 亩。同年，中宁的阎福寿著《中宁枸杞传统种植经验》一书，由宁夏人民出版社以《宁夏的枸杞》名称公开出版，成为第一部枸杞专业书籍。1962 年 12 月 30 日，中宁县人民政府发文成立中宁县枸杞生产管理站。同年，宁夏农科所成立枸杞研究组，专门研究枸杞生长发育与生态因子及遗传分类。1998 年枸杞从农业部门划给林业部门管理至今。2002 年中宁县枸杞局成立，制定出台了《"中宁枸杞"证明商标包装物统一印制、销售管理办法》。2016 年自治区人大常委会颁布了《宁夏回族自治区枸杞产业促进条例》。先后制定了《"宁夏枸杞"地理标志证明商标管理办法》《"中宁枸杞"地理标志证明商标管理办法》《"惠农枸杞"地理标志证明商标管理办法》。发布了《食品安全地方标准》（DBS64/001）等 8 部强制性地方标准，对宁夏枸杞及其制品的质量进行强制性要求。青海省海西州制定了《柴达木枸杞产业促进条例》，新疆维吾尔自治区精河县出台了《"精河枸杞"地理标志证明商标管理办法》。

（三）深耕药用属性，中药材枸杞子标准体系建设赓续有力

药典是一个国家记载药品标准、规格的法典，一般由国家药品监督管理局主持编纂、颁布实施。1953 年中华人民共和国成立后颁布的首部药典，没有枸杞子和地骨皮的记载。1963 年，中华人民共和国颁布的第二部药典，在"药材及其制品"中，第一次将枸杞子列入。1977 年中华人民共和国颁布了第三部药典，在"药材及其制品"中，首次列录了枸杞子为茄科 Solanaceae 植物宁夏枸杞 *Lycium barbarum* 的干燥成熟果实。与前二部药典相比，删除了枸杞 *Lycium chinese* 干燥成熟的果实入药内容。地骨皮为茄科植物枸杞或宁夏枸杞的干燥根皮，与 1963 年的药典相比增加了宁夏枸杞的根皮部分。自此以后，宁夏枸杞成为历版药典明确的唯一入药枸杞。

1985 年中华人民共和国颁布了第四部药典，该部药典以 1977 年的药典为基础，在枸杞子部分新增了检查项，要求杂质不超过 1%。同时，对性味与归经和功能与主治内容进行了补充。在"药材及其制品"中，列录了枸杞子为茄科植物宁夏枸杞 *Lycium barbarum* 的干燥成熟果实。地骨皮为茄科植物枸杞 *Lycium chinense* 或宁夏枸杞的干燥根皮。

1990 年，中华人民共和国颁布了第五部药典，在 1985 年颁布的第四部药典的基础上，在地骨皮部分新增了检查项，总灰分不得超过 11.0%。

1995 年，中华人民共和国颁布了第六部药典，与枸杞相关的所有内容和 1990 年中华人民共和国颁布的第五部药典相同。

2000 年，中华人民共和国颁布了第七部药典，与枸杞相关的基本内容与 1995 年中华人民共和国颁布的第六部药典相同。但在鉴别部分，首次引入了薄层色谱鉴定技术，同时在检查项规定，杂质不得过 0.50%，水分不得超过 13.0%，总灰分不得超过 5.0%。

2005 年，中华人民共和国颁布了第八部药典，基本内容与 2000 年中华人民共和国颁布的第七部药典相同。增加了浸出物和含量测定部分，使用显微鉴别技术，规定水溶性浸

出物不得少于55.0%，而且测定枸杞多糖和甜菜碱的含量。

2010年，中华人民共和国颁布了第九部药典，基本内容与2005年中华人民共和国颁布的第八部药典相同。在枸杞子检查部分，新增了重金属及有害元素检测和含量规定。同时在地骨皮检查部分，新增了水分不得过11.0%，酸不溶性灰分不得超过3.0%。

2015年，中华人民共和国颁布了第十部药典。与2010年版相同，对基源、采收加工、外观、气、味做了描述，并使用显微鉴定、薄层色谱鉴定进行鉴别，对水分和有害元素（铅、镉、砷、汞、铜）做了限定，还规定了浸出物、枸杞多糖和甜菜碱的含量。

目前，枸杞子和地骨皮执行的强制性标准是《中华人民共和国药典》（2020版）[3]和《宁夏中药炮制规范》（宁PZGF-0191—2021）2017年版。推荐性标准《道地药材 宁夏枸杞》（T/CACM1020.53—2019）和《中药材商品规格等级 枸杞子》（T/CACM1021.50—2018）。

我国枸杞子生产单位，首先要取得药品生产许可证。执行2019年12月1日起施行的《中华人民共和国药品管理法》（简称《药品管理法》），共12章155条，以及2011年3月1日起施行的《中华人民共和国药品生产质量管理规范》》（简称GMP），共14章313条。[4]

我国枸杞子经营单位，首先要执行《药品经营质量管理规范》（2015年6月25日公布，自公布之日起施行），共4章187条。

我国枸杞子种植生产者，执行的是《国家药监局 农业农村部 国家林草局 国家中医药局关于发布〈中药材生产质量管理规范〉的公告》（2022年第22号），也称GAP认证，是专门指导中药材的生产和监督的规范，于2022年3月18发布，共14章144条。

有关国家和地区药典列入枸杞标准，开始于2008年。截至2018年，越南药典、日本药典、韩国药典和中国台湾地区中医药药典，都规定了枸杞子和地骨皮的药用标准。印度药典不但规定了枸杞的果实药用标准，还规定了枸杞茎、叶、花等药用标准。2016年颁布的欧洲药典和2017年颁布的英国药典，只有枸杞子标准。2017年，美国开始修订《枸杞子》药典，从枸杞的术语、历史、鉴别、商业来源和加工、成分、分析、疗法、安全等八个方面，通过单行本体裁进行了系统编纂。[5]

（1）2007年越南药典（第4版） 枸杞子：本品为茄科植物的干燥成熟果实。地骨皮：本品为茄科植物枸杞或宁夏枸杞的干燥根皮。春初或秋后采挖根部，洗净，剥取根皮，晒干。

（2）2016年日本药典（第17版） 枸杞子是茄科植物枸杞或宁夏枸杞的干燥成熟果实。地骨皮是枸杞或宁夏枸杞的根皮（茄科）。

（3）2014年韩国药典（第11版） 枸杞子是茄科植物枸杞或宁夏枸杞的干燥成熟果实。枸杞子干燥后其甜菜碱不少于0.5%。地骨皮是茄科植物枸杞或宁夏枸杞的干燥根茎。

（4）2013年中国台湾地区中医药药典（第2次） 枸杞子为茄科植物枸杞或宁夏枸杞之干燥成熟果实。地骨皮为茄科植物枸杞或宁夏枸杞之干燥根皮。

（5）2008年印度阿育吠陀API（第6卷） 枸杞子（地上部分）：由茄科植物宁夏枸杞或欧枸杞的地上部分组成，它是一种1米或1米以上的细长多刺灌木，有小叶和小花，产于半岛中部和南部干燥的平原。

（6）2016年欧洲药典（9.0）和2017年的英国药典 欧洲药典和英国药典使用的是同一个版本，只有枸杞子，没有地骨皮的标准。枸杞子为宁夏枸杞干燥完整成熟的果实。

（7）美国草药药典　2017 年美国草药药典《枸杞子》，从枸杞的术语、历史、鉴定、商业来源和加工、成分、分析、疗法、安全等 8 个方面，编成单行本，于 2019 年正式出版发行，国际标准书号：1-929425-42-2。

（8）2020 年（国际标准化组织）发布的《中国传统药材宁夏枸杞子和中华枸杞子》（ISO23193）　该《标准》列示了中华药典、欧洲药典、英国药典中宁夏枸杞水分、总灰分、水溶性浸出物、多糖、甜菜碱含量国家和地区限值参考值，以及日本药典、韩国药典中宁夏枸杞、中华枸杞水分、总灰分、水溶性浸出物、多糖、甜菜碱含量国家和地区限值参考值。

三、困难与挑战

近年来，宁夏、河北、甘肃、内蒙古、青海、新疆等枸杞主产区，通过加强品牌建设，吸收大量农户和农民合作社等多种农业经营主体投入到枸杞产业发展中，区域品牌在短期内对我国枸杞产业提质增效、区域经济发展、农民增收以及推动产业扶贫，助力乡村振兴方面发挥了积极作用。然而，在枸杞区域品牌标准化建设过程中，也面临诸多困难与挑战。

（一）区域公用品牌多而杂，标准化运营管理滞后

区域公用品牌的形成、发展和衰亡与该区域的自然资源禀赋和历史文化因素密切相关。同时，区域品牌又归该产品经营者所共有，涉及不同的行业协会、龙头企业、专业合作社和个体农户等，他们共享区域公用品牌溢价力。由于全国枸杞产区种植的枸杞品种95%以上都是宁夏枸杞品种，所以宁夏枸杞区域公用品牌的排他性受到挑战。

（1）宁夏回族自治区　宁夏枸杞区域公用品牌，虽然品牌效应和集群优势日趋凸显，具备了持久的竞争和价格优势。品牌培育、科技研发、种苗繁育、绿色种植、生产加工、市场流通、仓储物流等诸环节体系化、标准化发展，构成了较为完善的产业体系、生产体系和经营体系，处于中国枸杞产业的竞争优势地位。宁夏枸杞既是物种名称，也是产品名称，还是产业名称。就物种而言，是茄科枸杞属植物 7 个种 3 个变种其中的 1 个种；就最终产品而言，既是传统的名贵中药材，又是具有滋补养生功能的食品；就产业而言，既是农业产业，又是中药材产业；任何种植于宁夏回族自治区境内特定地域范围的枸杞都是"宁夏枸杞"[5]。但是，由于"宁夏枸杞"作为全国唯一的一个省级区域公用品牌，还包含"中宁枸杞""惠农枸杞"2 个县级区域公用品牌。在协调处理好相互之间关系的同时，面对宁夏周边省区的枸杞区域公用品牌各自为战、恶意低价销售、侵犯"宁夏枸杞""中宁枸杞"知识产权"搭便车"等问题，宁夏枸杞品牌整体营销局面还较为复杂，宁夏枸杞品牌溢价力还不高。

（2）河北省与内蒙古自治区　河北"巨鹿枸杞"、内蒙古"先锋枸杞"等枸杞区域品牌，品牌建设主体主要是农户、合作社和小微企业，规模小，产量低，生产经营者市场影响力较为微弱。

（3）甘肃省与新疆维吾尔自治区　甘肃的"靖远枸杞""民勤枸杞""玉门枸杞"，新疆

的"精河枸杞"等区域品牌，虽然基地规模扩张急剧，但企业品牌、产品品牌规模都较小，知名度和市场影响力均局限在较为狭小的局部范围内。

（4）青海省 青海"柴达木枸杞"品牌，在青海省各级政府、企业家的共同努力下，区域品牌影响力逐渐增强，种植基地已成规模，许多枸杞企业注册并拥有了自主知识产权的商标。但是，无论是在青海枸杞行业内部各企业之间的竞争，还是与宁夏枸杞区域公用品牌、企业（产品）品牌的外部竞争，其品牌标准化短板日趋凸显。

（二）企业（产品）品牌标准化滞后，市场营销渠道为王

产品品牌标准化包括品牌视觉标准化、品牌口感标准化、品牌声音标准化、品牌文化标准化等多方面。其中，品牌视觉标准化尤为重要，它涉及品牌名称、标志、色彩、字体、版式等元素的规范化管理，以确保品牌形象在不同媒介、不同场合下的一致性。品牌标准化运营管理可以显著提升企业（产品）品牌形象、增强企业（产品）品牌竞争力、降低企业（产品）品牌宣传推介的运营成本，增加产品的销售量，提高销售价格和利润。但是，绝大多数枸杞企业由于缺乏对品牌的标准化规范管理，致使消费者对企业（产品）品牌难以形成清晰的认知，降低了个性化品牌对消费者的黏性，致使枸杞企业（产品）品牌千军万马过独木桥，大家都深深陷入销售渠道为王的残酷竞争沼泽。

2022年1—10月，国家级中宁枸杞市场宁夏枸杞销售区枸杞混等货平均批发价38元/千克，青海枸杞销售区枸杞混等货平均批发价30.4元/千克，甘肃枸杞销售区枸杞混等货平均批发价37.2元/千克。在批发市场、商超、专卖店、药店以及产地散货批发等，由于缺乏品牌标准化管理，众多规格种类的枸杞及其制品，包装规格、款式和外表大相径庭，没有鲜明的独特外在形象，让消费者难以选择。

随着电子商务发展，电商平台成为当前枸杞销售的另一重要途径。据来自淘宝网的统计显示，2013年，宁夏有将近一万家网店在淘宝网注册，其中从事枸杞销售的占到80%。2023年1—10月，中宁县实现电子商务交易额107.15亿元，网络零售额44亿元。从数据来看，枸杞线上渠道多，便利了消费者购买，但线上销售门槛低，销售人员素质参差不齐，产品质量监管困难，对枸杞区域公用品牌带来风险隐患。从实际消费者集中网购少数企业产品和消费者调查情况来看，消费者对网购的产品质量普遍缺乏信心。另外，在网络平台上，枸杞产品普遍归于"传统滋补"品类中，但在线下商超中，枸杞归于"调味品"品类中，也造成了枸杞产品在消费者心中的定位不清，严重影响了品牌标准化水平提升。

四、现代枸杞产业品牌标准化战略思考

坚持以习近平新时代中国特色社会主义思想为主导，全面贯彻落实《国家标准化发展纲要》，深入实施品牌标准化引领战略，建立品牌标准化高质量发展长效机制，全面推进枸杞品牌内质外形建设，进一步拓宽品牌标准化宣传传播渠道，不断提升枸杞品牌标准化影响力、价值引领力、市场溢价力、产业整合力、文旅融合力，让枸杞区域公用品牌成为乡村振兴和产业兴旺的标杆，让企业（产品）品牌成为引领企业做大做强的动力引擎，让枸杞这一中华民族中医药瑰宝惠及全人类健康。

（一）加强运营管理，着力提升品牌形象

加强顶层设计，政府引导，企业主创，建立品牌标准化管理体制机制。政府聚集资源做大枸杞区域公用品牌，枸杞生产经营主体聚集力量塑强企业（产品）品牌。

一是建立创品牌、管品牌、树品牌的良性联动机制。产业主管部门与发展改革委、财政、市场监管、商务、宣传等协同协作，强化沟通协商，积极打造全国性、国际性营销平台，扶持地方特色优势区域公用品牌和企业（产品）品牌"走出去"。枸杞企业制定一系列的标准规范，确保标准和规范有效执行，对品牌进行持续的监测和维护，及时发现和解决品牌标准化方面的问题，实现由"增规模增产量"向"提质量保安全"转变、由"卖原料"向"卖产品"转变、由"卖普通产品"向"卖功能性产品、品牌产品"转变、由"卖产品"向'卖文化卖服务'转变。

二是补齐枸杞品牌标准化建设短板。打好品牌标准化建设人才、地域、文化、科技等'组合拳'。积极开展绿色食品、有机食品和地理标志产品认证，提升枸杞品牌标准化建设培育、营销、管理能力。探索建立中国枸杞品牌目录制度，引导和组织第三方机构，实施中国枸杞区域公用品牌和企业（产品）品牌目录征集、审核推荐、评估评价、认定和培育保护等活动，对进入目录的品牌实行动态管理。

三是加强品牌标准化引领。强化区域公用品牌授权管理和知识产权保护，充分发挥行业协会组织优势和机制优势，重点围绕区域公用品牌和企业（产品）自主品牌，做大做强品牌标准化经营管理体系、标准化生产支撑体系和持续健康发展体系等。积极组织力量，深入开展研究，不断完善并组织实施区域公用品牌的经营、授权、维护、监督、退出等管理制度，为枸杞品牌标准化发展夯实基础。

（二）加强监管维护，着力提升品牌标准化水平

品牌监管维护是品牌溢价力提升的主要手段。坚持管理与维护并重，政府（行业组织、企业）监管"看得见的手"与市场调节"看不见的手""两手"同时发力，共同推动枸杞品牌标准化高质量发展。

一是加强政府监管力度。严厉打击假冒侵犯知识产权保护、地理标志标识保护等行为，及时处罚误导消费者、扰乱市场秩序的品牌侵权行为。积极构建公平公正、制度健全、自由竞争的品牌发展环境，做好品牌标准化研究、咨询、引导、培训以及市场监管等工作，推出一批优秀枸杞企业（产品）品牌，用品牌提高企业产品溢价力。

二是强化行业自律。进一步规范企业生产行为、经营行为和服务质量，大力开展质量认证及溯源，不断提高区域公用品牌公信力。主动组织开展行业维权，坚决打击各类侵犯品牌权益的行为，积极应对各类危机事件，切实维护品牌声誉。探索建立枸杞企业（产品）品牌诚信经营黑红榜制度，加强对品牌使用主体行为的监管与保护。

三是打造区域公用品牌价值共同体。牢固树立"一荣俱荣、一损俱损"的母子品牌意识，实现区域公用品牌和企业（产品）品牌的良性互动。政府部门主动承担区域公用品牌高质量发展的战略使命，"搭平台、树龙头"。枸杞企业积极制定自主品牌的战略发展路径，重诚信、重质量、树品牌、拓市场，用证明商标和地理产品保护标识以及质量认证与溯

源，守住"种、管、采、收、加、储、运、销"全产业链各环节的品质边界，用企业（产品）品牌的标准化运营管理，铸牢绿色生产、绿色植保、清洁能源应用的安全边界，确保产品品质和质量安全，树立良好的品牌形象。

（三）加强宣传推介，着力提升品牌标准化执行率

只有卖不出的商品，没有产不出的产品。宣传推介是品牌营销的必要手段，是提升品牌知名度、美誉度和忠诚度的重要途径。要提高品牌的市场影响力和号召力，关键在"叫得响"。

一是搭建展销平台推介品牌。充分利用各类展会、产销对接会、产品发布会、品牌高峰论坛、城市运营中心、专卖（特产）店等营销平台，以丰富多彩的品牌产品展示展销活动和名、优、特产品推选推介活动，扩大枸杞品牌影响力。

二是聚焦多元市场主打品牌。依托产地供货市场、销地批发市场，中药饮片集采等，充分发挥价格中心、信息中心、会展中心、物流中心、科技中心、中药饮片渠道等资源优势，打造具有国际竞争力的国家级枸杞品牌。

三是依靠现代信息技术助推品牌。借助大数据、云计算、人工智能、众筹共享等现代信息技术，拓宽枸杞品牌认知渠道，让品牌从单向传播转为互动传播，提高品牌传播速度和沟通能力。建立品牌危机攻关应急预警机制，防范品牌负面信息被无限放大。

四是利用新闻媒体讲好品牌。充分发挥媒体的舆论引导和价值传播作用，积极推动媒体宣介与品牌建设联姻，在广而告之中让更多优秀品牌家喻户晓。深入挖掘品牌内涵，借地、借人、借事、借典、借情讲好枸杞品牌故事，引导消费者关注品牌、看重品牌、消费品牌、忠诚品牌。深入研究枸杞行业发展规律，准确定义名词、术语及应用范围，明晰内涵与外延，并同步进行涉及统计、认证、培训、评估、发布等体系化的评价标准制定及发布和宣贯。

（四）加强价值引领，着力提高品牌市场竞争力

以统一品牌标识、品牌形象、品牌口号、品牌内涵为建设目标，通过统一标准规范、运营流程、质量溯源、监督监管等，扎实推进枸杞品牌传播、品牌维护、品牌推广等工作，凭借一系列富有成效的举措，不断提高品牌标识使用率、品牌标识应用规范率，有力提升"区域公用品牌、企业（产品）品牌标识在社会各界的知名度和认知度。把产业集群建设作为主攻方向，以龙头企业为依托、以产业园区为支撑、以集群化发展为目标，大力开展三产融合，在区域内、品类内形成共生共荣、可持续发展的良性产业生态局面，带动上下游多个市场经营主体和品牌同步成长，将企业集群优势转化为品牌集群优势。

一是做大龙头，培植龙头企业集群。龙头企业是推进现代枸杞产业高质量发展的引领者。通过招商引资，把世界领先的科技、资本、企业、人才引进来，坚持药品、保健品、功能性食品（饮品）三个"赛道"同时发力。支持企业在连锁超市、机场、景区、酒店、设立专柜。进一步规范网上渠道，打击低价倾销行为，维护市场秩序，做实、做强、做大现代枸杞产业龙头企业，让企业集群扛起产业大旗。

二是同质同标，不断完善标准体系。品质是品牌的前提。区域公用品牌是企业品牌、

产品品牌的背书品牌。突出问题导向和底线思维，强化全程管控。以区域公用品牌应达到的底线要求为基础，完善枸杞苗木繁育、生产种植、产后处理、生产加工和储运分销等过程和食品、化妆品、保健品、药品等技术标准、炮制规范及操作规程。支持鼓励企业制定和推行与品牌建设、产品属性相匹配的生产技术、加工流通和质量安全企业标准。同时，推进不同标准间衔接配套，强化全流程质量管控，以标准促品牌，以品牌带产业。

三是联合联动，促进产业融合发展。品牌管理、市场营销和文化经营是品牌成功的三个战略支点。依托区域公用品牌的地域文化等资源禀赋及优势，确立品牌架构，理清品牌关系，做大区域公用品牌，做强企业（产品）品牌，联合共存，唇齿相依、相互支撑，推动枸杞产业与文化、旅游、流通等融合。政府各职能部门相互配合，形成强大合力，共同建立统一的质量检验检测、投入品监管和市场流通监管信息系统，统一的枸杞行政执法信息查询、产品追溯信息管理、质量安全信息查询、品牌信息发布、市场供需信息发布、电商链接入口和行业综合资讯分析等，实现信息共通、共享、共用。

参考文献

[1]黄恩锡.中卫县志[M].银川：宁夏人民出版社，1990.

[2]钟鉎元.枸杞高产栽培技术[M].北京：金盾出版社，2000.

[3]国家药典委员会.中华人民共和国药典[M].北京：中国医药科技出版社，2020.

[4]黄璐琦等.道地药材汇编[M].北京：北京科学技术出版社，2020.

[5]黄璐琦等.中药材商品规格等级标准汇编[M].北京：中国中医药出版社，2019.

[6]《枸杞通史》编纂委员会.枸杞通史[M].银川：阳光出版社，2019.

地域篇

宁夏现代枸杞产业标准化建设报告

王自新　何鹏力　董婕　乔彩云　祁伟　马雅芹　李世岱*

摘　要： 本文在梳理分析宁夏现代枸杞产业标准体系现状的基础上，对宁夏开展的现代枸杞产业高质量标准化发展主要工作进行客观总结。近年来，宁夏现代枸杞产业标准化发展在体系建设、市场主体创新、地方标准引领、标准化基础建设等方面取得了显著成效，宁夏已成为全国枸杞产业标准的主要供给者，标准引领带动产业高质量发展能力持续增强。报告立足宁夏枸杞产业发展实际，提出聚焦高质量发展、科技成果转化、药食领域协同发展以促进枸杞产业标准化。

关键词： 宁夏枸杞　标准化　枸杞标准　高质量发展

中共中央、国务院印发的《国家标准化发展纲要》明确提出，要充分发挥标准在建设黄河流域生态保护和高质量发展先行区的技术支撑作用，宁夏回族自治区党委、自治区政府将标准化工作纳入全区重要部署，立足宁夏产业发展实际，加快构建完善宁夏现代枸杞产业高质量发展标准体系，更好发挥标准化助力枸杞产业高端化、绿色化、现代化发展的引领作用，开创宁夏现代枸杞产业高质量发展新局面。

一、标准体系现状

(一)宁夏主持起草的国家(行业)标准作用凸显

2000年至今，全国累计制定发布枸杞行业相关国家(行业)标准24项，其中国家标准7项，行业标准18项。由宁夏主持起草《枸杞》(GB/T 18672—2014)、《枸杞栽培技术规程》(GB/T19116—2003)、《地理标志产品 宁夏枸杞》(GB/T19742—2008)、《果酒质量要求第1部分：枸杞酒》(GB/T41405.1—2022)等国家标准4项，占全国国家标准制定总数的57%。主持起草《绿色食品 枸杞及枸杞制品》(NY/T1051—2014)、《枸杞中甜菜碱含量的测定 高效液相色谱法》(NY/T2947)、《进出口枸杞子检验规程》(SN/T0878—2000)等行业标准8项，占全国制定发布行业标准总数的44%。

注：王自新，宁夏回族自治区林业和草原局党组成员、副局长，二级教授；何鹏力，宁夏枸杞产业发展中心主任，高级林业工程师；董婕，宁夏枸杞产业发展中心，林业工程师；乔彩云，宁夏枸杞产业发展中心，林业工程师；祁伟，宁夏枸杞产业发展中心副主任，正高级林业工程师；马雅芹，宁夏枸杞产业发展中心，助理翻译；李世岱，宁夏枸杞产业发展中心，干部。

(二)地方标准保障到位

据不完全统计，宁夏累计制定枸杞行业地方标准86项，占全国制定枸杞行业地方标准总数的53.7%，目前现行有效64项。现行有效标准中，按照标准性质划分，推荐性标准56项，强制性标准8项。按照产业链划分，种植栽培类地方标准27项，病虫害防控类地方标准15项，产品类地方标准11项，检验检测类地方标准7项，枸杞产品、气象等其他类标准20余项。地方标准的数量在一定程度上反映了枸杞产区的科研成果转化能力与标准化活力[1]。

(三)团体标准支撑有力

截至2024年1月，社会团体累计在全国团体标准信息平台上公布88项枸杞产业团体标准，宁夏主导制定发布枸杞产业团体标准57项，占全国发布枸杞产业团体标准的65%，其中检验检测及成分提取类团体标准25项，产品类团体标准25项，道地中药材团体标准4项。

(四)企业标准竞相勃发

截至2023年年底，宁夏枸杞产业相关企业累计通过企业标准信息公共服务平台自我声明公开企业标准110项，其中现行有效标准69项，企业自行废止标准41项。企业标准不仅能够加快企业自身结构调整和产品升级，推动行业的技术进步，同时也是企业在销售过程、政府依法监管等过程中保护自身利益的有效手段。

(五)标准化技术组织得以完善

2022年，宁夏市场监督管理部门对2004年以来成立的各专业标准化技术委员会进行了评估和清理后，保留在服务业等领域发挥作用的9个标准委员会。2022年9月，由宁夏回族自治区市场监管厅批准成立宁夏枸杞检验检测标准化技术委员会。该委员会作为宁夏枸杞检验检测领域的重要工作平台，主要承担枸杞检验检测领域标准研究、咨询、服务、合格评定等工作，委员会秘书处设立在宁夏药品检验研究院。委员会的成立，在枸杞检验检测数据比对、工艺、检测方法等方面发挥技术优势，为标准制定工作提供国内外相关标准分析研究、关键技术指标试验验证、质量咨询与诊断等服务，并围绕枸杞产业布局，聚焦产业链关键环节，保障枸杞检验检测标准的科学性、合理性和可操作性，有效促进枸杞产业相关技术专利化、专利标准化、标准产业化发展[2]。

(六)标准化试点示范进展有序

标准化试点示范是标准实施推广的重要手段。试点示范通过典型经验促进相关标准在各领域的普及与推广，推动标准化工作在产业链各环节落地生根。截至2023年6月底，宁夏开展农业领域国家级标准化试点示范建设项目共104项，已建设完成项目101项，其中枸杞产业国家级标准化试点示范建设项目8项，已建设完成7项，分别为中宁县枸杞产业管理局承担建设的"国家级枸杞综合农业标准化示范区"、宁夏国有南梁农场承担建设的

"国家绿色枸杞种植标准化示范区"、"有机枸杞生产标准化示范区"、中宁县人民政府承担建设的"国家农业综合标准化示范县(中宁)"、同心县市场监督管理局承担建设的"国家绿色枸杞种植标准化示范区"、宁夏源乡枸杞产业发展有限公司承担建设的"国家枸杞绿色种植标准化示范区"、宁夏中宁枸杞产业发展股份有限公司承担建设的"国家枸杞标准化区域服务与推广平台"等。在建项目1项,为宁夏中宁枸杞产业创新研究院有限公司承担建设的"宁夏枸杞科创服务标准化试点"。宁夏枸杞产业标准化试点示范工作为枸杞产业高质量发展提供标准化样点,在促进枸杞生产方式转变和产业结构调整方面发挥了有力的引导、辐射和带动作用。

(七)标准国际化进程取得实效

2020年8月,国际标准化组织正式发布《中医药 枸杞子》国际标准,《中医药 枸杞子》国际标准主要涉及种源、性状指标、理化指标、检测方法及包装、存储等方面,且根据国际市场的要求,规定了部分农药残留和重金属控制指标。该标准的制定为枸杞产业国际标准化发展起到积极引领作用,有效提升我国枸杞及其制品的国际影响力和竞争力,为进一步加强特色农产品国际贸易交流发挥了积极作用。

二、重点工作与取得成效

(一)现代标准体系进一步健全

紧紧围绕黄河流域生态保护和高质量发展先行区建设,宁夏生态环境保护及水治理、优势农业、先进制造业、现代服务业和城乡融合发展等五大领域标准体系进一步完善。编制发布《宁夏"六特"产业高质量发展标准体系 第2部分:枸杞》(DB/T 1830.2—2022),确立了枸杞产业高质量发展标准体系的总体要求、标准体系结构等,以国际标准为导向,国家标准和行业标准为基础,地方标准为补充,团体标准为引领,构建起系统完备、科学规范、协调开放、运行有效、彰显高质量发展特点的标准体系。体系根据枸杞全产业链划分为气象、种质资源、选地建园、苗木繁育及质量、种植栽培、病虫害防控、生产加工、产品、道地枸杞、检验检测、商贸物流、交易市场服务、产品追溯、社会化服务、品牌建设与保护、枸杞文化旅游、产业数字化、产业可持续发展18个子体系,涉及标准113项,构建起适合宁夏产业发展的枸杞产业标准体系,也是全国首个枸杞领域标准体系,进一步凸显宁夏枸杞的道地属性。

1. 种植环节标准供给更加充足

截至2023年年底,全国制定枸杞栽培领域标准49项。其中,宁夏制定发布25项(国家标准1项,地方标准19项,团体标准5项)。其中,2003年发布实施的国家标准《枸杞栽培技术规程》(GB/T 19116—2003)首次规定了枸杞的适宜区域、优良品种、优质丰产指标、育苗、建园、鲜果采收、制干和贮存等种植生产环节技术指标,引导枸杞种植经营主体标准化生产。在地方标准制定方面,2006年以来,先后制定'宁杞5号''宁杞7号''宁杞9号''宁杞10号'等枸杞优良品种栽培技术规程7项,其他栽培技术规程4项。在栽培领域标准的引领带动下,标准化基地建设已辐射全区18个县(区)92个乡(镇),累计创建

"百、千、万"绿色优质丰产示范基地 66 个，示范面积 4 万亩，辐射带动枸杞种植基地精准施肥、定额灌溉、量化修剪，在全区基本形成了规模化种植，良种化栽培，标准化管理的生产模式[3]。

2. 质量认证环节标准保障更加完善

目前，宁夏制定发布《枸杞》（GB/T 18672—2014）、《地理标志产品 宁夏枸杞》（GB/T 19742—2008）等国家标准 2 项。《绿色食品 枸杞及枸杞制品》（NY/T 1051—2014）、《无公害食品 枸杞》（NY/5248—2004）、《无公害食品 枸杞生产技术规程》（NY/T5249—2004）等行业标准 3 项。《宁夏枸杞干果商品规格等级规范》（DB64/T 1764—2020）、《宁夏枸杞及其制品质量检测体系建设规范》（DB64/T 1869—2023）、《枸杞追溯要求》（DB64/T 1652—2019）、《食品安全地方标准 枸杞原浆》（DBS64/008—2022）、《食品安全地方标准 枸杞》（DBS64/001—2022）、《食品安全地方标准 枸杞干果中农药最大限量》（DBS64/005—2021）、《食品安全地方标准 黑果枸杞》（DBS64/ 006—2021）、《食品安全地方标准 枸杞茶叶》（DBS64/684—2022）、《无公害食品 枸杞》（DB64/T250—2002）等地方标准 19 项。其中，红果枸杞类质量认证地方标准 13 项，黑果枸杞、叶用枸杞等其他枸杞及其制品质量认证类地方标准 6 项。质量认证领域标准的有效供给提升了宁夏枸杞产业的质量安全水平，为枸杞产业高质量发展提供有力支撑。

3. 病虫害防控环节标准支撑更加有力

制定病虫害防控领域标准 18 项，《枸杞炭疽病发生气象等级》（QX/T283—2015）行业标准 1 项，《枸杞病虫害防治农药安全使用规范》（DB64/T 1213—2016）、《枸杞病虫害综合防治技术规程》（DB64/T 1877—2023）、《枸杞病虫害防治农药使用规范》（DB64/T 1213—2023）、《枸杞虫害生态调控技术规程》（DB64/T 1576—2018）等地方标准 17 项。在标准的引导下，宁夏枸杞稳产增收和产品质量安全得到有效保障，建成由自治区林草部门、科研单位、市县区人民政府、生产经营主体组成的"四位一体"的枸杞病虫害监测预报和绿色防控工作体系；组建 190 人测报队伍，其中，生产一线测报员 150 人，专家团队行业区域负责人 40 余人，科学布设绿色防控监测样点 1358 个；创建核心示范区，实现了枸杞病虫害现代信息化监测预报 100% 全覆盖，病虫害绿色防控覆盖率达 95% 以上，枸杞病虫害绿色防控体系建设取得了显著成效。

4. 道地中药材领域标准牢牢占领制高点

2019 年，宁夏起草制定的《道地中药材 宁夏枸杞》《中药材商品等级规格 枸杞子》等 2 项国家、团体标准由中华中医药学会正式发布。同年，宁夏科技攻关课题专项成果《中医药 枸杞子》国际标准正式发布，进一步筑牢了宁夏枸杞作为唯一药用枸杞的功能定位，凸显了宁夏枸杞的道地属性。在此基础上结合中医传统典籍记载及现代研究成果，已试制形成医药保健、功能食品饮品、日化护理等六大系列 20 余个功能性产品，为枸杞资源价值产业链的延伸与产业高质量发展提供支撑[3]。

(二) 市场主体标准创新能力持续增强

1. 团体标准供给旺盛

累计制定发布枸杞产业团体标准 57 项，2023 年公布 18 项，2022 年公布 18 项，2021

年公布 16 项。其中，检验检测及成分提取类团体标准占比 49%，产品类团体标准占比 22%，检验检测及成分提取是团体标准制定的主要领域。枸杞领域团体标准是社会团体协调枸杞生产经营主体以市场为导向，以创新为动力共同制定的满足市场和产业创新的标准。团体标准供给旺盛，有力提升了宁夏枸杞制品的品牌形象和权威性，对市场主体创新具有重要推动作用，为整个行业的发展方向提供积极指导。

2. 企业标准主导地位凸显

根据《中共中央 国务院关于深化改革加强食品安全工作的意见》和《国务院关于印发深化标准化工作改革方案的通知》《国家卫生健康委办公厅关于进一步优化食品企业标准备案管理工作的通知》有关要求，建立企业标准公开承诺制度，鼓励企业制定实施严于国家标准或地方标准的企业标准。各地卫生健康行政部门将食品企业标准备案制度与企业标准自我声明公开和监督制度有效衔接，引导食品企业对所执行标准进行自我声明公开。据不完全统计，截至 2024 年 1 月，宁夏枸杞产业相关企业累计通过企业标准信息公共服务平台自我声明公开企业标准 113 项，其中执行企业标准 108 项，占比达到 96%。企业标准是企业提高核心竞争力的重要途径，同时也是确保经济市场秩序的关键手段[4]。目前，已公开的企业标准多集中在枸杞及其制品领域，企业标准作为企业科技创新和生产的重要技术依据，公开标准数量的不断提升，反映出企业生产经营能力不断增强，行业竞争能力进一步提升，发展信心和发展状况在持续改善[5]。

3. 标准国际化实现重大突破

宁夏科技攻关专项成果《中医药 枸杞子》国际标准的发布实现了枸杞国际标准的零突破，该标准由中国、德国、加拿大、澳大利亚、美国和越南六个国家的提名专家与项目团队共同制定，为推动中医药领域枸杞子国际标准化发展起到引领带动作用[6]。目前，宁夏枸杞的国外市场已经拓展到近 50 多个国家和地区，出口量、货值均居全国第一。

（三）地方标准引领高质量发展

1. 标准体系构建日趋全面

枸杞产业是宁夏的特色优势产业，推动枸杞产业现代化、高端化、绿色化发展离不开标准体系的支撑。加强标准化工作，提升标准制定和实施能力，建设具有影响力的枸杞产业标准化体系已成为枸杞产业标准化工作的重要任务。与国内其他产区相比，宁夏枸杞标准化发展起步较早，近年来，在政府的支持推动下，有关部门着力健全完善现代枸杞产业标准体系，并取得丰硕成果[7]。目前，全国共制定发布枸杞国家、行业、地方、团体标准约 223 项。其中，宁夏起草制定 155 项（国家标准 4 项，行业标准 8 项，地方标准 86 项，团体标准 57 项），占全国制定发布标准数量的 69%。2017 年，宁夏制定发布了全国唯一的《食品安全地方标准 枸杞》。2018 年 8 月，国家气候中心组织编制的《宁夏中宁枸杞国家气候标志评估报告》成为我国首个正式发布的特色农产品国家气候标志。2019 年，宁夏起草制定的《道地中药材 宁夏枸杞》《中药材商品等级规格 枸杞子》国家、团体标准由中华中医药学会正式发布。宁夏枸杞标准体系已覆盖产地环境、种质种苗、种植栽培、生长过程控制、包装分级、加工和储藏运输等产前、产中、产后诸环节。

2. 标准化技术支撑坚实有力

为加强宁夏专业标准化技术委员会的管理，科学公正开展各专业领域标准化工作，提高标准制定质量，于2020年印发《宁夏回族自治区专业标准化技术委员会管理办法》，由宁夏回族自治区市场监管厅负责技术委员会的规划、协调、组建和统一管理。2022年4月，宁夏枸杞检验检测标准化技术委员会获批筹建并公开征集委员，同年7月由宁夏回族自治区市场监管厅对宁夏枸杞检验检测标准化技术委员会委员名单进行公示，宁夏枸杞检验检测标准化技术委员会委员由来自宁夏药品监督管理局、宁夏药品检验研究院、宁夏食品检测研究院、宁夏枸杞产业发展中心、宁夏农林科学院枸杞科学院研究所、宁夏市场监督管理厅等16家单位的21名专家组成，委员会负责枸杞检验检测领域地方标准的起草、技术审查、标准评估、复审、搭建体系等标准化工作。委员会的成立，在枸杞检验检测数据比对、工艺、检测方法等方面发挥技术优势，为制定标准提供国内外相关标准分析研究、关键技术指标试验验证、质量咨询与诊断等服务，对优化枸杞标准体系，夯实标准化技术基础，增强标准化服务能力，促进标准化在现代枸杞高质量发展全产业链中普及应用，发挥重要的技术支撑作用。

3. 标准化协同发展稳步推进

根据《宁夏回族自治区推动高质量发展标准体系建设方案（2021—2025年）》将进一步加快枸杞相关标准的区域标准化工作对接兼容、协同配合。借鉴京津冀、长三角、粤港澳大湾区等区域标准化合作经验，探索建立区域标准化协同机制和跨领域跨区域的重大标准化问题协商机制，加强枸杞主产区区域标准化工作对话合作和资源共享，协调其他枸杞主产区共同制定区域协同标准，在良种繁育、科技创新、质量安全等方面协同开展区域标准化工作。

（四）标准化基础进一步夯实

1. 标准供给机制不断健全

为深入贯彻落实中共中央、国务院印发的《国家标准化发展纲要》，充分发挥标准在建设黄河流域生态保护和高质量发展先行区的技术支撑作用，宁夏回族自治区党委、自治区政府将标准化工作纳入自治区重要部署。先后印发了《宁夏回族自治区地方标准管理办法》《宁夏回族自治区推动高质量发展标准体系建设方案（2021—2025年）》《自治区关于贯彻落实〈国家标准化发展纲要〉的实施意见》。将标准化工作纳入自治区效能目标考核内容，并成立"自治区标准化工作协调推进部门联席会议"议事协调机构，办公室设在宁夏回族自治区市场监管厅，始终遵循推动构建"政府引导、市场驱动、企业为主、社会参与、开放融合"的标准化工作格局，发挥宁夏标准化工作协调推进部门联席工作机制牵引力，不断完善宁夏标准供给机制[2]。根据《宁夏回族自治区地方标准管理办法》2022年公开征集宁夏枸杞地方标准制（修）订项目24项，立项5项；2023年公开征集宁夏枸杞地方标准制（修）订项目22项，立项4项。

2. 标准动态更新与时俱进

为提高标准实施的质量和效果，提升地方标准的影响力和竞争力，宁夏建立地方标准评估反馈机制，分行业、领域建立动态台账，定期向相关单位通报地方标准制定、实施、复审等进展情况。2021年，为进一步推动宁夏枸杞地方标准的生命周期管理，建立完善的宁夏枸杞标准体系，宁夏组织有关部门按照"目标清晰、层次恰当、划分清楚、全面配套"

的原则对枸杞产业中重复交叉、采标率低、标龄过长的地方标准进行清理复审，继续有效22项、修订12项、废止16项，并梳理枸杞相关标准77项，建成全国首个枸杞领域标准体系，助推枸杞全产业链量的增加、质的提升。

3. 标准化人才队伍不断壮大

人才的培养是开展标准化工作和参与标准组织管理的基本保障，近年来，宁夏标准化人才队伍不断壮大，专家参与国标、地标等标准化活动能力不断增强，标准化工作整体水平得到显著提高。宁夏枸杞检验检测标准化技术委员现有委员21人，其中来自各部门委员17人，来自民营企业委员4人(百瑞源枸杞股份有限公司、宁夏沃福百瑞枸杞产业股份有限公司、宁夏全通枸杞供应链管理股份有限公司、玺赞庄园枸杞有限公司)。组建中国枸杞研究院，整合区内研发力量，联合国内枸杞药用保健产品研发最高水平创新团队，持续提升科技平台建设，培养枸杞专业人才队伍，增强宁夏枸杞标准制定水平。

4. 标准化宣传培训成效显著

利用一图读懂、视频、文字稿等多种形式，及时发布宣传信息，编制了一图读懂《宁夏"六特"产业高质量发展标准体系地方标准 第2部分 枸杞》《2023年宁夏地方标准制定项目计划》等宣传信息，在有关部门官微官网、学习强国、宁夏日报客户端发布宣传。利用枸杞实用技能培训班、枸杞茨农技能大赛等活动积极宣贯枸杞标准；结合世界标准日、质量月等节日，组织群众参与，广泛传播运用标准化方式提升产业发展的成功经验，提升枸杞生产经营者对标准化的认知和重视程度，引导枸杞生产经营主体正确认识标准，自觉使用标准，提升宁夏枸杞标准化生产水平，促进枸杞产业高质量发展。

三、发展展望

(一)聚焦高质量发展，推进现代枸杞产业标准体系整体建设

宁夏回族自治区第十三次党代会将现代枸杞产业确定为"六特"产业之一，作为推进黄河流域生态保护和高质量发展先行区建设的重要抓手，宁夏在枸杞产业高质量发展上持续发力。推进标准化基地建设。鼓励"企业+合作社+农户"种植模式，大力推广标准化种植、规模化发展。以创建"百、千、万"绿色优质丰产示范基地为载体，通过试验示范、集成创新、展示培训、科普教育，加快新品种、新技术、新装备示范推广应用。强化"四个质量安全体系"建设。加强枸杞产业高质量发展标准体系实施应用。综合利用大数据、云计算、物联网等技术，整合现代枸杞产业全产业链信息数据，建成现代枸杞产业数字化平台，推动主产县(区)实现枸杞数据信息互通共享，为现代枸杞产业高质量发展提供数据支撑。推动实施枸杞企业上市"明珠计划"。建立上市后备企业库，组织开展专项培训和辅导，指导帮助企业规范发展。加大"宁夏枸杞"、"中宁枸杞"地理标志证明商标、专用标志，以及优质气候品质认证标志使用、保护管理力度，整体推进现代枸杞产业标准体系建设再上新台阶。

(二)聚焦科技成果转化，提高枸杞产业标准体系现代化水平

作为全国枸杞产业核心产区，宁夏将聚焦重点领域和关键环节，不断增强原始创新动

力，全方位提升科技创新体系整体效能，全力激发科技创新人才活力，全面提升宁夏现代枸杞产业科技成果转化能力，增强枸杞产业标准体系现代化水平。加强种苗繁育基地建设，完善基础设施，加强种质资源创新和评价利用，推进国家级枸杞种质资源库和自治区级枸杞良种繁育示范基地建设。围绕种质资源评价与利用，重点开展鲜食、叶用、加工等功能型品种和专用品种培育攻关力度，重点选育具有宁夏区域表征、高产、多抗的当家品种。充分发挥龙头企业创新驱动、聚集带动作用，鼓励优化兼并重组，形成一批领军企业。培育一批科技研发、生产种植、加工转化、装备制造、物流、销售等领域的科技型企业。加强高端人才引进和实用技能型人才培养。实施枸杞种植、加工、营销、物流等重大项目，在"枸杞+"和"原浆+"上持续发力，开发枸杞干果、芽菜、芽茶及枸杞红茶、药品、保健品、高端饮品、食品、酒类、化妆品等精深加工产品，以精深加工集群化发展推进枸杞产业转型升级。

(三)聚焦药食领域协同发展，促进现代枸杞产业新兴领域标准化健康发展

宁夏枸杞是《中华人民共和国药典》唯一明确可以入药的枸杞，是药食同源的唯一枸杞资源植物，其果实和根皮作为主要利用部位的中药材流传至今。发挥中国枸杞研究院优势，联合区内外产学研单位开展科技攻关，加大枸杞功能性产品以及食品、饮品、药品、保健品等产品研发，推动更多新品种、新技术、新工艺、新装备等创新成果的产业化。加强功效物质提取工艺和配套的机械装备研发力度，进一步提升枸杞功能性产品的深度开发和利用水平。对宁夏枸杞果实(鲜果、干果)、根皮、茎、叶、花、蜜等的化学成分、营养成分开展系统全面的研究，深入探讨宁夏枸杞功效成分的药理活性和提取工艺，为枸杞的精深加工和深度开发利用奠定基础，促进现代枸杞产业新兴领域标准化健康发展。

参考文献

[1]塔娜.宁夏枸杞产业相关标准现状分析[J].轻工标准与质量，2018(6)：17-18.

[2]自治区标准化工作协调推进部门联席会议办公室.宁夏标准化发展白皮书[G].2023.11.

[3]宁夏回族自治区林业和草原局，国家林业和草原局发展研究中心.中国枸杞产业蓝皮书(2022)[M].银川：黄河出版传媒集团，宁夏人民出版社，2022.

[4]顾祖南，王安冉.浅谈团体标准的研究现状及发展建议[C].中国标准化年度优秀论文，2022，670-672.

[5]妣娜，田旭南.企业标准自我声明公开和监督制度完善研究[J].大众标准化，2023(20)：4-6.

[6]王姿英.《中医药-枸杞子》ISO国际标准发布[J].中医药管理杂志，2020，28(17)：152.

[7]塔娜.宁夏枸杞标准体系研究及建立[J].轻工标准与质量，2019，21(20)：56-57

甘肃枸杞产业标准体系建设发展报告

徐晶晶　滕保琴　李建红　魏至岳[*]

摘　要： 枸杞是甘肃重要的优势特色经济林产品，构建和完善甘肃枸杞产业标准体系，对枸杞产业健康发展至关重要。甘肃共建立枸杞产业相关标准 8 项，包括新品种标准 2 项，地理标志保护产品标准 2 项，绿色食品生产技术规程 2 项，温室育苗技术规程 1 项，枸杞林下养殖技术规程 1 项；同时在枸杞栽培技术、检验检测、质量安全标准和产地环境质量等方面进行积极探索，取得了阶段性的研究成果。今后需进一步强化科技创新投入及宣传等，充分运用各类资源，推动全省枸杞产业升级发展。

关键词： 枸杞产业　标准体系　现状　甘肃

枸杞是我国药食两用中药材的重要品种，是甘肃省"十大陇药"之一，为甘肃省传统道地药材，同时，也是省域沙漠边缘地区、盐碱地发生区适宜栽植的主要优良生态型经济树种，具有较高的经济价值及生态功能[1]。枸杞产业已成为甘肃省巩固脱贫攻坚成果、促进乡村振兴的重要特色优势产业之一。截至 2022 年，全省枸杞栽培面积 78.8 万亩，其中挂果面积 68.6 万亩，干果年产量 11.33 万吨。近年来，甘肃省枸杞产业科研成果丰硕，但甘肃枸杞产业标准化体系建设尚处于起步阶段。

一、甘肃枸杞产业标准体系建设现状

(一) 甘肃枸杞标准体系框架

我国枸杞标准在 1995 年前处于空白阶段，1995 年后随着枸杞产业快速发展，枸杞标准逐步建立，目前已初步形成国家标准、行业标准、地方标准互为补充的技术标准体系，行业管理不断加强，标准内容不断拓展，科技含量逐步提高，区域特点和地方特色进一步凸显。标准内容主要包括产品质量安全标准、检测方法标准、种苗标准、加工工艺标准、产地环境条件标准及栽培技术类标准等[2]。

甘肃自 1997 年以来在沿黄灌区及河西地区广泛引种枸杞，栽培面积达 78.8 万亩，取得了显著的经济效益。省内各级林业、农业科技工作者也在生产、研究过程中，结合甘肃实际，逐步探索建设枸杞产业标准化体系。目前，甘肃共建立枸杞产业相关标准 8 项，其

注：徐晶晶，甘肃省林业科技推广站，工程师；滕保琴，甘肃省林业科技推广站，工程师；李建红，甘肃省林业科技推广站副站长，高级工程师；魏至岳，甘肃省林业和草原局改革发展处，主任科员。

中现行标准 7 项，已废止 1 项。现行标准具体包括新品种 2 项，地理标志保护产品标准 2 项，绿色食品生产技术规程 1 项，温室育苗技术规程 1 项，枸杞林下养殖技术规程 1 项。从枸杞生产关键环节看，现有标准涉及品种、育苗、栽培和生产环节；从标准层级看，现行 7 项枸杞标准均为甘肃省地方标准。甘肃省枸杞产业标准化体系建设处于起步阶段，目前尚不完备，还缺乏加工工艺标准、种苗质量标准、质量安全标准、检验检测标准、包装储存标准、追溯标准等。随着经济的飞速发展，人们保健意识的增强，枸杞的保健和药用价值日益受到重视；农业供给侧结构性改革深入推进和枸杞的消费迅速增加，带动了甘肃枸杞产业的迅猛发展。甘肃枸杞产业发展急需更加完善、更高水平的标准体系作为支撑[3]。

（二）甘肃枸杞产业现有标准

甘肃枸杞产业自 2010 年左右形成规模、进入高质量发展阶段以来，以甘肃农业大学等高校、甘肃各级农林业、果业、治沙等科研推广和生产单位为主的技术力量不断推进甘肃枸杞产业标准化建设，目前虽未实现产前、产中、产后全覆盖，但也取得了一定成绩。

1. 枸杞生产技术标准

2009 年，白银市起草《绿色食品 白银市枸杞生产技术规程》（DB 62/T 1809—2009）并通过审批，该标准是甘肃枸杞产业首次制定并发布实施的地方标准，为建立甘肃枸杞产业标准体系奠定基础。

白银市自 2011 年以来，完成"枸杞高效无公害生产技术研究及示范""枸杞根腐病防治试验研究""枸杞绿色生产技术研究与示范"等 12 个科研推广项目，提出枸杞病虫害综合控制技术体系，发表科技论文 11 篇，内容涉及枸杞瘿螨、红瘿蚊幼虫、根腐病的防治及枸杞温控扦插育苗技术等。通过项目实施，科技人员积累了丰富的实践经验。

2022 年，白银市林业有害生物防治检疫工作站、白银市农业技术服务中心、白银市林业技术推广站、会宁县林业有害生物防治站、甘肃省农业科学院植物保护研究所等单位联合对以上标准进行了修订，甘肃省市场监督管理局发布实施《绿色食品 白银市枸杞生产技术规程》（DB 62/T 1809—2022）。该标准规定了甘肃省绿色食品枸杞生产的产地环境、栽培技术、水肥管理、整形修剪、病虫害防治、果实采收、制干、分级包装、贮藏与运输、生产废弃物处理、生产技术档案管理等。

2017 年，原甘肃省质量技术监督局发布《绿色食品 枸杞套南瓜生产技术规程》（DB 62/T 2809—2017），现已废止。

2. 枸杞苗木繁育技术标准

甘肃省枸杞苗木繁育量不能满足本省需要，大量的枸杞苗木从宁夏等产地引进，成本高，质量不能保证，同时一些枸杞病虫害也随着引进苗木在甘肃产区传播，对甘肃枸杞产业的健康发展造成威胁。

针对以上问题，林业科技工作者努力探究甘肃枸杞苗木繁育技术，开展了大田育苗、容器育苗、扦插繁殖和组织培养等苗木繁育技术研究，总结容器选择、基质配比、种子处理、播种方式、苗期管理、移栽、炼苗、出圃等种子育苗技术；总结插穗剪取和处理、扦插时间和深度等硬枝扦插和全光照喷雾嫩枝扦插育苗技术，获得专利"一种枸杞温控促根硬枝扦插育苗方法"，使规模化育苗成苗率稳定在 60%；总结宁夏枸杞、黑果枸杞、黄果枸杞、美国野生枸杞(*Lycium brevipes* 和 *Lycium exsertum*)从外植体处理、初代培养、继代培养、生根培养、炼苗、移栽到成品苗木的组培繁育技术，获得"茄科枸杞属短柄枸杞组织培养及快速繁殖方法"、"*Lycium exsertum* 组织培养及快速繁殖方法"、"一种黑果枸杞组培不定芽瓶外生根方法"、"一种黑果枸杞耐盐突变体的离体筛选方法"、"一种荒漠区药用植物黑果枸杞的快速繁殖方法"、"一种黑果枸杞组培苗的炼苗方法"等 6 项发明专利。建立了多处规模不等的苗木繁育基地，利用成熟技术，进行枸杞苗木生产，能提供可靠的种苗来源，实现了苗木的部分自给。

2023 年，白银市林业有害生物防治检疫工作站、靖远县农业技术推广中心、靖远县林业和草原局、白银市农业技术服务中心、白银市林业技术推广站等单位联合起草了适用于甘肃省枸杞扦插育苗的《枸杞温室扦插育苗技术规程》(DB 62/T 4719—2023)，并由甘肃省市场监督管理局发布实施。规定了枸杞扦插育苗的育苗地选择、硬枝扦插、嫩枝扦插技术、有害生物防治、苗木出圃、档案管理等。

《枸杞温室扦插育苗技术规程》(DB 62/T 4719—2023)是甘肃林业科技工作者对枸杞扦插育苗技术的成果总结，填补了甘肃枸杞在苗木繁育标准领域的空白。

3. 枸杞品种标准

甘肃枸杞育种研究起步较晚，目前还没有规模化推广的自有品种，几乎所有品种都要从宁夏等地引进，引进时难以保证品种纯度，常出现引进苗木品种混杂，树形、丰产性和抗病性差异大等现象，对枸杞园管理和枸杞销售造成十分不利的影响。

白银市 2014 年开展市科技计划项目"大果枸杞品种选育"，集中各种技术力量、依托各类项目，进行枸杞新品种的选育试验研究工作。目前，共选育出 3 个枸杞自有新品种，分别为'银杞 1 号''甘杞 1 号'和'甘杞 2 号'。这 3 个品种的成功选育，填补了甘肃在枸杞品种选育方面的空白。

'银杞 1 号'(甘认药 2016008)是白银市农业技术服务中心利用'宁杞 1 号'变异单株选育而成，为大果型枸杞。'甘杞 1 号'是白银市农业技术服务中心通过系统选育而成，于 2020 年被国家林业和草原局授予植物新品种权(新品种权号：20200342)。'甘杞 1 号'树势旺盛，自交坐果率高，丰产，果粒大小适中，抗病性强。'甘杞 2 号'是靖远县农业技术推广中心利用'宁杞 1 号'优势单株选育而成，于 2021 年获国家植物新品种权(新品种权号：20210676)。'甘杞 2 号'自交坐果率高，丰产，果粒大，商品性好，抗性强。

2022 年，白银市农业技术服务中心、白银市林业有害生物防治检疫工作站、白银市林业技术推广站等单位联合起草了地方标准《枸杞品种'甘杞 1 号'》(DB 62/T 4492—2022)并经甘肃省市场监督管理局审批发布。标准规定了枸杞品种'甘杞 1 号'的品种来源、植物学特征、生物学特性、品质、产量构成、栽培技术要点、采收及适宜种植区域，适用于'甘杞 1 号'的品种鉴别和推广。

2023 年，靖远县农业技术推广中心、甘肃省经济作物技术推广站、白银市林业有害生物防治检疫工作站、白银市林业技术推广站等单位联合起草了地方标准《枸杞品种'甘杞 2 号'》(DB 62/T 4808—2023)并经甘肃省市场监督管理局审批发布。标准规定了'甘杞 2 号'的品种来源、植物学特征、生物学特性、品质(干果)、产量构成、适宜种植区域、栽培管理技术要点、采收时间等，适用于'甘杞 2 号'的品种鉴别和推广。

《枸杞品种'甘杞1号'》（DB 62/T 4492—2022）和《枸杞品种'甘杞2号'》（DB 62/T 4808—2023）2项枸杞品种标准的发布是甘肃在枸杞品种选育方面的成果结晶，填补了甘肃枸杞在品种标准方面的空白。

4. 枸杞林下养殖技术标准

枸杞林下养鸡是一种创新的农业养殖技术，其基本原理是利用枸杞种植过程中产生的大量的残次果、落果，以及枸杞林中危害枸杞生长发育的各种昆虫，作为鸡的动物食源和青饲料。通过在枸杞园内放养鸡，既解决鸡的部分饲料来源和活动场所，又解决虫及草对枸杞的危害；既减少了枸杞防虫所用农药，又减少了鸡防疫所用兽药，使枸杞和鸡的质量安全水平得到大幅度提升，资源得到合理利用，经济效益显著提升。

2012年，由甘肃省农业科学院提出，景泰县畜牧兽医局、甘肃省农业科学院土壤肥料与节水农业研究所、甘肃省畜牧管理总站、甘肃省农科院畜草与绿色农业研究所等单位联合起草，原甘肃省质量技术监督局发布实施了《绿色农业 枸杞林下鸡放养技术规程》（DB 62/T 2271—2012）。标准从放养林地的选择、鸡棚圈的建造、枸杞林下放养鸡密度要求、枸杞林下放养鸡饲料管理、鸡放养前的疫病预防、鸡放养疫病预防及疫病的处置、放养鸡出栏后的消毒工作等方面进行了详细规定。

5. 地理标志保护产品标准

为整合区域内优质的枸杞生产要素资源，提高枸杞产品质量，防止假冒伪劣产品的出现，并通过技术规范和质量监控功能强化枸杞的质量与标准化，靖远县和民勤县分别申请靖远枸杞和民勤枸杞为地理标志保护产品。

2012年，靖远县申请靖远枸杞为地理标志保护产品，经原国家质检总局组织专家审查合格批准实施保护。2013年，靖远县质量技术监督局、原靖远县林业局、靖远县农牧局联合起草《地理标志产品 靖远枸杞》（DB 62/T 2379—2013）并由甘肃省质量技术监督局发布实施；2019年，甘肃省产品质量监督检验研究院、甘肃省食品检验研究院、甘肃省靖远县市场监督管理局、靖远县林业和草原局等单位联合修订该标准，由甘肃省市场监督管理局发布《地理标志产品 靖远枸杞》（DB 62/T 2379—2019）。靖远枸杞地理标志产品保护范围限于原国家质量监督检验检疫行政主管部门根据《地理标志产品保护规定》批准保护的靖远县行政区域内靖安乡、五合乡、东升乡、北滩乡、永新乡、双龙乡、石门乡、刘川乡、大芦乡等9个乡镇现辖行政区域。

2016年11月，原国家质检总局批准对"民勤枸杞"实施地理标志产品保护。2017年，甘肃省民勤县林业局、甘肃农业大学、民勤县质量技术监督局等单位起草《地理标志产品 民勤枸杞》（DB 62/T 2752—2017），由甘肃省市场监督管理局发布实施。标准规定民勤枸杞产地范围为甘肃省河西走廊民勤县昌宁乡、蔡旗乡、重兴乡、薛百乡、大坝乡、三雷镇、苏武乡、东坝镇、夹河乡、双茨科乡、大滩乡、泉山镇、红沙梁乡、西渠镇、东湖镇、收成乡、南湖乡、红沙岗镇现辖行政区域。

以上2项标准分别规定了靖远枸杞和民勤枸杞的技术要求、食品生产加工过程中的卫生要求、试验方法、检验规则，以及标志、包装、运输和贮存要求。

（三）甘肃枸杞标准研究进展

1. 枸杞栽培标准

甘肃农业大学、甘肃省林业科学研究院、甘肃省林业科技推广站、甘肃省农业科学院、甘肃省农产品质量安全检验检测中心等单位开展了枸杞栽培技术、枸杞安全生产关键控制环节和关键技术措施、枸杞林牧间作种植模式、枸杞绿色食品全程管控关键技术等研究，形成了枸杞无公害栽培和安全生产系列技术。

枸杞新品种'甘杞1号'是甘肃枸杞栽培优良品种之一，该品种物候期早、生长快、生长势强、果粒大、品质优，自交亲和力强，抗逆性和适应能力强，单品种建园即可丰产稳产，目前已推广到甘肃白银、武威、张掖、酒泉等地。为进一步大面积推广该品种，2023年白银市林业和草原局、白银市农业技术服务中心等单位根据甘肃枸杞产地环境条件和生产实践及相关试验研究结果，编写《'甘杞1号'枸杞标准化栽培技术规程》，从植物学特征、生物学特性、品质、产量构成、苗木选择、整地、定植、施肥、灌溉、田间管理、病虫害防治、采收、适宜种植区域等方面制定了'甘杞1号'枸杞标准化栽培技术规范，以期为甘肃枸杞品种的更新换代提供鉴别和推广依据，进而促进地方特色枸杞产业高质量发展[4]。

2020年，甘肃农业大学林学院申报的甘肃省枸杞无害化栽培工程研究中心获批立项。该中心立足全省枸杞种植区位优势和产业特色，依托学校林学一级学科，有效整合汇集其他交叉学科资源，着重围绕种质资源创新、良种培育及栽培、种植基地规划建设、产品深加工关键技术研发、新型营养食品开发和副产物综合利用等，强化协同创新，联合政府、企业、农户实现科研成果转化，推进枸杞种植规范化、规模化、产业化，助推甘肃特色枸杞产业健康绿色、可持续、高质量发展。

2. 枸杞检验检测标准

2019年以来，甘肃省林业科技推广站主持完成"甘肃枸杞质量安全监测与风险评估研究"项目，参考国家、行业标准的检测方法和限量规定，对甘肃枸杞主产区枸杞样品的重金属、农药残留、二氧化硫以及枸杞产地土壤重金属进行检测。技术人员在检验检测过程中对如何确保数据的准确性和有效性进行了深入思考，探究了测量结果的可靠性和检测过程中不确定度的来源对测定结果的影响程度，参考《测量不确定度评定与表示》（JJF 1059.1），采用国家农业行业标准《蔬菜和水果中有机磷、有机氯、拟除虫菊酯和氨基甲酸酯类农药多残留的测定》（NY/T 761）对鲜枸杞中氧乐果农药残留进行检测，对其测定过程的不确定度进行了评定和分析，发表论文《气相色谱法测定鲜枸杞中氧乐果农药残留量的不确定度评定》[5]。项目实施过程中，甘肃省林业科技推广站根据《经济林产品质量安全监测技术规程》（LY/T 2800）、《蔬菜和水果中有机磷、有机氯、拟除虫菊酯和氨基甲酸酯类农药多残留的测定》（NY/T 761）、《食品安全国家标准 食品中铅的测定》（GB 5009.12）、《食品安全国家标准 食品中镉的测定》（GB 5009.15）、《食品安全国家标准 食品中铬的测定》（GB/T 5009.123）等技术规程及检验检测标准方法，编制了《食用林产品质量安全监测 枸杞（鲜）抽样技术规范》、《食用林产品质量安全监测 枸杞（鲜）样品制备技术规范》、《鲜枸杞中农药残留检测技术规范》以及《鲜枸杞中重金属（铅、镉、铬）检测技术规范》等4项技术规范，为制定甘肃枸杞质量安全检验检测标准规范提供支撑。

3. 枸杞质量安全标准

近年来，甘肃省林业科技推广站结合"甘肃盐碱地枸杞优质高效栽培技术示范推广"、"甘肃枸杞质量安全监测与风险评估研究"、"甘肃河西黄灌区枸杞高效栽培综合配套技术示范与推广"、"追肥的不同氮磷钾配比对枸杞生长、产量及品质的影响"等项目的实施，对甘肃枸杞主产区枸杞样品的重金属、农药残留、二氧化硫以及枸杞产地土壤重金属进行了检测分析；以《食品安全国家标准食品中污染物限量》（GB 2762）中规定的重金属污染物限量标准为重金属评价标准，以《绿色食品 枸杞及枸杞制品》（NY/T 1051）中规定的二氧化硫限量值为二氧化硫评价标准，用单因子污染指数法和内梅罗综合污染指数法对甘肃枸杞中铅、镉、铬、二氧化硫的污染程度进行了评价；对鲜枸杞中农药残留膳食摄入风险进行了评价，为甘肃枸杞产业发展提供一定的参考依据；借鉴英国兽药残留委员会兽药残留风险排序矩阵，使用已有的毒性指标代替该化合物的药性指标，对枸杞中检出的 3 种农药进行农药残留风险得分的计算，并对农药残留风险指数进行排序。项目累计发表科技论文 7 篇，获授权实用新型专利 2 项。

甘肃枸杞由于其得天独厚的种植环境，病虫危害相对较轻，生产过程中用药相对较少。对甘肃枸杞质量安全情况进行分析研究，一方面为政府主管部门加强监管提供数据支撑，另一方面掌握其污染特点，对探索制定适合甘肃枸杞的质量安全标准具有重要意义。

4. 枸杞产地环境质量标准

甘肃省林业科技推广站完成的"甘肃枸杞质量安全监测与风险评估研究"项目检测了甘肃枸杞主产区枸杞产地土壤中 Pb、Cd、Hg、As、Cr、Cu 等重金属含量。依据《土壤环境质量 农用地土壤污染风险管控标准》（GB 15618）对检测结果进行判定，调查其重金属含量特征，分析各地区枸杞中重金属含量的差异性，并分析了枸杞及对应的产地土壤中重金属 Pb、Cd 含量的相关性。该项研究填补了甘肃枸杞及其产地土壤重金属污染方面的研究空白，也为甘肃枸杞产地环境质量安全标准的研究制定打下了基础。

（四）与其他省份枸杞标准的比较分析

我国枸杞主要分布在宁夏、甘肃、青海、新疆、内蒙古、河北、河南等省份，由于品种、地域的不同，各个主产区枸杞各有不同。近年来，随着枸杞产业的迅速发展，我国枸杞标准体系建设取得了较大的成绩。但由于各省份枸杞行业和标准化层次不一致，各省份枸杞标准化现状也有所不同。甘肃枸杞标准化体系建设起步较晚，目前共建立各类枸杞标准 8 项，主要集中在枸杞品种、苗木繁育和生产栽培方面，对枸杞标准的研究主要集中在栽培管理、检验检测、质量安全和产地环境质量等方面。在枸杞的加工工艺、种苗质量、包装储存、追踪溯源等方面，甘肃省还未开展系统性研究。在枸杞产业标准化方面，对比同处西北地区的枸杞栽培大省宁夏、新疆和青海等省份，也还有一定的差距。宁夏是枸杞的传统优势产区，枸杞产业发展水平较高，在国内处于领先水平。以往的国家和行业标准大多由宁夏制定，目前宁夏制定枸杞标准数量最多，体系也最为健全，主要包括生产技术标准、产品质量标准、流通管理标准、体系标准等。新疆也制定了多项枸杞地方标准，主要包括生产技术标准、产品质量标准和体系标准。新疆枸杞地方标准以种植管理标准居多，基本覆盖了枸杞产业的产前和产中，但未涉及产后的相关内容。青海制定的枸杞地方标准全部是生产技术标准，以良种繁育标准和种植管理标准居多，未涉及其他方面[6]。

二、取得的成果

(一)基地建设标准化程度不断提高

甘肃枸杞生产坚持标准引领，以龙头企业、专业合作社、家庭农场和大场大户为重点，从品种选择、苗木移植、株行距确定、病虫害防治及肥水管理等关键环节入手，积极推行统一标准生产、统一技术指导、统一农资供应、统一病虫防治、统一质量检测、统一品牌标识的枸杞标准化生产管理模式。建成百亩以上绿色生产示范点 370 个、千亩以上集中连片示范基地 38 个、万亩枸杞规模化种植基地 8 个、有机枸杞示范基地 2 个、枸杞产业扶贫示范基地 10 个、万亩以上枸杞专业乡镇 11 个。

建立枸杞高效栽培技术示范园、枸杞简化修剪技术示范园、病虫害绿色防控技术示范园、枸杞汁加工用有机枸杞标准化栽培示范园、枸杞篱架栽培技术示范园等，目前全省枸杞标准化示范园面积达 2 万亩左右，技术辐射推广面积 50 万亩左右。在示范园的技术示范带动下，2021—2022 年，14 家枸杞种植公司通过了"欧陆分析"达标检测，其中 4 万亩的枸杞无公害产品达标率超过 80%，有害生物绿色防控面积占总面积的 92.3%。

玉门市昌马乡 1500 亩枸杞被评定为优质道地药材(枸杞子)示范基地，瓜州县 5.8 万亩枸杞被认定为全国绿色食品原料(枸杞)标准化生产基地，靖远枸杞栽培示范区已获得"甘肃省无公害枸杞产地"认证和全国绿色食品原料标准化生产基地认定。

(二)产品质量不断提升

甘肃枸杞产业从 2010 年左右到现今的产业高质量发展阶段，研究的焦点聚焦在枸杞的绿色、无公害、有机栽培方面，强调枸杞栽培过程中水、肥、土、药剂等的环保安全，以生产出符合绿色有机标准的产品为目标，靖远、景泰、瓜州、民勤、金塔、玉门、永昌等县(市)部分枸杞产地通过了国家绿色、无公害生产基地认证。

省农业科技计划项目"甘肃省绿色食品全程管控关键技术研究及示范"、省科技支撑项目"甘肃省枸杞质量安全生产影响因素及控制技术研究"，开展了农药组合防治效果、生物有机肥替代化肥等研究，明确了甘肃省四个枸杞主栽县(区)的 50 种主要农药、土壤重金属、果实二氧化硫含量的检出和超标情况，构建了枸杞全程质量安全管控关键技术体系。

(三)品牌形象不断完善

甘肃枸杞产业在 20 余年的发展历程中取得了较好的成果，甘肃枸杞品牌体系逐步建立。形成了以"瓜州枸杞"、"玉门臻好"2 个地方区域公用品牌和"杞老大""马超龙雀""宁航""高原宏""花锦宝""川情浓""景沙红""景世红""黄河石林"等几十个企业知名品牌为主体的品牌体系；"靖远枸杞"入围区域品牌百强榜；"稼青源枸杞"被评为中国枸杞行业优质品牌；"表青陇宇"入选"甘味"农产品品牌目录；长青源、玉门红、正元堂、稼清源 4 家企业取得食品生产许可证，雄信药业取得 1 个药品饮片号；冻干枸杞、枸杞芽茶、枸杞蜂蜜、枸杞酱等十大类20余种系列自主知识产权产品远销国内外。

靖远枸杞2007年被评为"甘肃省十大名果",是著名的"陇上名品",获得"全国农产品博览会金奖",2012年12月,被国家质量监督检验检疫总局确定为"地理标志保护产品",2018年荣登中国品牌价值榜,其品牌价值达到18.57亿元。目前,种植面积达12.4万亩,年产干果1.6万吨,产值过10亿元,数万农民从中直接受益。"靖远枸杞"先后入选"甘味"农产品区域公用品牌、全国名优特新农产品目录、国家地理标志助力乡村振兴典型案例,枸杞产业也已成为全县乡村振兴的"金果"产业、县域经济高质量发展的支柱产业。

酒泉全市成立枸杞专业合作社208家,枸杞主产区建成烘干道90多条,拥有枸杞分级、包装、深加工企业60多家,年加工能力5万吨以上。通过推进品牌建设,提升枸杞产业竞争力。全市形成以"杞老大""马超龙雀""宁航"等36个企业品牌为主体的品牌体系,其中"马超龙雀"牌富硒枸杞荣获第25届杨凌农业高新科技成果博览会"后稷特别奖"。"玉门枸杞""瓜州枸杞"通过农产品地理标志认证,认证保护面积32万亩,"瓜州枸杞"入选"甘味"知名农产品区域公用品牌。

(四)特色产业助力社会生态经济效益多赢

枸杞具有较强的耐盐碱和耐旱性,兼具生态、经济、文化与健康产业等功能。枸杞种植不但解决了大量劳动力的就业问题,取得了良好的经济效益,还有效治理了沙化地和盐碱地,构筑了生态屏障,又调整了沙化地和盐碱地的种植结构,对产业结构优化、农民增收及乡村振兴发展具有重要意义。

截至2022年年底,甘肃枸杞栽培总面积78.8万亩,挂果面积68.6万亩,年产量11.33万吨,年产值35.16亿元,加工企业116个,加工企业年产值2.78亿元。枸杞种植属劳动密集型产业,特别是枸杞采摘,平均每亩采摘费用2800元以上,以此推算,全省68.6万亩已挂果枸杞进入盛果期,仅采摘1项,每年创造产值约在19亿元,不仅带动大量劳动力从事枸杞的采摘、收购、贩运工作,增加农民收入,还有效带动了运输、餐饮、加工包装、农资经销等相关产业的发展,推动乡村振兴向更高层次迈进。

酒泉市优质枸杞生产基地达40万亩,其中,移民乡镇枸杞种植面积达12万亩,7.1万名移民群众参与枸杞种植,枸杞成为移民区群众的主要经济来源。靖远县把加快发展作为做好民族工作的总钥匙,在枸杞产业致富的道路上不断探索前行,建立万亩优质枸杞基地,努力让各族人民共享发展成果。以枸杞特色产业为抓手,提升民族事务治理水平,通过技术指导,政策扶持等方式,引导枸杞种植大户建成枸杞烘干房128个,建成枸杞加工厂3座,推动枸杞产量、质量转型升级,助力农民增收。2022年,"靖远枸杞"入选国家地理标志助力乡村振兴典型案例。

三、存在的不足

(一)标准化体系不够健全

相较于其他省份,甘肃枸杞产业的标准化体系还不够健全,无完善的技术依据和行动指南，贴近甘肃枸杞产业发展特点的标准较少，标准化程度较低，在枸杞产地环境、绿色防控、追溯管理等环节缺乏标准的认证和统一推广实施，不能满足甘肃省枸杞产业标准化需求，导致生产过程中缺乏统一的标准和规范，产品质量难以保证。

(二) 产业链各环节衔接不够紧密

甘肃枸杞产业链不够完整，导致产前、产中、产后、销售、宣传等各环节的衔接不够紧密，无大型销售市场，当前枸杞市场的销售渠道被外省占领，且枸杞被外省客商收购后，多以外省品牌包装销售，无价格话语权，使本省枸杞市场竞争力难以提高，形成市场有产品、行业无品牌的现状；其次营销手段缺乏创新，甘肃枸杞的电商平台还未形成规模，网络营销平台发展滞后，品牌宣传不力，缺乏市场知名度和影响力，没有完全转化成品牌效应。

(三) 科技创新投入偏低

甘肃省枸杞栽培面积大，但发展水平较低，没有从省级层面形成全省枸杞产业高质量发展的相关规划，导致科研投入偏低、政府投资科研项目数量有限，同时甘肃枸杞产业发展中产学研结合不够紧密，未培育出能够支持枸杞深入研究创新的大型枸杞企业，与枸杞科研强省存在很大差距。

四、下一步发展方向

甘肃位于野生枸杞属植物的分布多度中心，种植枸杞的区位优势明显。现阶段，甘肃枸杞经过规模化发展，枸杞产业已形成生产技术成熟、产量产值较大的良好态势，结合已取得的科技研发与创新成果，大力实施甘肃枸杞产业"十四五"发展目标与重点任务，甘肃枸杞基地建设标准化程度不断提高，标准化体系建设也取得了一定的成果，枸杞产业也将为甘肃经济发展壮大做出更大贡献。

(一) 完善现有标准体系，提高标准科学性和可操作性

加强甘肃省枸杞产业标准的全流程、全方位研究和制定，强化生产规范化引领，用高标准保证高品质，打好标准牌，进一步细化和完善甘肃现有枸杞标准体系，制定更加详细的枸杞种植技术标准，包括种植环境、种植技术、施肥、灌溉等方面的规定，提高枸杞种植的规范化程度。制定枸杞质量检测标准，建立科学的枸杞质量检测体系，制定枸杞中农药残留、重金属含量等安全指标的检测标准，确保枸杞产品的质量安全。规范枸杞加工技术，制定规范的枸杞加工技术标准，包括加工工艺、加工设备、产品包装等方面的规定，提高枸杞加工产品的质量和安全性。建立标准化服务体系，成立专门的枸杞标准化服务机构，提供技术咨询、培训等服务，帮助企业和农户提高标准化生产水平。加强合作与交流，积极参与国家枸杞标准的制定和修订工作，加强与枸杞相关国家标准化组织的合作与交流，提升甘肃枸杞的市场竞争力。通过以上措施，进一步完善现有枸杞标准体系，提高甘肃枸杞产业的规范化程度和整体竞争力，促进枸杞产业的可持续发展。

(二) 强化标准宣传与培训，提升标准化意识

加强绿色枸杞、无公害枸杞、标准化推广、科学施肥、增产增收、枸杞质量安全等标准化的宣传和培训，提高企业和农民在枸杞产业的种植、加工、流通等各环节中对标准的认知和重视程度，推广标准化理念，提高枸杞产业从业者的标准化意识，进一步树立枸杞绿色发展理念，推动全行业实行标准化生产和管理，提高企业和群众的农产品质量安全意识、法律意识、责任意识，为推动实施枸杞质量安全全程监管，提高枸杞产品品质和效益，达到符合绿色发展要求的枸杞产业技术标准，实现标准化，引导企业和农民为提升枸杞产业整体水平保驾护航，进一步做大做强甘肃枸杞产业。

(三) 加强科技创新投入，推动枸杞产业链升级

甘肃枸杞被誉为"十大陇药"之一，其产业发展对于促进地方经济发展和改善民生具有重要意义，因此要打好科技牌。政府要强化政策引导，加大对枸杞产业科技创新的支持力度，根据国家战略要求，结合《甘肃省中医中药产业发展专项行动计划》提出"推进道地药材认证，在白银市、酒泉市建设枸杞标准化核心示范基地"，建议省级层面出台扶持甘肃枸杞产业高质量发展实施办法等相关政策，支持良种繁育基地、改良更新种植基地、试验示范基地、加工产业园、品牌建设、枸杞企业扶持等，通过资金、政策等手段鼓励企业增加科技投入，并加大与科研院所、食品生产企业联合攻关，做好枸杞核心技术研发和联合开发，延伸枸杞产业链，提升枸杞附加值；集成技术应用，大力推广抗病品种、生物有机肥及精准施药、病虫害绿色防控等配套集成技术，推动枸杞产业的技术创新，加强产业全过程科技支撑和成果转化，提升甘肃枸杞产业科技含量和产值，通过科技创新赋能枸杞产业"新动能"。

(四) 组建甘肃枸杞产业技术创新战略联盟

甘肃枸杞目前还存在优良种质筛选和推广不及时、机械化程度低、科学研究集约化系统化程度低等诸多问题，为有效解决甘肃枸杞产业发展中的技术问题，应尽快组建甘肃省枸杞产业技术创新战略联盟，由省级科研单位牵头，联合高校、科研院所、企业、协会、合作社等共同加盟，强化技术交流合作，构建产学研一体化创新体系，推动甘肃枸杞高效培育、精深加工、电商交易等全产业链标准化联动发展；根据枸杞产业现状，制定甘肃枸杞产业发展思路、发展方向、具体措施和重点任务，紧紧围绕"种业强国"战略，积极从省内外科研院所引进和筛选枸杞新品种，建立甘肃枸杞种质资源圃，开展甘肃枸杞种质资源收集评价、保存、适应性研究等基础研究工作，进行枸杞良种繁育，不断推进甘肃枸杞育苗产业化、规模化、市场化发展进程。与各方科研团队联合申报国家级科研项目，通力合作提升甘肃枸杞产业的科技水平和成果转化率，解决甘肃枸杞良种筛选推广、地理标志产品评价、提质增效、绿色栽培、土肥水管理、轻简化栽培、标准化示范基地建设等技术难题，形成完善的全产业链开发产业体系，实现产业化，全面引领甘肃枸杞高质量发展。

(五) 培育甘肃枸杞品牌体系，提升影响力与竞争力

甘肃枸杞坚持品质为先，以质量保障品牌，初步完成"产品"向"品牌"的转型升级。

"瓜州枸杞""玉门枸杞""靖远枸杞"获得绿色食品 A 级认证和农产品地理标志登记保护。酒泉市注册"玉门红""杞老大"等枸杞品牌 36 个；白银市培育打造"高原宏""陇原红"等多个注册枸杞商标，虽然品牌众多，但没有形成合力。2023 年中国枸杞产业数据分析简报中，2023 年"枸杞 15 大品牌"主要来自宁夏、青海、新疆等地，甘肃枸杞品牌寥寥无几。因此，甘肃枸杞品牌打造要构建"以区域优势资源为基础、以企业品牌发展为核心、以单品品牌打造为动力"的品牌发展新思路、新格局，顺应消费升级导向，以提升品质为抓手，增加枸杞产品附加值，加快推动甘肃枸杞产品走向高端。成立甘肃枸杞产业协会，以甘肃现有"黄河石林"、"景沙红"、"陇上红"等品牌为基础，培育绿色、有机特色优势品牌产品，进一步打造甘肃本地枸杞特色品牌，培育一批知名企业品牌。加大对企业知识产权、驰名商标、著名商标的保护力度，同时，充分利用节会、展览、电视、广播、网络等载体和传媒，扩大对外宣传交流，鼓励枸杞原产地保护、有机认证、绿色认证，以及欧盟出口等认证，拓展国内外市场，拓宽枸杞销售渠道，形成甘肃枸杞品牌体系，提升在国际市场的影响力和竞争力。

（六）加快"互联网+"在甘肃枸杞产业中的应用

构建"互联网+"产业发展新业态，依托"互联网+"模式，推动"甘味"品牌建设。同时深化"互联网+政策引领"，加大智慧农业体系建设，加快物联网、大数据、区块链、人工智能、智慧气象等现代信息技术在农业领域的应用。加快实施"互联网+职业教育"，加强新型职业农民培训体系建设，构建基于"互联网+"的新型杞农培训虚拟网络教学环境，通过智慧农业云平台建设、移动终端在线课堂、互动课堂、新型职业农民认证考试等平台，大力培育生产经营型、职业技能型、社会服务型的新型职业农民，为全省枸杞产业持续发展培养造就一批有文化、懂技术、会经营的杞农。加快"互联网+电子商务"平台建设，深入推进农产品电子商务进农村行动，积极与阿里巴巴、京东、乐村淘等电商平台对接，加强县乡村三级农产品电子商务平台建设，构建基于"互联网+"的甘肃枸杞物流、信息流、资金流的网络化运营体系，同时，积极与中粮、中化等大型农业标准化龙头企业合作，自建电子商务平台，推动甘肃枸杞果品网上交易，真正实现产品有销路，农民稳增收。

参考文献

[1] 崔治家，邵晶，马毅，等 . 甘肃省道地药材枸杞子资源现状及产业发展对策研究[J]. 中国现代中药，2023，25(1)：15-21.

[2] 周永锋，陈新来，宋克勤，等 . 我国枸杞标准体系建设现状及对策建议[J]. 农产品质量与安全，2017(3)：78-80.

[3] 燕艳华，王亚华，云振宇，等 . 新时期我国农业标准化发展研究[J]. 中国工程科学，2023，25(4)：202-213.

[4] 陈启辉，张颖，申培增，等 . '甘杞 1 号'枸杞标准化栽培技术规程[J]. 寒旱农业科学，2023，2(3)：291-294.

[5] 郭军霞，成娟，雷茜，等 . 气相色谱法测定鲜枸杞中氧乐果农药残留量的不确定度评定[J]. 食品安全质量检测学报，2020，11(20)：7570-7575.

[6] 王香瑜 . 宁夏枸杞地方标准研究分析[J]. 中国标准化，2021(1)：180-183.

青海枸杞产业标准体系
建设发展报告

樊光辉　刘得国　段国珍　张优良　李建领　霍建强　杨庆明　柳红　王生云　才让吉*

摘　要： 高质量发展是青海枸杞产业的必由之路，文章分析了其产业现状、标准化现状、标准化实施意义和目前存在的主要问题，通过构建完善的全产业链标准化体系，形成层次化、立体化和动态化的标准化生产，有助于推动产业由粗放型、规模型向集群型、质量型转变，促进新技术在产业化的应用和更新，进一步带动乡村振兴，提高高原枸杞产业效益。加大对高原枸杞产业标准化的制定和宣传力度，提升全社会的标准化意识，以此推动产业标准化生产，真正实现高质量健康有序发展。

关键词： 青海　枸杞　标准　体系

一、概况

枸杞产业是技术密集型和劳动密集型产业，是集产、供、销为一体的朝阳产业[1]。近年来，青海省委、省政府提出"东部沙棘、西部枸杞、南部藏茶、河湟纯果"的产业发展思路，依托优越的自然条件和产业基础，通过政府、企业、种植户等多方的共同努力，在枸杞资源培育、产品质量、生产加工、流通经营上狠下功夫，使"青海枸杞"品牌效应不断提升，枸杞产品质量全面提高，枸杞种植面积大幅增加，枸杞流通和深加工企业飞速成长，使枸杞产业成为地区农业经济增长、农村建设发展和农民增收致富的重要产业，在当地的产业结构调整，农民收入增加，农村经济协调稳定发展等方面发挥重要作用。青海枸杞种植区主要分布在柴达木盆地的都兰、德令哈、格尔木、乌兰、柴旦等地。枸杞产业成为当地群众脱贫致富，带动农村经济全面发展的"主导产业"和"富民产业"[2]。

为进一步提升枸杞产业的发展层次和发展水平，助力打造绿色有机农畜产品输出地，结合青海省枸杞产业发展实际，以习近平新时代中国特色社会主义思想为指导，深入贯彻习近平生态文明思想，落实省委十三届十次全会精神和"一优两高"战略部署，立足"三个

注：樊光辉，青海大学农林科学院，研究员；刘得国，青海省农业农村厅，处长；段国珍，青海大学农林科学院，副研究员；张优良，青海省农业技术推广站，工程师；李建领，青海大学农林科学院，副研究员；霍建强，青海省农业技术推广站，工程师；杨庆明，青海省农业技术推广站，工程师；柳红，青海省农业技术推广站，工程师；王生云，青海省林业和草原局，林业高级工程师；才让吉，青海省种羊繁育推广服务中心，助理农艺师。

最大"省情定位,推动"四地""五个示范省"建设,以保护生态、绿色发展、产业富民、和谐共生为目标,助推乡村振兴,聚焦打造绿色有机农畜产品输出地、国际生态旅游目的地,完善生态价值实现机制,推进枸杞产业有机化、规模化、品牌化、标准化、数字化、现代化发展,把枸杞产业打造成青海绿色发展的生态产业"名片",为建设富裕文明和谐美丽新青海作出贡献。

坚持生态优先、绿色发展。完整、准确、全面贯彻新发展理念,正确处理保护与发展的关系,推动生态产业化、产业生态化,落实最严格耕地保护制度,依法保护、科学利用,夯实产业可持续发展根基。坚持市场主导、政府引导。尊重市场、经济和自然规律,充分发挥市场在资源配置中的决定性作用,优化营商环境,培育市场主体,激发市场活力,完善服务体系,健全发展机制。坚持改革创新、持续发展。加快理念创新、科技创新、产品创新和管理创新,培育发展新动能,激活创新链、延伸产业链、打造供应链、提升价值链,增强产业发展能力。坚持立足国内、面向国际。立足高原谋发展,面向全球拓市场,充分利用两种市场、两种资源,打造国内国际枸杞产业新格局。坚持突出特色、回归本源。发挥青海高原地域优势,挖掘青海枸杞特色禀赋,坚守药食同源,利用优势、提升价值,推动提档升级,促进产业发展、企业增效、群众增收。

到 2025 年,打造"中国有机枸杞产业先行示范区",建设 100 万亩枸杞基地和国际国内最大的有机枸杞生产基地[3],枸杞产业年产值突破 100 亿元[4],建设严格的枸杞产业保护体系、高效的枸杞产业经济体系和独具特色的枸杞产业文化体系,实现枸杞产业"一区双百三体系"发展目标,创新链基本形成,产业链拓宽加长,利益链延伸扩容,一、二、三产业融合发展,枸杞产业的生态、经济、社会效益更加彰显。[5]

二、青海枸杞产业标准现状

从"全国标准信息公共服务平台""国家标准文献共享服务平台"等标准文献数据库中获取与枸杞全产业链相关的标准条目,经过内容排查后,截至 2023 年,枸杞产业相关国家标准、行业标准、地方标准、团体标准共计 180 项。其中,国家标准 9 项,青海省 0 项;行业标准 19 项,青海省 0 项;地方标准 150 项,青海省 25 项,18 项已废止,现行的只有 7 项,即《气候品质评价 枸杞》(DB63/T 2176—2023)、《柴达木绿色枸杞生产质量控制规范》(DB63/T 1133—2023)、《枸杞根腐病无公害综合防控技术规范》(DB63/T1866—2020)、《枸杞有机栽培基地建设技术规程》(DB63/T 1420—2020)、《黑果枸杞有机栽培基地建设技术规程》(DB63/T 1791—2020)、《地理标志产品 柴达木枸杞》(DB63/T1759—2019)和《黑果枸杞组织培养育苗技术规范》(DB63/T1716—2018)。显然,现有枸杞标准体系尚未建立,远不足支撑其产业化发展。

三、青海枸杞产业体系建设规划

为了促进枸杞产业的健康可持续发展,结合青海产业发展现状、发展目标,按照"一个产业一个规划、一个产业一套研发推广机构、一个产业一个物流营销平台"的建设思路,健全标准体系，构建青海枸杞产业发展的科技服务支撑、质量安全监测监管、营销网络和品牌建设等四大服务体系。

(一) 健全标准体系

以质量安全为核心，围绕枸杞全产业链，建立健全标准体系。鼓励协会和龙头企业制定高于国家标准、行业标准相关技术要求的团体标准、企业标准，支持协会和龙头企业参与国家标准、行业标准的制定。提高标准执行率，严格按照相关标准生产加工经营枸杞。以枸杞质量有机化为目标，坚定不移推进标准化生产，努力打造中国最大有机枸杞生产基地。一是转变生产技术方式，推行国际大力倡导的有机生产技术方式，逐步实现生产技术和国际接轨，迎接国际市场准入标准的考验。二是制定完善柴达木枸杞有机栽培技术规程体系、柴达木有机枸杞产品质量标准体系、柴达木有机枸杞生产技术规范和操作规程等各个环节技术标准和生产技术规范，力争柴达木有机枸杞的系列标准上升为国家标准，从而引领枸杞行业的标准化生产，并强制执行和应用。三是做好柴达木有机枸杞认证工作，按照欧盟、美国等西方国家和地区的相关要求，组织开展种植基地和枸杞产品的有机认证工作，确保认证的真实性、权威性。四是强化对农民、生产企业普及标准化生产技术知识，保证其熟练掌握，为有机枸杞生产奠定基础。五是推广使用生物源农药、有机肥，控制化学农药和化肥使用，加大对农药市场的清理整顿力度，严厉打击使用违禁投入品、添加剂的违法行为，从源头上控制农残和剧毒农药的使用。六是建立标准化生产示范区、示范企业、示范户，通过农艺措施、政策措施以及各种技术组合拼装，综合应用提高生产效率和有机生产技术水平，全面提升柴达木枸杞质量，扩大有机枸杞生产规模，并建立产品质检制度，完善质检手段，保证产品质量安全。七是引进培育重量级企业集团进行枸杞产品深加工，利用企业集团人才、技术聚集的优势，通过订单、"公司+基地+农户"等多种途径与种植基地形成利益共享、风险共担的利益共同体，引领柴达木枸杞产业标准化建设。八是建立健全质量安全可追溯体系。按照枸杞标准化生产基地的规范要求建立田间档案管理制度，并进行产地标识管理和产品质量追溯，对生产资料采购投入、田间农事操作记录、产品采收销售去向等情况进行详细记录，实现对投入品使用、农事操作和产品去向等作全程、完整、可追溯的监控。[6-8]

(二) 科技支撑服务体系建设

科技攻关体系。依托枸杞研发中心和企业科研中心，开展枸杞产业科技攻关。在以下方面取得重大突破：一是突破枸杞鲜果保鲜、包装、储藏等技术难关，扩大枸杞鲜果产品销售规模[9]；二是枸杞精深加工与系列产品研发，对枸杞果酒、果粉、浓缩汁、黄酮、多糖等产品的生产工艺及其关键操作环节进行研发[10]；三是突破枸杞制干、筛选、包装等技术关，与企业合作开展枸杞制干技术科技攻关，力争用 2~3 年的时间，推广配套的枸杞烘干设备和技术，改进枸杞产品包装材料、包装设计等技术，使枸杞分级包装技术自动化、系统化，产品包装设计人性化、艺术化；四是枸杞专用生物农药的研究开发，为了使枸杞生产真正达到有机、绿色、环保的要求，杜绝或减少使用有害的化学农药，开发具有安全性高、生物活性高、选择性高、无公害、残留低、使用费用低等新型生物农药，是柴达木枸杞树立品牌、占领市场，稳定、健康、可持续发展的重要任务。

科技服务体系。一是建立健全省、州、县(市)枸杞产业科技服务体系，充实县(市)技术服务中心技术人员，力争每个县(市)配备 4~6 名枸杞专职人员，主要从事枸杞新技术的引进、试验、示范和推广工作；二是依托枸杞产业科技试验示范基地，围绕枸杞品种优良化、栽培技术规范化、生产手段现代化、枸杞产品出口化等各个方面，示范推广枸杞标准化生产新技术，开展枸杞生产培训工作；三是建立枸杞产业发展专家咨询机构，提供产前培训、产中示范指导、产后信息服务；四是加强枸杞营造和经营技术培训，将其纳入农民培训工程，给予大力支持，通过系统培训培养一批能闯市场、善经营、懂技术、会管理的新型农民，帮助他们树立市场观念、质量意识和品牌意识，增强适用技术的应用能力，提高枸杞基地经营管理水平和经济效益。[11]

(三)产品质量安全检测监管体系建设

产品质量是青海枸杞产业可持续发展的生命线，建立枸杞产品质量安全检测监管体系是整个产业发展的重要任务之一。

加大产品质量检测和监管力度。依托现有的省、州、县三级农产品质量监督中心(站)，加强枸杞产品质量安全监测和监督工作，突出产地环境、投入品质量、基地生产、市场准入、市场监测等关键环节，建立从田间到市场的全过程控制、运转高效、反应迅速的产品质量安全检测监管体系，提高枸杞产品质量的安全水平。[12]

严格市场准入管理。各级工商管理部门要加强对枸杞市场的监管，实行市场准入制度，对从事批发、运销的企业严格进行资格审查与信用评价。提高市场准入门槛，吸引有实力的大型企业加入枸杞产业发展，鼓励农牧民以土地入股的形式参与项目经营。原则上种植类企业的种植规模达到 5000 亩以上，加工、储运、烘干等配套产品类企业的年生产能力达到 5000 吨(干果)/年以上，深加工类企业的预期年产值达到 2 亿元以上，对具有自主创新技术的高科技企业可适当放宽要求。

推行标准化生产，提高产品质量安全水平。一是在现行国家标准的基础上，制定《青海省柴达木有机枸杞综合种植技术》《青海省柴达木绿色枸杞综合种植技术》等标准；二是鼓励企业制定企业标准，按照工业产品管理理念，制定枸杞产品生产标准，与国际标准接轨；三是开展枸杞产品的有机和绿色产品认证，提高枸杞产品国际竞争力。

加强农药、化肥、防火等管理工作。一是加强枸杞种植区水、土壤、大气排放监测管理，防止重新出现污染；二是建立县(市)、乡(农场、企业)、村三级病虫害预测预报和统防统治体系；三是县(市)组建无公害农药、化肥销售配送中心，严把农药、化肥进货关，服务基地、服务农户，严控高毒、高残留农药进入枸杞产区；四是依托现有的森林、草原防火机制，加强枸杞种植基地防火工作。

(四)产品营销网络体系建设

青海枸杞产品的营销体系，按照"政府引导与市场运作相结合"的原则，采取有力措施，建立健全枸杞产品营销网络。2015 年，通过政府宏观调控和政策支持，拓宽了枸杞产品的销售渠道，建立具有较强市场运作能力，网络健全、功能齐全的枸杞产品营销网络体系。

大力培育产品市场经营主体。鼓励企业创办营销组织，成立农村合作经济组织，培养民间经纪人队伍，着力扶持枸杞产品流通龙头企业，提高枸杞产品营销水平。

健全营销网络。一是组建青海枸杞营销集团，并投入运营，力争在全国形成"连锁经营、集中配送"网络；二是建立枸杞鲜果产品销售网络，加强与航空公司、铁路公司、旅游、餐饮宾馆等部门的合作，加大枸杞鲜果产品推销力度；三是鼓励具有经营能力的企业或个人到大中城市建立枸杞产品直销窗口，力争五年内在全国省会城市及地级市建立"柴达木枸杞"专卖店(直销店)，形成"柴达木枸杞"在全国的专卖营销网络；四是鼓励龙头企业走出去，到国外建立合作公司或窗口，积极寻求出口途径，扩大国外市场占有份额和知名度；五是建立"柴达木枸杞"商标的维权办事机构，作好品牌保护及宣传工作。

(五)"柴达木枸杞"品牌体系建设

注册"柴达木枸杞"商标。尽快完成申报"柴达木枸杞"地理标志证明、中国驰名商标注册工作，加快"柴达木枸杞"的国际商标注册工作，加强品牌和商标保护管理工作，为今后打造具有国际影响力的品牌奠定基础。

加大枸杞产业科技研发力度，提高"柴达木枸杞"品牌核心竞争力。一是组建研发中心，依托青海大学、青海省农林科学院、中国科学院西北高原生物研究所的研发优势，与全国知名食品、饮品、药品企业及相关科研院所联姻，组建青海省枸杞研发中心，加大枸杞新产品研发力度；二是鼓励龙头企业组建科研中心，开展自主创新和自主研发，提高枸杞产品的精深加工水平。

做好宣传推介工作。要利用广播、电视、报纸、报刊等媒体，多层次、多形式、全方位宣传"柴达木枸杞"产品及产品生产的地域优势、资源优势、质量优势、品牌优势、人文优势；积极参与"青洽会""品牌推介会""商品大集""清真食品节""环湖赛"等省内外大型活动，全面提升"柴达木枸杞"知名度和影响力。

赋予枸杞文化内涵。结合青海独特的旅游和文化背景，举办"柴达木枸杞节"，宣传"柴达木枸杞"；坚持"打造品牌、开拓市场、吸引客商、合作互惠"的宗旨，突出"成果展示、产品展销、招商引资、文化交流"四个重点，广泛开展全方位合作交流；做到成果展示与对外宣传、商品展销与产品交易、招商引资与经济联合、经贸活动与文化旅游有机结合；为"柴达木枸杞"品牌的进一步推广提供有力保障。

参考文献

[1]孙文婷，汤少梁，郭盛，等.澳新《生鲜农产品安全生产指南》对宁夏枸杞鲜果生产规范化体系建设的启示[J].中国现代中药，2023，25(05)：984-990.

[3]塔娜.宁夏枸杞标准体系研究及建立[J].现代食品，2019(21)：56-57.

[4]塔娜，穆彩霞.标准信息平台助力宁夏枸杞标准体系实施研究[J].质量探索，2019，16(03)：47-50.

[5]张秀萍，郭洁，刘娟.中宁县出口农产品质量安全示范县管理体系建设探讨[J].现代农业科技，2017(19)：262，264.

[6]张雨.浅谈宁夏枸杞产业面临的挑战与发展对策[J].农技服务，2017，34(12)：200.

[7]周永锋，陈新来，宋克勤，等.我国枸杞标准体系建设现状及对策建议[J].农产品质量与安全，2017

　　(3)：78-80.

[8]李伟．宁夏回族自治区优质枸杞产业发展影响因素及对策研究[D]．北京：北京林业大学，2015.

[9]苟金萍．宁夏枸杞标准化现状与发展对策[J]．宁夏农林科技，2009(1)：49-50.

[10]张晓芳．"宁夏制造"步入标准化轨道[N]．宁夏日报，2008-10-15(2).

[11]张艳，苟金萍．枸杞生产技术标准化探讨[J]．宁夏农林科技，2006(4)：44，37.

[12]苟金萍，程淑华．质检机构在推进农业标准化建设中作用的初探[J]．农业质量标准，2005(5)：
　　25-26.

新疆枸杞产业标准体系
建设发展报告

李勇 赵娜*

摘　要: 新疆是我国枸杞的主要产区之一,枸杞产业在当地经济发展中占有重要地位。本报告旨在通过调研总结新疆枸杞产业标准体系建设的历程和现状,收集整理相关成果的应用情况,分析存在的问题和挑战,并提出标准体系建设发展过程中相应的建议和措施。

关键词: 新疆　枸杞　产业　标准　体系

新疆是我国枸杞的主要产区之一,枸杞产业在当地经济发展中占有重要地位。截至2022年年底,新疆枸杞种植面积达25.2万余亩,其中,以北疆博尔塔拉蒙古自治州(以下简称博州)、塔城地区和巴音郭楞蒙古自治州(以下简称巴州)为主要发展地区,博州地区精河县11.7万亩,塔城地区沙湾县3.3万亩,巴州地区尉犁县1.4万亩,其他地区发展面积7.8万亩,总产量达2.2万吨。枸杞集散中心2个,北有精河县枸杞交易中心,南有尉犁县枸杞交易市场。相关加工企业和合作社40家。加工产品除了传统的枸杞干果外,还发展了枸杞鲜果、枸杞果浆、果汁、枸杞酒、枸杞茶等多种类型。

为了提高枸杞产业的竞争力,实现可持续发展,建立完善的枸杞产业标准体系至关重要。本报告旨在分析当前新疆枸杞产业标准体系建设现状,提出存在的问题和挑战,并给出相应的建议和措施。

一、新疆枸杞产业标准体系建设现状

随着人民生活质量的提高,对产品的质量安全要求也越来越高,产品的标准逐渐成为影响国际贸易的重要因素[1]。2000年后我国农产品标准化建设进入全面发展阶段,但是对于具有地理区域特征的特色农产品缺乏保护措施与扶持力度,缺乏统一的生产标准和技术规程,因而特色农产品市场比较混乱,严重影响我国特色农产品质量,制约特色农产品市场的扩大。亟待搭建符合我国国情的特色农产品标准体系,来提高我国特色农产品标准化生产水平,从而增强我国特色农产品在国际市场的竞争力[2]。

注:李勇,新疆林业科学研究院经济林研究所助理研究员;赵娜,新疆维吾尔自治区林果产业发展中心,三级调研员。

　　农业标准化作为一项社会性的基础工作，对加快农业科技成果转化，调整农业产业结构，发展高产、优质、高效农业，推动新疆优势资源转换战略的实施，促进农业产业化发展等方面发挥了重要作用。新疆农业标准化工作大体上可分为三个发展阶段：第一阶段，从 20 世纪 70 年代中期到 80 年代中期为宣传发动阶段，主要是广泛宣传农业标准化工作，使社会各界认识农业标准化，重视农业标准化，同时制定了 200 多项农业方面的地方标准。第二阶段，从 20 世纪 80 年代中期至 90 年代中期为示范推广阶段，针对农产品短缺，提出了实现农产品总量增加、农民收入稳定增长的总目标，农业标准化工作的重点由制定标准向实施标准转移。20 世纪 90 年代末以后为第三阶段，农产品由供不应求转入总体供过于求阶段，农业产业结构和产品结构调整发生质的变化，特别是我国加入世贸组织后，提高农产品的质量安全已成为增强农产品市场竞争力，扩大农产品出疆、出口，加快农业产业化发展的主要任务[3]。

　　1998 年、2002 年根据经济发展实际，自治区先后两次进行标准清理，现行有效农业方面自治区地方标准 238 项，制定地、县级农业地方标准 203 项。同时，制定发布了《新疆维吾尔自治区主要农产品目录》。全区实施国家级农业标准化示范区累计 21 个，自治区农业标准化示范县(团)及重要示范项目 41 个。农产品质量安全标准体系建设已经起步[3]。

　　《新疆维吾尔自治区农产品质量安全标准体系发展规划(2005—2010 年)》确定了以提高农产品质量安全总体水平和保护广大人民身体健康为目标，以制定和实施农产品质量安全标准为重点，建立健全农产品质量安全标准体系和检验检测体系，加大标准的实施和监督力度，逐步完善农产品的市场准入制度，有效地为农村经济建设服务，推动新疆名牌战略实施的农业标准化工作思路[3]。

　　从 20 世纪 90 年代末开始，在国家层面对新疆特色林果扶持力度不断加大的大背景下，新疆从事枸杞科研推广工作的专业技术人员编制发布了一系列的枸杞地方标准，并于 2003 年构建了最早的枸杞地方标准体系。此体系划分了枸杞生产技术标准体系、枸杞产品质量标准体系、枸杞质量检验标准体系三个子体系，包含 5 项国家标准，1 项行业标准，13 项地方标准。

　　"十二五"期间，为做好"质量兴新"、促进经济社会又好又快发展的工作基础，实施标准化发展战略，全面推进标准化工作，根据《中华人民共和国标准化法》《标准化事业发展"十二五"规划》和《新疆维吾尔自治区国民经济和社会发展第十二个五年规划纲要》，特别制定的《新疆维吾尔自治区标准化发展战略纲要(2011—2020 年)》提出：目前，新疆已初步建立覆盖优势特色农产品的标准体系和农业标准化示范区，工业企业标准化从制订单一产品标准向建立标准体系拓展和完善，服务业标准化工作逐步推进和完善。但总体而言，新疆标准化工作水平还不高，公众的标准化意识尚待加强，企业技术标准创新能力较弱，科技创新与技术标准缺乏有机结合，体制机制还不完善，标准体系不健全，标准化工作与全区经济社会发展水平还不相适应[4]。

　　实施标准化发展战略，有利于促进技术进步和科技成果转化，充分发挥标准化的技术支撑作用；有利于企业通过对标准的有效利用，提高管理水平、产品质量和安全水平；有利于推动产业结构调整和优化升级，加快农牧业现代化进程，提升全区特色优势产业和战略性新兴产业的核心竞争力；有利于科学合理有效利用优势资源，发展生态文明，建设资源节约型和环境友好型社会，推进新疆科学跨越发展[4]。

结合《新疆维吾尔自治区标准化发展战略纲要（2011—2020年）》，新疆枸杞标准体系对已划分的三个子体系中的枸杞生产技术标准体系、枸杞产品质量标准体系内容进行了重点修订和扩充，修订了DB65/T2083，DB65/T2087，DB65/T2091，引用NY/T1051和更新的GB7718作为体系标准的一部分，补充制定了2项地方标准DB65/T3354—201和DB65/T3359—2012。此时，新疆枸杞标准体系具有5项国标、2项行标和15项地标，共计22项标准的规模。

十八大以来，随着国家标准化工作不断深入推进，标准审查制度逐步完善，标准分类越来越精准。新疆枸杞相关地方标准陆续发布16项，废止9项。目前，已发布过枸杞地方标准数量已达31项，其中现行22项。

在枸杞产业化持续推进，产业链不断延长的发展势头下，各类协会团体、生产企业和合作社也编制发布了枸杞的相关企业标准。目前，在标准信息平台登记的现行枸杞相关的团体标准1项；企业产品标准7项，其中，水果干制品标准3项，发酵果蔬汁饮品标准1项，果夹仁制品标准1项，保健品增强免疫力膏标准1项，杂粮粉标准1项。

综上所述，新疆枸杞现行的相关地方标准及企业标准共计30项。

二、取得的成果

（一）标准成果

现行的30项新疆枸杞相关地方标准及企业标准（表1），覆盖了产品类、投入品类、栽培生产类、研究试验方法类、灾害防控类等5个领域，涉及枸杞产前、产中、产后三个阶段中的栽培、加工、产品、服务4个方面的技术。其中，产品类标准12项，投入品类标准1项，栽培生产类标准10项，试验研究方法类1项，灾害防控类6项。企业标准多以产品标准为主，现行7项企业标准中有3项是水果干制品。

在省级地方标准中，《精河枸杞品种'精杞1号'》（DB65/T 2084.1—2003）和《精河枸杞品种'精杞2号'》（DB65/T 2084.2—2003）规定了这两个品种特征。《枸杞育苗技术规程》（DB65/T 2087—2012）确定了新疆北疆培育枸杞苗木的育苗基地的经纬度范围、单位面积扦插量、不同模式（硬枝扦插、嫩枝扦插）单位面积扦插量、苗木产量等技术指标。成苗率分别为硬枝扦插33%～40%，嫩枝扦插25%～30%。《枸杞有害生物防治技术规程》（DB65/T 2091—2012）规定了新疆北疆地区枸杞虫害、病害的防治范围、种类、措施等内容。《枸杞红瘿蚊无公害防治技术规程》（DB65/T 3329—2011）和《枸杞瘿螨类无公害防治技术规程》（DB65/T 3330—2011）提出了对两种主要虫害的虫情调查方法、预测预报方法、防治指标和防治技术。《黑果枸杞原花青素含量的测定 液相谱法》（DB65/T 4039—2017）规定了黑果枸杞中原花青素测定的原理、试剂和材料、仪器和设备、测定步骤、液相色谱法测定、计算及精密度要求。适用于黑果枸杞含水量在10%以内的原花青素的测定，并设立检出限为1mg/kg。《黑果枸杞高效栽培技术规程》（DB65/T 4161—2018）规定了黑果枸杞高效栽培技术的术语和定义、建园、栽培、病虫害防治、采收和制干的技术要求。适用于新疆范围内黑果枸杞栽培区以及生境条件相似区域的黑果枸杞高效栽培技术需要。《生态健康果园'精杞 1 号''精杞 2 号'栽培技术规程》(DB65/T 4186—2019)规定了生态健康果园'精杞 1 号''精杞 2 号'栽培技术的术语和定义、园地选择、产地环境、品种选择、苗木选择、栽植密度、园地管理、栽培管理、有害生物防治、采收分选包装和档案管理的要求。适用于'精杞 1 号''精杞 2 号'的适宜种植区的生态健康果园栽培的模式。《干制枸杞果品质量分级》(DB65/T 4474—2021)规定了干制枸杞的果实特征、采摘时间、质量要求、生产加工过程的卫生要求、检验方法、检验规则、标志、包装、运输和贮存的要求。适用于经干燥加工制成的各品种的枸杞成熟果实。《特色林果枸杞绿色生产技术规范》(DB65/T 4605—2022)规定了枸杞绿色生产过程中产地环境、园地选择、品种选择、栽植、树体管理、土肥水管理、有害生物防治及采收与制干的技术要求。适用于枸杞的绿色生产和管理。

地区级地方标准中,《精河枸杞育苗技术规程》(DBN6527/T 007—2020)规定了精河培育枸杞苗木的育苗基地的范围、单位面积扦插量,细化了扦插类别(大田硬枝扦插、设施硬枝扦插和嫩枝扦插)、单位面积扦插量及苗木产量等指标。成苗率达到 75%~85%。《精河枸杞有害生物防治技术规程》(DBN6527/T 010—2020)在规定了虫害、病害的农业防治、生物防治、物理防治、药剂防治等各类防治措施的基础上,还囊括草害、鼠兔害等方面危害的预防措施以及鸟类、家畜和其他野生动物的危害行为的预防措施。《精河枸杞种质特征》(DBN6527/T 008—2020)规定了精河枸杞'精杞 1 号''精杞 4 号''精杞 5 号'的基本信息、形态特征、生物学特性和果实性状等内容,适用于新疆博州精河枸杞种质鉴定。《精河枸杞》(DBN6527/T 011—2020)重点规定了精河枸杞的定义,指在博尔塔拉蒙古自治州范围内,海拔为 189~650 米,年均气温 7.8℃,年有效积温 3300℃以上,年日照时数不小于 2700 小时条件下种植的枸杞以及品种范围,还规定了精河枸杞的相关术语和定义、质量要求、试验方法、检验规则、标志、包装、运输和贮存;此标准适用于博州精河枸杞鲜果及干果制品。《农产品地理标志 精河枸杞》(DBN6527/T 012—2020)规定了精河枸杞的术语和定义,地理标志产品的保护范围(保护范围,位于东经 81°44′—83°45′,北纬 40°00′—45°10′之间,面积为 11187 平方千米,海拔 189~650 米,适宜种植精河枸杞的区域)、质量要求、试验方法、检验规则、标志、包装、运输和贮存。适用于原农业部 2010 年第 1364 号公告规定的农产品地理标志地域保护范围内生产的精河枸杞产品。《枸杞夏果期高温热害预警等级》(DB6527/T 007—2023)规定了枸杞夏果期与高温相遇时高温热害的预警等级划分。适用于博州枸杞夏果期高温热害的预警。《农业气象观测规范 黑果枸杞》(DB6527/T 008—2023)规定了黑果枸杞农业气象观测的方法,包括主要农业气象灾害、病虫害的观测时次、内容、标准和计算方法以及观测结果的记载方法等。适用于开展黑果枸杞气象观测、科研、服务等相关工作。

(二)标准推广应用情况

以新疆枸杞产业中心精河县为例,2000 年我国农产品标准化建设进入全面发展阶段,结合"质量兴新"、促进经济社会又好又快发展工作,随着标准化战略的实施,国家标准化工作地不断深入推进。据不完全统计,以新疆枸杞标准为成果依托的科研示范推广项目达到 80 余项,2018 年以来获得发明专利 13 项,累计达 105 项。研发枸杞新产品 20 余种,

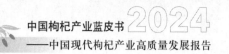

表 1   新疆枸杞标准名录

序号	现行地方标准	
1	DB65/T 2083—2012	枸杞标准体系总则
2	DB65/T 2084.1—2003	精河枸杞品种'精杞1号'
3	DB65/T 2084.2—2003	精河枸杞品种'精杞2号'
4	DB65/T 2087—2012	枸杞育苗技术规程
5	DB65/T 2091—2012	枸杞有害生物防治技术规程
6	DB65/T 2092—2003	枸杞测土配方施肥技术规程
7	DB65/T 3329—2011	枸杞红瘿蚊无公害防治技术规程
8	DB65/T 3330—2011	枸杞瘿螨类无公害防治技术规程
9	DB65/T 4039—2017	黑果枸杞原花青素含量的测定 液相色谱法
10	DB65/T 4161—2018	黑果枸杞高效栽培技术规程
11	DB65/T 4186—2019	生态健康果园'精杞1号''精杞2号'栽培技术规程
12	DB65/T 4474—2021	干制枸杞果品质量分级
13	DB65/T 4605—2022	特色林果枸杞绿色生产技术规范
14	DBN6527/T 006—2020	精河枸杞标准体系总则
15	DBN6527/T 007—2020	精河枸杞育苗技术规程
16	DBN6527/T 008—2020	精河枸杞种质特征
17	DBN6527/T 009—2020	精河枸杞栽培技术规程
18	DBN6527/T 010—2020	精河枸杞有害生物防治技术规程
19	DBN6527/T 011—2020	精河枸杞
20	DBN6527/T 012—2020	农产品地理标志 精河枸杞
21	DB6527/T 007—2023	枸杞夏果期高温热害预警等级
22	DB6527/T 008—2023	农业气象观测规范 黑果枸杞
	现行团体标准	
23	T/XJZJXH NS 10003.1—2022	"新疆品质"特色产品技术规范 枸杞
	现行企业标准	
24	Q/AKSP 0001S—2017	杂粮粉
25	Q/WHGS 0001S—2018	水果干制品
26	Q/XYQY 0001S—2018	水果干制品
27	Q/XYQY 0002S—2018	果夹仁制品
28	Q/YQK 0001S—2018	发酵果蔬汁饮品
29	Q/HSY 0004S—2019	华圣元增强免疫力膏
30	Q/LTX 0001S—2019	水果干制品

制定博州枸杞地方标准体系，包含博州枸杞地方标准7项，通过推广示范标准化生产栽培管理技术的林果科技培训，发放枸杞技术标准宣传手册，培训覆盖产区农户1万余户3.2万余人次。

依托精河县枸杞产品质量安全检测中心建成枸杞产品质量安全监控评估预警体系，形成枸杞产品质量安全监测网络，牢牢把握产品市场话语权；建成标准化千亩示范园 14 个，建成绿色枸杞高标准示范基地 3.8 万亩，标准成果推广应用面积 10 余万亩，机械化生产水平达 80% 以上，枸杞干果单产达到 203 千克。

运用《育苗技术规程》(DB65/T 2087—2012)拉动了苗木产业，建成 500 亩标准化育苗基地，选育了丰产、保鲜型'精杞 4 号''精杞 5 号'2 个自主品种，同时在扦插育苗成活率等方面取得新突破，建立枸杞育苗钢架大棚 156 座，以设施育苗为主，年育苗能力 1000 万株，精河县已成为新疆优质枸杞育苗基地。

已培育枸杞种植合作社 25 家、枸杞加工企业 16 家(深加工企业 3 家)、枸杞电商企业 47 家，枸杞产品从干果扩展到枸杞原浆、枸杞啤酒、枸杞饮料、枸杞茶、枸杞休闲食品等 20 余种产品，创建"果生康""精杞神"等 23 个品牌，引领枸杞保健新时尚，枸杞"健康+"产品备受各年龄段消费人群青睐，拓宽了市场销售渠道，提高产品附加值。通过加工产业引领，吸纳 3.2 万劳动力就业。

搭建了"精河枸杞"系列产品对外展示交易的平台，吸纳百吨以上的民营运销企业 68 家，枸杞采摘期有经销户 216 户，市场营销人员 3100 余人，精河县以外集散到精河枸杞交易市场 0.96 万吨，加上县内产品 0.51 万吨，市场交易量达 1.47 万吨，实现销售额 6.6 亿元，占农业总产值的 35%，农牧民纯收入中来自枸杞产业的收入占 21%[6]。

2022 年 2 月，以新疆农产品系列标准为基础衍生的新疆农产品质量安全追溯管理平台已基本建成并投入试运行。

三、存在的不足

(一)产业标准方面

(1)基础性地方标准数量和质量不足，修订不及时，产业标准构架不完善　目前，新疆枸杞现行地方标准在栽培生产和有害生物防治方面相对丰富，缺少加工、销售等环节的标准，检验检测标准尚不完善；虽然已经废止了一批跟国标、行标内容雷同的地方标准，但是在现行的地方标准中地方性特色重点指标仍不够突显，标准修订更新不及时，对地方枸杞标准、企业标准制定基础性指导作用微弱。

(2)技术创新不足，同质化严重　枸杞产业技术创新水平较低，以国家标准和地方标准为基础制定的企业标准数量不足，且部分标准质量不高，对产品生产和质量安全指导意义不大，难以支撑标准落地实施。以地理标志产品、企业拳头产品为中心的配套投入品、栽培、加工、包装、物流、运输等标准不够完善，或者国家标准、地方标准引用力度不够，不能发挥出标准体系系统的技术指导作用。企业标准特色不明显，同质化严重，产品特性不能在标准中明确突出，导致产品在消费市场无法清晰地体现出企业产品的特点，难以满足企业营销宣传需求，对企业市场推广和引导消费者的促进作用未能充分显现。

(二)标准化组织方面

(1)标准制定者　新疆枸杞产业规模相对较小，缺乏参与标准化的积极性和主动性；

企业和合作社大多缺乏标准化意识，对标准化的重要性认识不足，参与度不高。

（2）行业协会　标准化协会组织功能不健全，建设滞后。行业协会组织松散，协会功能缺少对企业和合作社等制定的产业标准的统筹管理的内容，对标准申报渠道的社会面宣传不足。

（3）企业标准市场化程度低　标准的市场化模式尚不成熟，在标准执行把关和推广宣传力度方面严重不足，导致消费者对企业产品和其核心技术不了解，容易被市场上仿制、假冒等不良竞争者欺骗，对产业造成负面影响，影响了产业健康发展；企业中很多具有一定技术壁垒、市场竞争力强的生产加工技术只能作为专利一家独享，不愿形成标准进行大面积推广，这种技术垄断也影响了产业的整体发展速度。

四、建议与措施

（一）加强政策引导，加大资金和技术支持力度，推动产业升级和转型

争取政府和相关部门的支持，加大资金和技术投入，引导企业积极参与标准化工作，鼓励企业探寻企业标准市场化模式。提高产品质量和竞争力，推动枸杞产业标准化升级和转型，为标准化工作提供有力的支撑和保障。

（二）建立健全枸杞产业标准化组织

成立枸杞产业标准化组织，负责地区（县市）级地方标准、企业标准的制定、修订的统筹组织对接工作。宣传标准申报方式和渠道，为企业和合作社提供标准申报服务。强化产业标准的统筹管理工作，积极宣传标准重要性，提高企业和农户对标准化的认识和重视程度，激发其参与标准化的积极性和主动性。配合主管部门开展相关的实施、宣贯培训、监督执行等工作，探寻技术标准的市场化模式。

（三）补充和修订相关标准，完善标准体系

针对目前新疆枸杞产业缺少加工、销售、检验检测等环节的标准，及时补充制定相关标准，对有更新技术内容的现行标准进行及时修订，结合产业发展提高标准的数量和质量，确保一、二、三产各环节的质量和安全。

（四）加强国际合作与交流

加强与国内外枸杞产业界的交流与合作，尤其是在机械化智能化方面学习借鉴先进经验和技术，研发制定出适宜国内枸杞机械化栽培生产的全自动工艺流程标准，降低劳动力成本；丰富产品种类，严把投入品限制和产品质量关，借鉴CAC的相关标准，在枸杞污染物监测和暴露评估的基础上，研究制定出适合新疆枸杞生产实际、饮食消费习惯，与CAC接轨的枸杞农药残留、污染物限量标准，从而在特色农产品质量安全标准制定方面占有一席之地，在枸杞技术性贸易壁垒争端的协调解决方面拥有主动权和发言权[5]，提高新疆枸杞产业的国际竞争力。

参考文献

[1]唐峰，谭晶荣，孙林．中国农食产品标准"国际化"的贸易效应分析—基于不同标准分类的Heckman模型[J]．现代经济探讨，2018(4)：116-124.

[2]滕园园，李菁，张崇燕，等．我国特色农产品枸杞标准体系现状研究[J]．中国标准化，2019(1)：100-111.

[3]自治区质量技术监督局，等．新疆维吾尔自治区农产品质量安全标准体系发展规划(2005—2010年)[EB/OL]．https：//www.110.com/fagui/law_173448.html [2005-02-22]

[4]自治区质量技术监督局．新疆维吾尔自治区标准化发展战略纲要(2011—2020年)[EB/OL].https：//www.xinjiang.gov.cn/xinjiang/jhgh/201303/e3b9918b7ac143669196cf2a739fc8e7.shtml [2013-03-18]

[5]周永锋，陈新来，宋克勤，等．我国枸杞标准体系建设现状及对策建议[J]．农产品质量与安全，2017(3)：78-80.

[6]州林业管理站．自治州枸杞产业发展情况[EB/OL]．http：//www.xjboz.gov.cn/info/2977/116006.htm.[2022-03-10]

[7]宁夏回族自治区林业和草原局，国家林业和草原局发展研究中心．中国枸杞产业蓝皮书(2023)[M]．银川：黄河出版传媒集团，宁夏人民出版社，2023.

内蒙古枸杞产业标准体系
建设发展报告

胡永宁　杨荣　阿丽日苏　刘军　韩兆敏*

摘　要：标准化是现代农业发展的重要内容，是保障农产品质量安全、增加绿色优质农产品供给的有效途径。内蒙古河套平原作为中国枸杞种植生产的五大主产地之一，具有独特的地域优势。为推动内蒙古枸杞产业的可持续发展及提高其标准化生产水平，加快建立内蒙古枸杞产业标准体系，本文从全产业链的角度出发，分析内蒙古枸杞产业标准化制定现状及存在的问题，提出相应对策和建议，以期为内蒙古枸杞产业的标准化建设提供参考。

关键词：内蒙古　枸杞　标准体系

标准化是现代农业发展的重要内容，是保障农产品质量安全、增加绿色优质农产品供给的有效途径[1]。随着农业供给侧改革深入，要达到供给水平、质量有效提升，就必须充分利用好标准技术体系，构建"农业标准引领、提升产品质量、打造市场品牌和促进发展动能"的农业标准体系，遵循"统一、简化、协调、优化"的基本原理和方法，规范、指导农业生产，研究制定产前、产中、产后全过程标准，加以应用监督，以助力农业先进生产经验总结与农业科研成果推广，促进和保证农产品的质量与安全，生产优质农产品，引导农产品消费，确保良好市场秩序，实现农业提质增效、农民增产增收目标的相关各项活动过程[2]。

枸杞作为特色经济作物，属多年生灌木，不仅耐盐性较强，且具有抗衰老、保护视神经、抗癌、预防糖尿病等营养价值，被称为"超级水果"，市场价值较高。就内蒙古而言，枸杞种植区域主要集中在巴彦淖尔市、呼和浩特托克托县等地区。其中，巴彦淖尔市于1956年开始引种枸杞，是内蒙古最早种植枸杞的区域。1988年前后，仅巴彦淖尔市枸杞种植面积就达到了21万亩。1997年，乌拉特前旗先锋镇被内蒙古自治区确定为枸杞种植示范基地。2013年中国经济林协会命名巴彦淖尔市先锋镇为"中国枸杞之乡"。2014年，农业部中国绿色食品发展中心认定先锋枸杞为"中国绿色食品"A级产品。2016年，原国家质检总局批准对"先锋枸杞"实施地理标志产品保护[3]。2019年，内蒙古自治区林业和

注：胡永宁，内蒙古自治区林业科学研究院，科研处处长，正高级工程师；杨荣，内蒙古自治区林业科学研究院，副研究员；阿丽日苏，内蒙古自治区林业科学研究院，研究实习员；刘军，内蒙古自治区林业科学研究院，所长，高级工程师；韩兆敏，内蒙古自治区林业和草原监测规划院，工程师。

草原局提出继续推进巴彦淖尔市枸杞基地建设，建设三产融合发展的产业带[4]。但是，随着内蒙古河套地区其它农副产品种类扩增和价格提升，因枸杞生产采摘成本较高、当地绿色有机产品生产技术运用较低等因素，枸杞产业逐步失去原有的品质优势和市场竞争力，价格和效益全面下降。据内蒙古林草数据统计，截至 2022 年，全内蒙古枸杞总种植面积仅为 819 公顷，总产量 3972 吨。

2023 年 6 月 6 日，习近平总书记在内蒙古巴彦淖尔市发出了打好"三北"工程攻坚战，努力创造新时代防沙治沙新奇迹的伟大号召。而为实现林业全面开发，三北各区应逐步增加林业扶持力度，积极开发林沙产业，努力实现大地增绿、企业增效、农牧民增收。而枸杞产业在内蒙古"三北"攻坚战中，如何发挥它的传统优势，成为西部地区绿色经济发展和农民脱贫致富的朝阳产业，枸杞产业标准化体系建设则是作为推进枸杞产业高质量发展的重要抓手，是推动自治区枸杞产业高质量发展重要的实现路径。

一、内蒙古枸杞产业标准现状

从"全国标准信息公共服务平台""国家标准文献共享服务平台"等标准文献数据库中获取与枸杞全产业链相关的标准条目，经过内容排查后，截至 2023 年，枸杞产业相关国家标准、行业标准、地方标准、团体标准共计 268 项，其中现行有效标准 223 项，内蒙古枸杞地方标准 5 项，团体标准 1 项，总占比仅为 3%。

枸杞标准体系组成第一层级主要包括生产技术、产品标准、流通管理 3 个部分。分析内蒙古自治区现行标准发现，涉及生产技术的标准只有《枸杞扦插育苗及建园技术规程》（DB15/T 1288—2017）、《黑果枸杞育苗技术规程》（DB15/T 1289—2017）、《黑果枸杞栽培技术规程》（DB15/T 2435—2021）和《盐碱土壤枸杞咸淡水轮灌技术规程》（DB15/T 1018—2016)4 个，其中黑果枸杞生产技术标准 2 个，其它从产地环境到良种繁育、种植管理等生产技术的标准处于空白状态。显然，自治区现有枸杞标准体系尚未建立，远不足支撑其产业化发展。

二、内蒙古枸杞产业标准化建设不足

借鉴宁夏枸杞产业体系标准，枸杞标准体系应该包含 3 个层级[5]，第一层级为分体系，即生产技术标准分体系、产品标准分体系、流通管理标准分体系。第二层级为类别，本层级共划分出 9 种类别：生产技术标准分体系包括产地环境、良种繁育、种植管理 3 大类标准；产品、检验方法、加工方法 3 大类标准组成了产品标准分体系；流通管理标准分体系包括包装储运、交易市场管理规范、产品追溯 3 大类标准。第三层级是类别的细分，本体系根据农业标准化示范推广客观需求对第二层级—类别进行进一步细化：将生产技术标准分体系中的产地环境分为选地要求、建园环境质量要求、监测方法及排灌设施设备、田间道路等基础设施；良种繁育类别分为良种及鉴定方法、苗木繁育、苗木质量；栽培种植管理标准、制干标准、水肥管理标准、采收标准与病虫害防控标准组成了种植管理类别（图 1）。产品标准对枸杞收获产品包装、监测、加工等进行规定，指导枸杞产品高质量商品化的标准。流通管理属于枸杞产后技术标准体系，包括枸杞产品包装、仓储管理、产品质量技术体系及追溯通用标识规范等标准。

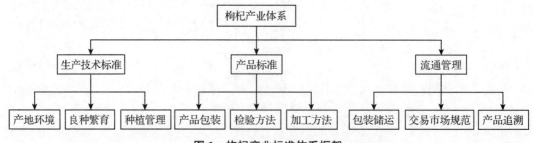

图1　枸杞产业标准体系框架

对标宁夏枸杞产业标准体系，内蒙古枸杞标准体系在标准化建设中存在着各环节标准制定的整体性和配套性不足、产业标准链条短、标准数量严重不足、关键标准缺失、标准特色不明显、品牌建设不突出等问题，没有发挥出标准基础引领、推动技术进步和促进产业提质增效的作用。

三、内蒙古枸杞产业标准化发展对策建议

(一) 立足产业特色，完善枸杞产业标准体系

标准体系是运用系统论指导标准化工作的一种方法，高质量的标准体系可助力行业高水平技术创新、促进产业高质量发展，对维护枸杞产业市场秩序，提高产业效益、市场竞争力，具有重要作用。聚焦内蒙古枸杞产业优势，从枸杞全产业链出发，包括产前、产中与产后的主体等，构建贯穿产业链全链条的一、二、三产业融合标准体系[6]。按照产地环境与设施、资源、品种、种苗、栽培、种植生产、质量控制、产品检验方法、加工再到消费和流通等环节横向展开，依次按照各环节逐层展开。将每个环节按照基础通用标准、产品标准、方法标准、质量认证和管理服务分类，按照产业布局将每一个标准都放在合适的框架内，并列出需要制定和修订的标准。

(二) 推进"政府主导+市场自主"制定，协同发展

紧密结合国家、行业和自治区农林产业发展的政策、规划和标准化实际的需求，把加快建设推动高质量发展的标准体系作为标准化工作的重中之重。提升地方标准质量，积极培育优质的枸杞团体标准，强化枸杞企业标准制定，推进政府主导制定标准与市场自主制定标准协同发展、协调配套。整合枸杞产业科研院所和产业部门力量，健全社会化服务体系，完善标准科研创新机制，健全全覆盖、多层次、系统化的高质量标准体系。

(三) 建立枸杞标准化生产示范基地，发挥标准示范区带动作用

标准化生产示范基地的建立，是推动科技成果转化为现实生产力的有力推手，也是标准实现的迫切需要。通过标准示范基地的建设，全面系统推广标准化生产技术，促进科技

成果转化，才能实现生产力水平和产品质量的提高。近年来，内蒙古枸杞产业因技术、产地环境和管理等问题，总体规模不断缩小，且仍以农民小散户经营为主，组织化程度较低，标准化生产技术普及率也较低，产品质量和生产效益均不高，农民收入增长缓慢。建设具有一定规模和标准化的枸杞生产示范基地，大力推动标准市场化，提升制定标准的比重，形成全方位、多渠道扩大标准供给，更好地让其他农业经营主体在标准化推广工作中发挥重要作用。

（四）推动标准实施，切实发挥作用

实行枸杞全产业链标准的全生命周期管理，充分了解市场主体、消费群体、监管需求，主动对接技术进步、产业发展等。发挥政府导向作用，加强标准在政策措施中的应用，落实标准实施主体责任，严格标准执行，确保标准立得住、行得通、用得好，充分发挥"标准化+"效应，推动枸杞产业标准化建设取得新进展。积极推广枸杞规范化、标准化种植，将发展枸杞产业与地区农林经济结构调整、扶贫开发、科技推广等项目积极有效联动，引导枸杞种植企业及农户标准化、规范化生产，提高枸杞产量和质量，促进枸杞产业健康、可持续发展。

（五）强化区域联动，发挥标准联盟作用

积极强化区域联动，与枸杞产业发展较好省区战略联盟，协同提升区域优势的枸杞产业竞争力，更好地服务三北防护林体系建设工程，促进生态产业化建设和发展，利用标准化助推农牧业优势特色产业新技术产品化，以市场化、产业化及国际化，带动优势特色产业"走出去"，实现国内国际联动循环，赋能林农产业和三北防护林体系建设工程区经济高质量发展。

参考文献

[1]中华人民共和国农业农村部.农业标准化生产实施方案（2022—2025 年）[Z].2022-09-19.

[2]郭大伟，毕超，王嘉睿.河套番茄高质量发展标准体系研究[J].中国标准化，2022(15)：185-192.

[3]曹银波.先锋枸杞：打响河套地域品牌[J/OL].http：//www.wltqq.gov.cn/xxzx/jcdt/201805/t20180504
_210001.html，2018-05-04.

[4]崔红志，刘佳.构建现代农业产业体系：内蒙古自治区巴彦淖尔市的探索、经验与启示[J].经济研究参考，2023(5)：60-69.

[5]塔娜.宁夏枸杞标准体系研究及建立[J].现代食品，2019(21)：56-57.

[6]朱隈明，蒋柠，冯莹.内蒙古肉牛产业标准体系建设现状及标准水平评价[J].中国标准化，2023
(9)：169-172.

实践篇

枸杞标准体系建设与产业高质量发展联结机制研究分析报告

张玉荣 何雪 邹轩傲雪*

摘 要：标准是经济活动和社会发展的技术支撑，标准化作为产业科学管理的基础，贯穿于产业由小至大、由粗放到集约、由低级至高级发展的全过程。在标准化引领下，传统枸杞产业不断转型升级，新产品、新技术相继涌现，标准体系建设成为枸杞产业高质量发展的重要选择和必然趋势；反之，枸杞产业发展也推动着枸杞标准体系的不断更新与完善。本文基于枸杞产业标准体系建设情况，从生产、加工处理和商贸流通三个方面分析行业中重点企业标准化工作。从"标准体系建立助推枸杞产业高质量发展"和"产业发展推动标准体系持续更新完善"两个方面，探究枸杞标准体系建设与产业高质量发展之间相辅相成的关系。最后，提出利用标准化工作进一步助推枸杞产业高质量发展的战略思考，即：提高标准编写水平，加强标准实施监管；打造枸杞标准联盟，发挥团体及企业标准有效性；完善枸杞产业标准体系建设支持保障措施。

关键词：枸杞标准体系 枸杞产业标准化 产业高质量发展

一、枸杞产业标准体系建设情况

(一)全国标准化工作建设情况

在"双循环"新发展格局的推动下，枸杞标准建设已逐渐嵌入枸杞生产研发全过程，目前已初步形成较为完整的枸杞标准体系。行业经营管理的持续优化使得枸杞产业标准内容不断拓展，科技含量逐步提高，区域特点和地方特色进一步凸显。截至2023年11月1日，全国共制定发布各类枸杞产业标准268项(现行有效标准223项)。其中，标准层次方面，国际标准1项，国家标准7项，行业标准18项，地方标准160项，团体标准82项，涉及枸杞产品、加工、质检等全产业链各环节，形成较为完善的枸杞质量标准体系。标准内容方面，产品标准68项，占25.37%；种植栽培标准49项，占18.28%；检验检测标准44项，占16.42%；生产加工标准27项，占10.07%；病虫害防控标准20项，占7.46%；苗木繁育及质量标准19项，占7.09%。地方标准的主导制定区域方面，宁夏86项，占53.8%；青海28项，占17.5%；新疆25项，占15.6%；甘肃、内蒙古、陕西、广西、辽

注：张玉荣，北方民族大学经济学院副教授；何雪，北方民族大学经济学院硕士研究生；邹轩傲雪，北方民族大学经济学院硕士研究生。

宁等 21 项，占 13.1%。

截至 2020 年年底，全国有 28 家枸杞生产经营企业取得国内有机认证，百瑞源股份有限公司、沃福百瑞股份有限公司、格尔木亿林枸杞科技开发有限公司等企业的枸杞产品相继通过北美（USDA）、欧盟（EU）或日本（JAS）有机产品认证，引领枸杞产品质量提升，增强了枸杞产品在国内外市场的竞争力。优质枸杞产品及其配套质量安全控制与监测体系为枸杞产业高质量发展提供了重要保障，枸杞品牌建设水平及其影响力不断攀升。

（二）宁夏标准化工作建设情况

宁夏在枸杞产业标准制定工作中发挥"领头雁"作用，主导制定地方标准与团体标准 139 项，占 57.4%。2001 年 1 月，"中宁枸杞"正式被国家商标局批准为证明商标[1]。2002 年，自治区农林科学院、枸杞协会、果树技术工作站联合组织标准制定工作，起草了《无公害食品 枸杞》，经过反复征求意见，通过审定经宁夏质量技术监督局批准为地方标准，标准号为 DB64/250—2002[2]。2010 年，宁夏农科院国家枸杞工程技术研究中心结合生产实践起草《枸杞苗木质量》《清水河流域枸杞规范化种植技术规程》《枸杞热风制干技术规程》等 3 项标准[3]。宁夏农林科学院枸杞科学研究所加大对枸杞种质资源的收集整理工作，于 2012 年和 2013 年制定《枸杞种质资源描述规范和数据标准》和《植物新品种特异性、一致性、稳定性测试指南（枸杞）》，完善了枸杞种质资源农艺、品质、抗性等性状的综合评价指标，建立起种类与数目最多的枸杞代谢物（1032 种）数据库，在国际上首次完成枸杞全基因组测序，获得染色体级的枸杞基因组物理图谱，加速枸杞资源的综合开发利用。

2017 年以来，在关键单体标准建设方面，宁夏已完成两项地方标准：《食品安全地方标准 枸杞》（DBS64/001—2017）和《枸杞虫害生态调控技术规程》（DB64/T1576—2017），两项标准从食品安全、基地管理、虫害生物防控等角度为枸杞产业提供"绿色""优质""稳产"的技术支撑。2019 年 5 月 30 日，宁夏发布地方标准《宁夏枸杞标准体系建设指南》（DB64/T1639—2019），是在全国范围内建立的首个枸杞产业领域的标准体系[4]。2022 年 12 月，《宁夏"六特"产业高质量发展标准体系第 2 部分：枸杞》（DB64/T 1830.2—2022）代替《宁夏枸杞标准体系建设指南》正式实施；同年，宁夏回族自治区科学技术进步二等奖获奖项目——枸杞质量标准及检测技术体系研究与应用项目，制定行业标准 1 项、地方标准 1 项，成果登记 4 项，发表论文 33 篇（其中含 1 篇 SCI 论文）。

2023 年，宁夏发布各类标准 23 项，在全国率先建立起较为完备的枸杞标准体系。同年 11 月，国家级枸杞产品质量检验检测中心（宁夏）通过验收正式运行，宁夏初步构建起国家级、自治区级、市（县）级、生产经营主体四级检验检测体系；支持引导使用"宁夏枸杞""中宁枸杞"地理标志证明商标的企业自建检测室，对购置检测设备予以 30% 奖补。宁夏枸杞产品质量溯源平台逐步完善。目前，29 家宁夏枸杞企业已接入"宁夏枸杞"质量追溯体系，100 家枸杞企业接入"中宁枸杞"质量追溯体系，实现了生产经营信息可查询、产品可召回、责任可追溯，增加消费透明度[5]。

二、枸杞产业各行业重点企业标准化工作情况

枸杞产业生产经营过程分为生产（产地选择、种苗繁育、种植管理）、加工处理（产

品、检验、加工方法)和商贸流通(包装储运、交易、售后),并根据各过程紧密衔接及产业中长远发展要求,对各细分过程制定相应标准,进而构成较为完整的枸杞产业标准体系(图 1)[6]。

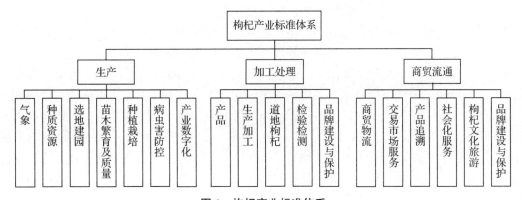

图 1　枸杞产业标准体系

注:根据《宁夏"六特"产业高质量发展标准体系 第 2 部分:枸杞》
(DB64/T 1830.2—2022)中枸杞产业标准体系绘制。

(一)生产:建设标准化种植基地,走绿色有机生态种植模式

标准体系的逐步完善使得枸杞产业在新品种推广、苗木繁育、病虫害防治等生产环节的规范化水平日渐提升,枸杞种植合作社、枸杞生产企业及枸杞种植主产区都向着标准化方向不断迈进。由表 1 可见,有机枸杞生产标准正逐步完善。据调查发现,多家枸杞种植企业已建成绿色无公害有机枸杞种植基地,并带动当地枸杞种植发展为绿色有机生态模式。宁夏沃福百瑞、百瑞源、玺赞庄园、菊花台庄园,青海格尔木亿林枸杞科技有限公司等企业枸杞产品均已通过北美(USDA)有机认证、欧盟(EU)有机产品认证和日本(JAS)有机产品认证。其中,宁夏菊花台庄园枸杞种植有限公司严格遵循《全球良好农业操作规范》标准及有机种植标准,采用有机肥料和有机标准生物农药,实行生产端全过程质量控制体系和精细化管理,于 2020 年获得国内有机转换认证和绿色食品认证,以及第二届宁夏枸杞优质基地称号。青海柴达木枸杞种植基地已初步建成围绕产业链、涵盖国家标准、行业标准与团体标准的全过程标准体系,枸杞有机栽培基地的建设标准使得青海产区的枸杞逐步实现从产量到品质的转型升级。

表 1　有机枸杞生产标准

时间	标准名称	制定部门	标准类型
2012	有机食品 枸杞生产技术规程(DB65/T 3359—2012)	新疆维吾尔自治区质量技术监督局	地方标准
2015	有机枸杞栽培技术规范(DB63/T 1424—2015)	青海省市场监督管理局	地方标准
2018	有机农产品认证管理办法	国家林业局	国家标准
2020	有机枸杞种植技术规范(T/CXDYJ 0013—2020)	北京现代有机产业技术创新战略联盟	团体标准
2020	枸杞有机栽培基地建设技术规程(DB63/T 1420—2020)	青海省市场监督管理局	地方标准

资料来源:根据宁夏回族自治区林业和草原局提供的材料梳理。

（二）加工：安全化、标准化加工模式

枸杞加工行业已逐渐转向安全标准生产线，不断建立和完善的高标准生产加工质量管理和认证体系促使枸杞深加工提质增效，推动枸杞产品达到国内外标准。宁夏地区已涌现出专业化从事枸杞加工的社会化企业，该类企业拥有专业化大型机械设备、智能化生产线以及高标准的卫生安全许可，正在逐步改善当地农户购买小型枸杞加工设备自行加工生产的局面。宁夏沃福百瑞枸杞产业股份有限公司是行业内枸杞深加工产品种类较为齐全的企业之一，其围绕国内外市场需求，高度重视枸杞深加工产品的研发与技术创新，产品相继获得美国 FDA 认证、药品 GMP 证书，德国 BCS 有机认证、北美、欧盟、日本以及犹太洁净食品认证和英国零售协会 BRC 全球食品安全标准认证等；同时，公司还获得 HACCP 体系认证、ISO9001:2015 质量管理体系认证和 ISO14001:2015 环境管理体系认证。通过这些认证不断提升产品质量标准，确保产品质量的稳定性和可靠性，实现"同线同标同质"[7]。枸杞深加工中枸杞原浆日益火爆市场，受到消费者青睐。由表 2 可见，枸杞原浆的标准建设以国家标准和行业标准为标杆，以宁夏地方标准和团体标准建设为辅助，正在日益完善。

表 2　枸杞原浆标准

时间	标准名称	制定部门	标准类型
2007	食品质量安全标准 枸杞饮料（GB 2760—2007）	国家质量监督检验检疫总局	国家标准
2019	枸杞浆（GH/T 1237-2019）	中华全国供销合作总社济南果品研究院	行业标准
2020	中宁枸杞原浆（T/NXFSA 003S—2020）	宁夏食品安全协会	团体标准
2020	枸杞原浆（T/NXFSA 002S—2020）	宁夏食品安全协会	团体标准
2020	柴达木富硒有机枸杞生产技术规范（T/CQA 001—2020）	海西州柴达木枸杞产业协会	团体标准
2020	柴达木富硒有机枸杞生产技术规范（T/CQA 002—2020）	海西州柴达木枸杞产业协会	团体标准
2022	食品安全地方标准 枸杞原浆（DBS 64/008—2022）	宁夏回族自治区卫健委	地方标准
2022	黑果枸杞原浆（T/NSFST 005—2022）	宁夏食品科学技术学会	团体标准

资料来源：根据宁夏回族自治区林业和草原局提供的材料梳理。

（三）商贸流通：对接国内外市场标准，开辟线上线下营销通道

枸杞产品的认证提升了枸杞的销售价值。枸杞企业研发线上线下营销通道，线下在本区域或跨区域建立枸杞品牌旗舰店，同时紧盯国际市场，对接国际标准及认证要求。领域内多数枸杞企业已取得 CMA 中国计量认证、药品生产许可证、ISO9000 质量管理体系认证、药品 GMP 认证，达到欧盟认证、德国认证、美国认证及法国、荷兰、加拿大等国家认证标准并积极拓展出口业务。枸杞商贸流通领域的认证及标准体系建设使得枸杞药食同源中药材、枸杞果品品质可溯源、可验证，数百项农残指标检测均达到欧盟标准，深耕药食同源中药材的日常化、便捷化、保健化，使消费者逐渐体验到枸杞产品对人体健康需求的真正价值（表3）。

表3　枸杞商贸流通行业标准

时间	标准名称	制定部门	标准类型
2019	枸杞包装通则（DB64/T 1649—2019）	宁夏回族自治区市场监督管理厅	地方标准
2019	枸杞贮存要求（DB64/T 1650—2019）	宁夏回族自治区市场监督管理厅	地方标准
2019	枸杞交易市场建设经营管理规范（DB64/T 1651—2019）	宁夏回族自治区市场监督管理厅	地方标准

资料来源：根据宁夏回族自治区林业和草原局提供的材料梳理。

三、枸杞标准体系建设与产业高质量发展机制研究

（一）枸杞标准体系建设与产业高质量发展的机理分析

1. 标准体系助推枸杞产业高质量发展

标准化推动了枸杞产业的良性发展，通过制定统一标准，促进企业技术创新、工艺改进和管理提升，使得行业技术持续革新；企业加强自身能力建设，提高产品质量和市场竞争力；规范行业持续健康发展，防止市场出现"驱逐良品"现象。

一是以标准提高生产效率，保证产品质量。枸杞生产阶段的标准建立为各项生产实践活动确立活动准则，使得生产实现有序化和规范化。标准是质量的依据，标准化水平决定产品质量。标准明确了枸杞产品的外观、色泽、气味、含水量、微生物限量等质量指标，使得生产运行依据标准有序开展，确保产品具备良好的口感、营养价值和安全性；同时，标准化减少枸杞生产中变异和缺陷的可能性。通过明确的工作标准和质量要求，企业可以提高产品质量，并满足客户的期望，确保产品和服务的一致性。标准化助推产品质量的提升，助推产品生产管理的规范，使企业经营水平大幅提升，进而促进枸杞行业的高质量发展。

二是以标准带动技术创新，鼓励企业管理升级。习近平总书记指出"标准助推创新发展，标准引领时代进步"。一方面，标准可以明确产品或服务的技术要求和性能指标，促使企业进行技术研发和创新，以满足标准规定的要求。另一方面，标准要求企业建立完善的质量管理体系、环境管理体系、安全管理体系等，从而提高企业的管理水平。标准将企业管理的要求具体化和规范化，有利于企业建立科学、规范、高效的管理模式和流程。

三是以标准规范市场秩序，推进市场经济健康发展。标准化有助于规范市场秩序，防止低劣产品的流通。通过统一标准帮助消费者更好地辨别和选择优质枸杞产品；同时，标准化也提高了供应链的透明度和可追溯性，减少了信息不对称和欺诈行为。市场准入和认证标准可以筛选优质企业，防止不合格企业进入市场。例如，通过有机认证、地理标志认证等，对符合标准要求的企业进行认证，增加产品的信誉度和市场竞争力。价格信息公开和交易规则标准可以保障市场交易的公平性和透明度。经营行为规范标准可以规范企业的经营行为，防止不正当竞争和违法违规行为。此外，标准还可以规定广告宣传、销售行为、合同条款等方面要求，以维护市场秩序和公平的竞争环境。

四是以标准助推国际交流合作，提升对外开放水平。通过制定与国际接轨的产品质量和安全标准，枸杞产业能够更好地把握国际市场需求，提供符合国际标准的产品，从而增

加国际交流与合作的机会。标准化的贸易流程和规范化的贸易标准可以提高贸易效率，降低交易成本，增强国际交流与合作的可持续性。

2. 产业发展推动标准体系持续更新完善

一是技术进步和创新推动标准体系不断更新。随着科技的不断进步和创新，枸杞行业中出现新的种植、加工和检测技术。新技术的出现对现有的标准体系提出挑战，也促使标准制定机构密切关注最新的技术发展，确保标准与技术的匹配性。二是市场需求推动标准体系持续完善。随着消费者对枸杞产品质量和安全的关注度提高，以及健康养生意识的增强，行业标准需要及时调整，以适应市场需求的变化。行业协会和标准制定机构通过与市场主体的沟通和合作，了解市场需求变化，并修订相关标准。三是枸杞行业的高质量发展提升标准体系建设的自律意识。随着枸杞行业的不断成熟，行业协会、标准制定机构等自律意识逐渐增强，开始研发和制定更高水平的枸杞行业标准，使得枸杞标准体系不断完善。

（二）枸杞标准体系建设与产业高质量发展的内在机制

如图2所示，从需求端来看，枸杞产业市场环境变化、行业技术创新、新产品问世、产品质量升级、结构优化等因素驱动政府引领行业协会、企业和相关研究人员更新修订已有标准/制定新标准，针对枸杞产业经营过程不同阶段的标准逐步增加，在一定程度上补充和完善已有枸杞标准体系；标准化提高产品生产效率和品质、带动技术创新、规范产品品质、助推国际交流合作等，从而使枸杞产业实现高质量发展。与此同时，枸杞产业的高质量发展进一步助推技术进步和产品质量优化，使得枸杞市场不断涌现更高层次的新需求，进而促使标准体系的持续更新完善。

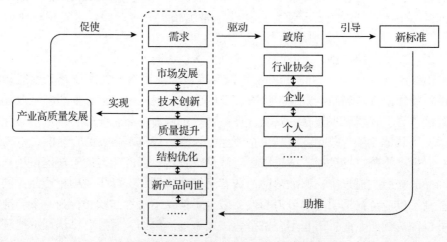

图2　枸杞标准体系建设与产业高质量发展机制

四、以标准化助力枸杞产业高质量发展的战略思考

（一）提高标准编写水平，加强标准实施监管

标准编制是市场和行业对先进技术的认同和追随，编制过程的严谨、细致和规范程度决定了对行业高质量发展的影响。因此，一是要健全标准立项机制，缩短标准制定周期。在标准立项环节，允许重要领域不够成熟的技术先行制定比规范、规程弱一些的指南、技术报告等标准类型；严把立项关，重视立项项目的必要性、可行性审查，简化审批流程，提高标准制定时效。二是要推动标准复审工作常态化机制形成，及时更新、淘汰老旧标准。对实施 5 年以上的标准，加快推进标准复审与修订，更新、淘汰现行标准中无法满足绿色产业发展要求的技术方法，强化生态环境保护要求，保障提高技术内容的适用性。三是要推动标准制定模式的变革，保障政府作为利益相关方的意见表达，同时吸纳更多利益相关方参与，即将政府作为利益相关方参与标准化活动，减少政府在行政审批环节的干预；吸纳标准使用者参与标准的制定与修订，助力政府主导型标准向应用型、市场型标准转变。四要加大贯标力度，推动新技术、新方法标准实施。对于服务突破战略的标准，要多层次、大范围地开展宣传贯彻，提高新技术新方法及早应用。五要加强产业数字化标准建设。2023 年初，国家标准化管理委员会发布《2023 年全国标准化工作要点》，要求加快农业、制造业、服务业等产业数字化融合标准研制，健全智慧社会、智慧城市等标准体系，枸杞产业要加强数字化绿色化协同转型发展标准体系研究及关键标准研制，逐步完善数据要素管理主要领域关键环节标准。

（二）打造枸杞标准联盟，发挥团体及企业标准有效性

标准的制定在一定范围内应当遵从统一原理，尤其是在生产及加工环节，不同层级间标准的重复或不一致容易导致经营秩序混乱，阻碍行业健康发展。团体标准作为我国标准化体系改革的重要方向，能够有效平衡国家标准、行业标准及地方标准的强制性与企业标准的专用性特征，对枸杞标准体系起到补充和创新作用，并在一定程度上增强市场适应性。因此，可围绕枸杞产业重点产品，联合各产区龙头企业、中微小企业、标准化院所、检验机构、科研院所、高校等机构组织建立枸杞产业标准联盟，通过产业标准联盟发展团体标准促进各大产区的互相借鉴协调，统筹规划我国枸杞产业标准化发展路径，通过资源整合建立科学系统的枸杞产业标准体系，从而促进枸杞产业高质量发展[8]。

另一方面，企业作为推动行业发展的关键主体，在提升经营能力和科研水平的同时参与枸杞标准体系建设，可以提升企业的综合实力和在枸杞行业内的"话语权"。因此，枸杞企业应围绕优势主导产品，积极参与国际、国家、行业标准的编制和领域内重大课题研究，充分发挥企业优势为枸杞行业发展做出贡献，从而引领行业技术进步，提升产品竞争力。通过参加国际、国家，以及行业标准的编制，促进企业自身发展，使企业成为行业发展的方向标。

（三）完善枸杞产业标准体系建设支持保障措施

构建标准化主管部门与协会、企业之间的协调联动机制，统筹制定枸杞产业标准化发展战略，构建标准体系，推动标准落地实施，促进标准化与产业深度融合。一要成立由农林、环保、科技、发改、商务等多方参与的产业标准化专业技术委员会或分技术委员会，给予更多政策支持，推动标准化专业技术委员会真正发挥作用。二要加大标准化的培训力度，提高专业队伍的标准化意识和素养，打造一支既懂专业又懂标准化的复合型人才队伍。三要加大标准化经费支撑力度，鼓励行业协会、龙头企业等社会力量加大标准化投入，形成政府主导、多方参与的资金保障机制，解决枸杞产业标准化资金不足问题。四要培育标准化服务组织，大力鼓励和扶持农业技术推广站、科研院校、标准化技术机构等相关组织积极开展枸杞产业标准化技术服务。

参考文献

[1]施娟.中宁枸杞撑起保护伞[N].人民日报,2001-07-23(11).

[2]张运迪.实施无公害标准 做大做强宁夏枸杞产业[J].中国标准化,2003(1)：62,66.

[3]张瑛.宁夏三项地方标准破解枸杞生产难题[N].宁夏日报,2010-12-14(6).

[4]塔娜,穆彩霞.标准信息平台助力宁夏枸杞标准体系实施研究[J].质量探索,2019,16(3)：47-50.

[5]冯璐."怎么抓质量安全都不为过"——宁夏现代枸杞产业高质量发展·质量立杞篇[N].中国绿色时报,2023-12-26(3).

[6]沈雪峰,舒迎花.农业标准化体系[M].广州：华南理工大学出版社.2016.

[7]宁夏回族自治区林业和草原局,国家林业和草原局发展研究中心.中国枸杞产业蓝皮书(2022)[M].银川：宁夏人民出版社,2022.

[8]万雨龙,谢军,任翔,等.标准联盟视角下县域深化标准化工作改革研究[J].中国标准化,2018(7)：77-82.

标准建设在现代枸杞企业的实践效应

纳慧 冉琳 崔健 李祯子 万云霄 康鹏波*

摘 要：党的二十大报告强调高质量发展是全面建设社会主义现代化国家的首要任务。在此背景下，聚焦枸杞全产业链，将现代枸杞产业发展充分融入我国推动高质量发展的大格局中，深入研究现有国际、国家、行业、地方、团体、企业标准，通过标准体系建设规范产业发展路径、明确产业发展方向、推动产业技术创新，为我国现代枸杞产业高质量发展提供技术支撑。枸杞产业是宁夏的优势特色产业，本文以宁夏百瑞源枸杞股份有限公司、宁夏全通枸杞供应链管理股份有限公司、宁夏杞鑫种业有限公司在现代枸杞产业标准建设成就的总结为基础，探讨标准建设在现代企业中的实践效应。

关键词：标准 现代枸杞产业 实践效应

习近平总书记多次指出，要强化标准引领，提升产业基础能力和产业链现代化水平。这为我国产业高质量发展指明了方向。当前，标准已经上升为产业发展战略的重要组成部分，是产业发展的重要牵引，关系到产业发展的基础性、先导性和战略性；标准体系是一定范围内的标准按其内在联系形成的科学有机整体。近10年来，枸杞主产区从宁夏逐渐拓展到甘肃、青海、新疆，中国枸杞产业规模不断扩大的同时，发展模式也由高速度向高质量过渡。与国内其他产区相比，宁夏枸杞在科研水平、品牌建设、市场营销、枸杞深加工领域的广度和深度等方面都具有较强的区域优势，标准化发展起步较早，产业化水平不断提升。[1]青海、甘肃、新疆等产区，也积极参与到枸杞产业的相关标准建设中来，为现代枸杞产业高质量发展做出贡献。

2019年5月，宁夏市场监管厅会同林业和草原局、宁夏农林科学院等行业研究部门，制定发布了全国首个关于枸杞标准体系建设的地方标准——《宁夏枸杞标准体系建设指南》（DB64/T 1639—2019），主要涉及产地环境、良种繁育、五步法绿色防控、追溯管理等环节，为宁夏枸杞标准体系建设提供了完善的技术依据和行动指南。2022年11月，宁夏回族自治区市场监督管理厅批准发布了《宁夏"六特"产业高质量发展标准体系 第2部分：枸杞》地方标准。[2]该标准体系融合国际、国家、行业、地方和团体标准，涵盖枸杞全产业链

注：纳慧，北方民族大学经济学院副教授；冉琳，北方民族大学经济学院硕士研究生；崔健，北方民族大学经济学院硕士研究生；李祯子，北方民族大学经济学院硕士研究生；万云霄，北方民族大学经济学院硕士研究生；康鹏波，北方民族大学经济学院硕士研究生。

发展，包括气象、选地建园、病虫害防控、品牌建设与保护、枸杞文化旅游等18个产业板块。

枸杞标准体系的构建，聚焦枸杞全产业链，围绕国家和宁夏关于枸杞产业政策要求，将枸杞产业发展充分融入宁夏推动高质量发展的大格局中，深入研究现有国际、国家、行业、地方、团体及企业标准，通过标准体系产业发展的顶层设计，规范产业发展路径，明确产业发展方向，推动产业技术创新等，为宁夏现代枸杞产业高质量发展提供方向及技术支撑。因此，本文通过实地调研，主要以百瑞源枸杞股份有限公司、宁夏全通枸杞供应链管理股份有限公司和宁夏杞鑫种业有限公司三个代表性企业为例，总结标准建设在现代枸杞企业管理中的实践效应，探讨新时期标准引领促进产业高质量发展的相关路径。

一、百瑞源枸杞股份有限公司

（一）企业基本情况

百瑞源枸杞股份有限公司（以下简称为百瑞源）成立于2003年，总部位于宁夏国家级经济技术开发区——银川德胜工业园区，是一家专业从事枸杞科技研发、基地种植、生产加工、市场营销、文化旅游"五位一体"的全产业链高科技企业。

百瑞源既是首批国家林业重点龙头企业，又是宁夏优秀龙头企业，依托宁夏枸杞领域唯一院士工作站——百瑞源宁夏枸杞品种培育及功效研究院士工作站，聚焦技术创新和新产品开发，先后在贺兰山东麓、中宁长山头、吴忠红寺堡建成有机枸杞示范基地1万多亩，并于2016年在红寺堡建立枸杞加工基地作为有机枸杞试点单位，加工线能源采用天然气，种植采用水肥一体化，所产枸杞品质好，深受消费者欢迎。

百瑞源与中国科学院、中国农业大学等国内知名科研院所建立紧密合作关系，先后承担国家科技部科技支撑计划项目、国家火炬计划项目和自治区科技攻关项目等，独家拥有枸杞新品种'宁农杞2号'和多项技术发明专利；先后建成中国枸杞馆、中国枸杞研发中心、1.2万亩有机枸杞示范种植基地、现代化加工园区；形成了百瑞源枸杞养生馆连锁专卖店、电子商务、国际贸易三大市场体系，产品顺利通过德国BCS有机食品认证和国家质检总局生态原产地保护产品认证，市场覆盖全球。截至2023年，百瑞源已拥有枸杞保健食品系列、枸杞养生饮品系列、枸杞休闲食品系列、枸杞干果6.0系列、枸杞草本系列五大类70余种产品，枸杞油胶丸、枸杞多糖等保健食品更是大大提高了枸杞附加值和深加工转化率。其中，2016年枸杞新品种'宁农杞2号'独立计量包装，满足可直接食用的客户需求，开发的枸杞酥饼、枸杞抹茶饼等新产品，丰富了市场供应品类。

（二）企业标准建设成果

截至2023年11月，百瑞源共参与制定行业标准1项、地方标准11项、团体标准5项（表1）。

百瑞源参与制定的枸杞标准涵盖了从产品成分到生产工艺、安全标准以及市场交易等多个方面，这些标准对百瑞源成为龙头企业提供良好支撑。首先，行业标准《枸杞多糖》（QB/T 5176—2017）明晰枸杞多糖的规定，强调枸杞产品成分质量的重要性，对产品的营

表 1　百瑞源参与制定的标准

序号	标准类型	标准号	标准名称
1	行业标准	QB/T 5176—2017	枸杞多糖
2	地方标准	DBS64/ 001—2022	食品安全地方标准　枸杞
3		DBS64/ 006—2021	食品安全地方标准 黑果枸杞
4		DBS64/ 007—2021	食品安全地方标准 富硒食品硒含量要求
5		DBS 64/412—2016	食品安全地方标准　超临界 CO_2 萃取枸杞籽油
6		DBS 64/684—2022	食品安全地方标准 枸杞叶茶
7		DB 64/T 1648—2019	枸杞加工企业良好生产规范
8		DB 64/T 1649—2019	枸杞包装通则
9		DB 64/T 1650—2019	枸杞贮存要求
10		DB 64/T 1651—2019	枸杞交易市场建设和经营管理规范
11		DB/T 1652—2019	宁夏枸杞追溯要求
12		DB 64/T 1764—2020	宁夏枸杞干果商品规格等级规范
13	团体标准	T/CACM 1020. 6—2019	中华中医药学会团体标准 道地药材 宁夏枸杞
14		T/CAMA 29—2020	枸杞真空脉动干制技术规范
15		T/NXFSA 004S—2020	枸杞红素的测定 高效液相色谱法
16		T/NXFSA 002S—2020	枸杞原浆
17		T/NXFSA 059—2023	锁鲜枸杞

养价值和质量有着直接影响。其次,《食品安全地方标准　枸杞》(DBS64/001—2022)和《食品安全地方标准　黑果枸杞》(DBS64/006—2021)分别规定了枸杞和黑果枸杞的食品安全标准,意味着枸杞安全性得到保障,枸杞企业乃至行业的声誉以及消费者信任会有所上升。此外,表1中序号1、5、7、8、9、10、11的行业标准和地方标准,百瑞源作为唯一参与起草的企业,为枸杞标准制定以及枸杞行业标准化和规模化做出巨大贡献。

综合来看,这些标准的实施不仅使百瑞源生产工艺提升、质量管理加强,还通过对产品安全和质量的监控,确保满足市场需求,进而提升企业的竞争力和市场份额。

(三)实践效应

1. 企业层面

一是拓展市场份额。百瑞源作为优秀龙头企业,率先开启以质量为先导,以标准为基石的新模式,借助百瑞源宁夏枸杞品种培育及功效研究院士工作站,实施科技创新和产品创新,拓展市场份额,为百瑞源带来活力和生机。百瑞源与中国科学院过程工程研究所合作,开展"枸杞多糖的高效制备及生物活性研究",且该项研究成果为国家工信部颁布的《枸杞多糖》(QB/T 5176—2017)制定奠定重要基础。此项标准的发布和实施填补了我国枸杞多糖行业标准的空白,为枸杞深加工产业的发展起到推动作用。百瑞源研发的枸杞多糖提取技术,提取效率高、多糖纯度高、多糖活性高、提取温度低。百瑞源已经开发出多个增强免疫力和缓解视疲劳、肝损伤,科技含量高、附加值高的保健食品,拓展了枸杞产业链的宽度和深度，实现了宁夏枸杞的提质增效。此外，百瑞源与中国农业大学开展为期6年的技术创新，成功研发出嚼着吃的锁鲜枸杞，开创"锁住鲜果营养，嚼着吃口感好"的新消费市场；与此同时，根据阿里巴巴数据银行的大数据分析，百瑞源敏锐洞察用户痛点，研发一开即饮的枸杞原浆，开启宁夏枸杞年轻化、时尚化、零食化的"鲜"时代。在将技术创新运用于产品加工之后，百瑞源制定出相关标准扩张枸杞相关品类，打破了"保温杯里泡枸杞"的老龄化刻板印象，深得年轻消费者的喜爱和认可，销售额也屡创新高，为枸杞制品的市场份额和边界拓展贡献了很大力量。

二是提高品牌竞争力。百瑞源不仅参与制定有关枸杞食品安全标准，对枸杞包装、贮存和追溯要求也进行严格把控。在卓越绩效管理模式和不同专利技术的加持下，百瑞源利用参与制定的各种国标、地标及团标，先后通过ISO22000食品安全管理体系、ISO14001环境管理体系、中国绿色食品、德国BCS欧盟有机食品，以及中国有机食品认证。此外，红寺堡基地通过生态原产地认证、产品通过绿色食品认证、出口备案认证、有机食品转换认证、国际清真kosher、HALA认证。2023年，百瑞源获得"零农残检出产品认证证书"。其中，零农残检出产品的标准，符合《零农残检出产品认证技术规范》(ICAS-P-01-003—2023)要求，土壤、农药、肥料等也符合相关国家标准。一方面，标准化建设能为百瑞源品牌影响力提供坚实保障。建立强大的品牌需要企业具备独特的产品和服务，百瑞源参与制定的相关枸杞标准，实际发挥了传播信息的基本作用，即百瑞源能够在行业中确立自身的专业地位，并且有机会成为行业的领导者，推动行业发展和变革，在市场中树立起行业领导品牌的地位。这能够向消费者传递产品质量和安全的积极信号，同时可以提高企业和产品在竞争者、消费者中的扩散速度，从而保持百瑞源龙头企业地位。另一方面，标准化建设能为提高消费端品牌认可度提供有力支持。通过严格遵循质量标准，百瑞源能够提高产品的一致性和稳定性，减少缺陷产品和服务的数量，从而提高客户满意度和口碑，由消费者层面来提升品牌影响力和市场竞争力，推进枸杞产业良性发展。

2. 消费者层面

一是满足消费者需求。随着社会生活水平的不断提升，消费者的购买决策逐渐由简单的价格导向向更为复杂的质量导向转变。在这一背景下，制定枸杞标准在满足消费者需求方面发挥着重要的作用。一方面，标准的制定提供了对枸杞种植、加工和销售环节的规范，使得产品质量和安全性得到明确定义。消费者在追求产品的同时，更加注重其质量、卫生和安全性，标准的引入为他们提供了可靠的参考依据。此外，标准对农药残留、重金属含量等进行了明确的规范，有助于降低产品对人体健康的潜在危害，符合消费者对食品安全和健康日益关切的需求。百瑞源参与制定了5个有关枸杞食品安全地方标准，切实肩负起宁夏枸杞安全标准建设的重大责任，为消费者购买高质量枸杞"保驾护航"。另一方面，枸杞标准化产品不仅能够满足消费者对高品质食品的渴望，同时也通过规范的生产流程和质量控制，提高了产品的一致性，使得消费者能够更加可靠地预期其购买的产品质量。此外，标准的制定对信息透明度和产品追溯性的要求，使得消费者能够更深入地了解产品的生产过程和来源。百瑞源参与制定有关枸杞加工企业良好生产规范、枸杞包装通则、枸杞贮存要求、宁夏枸杞追溯要求等多个地方标准，在一定程度上为实现枸杞产业链标准全覆盖的指标体系奠定良好基础。[1]

二是保护消费者权益。制定枸杞标准不仅规范了生产和销售过程，提高了产品的整体质量水平，更在保护消费者权益方面发挥着积极作用。枸杞标准的制定为保护消费者权益提供了一套完善的制度框架，通过规范化和提升产品质量，有效降低了消费者的购物风险，为其提供了更安全、透明的购物环境；同时，为消费者提供了法律维权的基础，有助于构建公平、公正的市场秩序，即枸杞标准能够保障消费者的知情权、选择权以及安全权。枸杞标准涉及范围广泛，由种植、加工再到销售全程覆盖，规定了关键的生产要求和安全标准，为消费者提供了明晰的产品质量参考。这种规范性的标准化可以使消费者更全面地了解枸杞产品的属性和特性，加强消费者对所购枸杞产品的知情权，通过降低信息不对称，做出明智的购买决策。同时，规范化的生产和加工流程还减少了产品质量波动的可能性，保护消费者免受次品或劣质产品的侵害。此外，标准对于建立产品追溯体系也具有重要作用。这种追溯性有助于防范潜在的食品安全风险，提升产品的可信度，消费者能够更加信任在百瑞源企业购买的枸杞系列产品。枸杞标准的制定为产品质量和安全性提供了法律依据，构建法律框架以确保市场中的产品符合规范。在标准实施的背景下，相关法规赋予消费者在面对不符合标准产品时进行维权的权利。标准的存在不仅强调企业在生产和销售过程中对产品质量的责任，更在法律体系中确保消费者权益的法定保护机制。企业若未能遵守标准规定，可能面临法律责任的追究，这一法律层面的制度机制促使企业加强对产品质量的控制，以维护消费者的合法权益。

百瑞源枸杞品质通过了从田间到舌尖的安全质控，在国家和地方枸杞安全标准的基础上进行内部打磨及质量提升，摸索出了一套专属百瑞源的科学质量管理体系，并向消费者做出"十怕十诺"的消费诚信保障，确保百瑞源枸杞品质让消费者放心。

二、宁夏全通枸杞供应链管理股份有限公司

（一）企业基本情况

宁夏全通枸杞供应链管理股份有限公司（以下简称为全通公司）成立于2007年，坚持一二三产业的融合理念创新发展枸杞产业，建立了枸杞供应链、全通药业、全通酒业、枸杞大健康四大板块，发展成为集枸杞垂直供应链资源研发、枸杞全要素开发利用、枸杞多类产品生产加工为一体的国家级农业产业化龙头企业，是宁夏枸杞高质量发展示范型企业。

全通公司以"枸杞新吃法""枸杞食品功能化"为目标，对枸杞进行全产业链开发，先后建设益生菌发酵枸杞原浆生产线、枸杞发酵酒生产线、枸杞基酒生产线、枸杞保健酒生产线、枸杞益生菌冻干粉生产线、枸杞浓缩口服液生产线、枸杞医药中间体提取生产线，提高了枸杞精深加工水平。同时，为全面科学地规范加工生产过程，提高产品质量，进一步提高各环节管控能力，全通公司先后通过了 ISO9001 质量管理体系认证、HACCP 食品安全管理体系认证、KIWA–BCS 国际认证公司 EEC（欧盟）与 NOP（美国）有机产品认证、美国 FDA 认证、德国 BRC 食品技术标准（BRC Food Technical Standard）认证。系列国际质量管理体系的认证，使得公司产品质量保证能力和管理水平得到极大提高，赢得了客户的认可，提高了企业的经济效益。此外，全通公司坚持发挥标准对企业的引领带动作用，不

断推进标准与科研的互动，多次参与地方标准的制定以及主导企业标准的制定。[3]

(二)企业标准建设成果

截至2023年，全通公司共参与制定地方标准1项、团体标准2项、申请枸杞制品企业标准26个，尤其在枸杞特殊膳食食品领域进行深耕，目前申请了17个特膳食品标准，使得公司在该领域处于行业领先地位(表2)。

表2 全通公司参与制定的部分标准

序号	标准类型	标准号	标准名称
1	地方标准	DBS 64/008—2022	枸杞原浆
2	团体标准	T/NXFSA 002S—2020	枸杞原浆
3		T/NXFSA 059—2023	锁鲜枸杞
4		Q/NXQT 0002S—2022	强化营养素谷物特殊膳食食品Ⅰ型
5		Q/NXQT 0008S—2023	强化本草营养粉特殊膳食食品Ⅱ型
6		Q/NXQT 0024S—2020	强化本草营养粉特殊膳食食品Ⅲ型
7		Q/NXQT 0028S—2020	强化本草营养粉特殊膳食食品Ⅳ型
8		Q/NXQT 0025S—2020	强化营养素益生菌特殊膳食食品Ⅰ型
9		Q/NXQT 0035S—2020	全通营养粉特殊膳食食品
10		Q/NXQT 0016S—2022	强化营养素咀嚼片特殊膳食食品
11		Q/NXQT 0037S—2020	果纤营养口服片特殊膳食食品
12	企业标准	Q/NXQT 0036S—2023	强化硒营养素口服片特殊膳食食品
13		Q/NXQT 0010S—2018	强化营养素咀嚼片特殊膳食食品Ⅱ型
14		Q/NXQT 0022S—2019	蜗牛营养素口服片特殊膳食食品Ⅰ型
15		Q/NXQT 0023S—2019	蜗牛营养素口服片特殊膳食食品Ⅱ型
16		Q/NXQT 0011S—2022	强化营养素特殊膳食饮品Ⅰ型
17		Q/NXQT 0039S—2020	强化营养素特殊膳食饮品Ⅱ型
18		Q/NXQT 0040S—2021	强化营养素特殊膳食饮品Ⅲ型
19		Q/NXQT 0026S—2020	强化营养素特殊膳食饮品Ⅳ型
20		Q/NXQT 0041S—2021	强化铁营养素特殊膳食饮品Ⅰ型
21		Q/NXQT 0002S—2022	强化营养素谷物特殊膳食食品Ⅰ型

数据来源：宁夏全通枸杞供应链管理股份有限公司

1. 枸杞原浆企业标准

枸杞原浆是一类新兴的枸杞加工制品，因其原料新鲜、营养丰富、风味独特，掀起了新的枸杞消费热潮，具有良好的市场发展空间。枸杞原浆是由枸杞鲜果经清洗、打浆、杀菌、灌装加工制成，不同工艺流程和工艺参数会对枸杞原浆的色泽、营养及功效成分、风味等产生不同程度的影响。作为"中国枸杞之乡"的宁夏，为突出枸杞道地优势，规范宁夏地区枸杞原浆的生产和经营，宁夏卫生健康委员会组织当地枸杞龙头企业参与地方枸杞标准的制定，地方标准主要针对枸杞原浆进行定义、提出原料要求和产品的感官要求，规定可溶性固形物、总酸、枸杞多糖和甜菜碱等枸杞原浆特征性指标的限量要求，并按食品安全国家标准规定安全指标的要求。

全通公司参与了地方枸杞标准的制定与执行，但随着不同客户对枸杞原浆的需求不同，全通公司逐步建立了自己的企业标准。具体而言，企业标准主要针对总酸和可溶性固形物在地方标准限量要求基础上进行比例调整，不同客户对枸杞原浆糖分要求不同，有些客户要求枸杞原浆糖度≥17，有些要求枸杞原浆酸度≥0.7。故此，全通公司根据不同客户要求调整枸杞原浆酸甜度，制定了不同的企业标准。

2. 枸杞特殊膳食食品企业标准

特殊膳食食品是为满足特殊人群或特殊状态的膳食需求，专门加工或配方的食品，具有特定的适宜人群和营养成分含量要求。现有国家标准主要规定了特殊膳食食品的定义、预包装的标签通则，并对营养素、营养成分的含量等关键性指标进行了限定要求。全通公司的企业标准主要是为了产品的实现，汲取特殊膳食食品的国家标准构建的企业特殊膳食食品的生产体系。

目前，全通公司已陆续发布了 17 项特殊膳食食品企业标准，在完善标准体系的同时也不断丰富市场产品种类和满足不同的消费需求。全通公司建立特膳食品企业标准的流程复杂且严谨。具体而言，以全通强化营养素咀嚼片为例，这款产品主要为饮酒人群准备，适用于酒精肝以及肝损伤人群食用，全通公司在制定此产品企业标准时，首先进行该产品的研发，在中国居民膳食营养指南中寻找护肝的产品成分，并加入枸杞进行原料的配比和科学组合，之后在中科院天津生物研究所做小白鼠检测实验，鉴定该产品的有效性，并上报自治区主管部门进行科技成果鉴定，科技成果鉴定通过后根据产品的成分配比建立该产品的企业标准。该产品的企业标准是对其核心成分，如维生素 A、维生素 B、维生素 C 以及锌元素的使用量做出符合该产品有效性的规定。国家标准在中国居民膳食营养指南中规定成年男女硒元素推荐摄取量为 50~400 微克/天，全通公司为充分发挥该产品的功效，在制定强化硒营养素口服片的企业标准中规定每片含量不得低于 50 微克。

3. 枸杞水分检测国家标准

在国家标准《枸杞》(GB/T 18672—2014)内，明确指出经干燥加工制成的各品种枸杞成熟果实的水分含量要小于 13%。水分过高容易导致枸杞引发堆热、霉变等，影响产品品质，造成不可逆转的损失。枸杞水分含量检测按国家标准《枸杞》(GB/T 18672—2014)要求，按照减压干燥法、直接干燥法或者蒸馏法进行测试。控制好水分含量在枸杞加工、运输、贮存过程中，起到至关重要的作用。

针对枸杞水分检测，全通公司用多种方法进行了多批次的对比试验。对比数据见表 3。

枸杞国家标准规定了 3 种枸杞水分测定方法，其中，减压干燥法操作最复杂，耗时最长(三、四天才能出结果)，适用于第三方检测或仲裁检测；直接干燥法操作简单，效率高，广泛为生产企业所采用；蒸馏法适用于含水较多且含有较多挥发性成分的水果、油脂、香辛料及调味品、肉与肉制品等食品中水分的测定。枸杞干果含水量相对较低，几乎不含挥发性物质，使用蒸馏法检测枸杞会出现较大的系统误差，检测结果不能代表枸杞真实的含水量，枸杞干果不适合蒸馏法测定。宁夏枸杞企业生产控制基本都采用直接干燥法。

表3　枸杞中水分测定数据比对

序号	样品名称	直接干燥法（%）	减压干燥法（%）	蒸馏法（甲苯法）（%）	蒸馏法（二甲苯法）（%）	备注
1	11.17 客户供货枸杞干果	6.46		8.86	12.67	内部检测
2	11.17 枸杞干果（500 粒）	8.27		8.97	16.63	内部检测
3	11.18 到货 530 粒枸杞干果	6.77		8.14	13.45	内部检测
4	11.18 到货 310 粒枸杞干果	6.80		8.89	13.34	内部检测
5	11.19 到货 500 粒枸杞干果	7.35		8.99	14.45	内部检测
6	11.21 到货 580 枸杞干果	7.42		9.00	14.37	内部检测
7	客户到货检测			14.2		退货
8	客户退货后委托第三方检测	15.00	5.84	13.60		第三方检测
9	客户退货后公司复检	6.95		8.44	13.82	内部检测
10	YCL-040007-22-25	8.13		8.98	15.94	内部检测
11	YCL-040007-22-24	7.94		8.88	15.99	内部检测
12	YCL-040007-22-27	7.42		8.64	14.56	内部检测
13	YCL-040007-22-23	6.60		8.50	13.20	内部检测
14	YCL-040007-22-28	6.92		8.86	13.92	内部检测
15	YCL-040007-22-26	7.37		8.95	14.86	内部检测

数据来源：宁夏全通枸杞供应链管理股份有限公司

（三）枸杞原浆标准应用的实践效应

枸杞原浆企业标准的应用不仅有利于进一步规范企业枸杞原浆标准化生产，确保产品质量安全，同时保障了消费者权益。具体而言，企业通过参与地方标准制定，发出企业自身的声音，在规则的制定过程中抢占"制高点"，早一步调整原材料的采购。通过参与枸杞原浆标准的制定，规范了中宁地区加工企业的生产技术要求，提升了以中宁枸杞为原料生产的枸杞原浆在市场上的竞争力以及品牌知名度，帮助企业更快地走出去，抢占市场份额。全通企业通过制定产品标准，为企业管理工作明确目标，为产品质量水平评定提供常态化动态化的评价依据，在一定程度上提高了产品的一致性和稳定性，减少缺陷产品和服务的数量，从而提高客户满意度和口碑，进而扩大品牌知名度。此外，全通企业通过枸杞原浆不同标准的制定，采用差异化战略迅速占领 B2B 市场，实现综合效益翻番。

全通枸杞原浆企业标准围绕定制产品和服务标准化需求，进行枸杞原浆规模化定制加工，响应了消费者个性化多样性需求。枸杞标准的制定为保护消费者权益提供了一套完善的制度框架，通过规范化和提升产品质量，有效降低了消费者的购物风险，为其提供了更安全、透明的购物环境。同时标准的可追溯、可识别使消费者随时保持追溯的权利和渠道，实现了产品信息全流程的透明化，做到了让消费者放心，赢得了消费者的信任。[4]

三、宁夏杞鑫种业有限公司

(一)企业基本情况

宁夏杞鑫种业有限公司(以下简称为杞鑫种业),以枸杞种质资源收集保护与新品种新技术研发、枸杞良种种苗繁育、枸杞高效栽培技术社会化服务、枸杞干果及原浆深加工产品生产销售为核心,在中宁县共拥有育苗与枸杞种植三大基地,总面积8000亩。

杞鑫种业在枸杞良种繁育和新品种新技术研发方面,具有行业领先的资源优势和团队技术优势,对所有种质资源进行长期实验观察与优选培育,开展单株选优、杂交育种、倍性育种、定向培育,用以研发出优质、高产、广适的性状表现优良的优势新品种,经过10余年的沉淀,成功培育出9个新品种,并获国家林业和草原局植物新品种保护证书。其中,枸杞新品种'宁杞10号'已逐渐向全国各大产区普及推广,种植效果显著,受到市场的一致认同。先后编制了《枸杞周年扦插育苗技术规程》(DB64/T1209—2016)、《杞鑫枸杞标准化种植实用技术手册》等,获得枸杞种苗繁育与种植技术实用新型发明专利10余项。

杞鑫种业在标准建设方面取得的成果使其在行业内建立了高效种植品牌,采用"良种+良方"的模式,规划布局示范站和基地,建设多个示范点。目前在中宁鸣沙地区建设完成3000亩中宁道地枸杞原生态种植示范基地,中宁舟塔地区建设1000亩枸杞种植与文化系统综合示范基地,所产出枸杞达到农药残留检测539项零检出,硒含量高于其他地区。

此外,杞鑫种业充分发挥龙头企业示范带动和市场开拓作用,一方面向前端延伸,通过"龙头企业+合作组织+茨农"的模式,与农户、家庭农场、种植大户、专业合作社建立利益联结紧密机制,提高农户组织化程度、生产经营能力和抗风险能力;另一方面向后端拓展,加强清洁能源设施制干、拣选分级、仓储销售等服务,创新订单生产、委托生产,并研发枸杞干果、锁鲜、枸杞原浆等产品,全部实现中宁原产地原料直供。这一系列实践均表明杞鑫种业不断追求标准体系建设,为现代枸杞企业管理带来了实际效益。

(二)企业标准建设成果

一是《枸杞周年扦插育苗技术规程》(DB64/T1209—2016)。该标准规定了枸杞周年扦插育苗技术的术语和定义;采穗圃建立、硬枝扦插、嫩枝扦插、病虫害防治、苗木出圃和档案建立等技术,适用于宁夏枸杞产区周年枸杞扦插育苗。

二是《'宁杞10号'枸杞栽培技术规程》(DB64/T1810—2021)。该标准规定了'宁杞10号'的品种特征与特性、环境条件及适宜种植区域、苗木培育、建园、整形修剪、水肥管理、中耕除草、病虫害防治、采收与制干、包装和贮存等生产技术,适用于'宁杞10号'的栽培与管理。

三是《枸杞起苗技术规程》(Q/QXZY001—2023)。该技术标准规定了枸杞起苗的定义及术语、机械起苗技术和人工起苗技术等,适用于已审定通过的枸杞品种和广泛推广使用的优良无性系枸杞育苗中的起苗技术。

（三）实践效应

一是有助于提高产量与质量。标准化的扦插方法能确保一致的种植过程，提升枸杞的产量和品质，从而满足市场需求。二是有利于降低栽种、育苗、采摘全过程风险。标准化操作有助于降低病虫害传播风险，保障植物健康，减少收成损失，增加企业利润。三是有助于促进枸杞行业发展。统一的地方标准建设有助于地方行业内技术、生产和管理的规范化，推动整个宁夏地区枸杞健康有序发展。四是有利于品质认证与提高市场竞争力。符合标准的产品更容易通过相关产品的地区认证，提升宁夏地区枸杞产业市场竞争力，帮助宁夏枸杞打开国内市场，助推宁夏枸杞走出国门，走向世界。五是有利于促进资源共享与经验交流。枸杞标准化扦插技术有助于促进行业内经验推广以及技术共享，推动宁夏地区农业技术水平提高。

三家企业已参与制定多项枸杞国家标准、行业标准、地方标准、团体标准及企业标准，对枸杞多糖行业标准、枸杞原浆企业标准、枸杞特殊膳食食品企业标准、枸杞水分检测国家标准、枸杞周年扦插育苗技术地方标准、'宁杞 10 号'枸杞栽培技术地方标准、枸杞起苗技术行业标准建设作出了突出贡献。同时，这些标准建设成果的应用为企业生产提供了可靠的参考依据，在规范生产流程、提高枸杞产品质量、保障消费者合法权益、推进枸杞产业良性发展等方面发挥了重要作用。

四、结论与展望

"健全现代农业全产业链标准，加快构建推动高质量发展的标准体系"，是《国家标准化发展纲要》提出的重要任务和目标。综合枸杞标准体系在枸杞产业发展中的积极作用，三家企业的现实状况积极展示了标准体系对产业发展的重要引导和技术支撑，发展和完善枸杞标准体系，对支撑现代枸杞产业转型升级和引领现代枸杞产业高质量发展，都具有重要的现实意义。

（一）结论

1. 标准建设是现代枸杞产业质量安全的技术支撑

目前，枸杞标准体系是在充分考虑市场、生产企业、产业管理、消费者等方面需求的基础上，充分贴合宁夏枸杞产业发展特点，追求企业管理科学有序、产品质量安全可靠、科技创新日新月异、经济效益显著提升的优良环境，促进现代枸杞产业持续健康发展的产业标准体系，使宁夏乃至全国现代枸杞产业发展实现有法可依、有标可执。随着各项标准的发布和修订，枸杞标准的系统性、全面性、针对性和实用性逐步提升。宁夏的枸杞标准体系，起步于质量安全标准体系，围绕宁夏枸杞质量安全、质量追溯、质量认证三大体系，为宁夏枸杞质量安全生产提供技术支持。

近年来在枸杞质量安全相关标准的制定方面，不断突破，成果丰富。标准体系助推科技力量运用于品种选育、产品研发、优质栽培、病虫害防控、农机农艺配套、标准体系构建等领域。企业积极参与其中，如百瑞源，不仅参与制定有关枸杞食品安全标准，对枸杞包装、贮存和追溯要求也进行严格把控。通过遵循一定的体系标准，企业更好地控制和提升产品的质量，从而获得更多的客户认可和市场信任。

2. 标准体系是提升产业品牌形象的关键

2022年发布的《宁夏"六特"产业高质量发展标准体系第2部分：枸杞产业》，涵盖枸杞全产业链发展，从气象、选地建园、病虫害防控、品牌建设与保护、枸杞文化旅游等18个产业板块，共计90项各类标准，旨在突出"枸杞之乡"的品牌定位，提升"世界枸杞看中国，中国枸杞看宁夏"的产业品牌形象。市场竞争日益激烈，标准体系是帮助企业不断提高自身竞争力、提高产品质量和服务水平的重要依据。只有高标准引领，才有高质量发展。

3. 标准体系是提升枸杞企业创新能力的重要手段

标准体系的构建和不断完善，为枸杞企业改革和发展提供了稳定的发展平台，为枸杞企业的技术创新和管理创新注入新活力，在应对不断发展的市场需求方面发挥着核心作用。企业在转型过程中，依托标准体系对宁夏枸杞产业链的定位，通过应用先进的质量管理标准，推动技术创新与标准结合，推动企业整体结构优化及发展创新，最终提升质量可靠性和品牌影响力，使得企业产业规模不断壮大。因此，对于枸杞企业而言，标准体系是创新发展的驱动力，是产品质量提升的核心要素。

（二）未来展望

枸杞标准体系建设是枸杞产业高质量发展的重要组成部分，推动枸杞标准化既是提高枸杞产业资源价值的重要工作，也是枸杞行业健康可持续发展的迫切要求，还是增强我国特色农产品国际竞争力的重要举措。无论是国家标准、地方标准，还是行业标准、企业标准，都要以高质量发展为方向，以市场化为导向，立足资源禀赋，提升标准质量，打造标准体系，最终为我国枸杞高质量发展提供有利条件。

1. 不断完善标准化体系建设

科学的标准体系是产业发展的重要前提，尽管目前的枸杞标准建设已经比较成熟，但未来仍有较大拓展与创新空间[5]。枸杞产业的发展将趋于标准化与多元化，要建立健全标准化体系建设。加强标准的基础研究，重视培养建立既熟悉国际规则又精通国内政策、既懂标准工作和专业知识又熟悉产业情况的专家队伍，将其作为标准研究与制修订的核心力量。联合枸杞种植端龙头企业，完善相关地方标准，使枸杞生产端和种植端供需关系的匹配效率与供应链的整体效能得到提升。

2. 提升参与主体标准意识

参与标准建设与保护的主体主要有政府、企业与消费者，要协调推进参与主体共同发展，增强合力效果[6]。一是要推动标准化的宣传普及。要将枸杞标准普及到各个环境，如枸杞标准进农田、进基地、进工厂、进市场，让更多生产者、消费者了解枸杞标准并积极参与到标准保护中来。积极推动枸杞全产业链、各个环节标准的制定、评价、实施和监督。以标准化要求统一技术与产品质量，推动枸杞产品质量溯源全覆盖。二是企业要提升标准建设保护意识。要积极支持和鼓励质量监控、产地溯源等先进管理制度与标准化体系建设，建立企业与政府协调推进枸杞标准建设保护的体制机制，强化企业与政府在标准建立、管理、更新等环节的有效衔接，深化枸杞产业标准在网络平台、知识产权部门、监管部门等主体之间的信息互联互通。[7]

3. 加强枸杞标准保护力度

目前我国对于枸杞标准尤其是枸杞企业标准的保护仍然不足，加强枸杞标准保护力度有利于地方以及地方企业标准探索创新，有利于地方与地方、企业与企业在各自特色的基础上公平竞争与合作。一方面是要建立枸杞标准化保护体系。标准保护体系是产业发展的重要保障之一。地方枸杞标准保护存在差异，要建立健全统一规范的枸杞特色质量标准体系、枸杞生产标准保护体系、枸杞基地建设标准保护体系，建立突出地方产品特点的枸杞标准保护制度，鼓励有条件的企业参与编制适用的企业标准和团体标准。另一方面是要推进枸杞标准保护的法治化建设。目前针对枸杞标准保护的法律制度较少且不全面，要建立全面的枸杞标准保护法律法规，完善枸杞标准保护法律制度，结合枸杞产业发展实际情况，从多方面建立法治化、科学性、强制性的相关保护标准，对违反、破坏与假冒标准行为进行严厉打击并追究法律责任。

标准体系深度和宽度将逐步拓展。要注重建设从种植到销售的全产业链标准化体系，通过增强制定标准的能力，推动企业深度参与标准修订，以标准化延伸枸杞产业链，提升产业链价值。不断创新标准，以满足市场要求。随着消费者对标准重视程度不断加深，生产商对产品标准层面的科研投入持续增多，创新标准新模式发展加速，标准将成为企业竞争力的一张"底牌"。多元化的标准能够实现与市场的有效对接，促进枸杞产业改进与升级，成为提高枸杞产业国际影响力的重要引擎。

参考文献

[1]塔娜.宁夏枸杞标准体系研究及建立[J].现代食品，2019(21)：56-57.

[2]陶涛.宁夏枸杞产业标准体系发布[N].宁夏日报，2022-11-24.

[3]杨志挺.全通枸杞：将枸杞原料"吃干榨尽"[N].宁夏日报，2021-08-27(5).

[4]崔华玲，曾坤宏，王旭，等.广东省荔枝全产业链标准体系现状及建议[J].农产品质量与安全，2023(6)：21-28.

[5]史蓉，陈丽娟，安若恺.酒泉枸杞产业标准化发展研究[J].中国标准化，2023(21)：132-135.

[6]吴波.搭建平台 推行标准 提高效益——中宁县枸杞产业服务中心推动枸杞产业高质量发展纪实[J].中国农民合作社，2022(5)：33-34.

[7]塔娜.宁夏枸杞产业相关标准现状分析[J].轻工标准与质量，2018(6)：17-18.

大事记

2023 年
全国枸杞产业大事记

唐建宁　李嘉欣　禹瑞丽[*]

一月

4 日　甘肃省白银市市场监督管理局依法对某公司销售侵犯"宁夏枸杞"注册商标专用权商品的违法行为，作出没收侵犯注册商标专用权枸杞 8 盒，罚款 5000 元的行政处罚。

17 日　宁夏政府新闻办举行宁夏现代枸杞产业质量安全新闻发布会，宁夏林业和草原局党组成员、副局长王自新介绍 2022 年全区现代枸杞产业总体情况和枸杞质量安全工作相关情况，宁夏市场监督管理厅党组成员、食品安全总监温武军介绍枸杞质量安全监管工作开展情况，宁夏中医医院暨中医研究院副院长童安荣介绍《枸杞实用保健手册》有关情况，并答记者问。发布会由自治区党委宣传部外宣处二级调研员王燕主持。

19 日　国家林业和草原局公布第五批国家林业重点龙头企业名单，青海瑞湖生物资源开发有限公司、格尔木亿林枸杞科技开发有限公司、宁夏沃福百瑞枸杞产业股份有限公司、宁夏厚生记食品有限公司、宁夏华宝枸杞产业有限公司 5 家枸杞企业被认定为第五批国家林业重点龙头企业。

26 日　浙江卫视年味美食情感新春特别节目《一桌年夜饭——中宁一家人》播出。此节目由宁夏林业和草原局牵头组织，中卫市中宁县具体负责，邀请"年夜饭发起人"黄奕、"寻味团助力官"主持人马丽、黄新淳和白小白一同前往"枸杞之乡"中宁县进行深度体验，与当地人深入交流和互动，挖掘当地相关年俗活动。

二月

2—8 日　宁夏回族自治区林业和草原局(以下简称宁夏林业和草原局)党组书记、局长

注：唐建宁，宁夏枸杞产业发展中心副主任，正高级林业工程师；李嘉欣，宁夏枸杞产业发展中心，助理工程师；禹瑞丽，宁夏枸杞产业发展中心，助理工程师。

徐庆林带队，组织百瑞源、沃福百瑞、早康、玺赞、厚生记、润德、得养生、杞鑫等枸杞龙头企业负责人赴福建省、云南省考察学习。局党组成员、副局长王自新，二级巡视员郭宏玲陪同考察。

8日　甘肃省《白银市枸杞产业绿色优质高效发展实施方案》正式印发实施。根据方案，白银市将开展基地建设、龙头扶优、科技赋能、质量提升、品牌创建等"五大行动"，全面提升枸杞产业质量效益和竞争力。

10日　宁夏中宁县召开现代枸杞产业高质量发展推进会，系统总结2022年全县现代枸杞产业高质量发展情况，部署2023年发展任务。县委副书记、县长周永根出席会议并讲话。

17日　由京东健康、京东科技联合举办的"京东青海2023年枸杞产业带宣讲会"在青海省西宁市城西区京东（青海）数字经济产业园召开，青海省枸杞产业相关协会、企业家代表50余人参加。

同日　宁夏林业和草原局党组成员、副局长王自新主持召开《中国枸杞产业蓝皮书（2023）》审读会，枸杞行业专家、蓝皮书主编单位、承编单位、撰稿人等参加审读。

21日　宁夏市场监督管理厅颁布《宁夏枸杞及其制品质量检测体系建设规范》（DB64/T 1869—2023）。本文件由宁夏回族自治区食品检测研究院等单位起草，规定了宁夏枸杞及其制品质量检测体系建设规范的术语和定义、质量检测体系建设标准、检测体系建设内容、体系监管等，适用于宁夏枸杞及其制品质量检测体系建设。2023年5月21日起实施。

同日　宁夏市场监督管理厅颁布《枸杞病虫害综合防治技术规程》（DB64/T 1877—2023）。本文件由宁夏农林科学院植物保护研究所等单位起草，规定了枸杞病虫害综合防治技术的防治原则、监测预报、防治技术，适用于枸杞病虫害防治。2023年5月21日起实施。

同日　宁夏市场监督管理厅颁布《枸杞病虫害防治农药使用规范》（DB64/T 1213—2023）。本文件由宁夏农林科学院植物保护研究所等单位起草，规定了枸杞病虫害防治农药使用的主要病虫害种类、主要害虫防治指标、主要病虫害防治关键期、农药安全使用，适用于枸杞病虫害防治的农药使用。2023年5月21日起实施。

22日　宁夏回族自治区政协主席、现代枸杞产业高质量发展省级包抓领导陈雍听取自治区现代枸杞产业高质量发展工作情况汇报，审议《自治区现代枸杞产业高质量发展省级领导包抓机制会议方案》《自治区现代枸杞产业高质量发展第四次推进会方案》。

22—23日　宁夏林业和草原局在中宁县举办2023年现代枸杞产业茨农技能提升培训班，各枸杞主产市、县（区）林业和草原局林技中心技术骨干，枸杞企业、专业合作社基地负责人、技术骨干约100人参加培训。

23日　"杞福天下·共享健康·中宁枸杞粤上行"推介会分项活动——中宁枸杞华南运营中心揭牌授牌暨项目签约仪式在广州国际医药港"省域经济广州客厅"举

行。宁夏林业和草原局二级巡视员郭宏玲出席活动。

23—24日 由宁夏林业和草原局主办的"第二届全区现代枸杞产业茨农技能大赛"在中宁县成功举办,局党组成员、副局长王自新出席活动并致辞。本次比赛设置理论考试、知识竞答与田间实操三个环节,来自全区的13个主产县(区)代表队、25个企业代表队、23名个人,共220名技术能手参赛。

25日 宁夏回族自治区党委和政府召开全区民营经济高质量发展暨营商环境全方位提升推进大会,对获得第四届全区非公有制经济人士优秀中国特色社会主义事业建设者荣誉的27名民营企业家进行表彰,百瑞源枸杞股份有限公司董事长郝向峰、宁夏沃福百瑞枸杞产业股份有限公司董事长潘泰安获此殊荣。

同日 宁夏石嘴山市惠农区林草局在庙台乡东永固村枸杞基地举办惠农区枸杞病虫害绿色防控暨春季修剪技术培训班,邀请宁夏农林科学院植物保护研究所等专家进行现场教学,枸杞企业、合作社技术骨干40余人参加培训。

28日 甘肃鼎鑫农业科技有限公司等11家企业被核准使用"靖远枸杞""靖远文冠果油""靖远羊羔肉"等3类国家地理标志产品保护的地理标志专用标志。

同日 青海省科学技术厅组织专家对中央引导地方科技发展资金项目"高原枸杞适栽良种种苗扩繁技术示范"进行了验收。项目孵化的高原枸杞良种繁育技术体系有效解决了高原环境下硬枝扦插育苗成苗率低和嫩枝扦插育苗成本高等问题。

三月

1日 新疆精河县托里镇吾夏克巴依东村举办精河县技工学校托里镇吾夏克巴依东村枸杞种植培训班。

同日 宁夏枸杞协会第三届四次会长办公会暨轮值会长交接仪式顺利举行,宁夏枸杞协会副会长、宁夏杞鑫种业有限公司董事长朱金忠当选轮值会长。

同日 宁夏化学分析测试协会颁布《枸杞叶及枸杞茶中总黄酮含量的测定》(T/NAIA 0188—2023)。本文件由宁夏回族自治区药品检验研究院等单位起草,规定了枸杞叶及枸杞茶中总黄酮含量的分光光度计测定方法,适用于枸杞叶及枸杞茶中总黄酮含量的测定。2023年3月10日起实施。

2日 早康枸杞股份有限公司(证券简称:早康枸杞,证券代码:873869)在北京证券交易所顺利挂牌"新三板"。

3日 宁夏林业和草原局联合自治区科学技术厅组织召开首批"揭榜挂帅"科技项目"枸杞功能基因组学研究与应用"项目工作推进会。宁夏林业和草原局党组成员、副局长王自新出席会议。

同日 宁夏现代枸杞产业学院举办"产教融合 共促现代枸杞产业高质量发展"主题活动,宁夏葡萄酒与防沙治沙职业技术学院组织50名师生调研宁夏枸杞协会。

6日 宁夏食品安全协会颁布《锁鲜枸杞》(T/NXFSA 059—2023)。本文件由百瑞源枸杞股份有限公司等单位起草，规定了锁鲜枸杞的技术要求、生产加工过程的卫生要求、试验方法、检验规则、标志、包装、运输、贮存，适用于以枸杞鲜果为原料，经清洗、采用真空干燥技术加工制成的枸杞。2023年4月1日起实施。

同日　新疆精河县技工学校举办枸杞种植职业技能培训班，枸杞生产加工企业负责人及种植户代表等300余人参加了培训。

9—10日　宁夏林业和草原局、宁夏农林科学院、宁夏气象局联合举办2023年自治区现代枸杞产业病虫害绿色防控体系建设暨推介员培训班。相关市、县枸杞产业主管部门负责人、病虫害绿色防控区域负责人及测报员近300人参加培训。

10日　宁夏回族自治区人大常委会副主任、现代枸杞产业高质量发展省级包抓领导董玲主持召开现代枸杞产业民营企业家座谈会，听取相关意见建议，研究部署有关工作。自治区人大常委会农工委、科技厅、工业和信息化厅、国资委、林草局、宁夏枸杞协会、中宁枸杞产业协会负责同志，以及百瑞源、沃福百瑞、厚生记等12家枸杞龙头企业负责人参加会议。

12—14日　宁夏林业和草原局组织百瑞源、润德、杞滋堂等8家枸杞企业参加第三十二届内蒙古国际农业博览会暨第七届内蒙古林产品博览会。

22日　宁夏林业和草原局党组成员、副局长王自新主持召开宁夏枸杞现代产业学院工作座谈会，研究宁夏枸杞现代产业学院枸杞系列教材编写计划、校企合作实训基地单位遴选办法，名誉教授、客座教授、兼职教授聘任办法。

23日　宁夏回族自治区政协主席、现代枸杞产业高质量发展省级包抓领导陈雍主持召开会议，听取自治区现代枸杞产业千亿产值规划等情况汇报。自治区林草局党组书记、局长徐庆林，党组成员、副局长王自新参加会议并汇报相关情况。

24日　宁夏银川市民营经济高质量发展暨企业服务环境提升推进大会召开。会上通报表扬了50名2022年度优秀民营企业家。百瑞源枸杞股份有限公司董事长郝向峰、宁夏厚生记食品有限公司董事长阮世忠、宁夏沃福百瑞枸杞产业股份有限公司董事长潘泰安、宁夏麦尔乐食品有限公司黄添进、宁夏杞里香有限责任公司执行董事欧阳国乾获此殊荣。

24—26日　宁夏林业和草原局党组成员、副局长王自新带队组织10家枸杞企业参加2023中国森林食品交易博览会(深圳站)展会，现场举办宁夏枸杞深圳专场推介会，邀请广东省优秀食品企业共同参与推介活动。王自新副局长现场致辞并介绍了宁夏现代枸杞产业高质量发展情况，百瑞源、沃福百瑞、玺赞、全通4家企业代表介绍了企业发展情况。

26—31日　宁夏农业农村厅联合相关单位在上海、杭州、南京三地开展"宁夏品质中国行"活动，宁夏枸杞协会组织百瑞源、沃福百瑞、玺赞、华宝、早康、全通、润德、得养生、厚生记等16家枸杞企业参加活动。

27日　宁夏科学技术厅党组成员、副厅长桑长清，宁夏林业和草原局党组成员、副局长王自新联合调研宁夏全通枸杞供应链管理股份有限公司拟建的宁夏枸杞生物制品工程技术研究中心有关情况。

同日　宁夏林业和草原局党组成员、副局长王自新带队调研中宁县现代枸杞产业种植与加工情况，现场回应企业关切，研究解决急难愁盼问题。

29日　全国政协副主席梁振英率香港经贸考察组莅临沃福百瑞枸杞产业股份有限公司考察宁夏现代枸杞产业高质量发展情况。宁夏回族自治区政协主席陈雍、副主席郑震及相关部门负责同志陪同考察。

31日　宁夏林业和草原局党组成员、副局长王自新主持召开《中国枸杞产业蓝皮书（2023）》评审会，邀请区内枸杞行业专家对书稿进行了评审。

四月

1日　国家税务总局新疆精河县税务局以"税惠千万家　共建现代化"为主题举行第32个全国税收宣传月启动仪式暨"税惠枸杞春风行"产业发展研讨活动。

4日　中国营养保健食品协会颁布《保健食品用原料　枸杞子》（T/CNHFA 111.2—2023）。本文件由中国食品药品检定研究院中药民族药检定所等单位起草，适用于保健食品用原料枸杞子。2023年4月10日起实施。

7日　农业农村部、财政部对2022年批准创建的50个国家现代农业产业园和2021年批准创建且未通过创建绩效中期评估的7个国家现代农业产业园进行创建绩效中期评估，中宁县国家现代农业（枸杞）产业园以综合得分第10名通过中期评估。

9—15日　宁夏工业和信息化厅在江苏无锡江南大学举办了宁夏枸杞深加工企业经营管理人才能力素质提升培训班，全区枸杞深加工代表企业管理人员和有关部门工作人员共计50人参加。

10日　宁夏化学分析测试协会颁布《枸杞中槲皮素和烟花苷的测定　高效液相色谱法》（T/NAIA 0202—2023）。本文件由宁夏回族自治区食品检测研究院等单位起草，规定了枸杞中槲皮素和烟花苷的液相色谱检测方法，适用于枸杞中槲皮素和烟花苷的定性和定量测定。2023年4月17日起实施。

同日　宁夏化学分析测试协会颁布《枸杞中芦丁、山奈酚和异鼠李素的测定　高效液相色谱-质谱法》（T/NAIA 0203—2023）。本文件由宁夏回族自治区食品检测研究院等单位起草，规定了枸杞中芦丁、山奈酚和异鼠李素的高效液相色谱质谱检测方法，适用枸杞中芦丁、山奈酚和异鼠李素的定性和定量测定。2023年4月17日起实施。

10—18日　宁夏林业和草原局联合自治区科学技术厅、财政厅和中宁县组成宁夏枸杞推介团，组织百瑞源、润德、全通、杞鑫、杞滋堂、杞协等枸杞企业赴巴西圣保罗参加世界食品展览会，并赴阿根廷举办宁夏枸杞专场宣传推介活动。自治区林草局党组书记、局长徐庆林，自治区科学技术厅党组成员、副厅长哈赟，自治区财政厅党组成员、副厅长何天文，中卫市人大常委会副主任、中宁县委书记何建勃参加以上活动。

11 日　农业农村部颁布《黑果枸杞等级规格》（NY/T 4343—2023）。本文件由北京市农林科学院质量标准与检测技术研究所等单位起草，规定了黑果枸杞等级规格的术语和定义、要求、试验方法、检验规则、标识和包装、储存和运输，适用于黑果枸杞成熟果实经干燥加工制成的干果。2023 年 8 月 1 日起实施。

12—14 日　宁夏林业和草原局党组成员、副局长周涛带队组织百瑞源、沃福百瑞、玺赞、华宝、厚生记、启元国药等 23 家授权使用"宁夏枸杞""中宁枸杞"地理标志证明商标企业和优质枸杞企业参加第 108 届糖酒会。

13 日　厦门市食品安全工作联合会颁布《供厦食品　枸杞》（T/XMSSAL 0059—2023）。本文件由厦门市标准化研究院等单位起草，规定了供厦食品枸杞的术语和定义、产品分类与分等、技术要求，适用于经干燥、包装制成的枸杞成熟果实。2023 年 4 月 13 日起实施。

14 日　宁夏回族自治区政协主席、现代枸杞产业高质量发展省级包抓领导陈雍带领自治区政协和林草局相关负责同志赴国家林业和草原局对接工作，与国家林业和草原局党组书记、局长关志鸥及相关司局负责人就枸杞产业博览会升格为省部级展会等事宜进行了座谈交流。

20 日　国家林草局公布 2023 年第一批授予植物新品种权名单，宁夏农林科学院枸杞科学研究所申报的宁农杞 16 号、17 号、18 号、19 号、20 号，宁杞菜 2 号、3 号、4 号，宁夏杞鑫种业有限公司申报的杞鑫 5 号、6 号、7 号、8 号、9 号成功入选。

24 日至
5 月 1 日　宁夏林业和草原局党组成员、总工程师徐忠带队组织沃福百瑞、玺赞、早康、杞滋堂等 7 家枸杞企业，赴新加坡参加 2023 年新加坡亚洲国际食品和饮料展，并赴泰国曼谷开展了宁夏枸杞专场推介活动。

24 日　《宁夏回族自治区其他特殊膳食食品（运动营养食品）生产许可审查方案》正式颁布实施，为提高枸杞产品科技含量和附加值提供制度保障。

同日　"农遗良品"品牌盛典在江苏省苏州市举办。"中宁枸杞"入选首批"农遗良品"优选计划十佳品牌，是宁夏唯一入选的农遗品牌。

同日　宁夏地方金融监管局赴中卫市调研交易场所清理整顿工作，实地对早康、全通、中宁国际枸杞交易市场进行调研，并与中卫市、中宁县政府及金融部门、企业负责人进行座谈，就金融支持现代枸杞产业发展、交易场所依法合规运营等工作进行深入交流讨论。

同日　新疆博尔塔拉蒙古自治州颁布《枸杞夏果期高温热害预警等级》（DB 6527/T 007—2023）。本文件由博州精河县气象局起草，规定了枸杞夏果期与高温相遇时高温热害预警等级划分，适用于博尔塔拉蒙古自治州枸杞夏果期高温热害的预警。2023 年 5 月 24 日起实施。

同日　新疆博尔塔拉蒙古自治州颁布《农业气象观测规范　黑果枸杞》（DB 6527/T 008—2023）。本文件由博州精河县气象局起草，规定了黑枸杞农业气象观测的方法，包括发育期、生长状况、生长量、产量、品质及主要农业气象灾害、病虫害的观测时次、内容、标准和计算方法以及观测结果的记载方法等，适用于开展黑果枸杞气象观测、科研、服务等相关工作。2023 年 5 月 24 日起实施。

25 日 宁夏现代枸杞产业高质量发展省级领导包抓机制会议在银川召开。自治区政协主席、现代枸杞产业高质量发展省级包抓领导陈雍出席会议并讲话，自治区人大常委会副主任、省级包抓领导董玲主持会议。包抓机制成员单位、六个工作组组长单位、宁夏枸杞协会相关负责同志参加会议。

25—26 日 国家枸杞气象服务中心(设在宁夏气象局)在内蒙古自治区巴彦淖尔市组织召开 2023 年全国枸杞生产形势分析暨枸杞气象服务技术交流研讨会，宁夏、内蒙古、青海、甘肃、新疆等枸杞主产省(自治区)产业主管部门、植保所、农(林)科院、气象部门相关人员参加会议。

26 日 宁夏回族自治区人大常委会副主任、现代枸杞产业高质量发展省级包抓领导董玲主持召开会议，听取国家级中宁枸杞市场建设推进情况及定武高速公路红寺堡中宁段文旅融合服务区规划建设等情况汇报。自治区交通运输厅、文化和旅游厅、农业农村厅、林草局、宁夏交投公司，中卫市、中宁县人民政府及相关单位和企业负责人参加会议。

27 日 庆祝"五一"国际劳动节暨全国五一劳动奖和全国工人先锋号表彰大会在北京人民大会堂举行，百瑞源枸杞股份有限公司获 2023 年全国五一劳动奖状，成为枸杞行业唯一获此殊荣的企业。

28 日 宁夏回族自治区庆祝"五一"国际劳动节颁奖大会在宁夏人民会堂隆重召开，宁夏厚生记食品有限公司、中国供销惠农·玺赞庄园枸杞有限公司荣获自治区五一劳动奖状。

同日 宁夏化学分析测试协会颁布《枸杞中碳、氮稳定同位素比值的测定 稳定同位素分析仪法》(T/NAIA 0208—2023)。本文件由宁夏农产品质量标准与检测技术研究所等单位起草，规定了稳定同位素分析仪测定枸杞中碳、氮稳定同位素比值的方法，适用于枸杞中碳、氮稳定同位素比值的测定。2023 年 5 月 1 日起实施。

同日 宁夏化学分析测试协会颁布《枸杞中稀土元素的测定 电感耦合等离子体质谱法》(T/NAIA 0209—2023)。本文件由宁夏农产品质量标准与检测技术研究所等单位起草，规定了枸杞中稀土元素的电感耦合等离子体质谱测定方法，适用于枸杞中镧(La)、铈(Ce)、镨(Pr)、钕(Nd)、钐(Sm)、铕(Eu)、钆(Gd)、铽(Tb)、镝(Dy)、钬(Ho)、铒(Er)、铥(Tm)、镱(Yb)、镥(Lu)、钇(Y)、钪(Sc)的测定。2023 年 5 月 1 日起实施。

五月

4 日 宁夏回族自治区党委常委、政府副主席买彦州调研中宁县现代枸杞产业高质量发展情况。自治区政府办公厅、农业农村厅，中卫市、中宁县人民政府相关负责同志陪同调研。

7日　新疆精河县枸杞产品展销中心在乌鲁木齐市正式投入运营。自治区供销社经济发展处负责人朱有智、博州供销社监事会主任森德英及州县相关领导、部分企业家出席活动。

8日　宁夏化学分析测试协会颁布《枸杞中多元素的测定 电感耦合等离子体质谱法》(T/NAIA 0212—2023)。本文件由宁夏回族自治区食品检测研究院等单位起草，规定了枸杞中多元素钪(Sc)、钛(Ti)、钒(V)、钴(Co)、镓(Ga)、铷(Rb)、钇(Y)、锆(Zr)、铌(Nb)、钼(Mo)、铯(Cs)、镧(La)、铈(Ce)、镨(Pr)、钐(Sm)、铕(Eu)、钆(Gd)、铽(Tb)、镝(Dy)、钬(Ho)、铒(Er)、铥(Tm)、镱(Yb)、镥(Lu)、钽(Ta)、钨(W)、铊(Tl)、钍(Th)、铀(U)的电感耦合等离子体质谱测定方法，适用于枸杞中多元素的测定。2023年5月15日起实施。

同日　兰州日报刊登《甘肃干枸杞今年首次出口越南》，从兰州海关获悉，经兰州海关所属敦煌机场海关检疫合格，14吨干枸杞经由深圳口岸顺利发往越南河内，这是甘肃省干枸杞今年首次实现出口。

10日　第六届枸杞产业博览会新闻发布会在宁夏银川举行，宁夏林业和草原局党组成员、副局长王自新，宁夏市场监督管理厅党组成员、食品安全总监温武军，中宁县县委副书记、县长周永根分别介绍相关情况。会上公布了第六届枸杞产业博览会将于6月22—24日在宁夏中卫市中宁县举行。

同日　宁夏现代枸杞产业高质量发展第四次推进会在银川召开。自治区政协主席、现代枸杞产业高质量发展省级包抓领导陈雍出席会议并讲话，自治区人大常委会副主任、省级包抓领导董玲主持会议并作总结，自治区政协副主席、省级包抓领导刘可为通报2022年度现代枸杞产业工作，安排部署2023年重点工作。

同日　中共中央政治局委员、新疆维吾尔自治区党委书记马兴瑞，宁夏回族自治区党委书记梁言顺，学习贯彻习近平新时代中国特色社会主义思想主题教育中央第十五指导组组长王国生，新疆维吾尔自治区党委副书记、自治区主席艾尔肯·吐尼亚孜，宁夏回族自治区党委副书记、自治区主席张雨浦等赴宁夏沃福百瑞枸杞股份有限公司考察现代枸杞产业高质量发展情况。

同日　宁夏石嘴山市政协党组书记、主席张宏伟带领石嘴山市枸杞产业发展包抓领导小组成员深入惠农区调研现代枸杞产业高质量发展情况。

10—13日　宁夏回族自治区政协副主席王和山带领政协有关委员、自治区林业和草原局、银川市政协、宁夏枸杞协会，赴香港参加亚洲(香港)国际葡萄酒及烈酒展会，并赴香港大学医学院、香港标准及检定中心(STC)，洽谈宁夏枸杞科技研发和产品质量检测等合作事宜。

11日　新华社、浙江省人民政府、中国品牌建设促进会、中国资产评估协会等单位在浙江德清联合发布"2023中国品牌价值评价信息"，"中宁枸杞"成功入选区域品牌(地理标志)价值榜并位列第11位，品牌价值突破198亿元。

同日	由新华社、国家乡村振兴局指导,新华网主办的 2023 乡村振兴与产业帮扶大会暨新华网溯源中国"种子计划"第二季启动仪式在浙江省德清县举行。"中宁枸杞"入驻溯源中国可信品牌矩阵,并作为入驻的特色产业之一亮相乡村产业振兴专场推介。
15 日	新疆精河县"聚力启航 共筑精彩"京东云新疆(精河)枸杞产业供应链运营中心项目正式启动。精河县与京东科技集团达成合作,共同搭建了京东云新疆(精河)枸杞产业供应链运营中心,项目依托京东云技术能力与精河枸杞传统产业资源优势相结合,通过技术+产业,平台+运营的合作模式,搭建一基地三中心的产业服务体系。
16—22 日	宁夏回族自治区政协主席、现代枸杞产业高质量发展省级包抓领导陈雍带领自治区林业和草原局、中宁县、贺兰县主要负责同志,赴福建省、广东省宣传推介宁夏枸杞,洽谈经贸合作、对接落实招商引资等事宜,促成宁夏枸杞企业与闽粤两地企业现场签约项目 13 个,签约总金额达到 2.5 亿元。
17 日	宁夏林业和草原局与福建正山堂茶业有限责任公司签订合作协议,建立长期稳定的战略合作关系。宁夏回族自治区政协主席、现代枸杞产业高质量发展省级包抓领导陈雍出席活动。
18 日	宁夏枸杞福建省专场推介会在福州市举行,签约金额超 1.2 亿元。宁夏回族自治区政协主席陈雍、福建省政协副主席严可仕出席活动。
21 日	宁夏枸杞广东省专场推介会在广州市举行,签约金额达 1.3 亿元。宁夏回族自治区政协主席陈雍、广东省政协副主席张嘉极出席活动并见证企业签约。
22 日	新疆精河县托里镇召开枸杞田间管理推进会暨补苗协调会。
同日	宁夏百瑞源枸杞股份有限公司、宁夏中宁枸杞产业集团被第十九届亚运会组委会指定为杭州亚运会枸杞产品官方供应商。
23 日	新疆精河县托里镇组织全体机关干部 80 余人,到克孜勒加尔村开展助农务农,枸杞田间管理志愿服务活动。
24 日	宁夏中卫市中宁县枸杞产业发展服务中心联合中宁枸杞产业协会,组织中宁枸杞商标准用户,枸杞病虫害防控、整形修剪、烘干等社会化服务公司召开中宁枸杞鲜果统购统销对接会。
同日	宁夏中卫市人大常委会副主任、中宁县委书记何建勃主持召开 2023 年现代枸杞产业领导小组第一次会议暨第六届枸杞产业博览会推进会,安排部署第六届枸杞产业博览会筹备工作。
同日	宁夏银川市现代枸杞产业高质量发展包抓领导实地调研百瑞源枸杞股份有限公司贺兰山种植基地、厚生记食品有限公司加工车间,并在厚生记食品有限公司召开了银川市现代枸杞产业高质量发展包抓工作领导小组推进座谈会。
27 日	阿根廷 YPF 石油公司运行协调总监、阿根廷祖国研究院主任 Maria del Carmen 一行到访宁夏考察现代枸杞产业高质量发展情况。自治区人大常委会副主任、现代枸杞产业高质量发展省级包抓领导董玲会见了 Maria del Carmen 一行。
29 日	宁夏银川市科技创新大会召开。百瑞源枸杞股份有限公司被授予"科学技术

工作先进集体"，宁夏沃福百瑞枸杞产业股份有限公司董事长潘泰安被授予"科学技术工作先进个人"。

30日　第六届甘肃·靖远乡村振兴枸杞采摘节新闻发布会暨靖远县重点项目招商引资推介会在兰州召开。

六月

1—2日　新疆精河县科学技术局按照县党委、县政府的安排部署，积极组织单位领导干部参与枸杞田间种植管理。

2日　宁夏市场监督管理厅组织厅内13个相关处室及直属单位成立现代枸杞产业高质量发展工作小组，每季度定期或不定期召开工作推进会，对重点工作、重大任务和重大问题进行会商研判，研究对策。

同日　新疆精河县发展改革委全体干部职工前往农十五队开展枸杞田间管理活动。

同日　宁夏厚生记枸杞饮品股份有限公司新品"杞视力"发布暨全国招商会在银川举行，来自全国各地的近百名饮料行业经销商代表出席发布会，并签约千万订单。

3日　在第28个全国"爱眼日"之际，宁夏眼科医院院长、教授庄文娟团队，暨南大学苏国辉院士、教授徐颖团队，宁夏医科大学教授徐方团队，百瑞源董事长郝向峰研发团队在宁夏百瑞源枸杞博物馆，共同探讨交流宁夏枸杞及精深加工产品对预防近视及防止病变方面的科研成果。

7日　全国政协副主席梁振英率团来宁考察，考察期间围绕现代枸杞产业高质量发展召开合作对接座谈会。宁夏回族自治区政协主席陈雍、自治区人大常委会副主任董玲、自治区政协副主席刘可为三位现代枸杞产业高质量发展省级包抓领导出席座谈会。自治区科技厅、林草局、宁夏农林科学院等单位负责同志参加座谈。

8日　宁夏回族自治区政协副主席、现代枸杞产业高质量发展省级包抓领导刘可为带领自治区有关部门负责人到中宁县调研第六届枸杞产业博览会筹备工作，并主持召开第六届枸杞产业博览会组委会。自治区林草局（包抓机制办公室）、科技厅、商务厅、港澳台办、宁夏农林科学院，中卫市、中宁县人民政府及产业主管部门相关负责同志，以及宁夏枸杞协会等有关单位负责同志参加会议。

12日　宁夏农林科学院枸杞科学研究所与新疆精河县气象局举行座谈，双方就深化枸杞气象服务、促进枸杞产业稳定发展等进行交流。

13日　2023品牌农业神农论坛在河南郑州举行，"宁夏枸杞"区域公用品牌被授予"'乡村振兴·品牌引领'2023品牌农业神农奖"。在论坛上，宁夏林业和草原局党组成员、副局长王自新分享"释放品牌效应，催生发展动能，助力现代枸杞产业高质量发展"。

15日　新疆精河县召开枸杞鲜果展销推进会，安排部署枸杞鲜果展销筹备工作，县委书记王彬主持会议并讲话，县四套班子领导出席会议。

18 日　2023 年"丝路杞遇·红动中国"京东 618 启动仪式暨"精河枸杞"公共品牌发布会在新疆精河县举行。发布会上，精河县政府官方京东店铺、抖音店铺及微店等线上店铺举行上线仪式。这标志着精河县与京东科技集团正式达成合作，探索出了一条产业供应链的新模式。

19 日　第三届粤港澳大湾区主流媒体甘肃行前往靖远县采风，了解枸杞产业发展及枸杞产业园建设情况。

21—24 日　新疆林果产业发展中心组织 8 家林果企业携带枸杞、沙棘两大类 10 余种产品赴宁夏参加第六届枸杞产业博览会，并对宁夏枸杞产业开展实地考察。

22 日　第六届枸杞产业博览会在宁夏中卫市中宁县开幕。宁夏回族自治区政协主席、现代枸杞产业高质量发展省级包抓领导陈雍宣布博览会开幕，自治区人大常委会副主任、省级包抓领导董玲作主旨演讲，自治区政协副主席、省级包抓领导刘可为、国家林业和草原局副局长唐芳林出席并分别致辞。

22—24 日　由宁夏林业和草原局、中卫市人民政府主办，中共中宁县委员会、中宁县人民政府、宁夏枸杞产业发展中心、中国经济林协会枸杞分会、宁夏枸杞协会、中宁枸杞产业协会承办的第六届枸杞产业博览会在中宁县成功举办。大会期间举办了枸杞功效物质开发战略研究论坛、现代枸杞产业与大健康国际高峰论坛、新品发布会等系列活动。

22—25 日　在第六届枸杞产业博览会期间，新疆维吾尔自治区林草局总经济师蔡立新带领新疆林草局代表团一行 12 人对宁夏枸杞及特色经济林产业进行调研。

24 日　《中国现代枸杞产业高质量发展报告（2023）》在第六届枸杞产业博览会上发布。

26 日　"丝路杞遇·红动中国"2023 年精河枸杞产销对接会在新疆精河县京东云新疆（精河）枸杞产业供应链运营中心举办，来自全国各地的 6 家企业来到精河进行实地考察、交流和商务合作会谈。

同日　西北农林科技大学机电学院姜彦武教授团队在新疆精河县托里镇克孜勒加尔村测试手提智能化小型枸杞采摘机性能和指标。

28 日　甘肃省市场监督管理局颁布《枸杞温室育苗技术规程》（DB62/T 4719—2023）。本文件由白银市林业有害生物防治检疫工作站等单位起草，规定了枸杞温室育苗地选择、硬枝扦插、嫩枝扦插、有害生物防治、苗木出圃、包装与运输、档案管理等，适用于枸杞育苗。2023 年 7 月 1 日起实施。

29 日　中山市个体劳动者私营企业协会颁布《香山之品　枸杞叶》（T/ZSGTS 172—2023）。本文件规定了香山之品枸杞叶的要求、试验方法，适用于菜用大叶枸杞、细叶枸杞的嫩茎尖和叶，其它菜用枸杞可参照执行。2023 年 6 月 29 日起实施。

同日　中山市个体劳动者私营企业协会颁布《香山之品　枸杞（鲜）》（T/ZSGTS 207—2023）。本文件规定了香山之品枸杞（鲜）的要求、试验方法，适用于枸杞（鲜）。2023 年 6 月 29 日起实施。

| 29日至 7月9日 | 宁夏回族自治区人大常委会副主任、现代枸杞产业高质量发展省级包抓领导董玲带领自治区人大常委会社会建设委员会及农业与农村工作委员会、自治区党委外事办、自治区林草局相关负责同志，赴阿根廷、哥伦比亚、墨西哥开展考察访问、宣传推介宁夏枸杞。 |

七月

3—6日	香港意达传讯集团董事长张锦华、中国香港与内地融合发展促进会会长黄海迅、广州陈李张黄广告有限公司副总经理张嘉一行来宁考察现代枸杞产业高质量发展情况，自治区林草局相关负责人陪同考察。
4日	宁夏现代枸杞产业高质量发展省级领导包抓机制办公室印发《加强"三大体系"建设推进枸杞产业高质量发展实施方案（2023—2027年）》，聚焦打造千亿级产业，围绕建设完备的现代枸杞产业体系、生产体系、经营体系，列出具体目标任务、重点工作、责任分工清单。
7日	新疆精河县市场监督管理局组织开展了2023年地理标志保护专项执法检查，对"精河枸杞"开展执法检查。
9日	"精河信合杯"2023年60里枸杞文化长廊半程马拉松在新疆精河县生态园北门火热开赛。
10—12日	香港标准及检定中心（香港STC）总裁冯立中一行来宁考察现代枸杞产业、洽谈合作事宜，宁夏回族自治区政协主席、现代枸杞产业高质量发展省级包抓领导陈雍会见交流，宁夏林业和草原局党组成员、副局长王自新陪同考察。
11日	新疆精河县托里镇党员干部化身"采摘工"来到托里镇枸杞基地开展义务枸杞采摘活动，积极助农采摘枸杞。
12日	中国农村专业技术协会公布"中国农村专业技术协会科技小院"获批名单，甘肃玉门市依托酒泉市枸杞产业协会建立的"中国农技协甘肃酒泉枸杞科技小院"名列其中。
13日	甘肃玉门市柳河镇综治中心、经发办联合市劳动监察大队、市场监管所、镇派出所及各村网格员对各村枸杞采摘点交通、消防安全、食品卫生、劳动合同保障进行执法检查，同时开展采摘工人员信息采集、矛盾纠纷排查等工作。
14日	宁夏林业和草原局、宁夏关注森林活动组委会、宁夏诗词学会、宁夏林学会组织宁夏部分诗人前往中宁县开展采风活动，诗人们走进玺赞生态枸杞庄园、杞滋堂（宁夏）健康产业有限公司、全通枸杞供应链管理股份有限公司，了解枸杞种植栽培历史、生产加工、食用和药用价值等现代枸杞产业高质量发展情况。
同日	宁夏回族自治区党委常委、银川市委书记赵旭辉带领银川市相关部门负责人，赴百瑞源·殷红子熟枸杞庄园进行调研走访，宁夏枸杞协会会长、百瑞源枸杞股份有限公司董事长郝向峰陪同调研。

14—16 日 宁夏林业和草原局组织百瑞源、玺赞、润德、杞滋堂等 10 余家枸杞企业参加第三届中国(西安)国际林业博览会,集中展示了枸杞原浆、枸杞芽茶、枸杞面膜等 60 余种深加工产品。

16 日 "高原宏"靖远地标产品体验馆揭牌仪式在兰州市中环广场隆重举行。白银市委常委、常务副市长杜健棠,市委常委、靖远县委书记刘力江,副市长冯汉颐,靖远县县长许伟民共同为"高原宏"靖远地标产品体验馆揭牌。

18 日 新疆精河县直机关干部参加助农枸杞采摘活动。西域杞源(电商公司)向托里镇枸杞种植大户赠送直播支架,助力托里镇枸杞产业的发展。

19 日 历时 3 年建设的百瑞源·殷红子熟枸杞庄园正式投运,宁夏林业和草原局党组成员、副局长王自新出席开园仪式并致辞。

同日 第六届甘肃·靖远乡村振兴枸杞采摘节暨经贸洽谈会在白银市靖远县五合镇枸杞文化广场开幕,活动主题为"品味丝路杞韵 逐梦河美靖远"。

24—27 日 2023"一带一路"美丽乡村国际论坛"甘味"特色农产品展示展销活动在陇南康县举办,甘肃省枸杞深加工产品亮相活动。

26 日 青海省枸杞采摘劳务对接洽谈活动在格尔木市举办。青海省人社厅副厅长贾乃鸿,格尔木市委常委、副市长李秀平及全省各地区人社、就业部门、人力资源服务机构及州内枸杞种植企业(种植户)代表参加。

27 日 宁夏石嘴山市林草发展服务中心结合石嘴山市近期现代枸杞产业生产实际,拟定《安全生产工作提示事项》,到惠农区灏瀚生物科技产业有限公司、平罗县链杞智汇科技公司、大武口区星科农业公司等 7 家枸杞企业、合作社开展安全生产宣传工作。

八月

1 日 宁夏林业和草原局党组书记、局长徐庆林,宁夏气象局党组书记、局长罗慧一行赴宁夏农林科学院枸杞科学研究所芦花台实验基地、百瑞源枸杞庄园调研枸杞科研成果转化、种质资源保护、枸杞气象服务等情况。

2 日 宁夏林业和草原局党组成员、副局长王自新主持召开《中国枸杞产业蓝皮书(2024)》编撰大纲讨论会,自治区市场监管厅标准化处、宁夏农林科学院、北方民族大学、自治区标准化研究院、银川海关国家枸杞重点实验室、宁夏药品检验研究院等有关单位的专家参加会议。

5 日 青海省海西州都兰县委、县政府在宗加镇组织举办 2023 年都兰县万人枸杞采摘务工启动仪式,并在察汗乌苏镇、夏日哈镇、香日德镇、巴隆乡、沟里乡设立分会场,县有关部门及县内枸杞种植企业(种植户)代表、务工人员 500 余人参加活动。

7 日 国家气象局局长陈振林一行来宁调研枸杞气象服务工作及现代枸杞产业高质量发展情况,宁夏气象局、宁夏林业和草原局、宁夏农林科学院相关负责同志陪同调研。

8日　　宁夏菊花台庄园枸杞种植有限公司的 5083.92 亩枸杞基地获得国家有机产品认证，年产有机枸杞鲜果 4080 吨，还可生产有机枸杞 29.55 吨，有机枸杞原浆 689.13 吨。

同日　　中宁枸杞产业协会颁布《枸杞本草饮料(枸杞膏)》(T/ZNGQXH 001—2023)，本文件由宁夏中宁枸杞产业创新研究院有限公司等单位起草，规定了宁夏枸杞本草饮料(枸杞膏)的术语和定义、技术要求、生产加工过程的卫生要求、检验规则、标志、包装、运输、贮存，适用于以枸杞干果为主要原料，加入其它药食同源的原料，添加或不添加其他食品辅料，经加工制成的可冲饮或直接食用的产品。2023 年 9 月 8 日起实施。

同日　　中宁枸杞产业协会颁布《枸杞果醋饮》(T/ZNGQXH 002—2023)。本文件由宁夏中宁枸杞产业创新研究院有限公司等单位起草，规定了枸杞果醋饮的术语和定义、产品分类、技术要求、生产加工过程的卫生要求、检验规则、标志、包装、运输、贮存，适用于以枸杞干果或枸杞鲜果为原料，经加工制成的饮料用枸杞醋，或以饮料用枸杞醋为基础原料，经加工调制而成的饮料。2023 年 9 月 8 日起实施。

同日　　中宁枸杞产业协会颁布《枸杞粉》(T/ZNGQXH 003—2023)。本文件由宁夏中宁枸杞产业创新研究院有限公司等单位起草，规定了枸杞粉的术语和定义、产品分类、技术要求、生产加工过程的卫生要求、检验规则、标志、包装、运输、贮存，适用于以枸杞干果为原料，经加工制成的枸杞全果粉，或以枸杞鲜果为原料，经加工制成的枸杞果粉。2023 年 9 月 8 日起实施。

同日　　中宁枸杞产业协会颁布《冻干枸杞》(T/ZNGQXH 004—2023)。本文件由宁夏中宁枸杞产业创新研究院有限公司等单位起草，规定了冻干枸杞的术语和定义、技术要求、生产加工过程的卫生要求、检验规则、标志、包装、运输、贮存，适用于以枸杞鲜果为原料，经拣选、清洗、速冻、真空冷冻干燥等工艺加工制成的产品。2023 年 9 月 8 日起实施。

9日　　宁夏市场监督管理厅颁布《枸杞(果用)品种评价技术规范》(DB64/T 1908—2023)。本文件由宁夏农林科学院枸杞科学研究所等单位起草，规定了宁夏枸杞 *Lycium barbarum*(果用)品种的评价条件、评价指标与方法，适用于宁夏地区枸杞(果用)品种的评价。2023 年 11 月 9 日起实施。

同日　　新疆博州党委常委、常务副州长曾健带领州直部门相关领导在精河县召开枸杞产业发展座谈会。精河县委书记王彬、精河县委副书记参加座谈。

同日　　厦门大学航空航天学院副院长黄元庆、浙江大学金华研究院首席智能视觉教授支远、厦门理工大学机械专家韩锋纲等一行 13 人来宁考察现代枸杞产业机械装备发展情况，并组织召开座谈会，与会人员围绕现代枸杞产业机械装备、机械采摘成本、农机农艺融合、5G 及 AI 技术应用等方向进行了深入探讨交流。

10日　　宁夏回族自治区政府副主席王立主持召开宁夏枸杞品牌宣传推介工作专题会议，自治区政府办公厅、自然资源厅、财政厅、商务厅、林草局及宁夏枸杞协会等单位负责同志参加会议。

14 日　宁夏吴忠市同心县召开现代枸杞产业高质量发展推进会，听取全县现代枸杞产业高质量发展情况汇报及枸杞企业、合作社存在的困难和建议。

15 日　宁夏中卫市中宁县举办枸杞标准化生产暨高质量发展现场观摩培训班，组织各乡镇专业技术人员、枸杞企业代表等 130 余人深入枸杞示范基地观摩学习。

同日　宁夏中卫市中宁县举办"联盟聚力 智汇杞乡"宁夏青年枸杞产业联盟携手青年人才杞乡行活动，并召开青年人才座谈会。会上，与会县领导为枸杞见习基地进行了示范性授牌，宁夏青年枸杞产业联盟为"希望工程"捐资助学。

16 日　新疆精河县农业农村局召开枸杞套种作物采收部署会，安排部署 17 个枸杞种植村队套种作物采收筹备工作。

16—18 日　宁夏林业和草原局联合宁夏农林科学院举办"2023 年度全区现代枸杞产业高质量发展现场观摩暨 2023 年下半年重点工作推进会"，宁夏林业和草原局党组成员、副局长周涛出席会议并讲话，枸杞主产县（区）业务负责人、枸杞企业负责人等 70 余人参加了观摩和会议。

17—18 日　甘肃省农业农村厅对"玉门枸杞"地理标志农产品保护工程项目进了验收。

17—19 日　宁夏林业和草原局组织全通、百瑞源、沃福百瑞、早康、得养生、天仁、杞福源、润德、杞百年、玉西等 13 家枸杞企业赴香港参加 2023 香港美食展览会。宁夏枸杞代表团现场举办推介会，百瑞源、天仁、杞福源、杞协健康等企业作了产品推介并现场签约，签约金额达 5600 万元。

18 日　新疆精河县托里镇召开枸杞田间套种作物采收及后期管理推进会。

19 日　国家市场监管重点实验室（枸杞及葡萄酒质量安全）在银川举办了"第一届学术委员会第二次会议暨学术论坛"，自治区市场监管厅、区内外专业领域专家及重点实验室成员单位近 90 人参会，共同研讨交流枸杞质量安全建设情况。

20—21 日　广药集团党委书记、董事长李楚源一行 8 人来宁考察宁夏现代枸杞产业及中医药产业发展情况。考察期间，自治区党委书记、人大常委会主任梁言顺、自治区政协主席、现代枸杞产业高质量发展省级包抓领导陈雍会见了李楚源一行，自治区党委常委、秘书长雷东生陪同会见。

22—23 日　福建省委书记、省人大常委会主任周祖翼率领福建省代表团来宁考察，其间在银川市调研了宁夏现代枸杞产业高质量发展情况。自治区党委书记、人大常委会主任梁言顺，自治区党委副书记、自治区主席张雨浦，自治区政协主席、现代枸杞产业高质量发展省级包抓领导陈雍陪同考察。

22 日　农业农村部办公厅《关于公布第一批农业高质量发展标准化示范项目（国家现代农业全产业链标准化示范基地）创建单位名单的通知》（农办质〔2023〕16号），公布第一批 178 个示范基地创建单位名单，中宁县早康枸杞股份有限公司榜上有名，是上榜的唯一枸杞企业。

24 日　宁夏回族自治区人大常委会副主任、现代枸杞产业高质量发展省级包抓领导董玲在百瑞源殷红子熟枸杞庄园召开现场办公会，自治区林草局、农业农村厅、文化和旅游厅、宁夏农林科学院等单位负责同志参加。

24—28 日　宁夏林业和草原局组织宁夏枸杞产业发展中心、宁夏农林科学院、宁夏林学会等单位枸杞领域相关专家，会同青海省林草局、青海省农林科学院、都兰县森林病虫害防治检疫站等专家，到青海省海西州枸杞种植区对枸杞根腐病进行实地勘察调研，了解枸杞种植经营管理模式和枸杞根腐病发生防治情况，针对枸杞根腐病进行分析研讨、座谈交流，并提出防治建议。

25 日　青海省都兰县总工会在诺木洪枸杞产业园区开展枸杞采摘劳动竞赛活动，6 支枸杞采摘队的 30 名职工参加比拼，进一步弘扬"三个精神"，助力柴达木盆地诺木洪枸杞产业园区企业发展。

28 日　华润东阿阿胶股份有限公司投资总监王喆一行赴宁夏中卫市中宁县考察现代枸杞产业高质量发展情况。

同日　青海省市场监督管理局颁布《柴达木绿色枸杞生产质量控制规范》(DB63/T 1133—2023)。本文件由青海大学农林科学院等单位起草，规定了柴达木绿色枸杞生产的术语和定义、产地选择、品种选择、栽培管理、鲜果制干、包装储藏、出厂检验及运输等内容，适用于柴达木绿色枸杞的生产。2023 年 11 月 1 日起实施。

同日　宁夏化学分析测试协会颁布《枸杞中 94 种农药及代谢物残留量的测定 液相色谱-质谱联用法》(T/NAIA 0219—2023)。本文件由宁夏农产品质量标准与检测技术研究所等单位起草，规定了枸杞中 94 种农药及代谢物残留量的液相色谱-质谱联用测定方法，适用于枸杞中 94 种农药及代谢物残留量的测定。2023 年 8 月 31 日起实施。

同日　青海省林业和草原局、海西州人民政府、海南州人民政府共同主办的青海省首届枸杞产业发展大会在海西蒙古族藏族自治州格尔木市举行。本次大会以"世界枸杞在中国，有机枸杞在青海；国家公园，大美青海，绿色有机，青海枸杞"为主题，共分开幕式、专家研讨、启动都兰现代农业产业园特色农产品展示交易中心、现场观摩都兰县枸杞种植基地四场活动。

28—30 日　北京同仁堂集团党委常委、副总经理顾海鸥带领同仁堂集团财务部、宣传部、投资部，药材参茸公司、科技公司、国药公司、健康药业公司、供应链公司(下属集团)一行 13 人来宁考察宁夏现代枸杞产业、对接洽谈合作事宜。宁夏回族自治区政协主席、现代枸杞产业高质量发展省级包抓领导陈雍会见了顾海鸥一行。自治区林业和草原局负责同志及相关人员陪同考察。

29 日　农业农村部农产品质量安全中心公布了 2023 年第二批全国名特优新农产品名录，甘肃省靖远县的"靖远枸杞"、玉门市的"玉门枸杞"榜上有名。

同日　青海省海西蒙古族藏族自治州都兰县国家现代农业产业园特色农产品展示交易中心正式启动。交易中心集枸杞产品展示和交易功能为一体，分有机枸杞展示交易区、绿色枸杞展示交易区和特色农产品电商区。

30 日　中国农业机械工业协会和中国农业机械学会颁布《枸杞热泵干燥机》(T/NJ

1390—2023，T/CAAMM 298—2023），本文件规定了枸杞热泵干燥机的术语和定义、产品型号、技术要求、试验方法、检验规则、标志、包装、运输与贮存，适用于利用热泵干燥技术对枸杞进行干燥作业的枸杞热泵干燥机。2023 年 11 月 30 日起实施。

九月

6 日　国家林业和草原局发布公告，公布了 2023 年第二批授予植物新品种权名单，内蒙古林业科学研究院培育的'荣杞 1 号'和'林杞 5 号'、内蒙古农业大学培育的'林杞 1 号'被授予植物新品种权。

7 日　宁夏科学技术厅联合自治区林业和草原局对首批"揭榜挂帅"科技项目"枸杞功能基因组学研究与应用""人机交互式枸杞一体化移动采收平台研究开发与示范应用"开展年度项目考核。自治区科技厅农村科技处和林草局枸杞产业发展中心相关负责人参加考核。

8 日　国家林业和草原局生态中心副主任刘再清带领调研组一行赴甘肃省靖远县调研靖远县枸杞产业发展情况。

同日　香港经贸考察团赴百瑞源枸杞股份有限公司调研考察，现场参观百瑞源枸杞GMP 加工车间、院士工作站、博物馆、产品体验区等，寻找宁港两地企业在枸杞领域合作的机会。

11 日　宁夏回族自治区第九次民族团结进步表彰大会在银川召开。厚生记枸杞饮品有限公司被授予"自治区民族团结进步模范集体"称号。

12—13 日　宁夏回族自治区人大常委会副主任、现代枸杞产业高质量发展省级包抓领导董玲带队赴陕西省对接洽谈枸杞商贸合作及文旅融合发展事宜，自治区林草局、厚生记枸杞饮品股份有限公司、杞滋堂（宁夏）健康产业有限公司、西安久远实业有限公司负责人陪同调研，中宁县相关部门负责同志参加调研。

14—15 日　全国政协农业和农村委员会副主任，国务院扶贫办原党组书记、主任刘永富一行莅临宁夏，赴沃福百瑞枸杞产业股份有限公司及玺赞庄园枸杞有限公司调研宁夏现代枸杞产业高质量发展情况，自治区相关部门负责同志陪同调研。

15 日　宁夏枸杞协会三届五次会长会议暨轮值会长交接仪式在宁夏枸杞文化馆召开，自治区林草局党组成员、副局长王自新出席会议，宁夏枸杞协会会长、轮值会长、副会长、监事长、秘书长及相关专家参加会议，选举玺赞庄园枸杞有限公司总经理高贵武作为新一届轮值会长。

19 日　枸杞产业"伙伴日"活动在宁夏银川市市民大厅成功举办，活动以"'杞'心协力 共创未来 助力打造中国枸杞精深加工基地"为主题，通过政府搭台方式，促进枸杞企业之间的交流、学习、合作，为推进银川"枸杞精深加工基地"建设提供坚实有力的服务支撑。

20 日　宁夏吴忠市同心县林草局举办现代枸杞产业安全生产及高质量发展培训班，

各枸杞种植主产乡镇林业站，林业产业发展服务中心工作人员，枸杞种植生产企业、合作社、种植大户等参加培训。

同日　甘肃省市场监督管理局颁布《枸杞品种'甘杞2号'》（DB62/T 4808—2023）。本文件由靖远县农业技术推广中心等单位起草，规定了'甘杞2号'的品种来源、植物学特征、生物学特性、品质（干果）、产量构成、适宜种植区域、栽培管理技术要点、采收，适用于'甘杞2号'的品种鉴别和推广。2023年10月20日起实施。

20—22日　陕西理工大学生物科学与工程学院曾海涛博士一行来宁考察宁夏现代枸杞产业高质量发展情况，宁夏枸杞产业发展中心、中宁县枸杞产业发展服务中心、宁夏农林科学院枸杞科学研究所相关负责同志陪同考察。

21日　2023年荒漠化防治技术与实践国际研修班国际学员考察沃福百瑞枸杞馆，了解宁夏枸杞历史文化底蕴、丰富的营养价值及广阔的市场前景。

21—22日　由商务部、中国国际贸易促进委员会、宁夏回族自治区人民政府共同主办的第六届中国—阿拉伯国家博览会在银川隆重举行。宁夏多家枸杞企业参加展览展示活动。

22日　宁夏枸杞协会联合中宁枸杞产业协会共计33家会员企业60余人，前往百瑞源股份有限公司、沃福百瑞枸杞产业股份有限公司、厚生记枸杞饮品股份有限公司、万杞园枸杞食品文化馆（有限公司）、凤仪堂生物工程有限公司、宁夏枸杞文化馆参观交流。

22—23日　宁夏回族自治区政协农业和农村委员会专职副主任沈自力带领自治区政协委员、自治区政协农业和农村委员会专家服务"六特"产业工作站委员，实地走访调研银川市枸杞企业，了解企业发展情况与存在的困难，并与各企业负责人进行了深入交流。

23日　在杭州亚运会召开之际，"宁夏枸杞""中宁枸杞"区域公用品牌宣传片亮相杭州商圈，向世界展示现代枸杞产业高质量发展新成就。百瑞源枸杞股份有限公司、中宁枸杞产业集团有限公司成为杭州亚运会官方供应商，百瑞源首席产品体验官被选为杭州亚运会第56棒火炬手。

23—24日　由中国农业生态环境保护协会主办的第五届生态低碳农业研讨会在江苏苏州举办。宁夏中宁县中国供销惠农·玺赞庄园枸杞有限公司被中国农业生态环境保护协会评为"生态农场创新创业典型案例"。

25日　"丝路传杞 杞能错过"精河枸杞成都品牌推介会在成都锦江宾馆召开。此次活动由新疆精河县人民政府主办，四川省国际合作投资促进会支持，四川蓉新通供应链管理有限公司承办。

26日　甘肃百杞元生物科技有限公司枸杞加工生产线项目正式投产，弥补了白银枸杞原浆生产加工的空白。

28日　新疆精河枸杞搭乘"云上高速"畅达全国。上千盒精河枸杞从博乐阿拉山口机场出发，飞越4500多千米抵达三亚，当天售罄。

十月

7 日　由中央广播电视总台与文化和旅游部联合摄制的大型文旅探访节目《山水间的家》第二季走进"中国枸杞之乡"——宁夏中卫市中宁县，在中央电视CCTV-1晚8点黄金时段推出，同步在"央视频"APP上线播出。此次枸杞专题节目由宁夏林业和草原局牵头组织，中卫市中宁县具体负责，邀请央视主持人撒贝宁与文化学者郦波、文艺嘉宾魏晨组成"山水小分队"，携手走进中宁县舟塔乡舟塔村，共赏"黄河红宝石"的丰收盛景，一"杞"感受新时代乡村振兴的和美故事。

8 日　国家知识产权局办公室印发《关于确定第二批地理标志运用促进重点联系指导名录的通知》，将全国60个地理标志列入运用促进重点联系指导名录。其中，青海省海西州"柴达木枸杞"入选。

8—9 日　宁夏林业和草原局举办"2023年度现代枸杞产业检验检测体系建设培训班"，宁夏林业和草原局党组成员、副局长周涛出席并讲话。主产市、县(区)产业主管部门分管领导、技术骨干，重点乡镇枸杞产业技术骨干，重点企业质量安全负责人、技术骨干等110余人参加培训。

9 日　新疆枸杞深加工技术创新项目高级研修班在精河县技工学校开班，来自全疆的枸杞技术人员及枸杞深加工企业代表40余人参加培训。

10 日　"2023全国都市报+新媒体总编辑宁夏行"采访团调研宁夏枸杞深加工龙头企业百瑞源枸杞股份有限公司。

12 日　云南省政协副主席和良辉率云南省政协港澳委员一行26人考察百瑞源殷红子熟枸杞庄园，宁夏回族自治区政协副主席郑震参加考察，宁夏林业和草原局党组成员、副局长周涛陪同考察。

14 日　宁夏林业和草原局举办"宁夏枸杞产业工作恳谈会暨'宁夏枸杞'广东运营中心授牌仪式"，局党组成员、副局长王自新参加活动并见证授牌，宁夏枸杞协会轮值会长、秘书长及玺赞、厚生记、杞鑫、杞福源等枸杞企业负责人分享心得。

16 日　科技部公布2023年准予认定备案的国家高新技术企业名单，宁夏厚生记枸杞饮品有限公司名列其中。

17—20 日　宁夏回族自治区人大常委会副主任、现代枸杞产业高质量发展省级包抓领导董玲带领自治区人大常委会农工委、市场监管厅、林草局等部门负责同志，赴香港与中国科学院院士苏国辉、香港标准及检定中心(STC)、香港贸易发展局、宁夏驻香港窗口等洽谈枸杞科研、检测、商贸合作等事宜，并考察了香港中药材市场及连锁超市、批发市场枸杞销售情况。

19 日　杞滋堂(宁夏)健康产业有限公司向陕西省慈善协会捐赠价值100万元的爱心健康物资。

20 日　由文化和旅游部国际交流与合作局与宁夏文化和旅游厅共同主办，中外文化交流中心承办的"中国文化和旅游资源全球发布系列活动暨宁夏文化和旅游资源推介会"在北京举行，宁夏枸杞深加工产品亮相此次推介会。

同日　宁夏食品科学技术学会颁布《枸杞功能性调和油》(T/NSFST 008—2023)。本文件由宁夏大学等单位起草，规定了枸杞功能性调和油的术语和定义、技术要求、生产加工过程中卫生要求、质量要求、食品添加剂、检验方法及规则、标签标识、包装、运输和贮存。适用于以宁夏枸杞 *Lycium barbarum* 果实(干果)为原料加工而成的油脂，及其与其他食用植物油(亚麻籽油、沙棘籽油等)经过加热、配料、冷却、调配、包装制成的食用植物调和油。2023年11月20日起实施。

同日　宁夏化学分析测试协会颁布《枸杞芽菜保鲜技术规程》(T/NAIA 0224—2023)。本文件由宁夏大学等单位起草，规定了枸杞芽菜的贮藏保鲜的采收和质量要求、贮藏前库房准备、预冷、包装、入库、堆码、贮藏、出库及运输等技术要求，适用于枸杞芽菜保鲜技术。2023年11月1日起实施。

同日　宁夏化学分析测试协会颁布《枸杞芽菜栽培技术规程》(T/NAIA 0225—2023)。本文件由宁夏大学等单位起草，规定了枸杞芽菜露地栽培技术的产地环境、选地整地、繁殖方式、田间管理、采收，适用于枸杞芽菜栽培和采收。2023年11月1日起实施。

同日　宁夏化学分析测试协会颁布《枸杞芽菜质量分级规范》(T/NAIA 0226—2023)。本文件由宁夏大学等单位起草，规定了枸杞芽菜的术语和定义、质量分级，适用于以叶用枸杞为原料的枸杞芽菜。2023年11月1日起实施。

23日　杞滋堂(宁夏)健康产业有限公司通过中宁县民政局公开捐赠价值50万元的爱心健康物资。

24—26日　百瑞源枸杞、国杞天香枸杞、丝路味道八宝茶等特色产品在韩国蔚山广域市亮相东北亚地区地方政府联合会第14次全体会议，向东北亚地区5国参会嘉宾进行了展示，获得广泛好评。

26日　农业农村部信息中心、食物与营养发展研究所联合公布2023年全国"土特产"推介名单，"中宁枸杞"从众多"土特产"品牌中脱颖而出，成功入选。

27日　枸杞气象服务中心组织召开2023年全国枸杞生产形势分析视频会议，会议围绕全年气象条件对宁夏、甘肃、内蒙古、新疆和青海产区枸杞生长发育、产量和品质形成，以及各产区高影响天气枸杞气象服务等方面进行了总结评估，并对各产区枸杞气象服务工作存在的难点进行研讨交流。

30日　宁夏早康枸杞股份有限公司在中国铁路上海局集团有限公司虹桥所上线一组"早康枸杞"冠名列车，通过'中国高铁'这张流动的'国家名片'，扩大企业品牌影响力，助力打造知名企业品牌。

同日　甘肃省特色优势产业推介会在云南昆明召开，甘肃枸杞深加工产品亮相推介会。

31日　宁夏农学会颁布《宁夏枸杞根际机械追施技术规程》(T/NAASS 066—2023)，本文件由宁夏农林科学院农业资源与环境研究所等单位起草，规定了宁夏枸杞根际机械追施技术规程的术语和定义、关键技术要点，适用于宁夏枸杞产区。2023 年 12 月 10 日起实施。

十一月

1 日　国家知识产权局办公室印发《关于确定第二批地理标志助力乡村振兴典型案例的通知》（国知办函运字〔2023〕880 号），确定 80 个案例为第二批地理标志助力乡村振兴典型案例，其中宁夏《擦亮中宁枸杞"金字招牌"，全面助推乡村振兴》和新疆《千年丝绸路，一品精河红》2 个枸杞产业案例入围。

同日　宁夏化学分析测试协会颁布《枸杞中氯酸盐和高氯酸盐的测定 液相色谱–质谱法》（T/NAIA 0237—2023）。本文件由宁夏农产品质量标准与检测技术研究所等单位起草，规定了枸杞干果和枸杞鲜果中氯酸盐和高氯酸盐含量的液相色谱–质谱联用测定方法，适用于枸杞干果和枸杞鲜果中氯酸盐和高氯酸盐含量的测定。2023 年 11 月 15 日起实施。

同日　宁夏农林科学院枸杞科学技术研究所所长、国家枸杞工程技术研究中心主任曹有龙研究员和中国科学院西北特色植物资源化重点实验室主任、中国科学院兰州化学物理研究所邸多隆研究员团队应邀赴甘南农业大学林学院做学术报告。甘肃省枸杞无害化工程研究中心、林学院、食品科学与工程学院和水利水电工程学院等单位的近百名师生参加报告会。

2 日　青海省海西州委宣传部统计，今年海西柴达木枸杞采摘劳务品牌效应倍增，全州劳务总收入达 5.89 亿元，人均收入 8000 元。

5 日　国家枸杞产品质量检验检测中心（宁夏）顺利通过国家市场监管总局组织的专家现场评审验收。

6 日　宁夏药品监督管理局在中宁县枸杞产业园召开宁夏中药材生产质量管理规范（GAP）推进工作座谈会，会议解读了国家药监局推行《中药材生产质量管理规范》的重要意义，并介绍了推行中药材枸杞子 GAP 监督实施试点工作思路。

7 日　国家市场监督管理总局党组成员、副局长蒲淳调研宁夏沃福百瑞枸杞产业有限公司，督导检查宁夏枸杞企业开展食品安全"两个责任"落实情况。自治区政府副主席徐耀、自治区政府副秘书长孔国华、银川市市长陶少华等人陪同调研。

同日　巴彦淖尔市农牧业产业化龙头企业协会颁布《枸杞产品标准》（T/LTXH 016—2023）。本文件由内蒙古巴彦绿业实业（集团）有限公司等单位起草，规定了枸杞的术语和定义、产品分类、技术要求、检测方法、检验规则、包装、运输和贮存，适用于经干燥加工制成的各品种的枸杞成熟果实。2023 年 11 月 11 日起实施。

8 日　由宁夏林业和草原局、宁夏中医医院暨中医研究院、国家枸杞工程技术研究中心、宁夏枸杞协会、百瑞源枸杞股份有限公司联合举办的"首届宁夏枸杞养生节"在百瑞源殷红子熟枸杞庄园开幕，宁夏林业和草原局党组成员、副局长周涛出席活动并讲话。

同日　青海省海西州市场监管局完成2023年度枸杞专项抽检，共抽检321批次，合格316批次，抽检合格率达98.44%。与2021年82.5%合格率和2022年91.35%合格率相比枸杞抽检合格率大幅提高，标志着海西州枸杞产品质量持续提升，安全形势总体趋好。

9日　宁夏回族自治区政府主席张雨浦主持召开专题会议，听取现代枸杞产业高质量发展品牌宣传工作有关情况汇报。自治区副主席王立、刘军参加会议。

14—16日　第26届IGC国际葡萄酒与烈酒大奖赛在广州举行，宁夏全通枸杞产业有限公司的参赛产品"任爽枸杞白兰地"斩获金奖。

15日　宁夏林业和草原局举行"宁夏枸杞"福建运营中心授权颁证仪式，为福建省闽宁投资发展有限公司颁发"宁夏枸杞福建运营中心"授权证书，局党组成员、副局长王自新出席活动并见证授权颁证。

15—17日　宁夏中卫市中宁县枸杞产业发展服务中心举办"中宁枸杞品牌建设及产品营销急需紧缺人才培训班"。

17日　青海省科技厅组织专家对省级重大科技专项"黑果枸杞产业关键技术研究及高值化利用"进行了验收。

20日　青海省市场监督管理局颁布《气候品质评价枸杞》（DB63/T 2176—2023）。本文件由青海省气候中心等单位起草，规定了枸杞气候品质评价要求、评价方法和等级划分，适用于枸杞初级产品的气候品质分析和定量化评价。2024年2月1日起实施。

28日　宁夏林业和草原局举行"宁夏枸杞"地理标志证明商标授标仪式，为中石化宁夏易捷石化有限公司等6家枸杞企业授予"宁夏枸杞"地理标志证明商标授权证书，局党组成员、副局长王自新参加活动并讲话。至此"宁夏枸杞"地理标志证明商标授标企业达到29家。

同日　首届中国国际供应链促进博览会在北京开幕，宁夏沃福百瑞枸杞产业有限公司作为银川市枸杞企业代表参加，对外展示了枸杞干果、枸杞原浆、枸杞籽油、枸杞喷雾粉、枸杞冻干粉以及枸杞糖肽颗粒等30多个产品。

29—30日　宁夏回族自治区党委副书记庄严先后深入百瑞源枸杞股份有限公司、厚生记枸杞饮品有限公司调研现代枸杞产业发展及联农带农情况。自治区党委办公厅、农业农村厅、银川市、贺兰县相关负责同志陪同调研。

30日　宁夏回族自治区人大常委会副主任、现代枸杞产业高质量发展省级包抓领导董玲赴吴忠市利通区召开现场办公会，了解枸杞企业状况，把脉会诊企业难题，现场研究解决问题。自治区林草局、市场监管厅、卫生健康委及吴忠市相关负责同志参加。

同日　新疆"精河枸杞"地理标志品牌在湖北省武汉市举办的首届中部四省（鄂晋皖赣）地理标志品牌培育创新大赛暨长江流域地理标志产业高质量发展大会上荣获金奖。

同日　在宁夏农林科学院作物新品种专场拍卖会上，宁夏农林科学院枸杞科学研究所选育的黄果枸杞新品种"宁农杞20号"经过激烈竞拍，以81.5万元的价格夺得拍卖会"标王"，宁夏杞鑫种业有限公司拍得。

同日　中宁枸杞产业协会颁布《枸杞浓缩汁》(T/ZNGQXH 005—2023)。本文件由宁夏杞乡生物食品工程有限公司等单位起草，规定了枸杞浓缩汁的术语和定义、技术要求、生产加工过程的卫生要求、试验方法、检验规则、标志、包装、运输、贮存等要求。2023年12月1日起实施。

同日　宁夏枸杞产业发展中心、宁夏农林科学院植物保护研究所、宁夏森林病虫防治检疫总站、宁夏农林科学院枸杞科学研究所、枸杞气象服务中心联合举办的"2023年度自治区现代枸杞产业病虫害绿色防控体系建设培训班"在银川开班，此次培训班为期3天。

十二月

3日　《新华·柴达木枸杞价格指数年度运行报告(2023)》在中国企业家博鳌论坛"数字赋能 指引未来"区域特色产业高质量发展论坛上正式发布。

6日　京东云新疆(精河)枸杞产业供应链运营中心组织开展主题为"普法先行·法治为本"的电商直播法律风险与防范专题沙龙活动，精河县枸杞企业、个体、产销大户、电商创业者、合作社、社会组织共计30人参加了活动。

8日　2023中国农民丰收节"第三届全国乡村文化产业创新发展大会暨首届中国乡村书画大赛"在江苏靖江成功举办，宁夏石嘴山市惠农区东永固村报送的《特色文化赋能，建设和美乡村》，银川市贺兰县百瑞源枸杞股份有限公司报送的《百瑞源枸杞，文化赋能品牌》入选全国乡村文化产业创新典型案例。

10日　中国中药协会在中国中药产业高质量发展暨第四届中国中药品牌建设大会上发布2023年度中药品牌研究报告。宁夏中宁枸杞产业发展股份有限公司获得枸杞道地药材品牌。

11日　宁夏回族自治区人大常委会副主任、现代枸杞产业高质量发展省级包抓领导董玲赴中卫市沙坡头区兴仁镇川裕村调研招商银行银川分行在川裕村的驻村工作，指导枸杞产业发展。

12日　宁夏现代枸杞产业高质量发展省级领导包抓机制会议在银川召开。自治区政协主席、现代枸杞产业高质量发展省级包抓领导陈雍出席会议并讲话。自治区人大常委会副主任、省级包抓领导董玲主持会议。自治区政协副主席、省级包抓领导刘可为通报2023年度现代枸杞产业工作，安排部署2024年重点工作。

同日　宁夏工业和信息化厅评定出148家2023年度第二批创新型中小企业，玺赞庄园子公司——宁夏源乡枸杞产业发展有限公司位列其中。

13日　宁夏枸杞现代产业学院第一届理事会在宁夏葡萄酒与防沙治沙职业技术学院正式成立，宁夏林业和草原局党组成员、副局长王自新出席仪式活动并讲话。

14 日　宁夏林业和草原局召开产业引导基金支持现代枸杞产业高质量发展座谈会，局党组成员、副局长周涛出席并主持会议，宁夏枸杞协会及部分枸杞企业代表参会。

19 日　宁夏中卫市中宁县人民政府县长周永根主持召开推进会，专题研究枸杞小镇——宁夏中宁枸杞康养旅游度假区项目建设推进事宜。县发展和改革局、财政局、自然资源局、文化旅游广电局、枸杞产业发展服务中心等相关部门负责人参加会议。

27 日　宁夏回族自治区人大常委会副主任、现代枸杞产业高质量发展省级包抓领导董玲赴智慧宫国际文化传播集团有限公司调研枸杞红茶科技研发和枸杞茶研究院规划情况。自治区林业和草原局、科技厅、卫生健康委、宁夏农林科学院，银川市、中宁县相关负责同志以及部分企业代表参加调研。

附　录

附录 1
现行枸杞国家、行业、地方标准名录

表 1 现行枸杞国家标准名录

序号	标准名称	标准编号	标准发布单位	标准主要起草单位	备注
1	枸杞干、葡萄干辐照杀虫工艺	GB/T 18525.4—2001	国家质量监督检验检疫总局、国家标准化管理委员会	新疆农业科学院核技术生物技术研究所	
2	枸杞栽培技术规程	GB/T 19116—2003	国家质量监督检验检疫总局、国家标准化管理委员会	宁夏农林科学院枸杞研究所	
3	地理标志产品：宁夏枸杞	GB/T 19742—2008	国家质量监督检验检疫总局、国家标准化管理委员会	宁夏枸杞协会	
4	国家标准：枸杞	GB/T 18672—2014	国家质量监督检验检疫总局、国家标准化管理委员会	农业部枸杞产品质量监督检验测试中心	
5	果酒质量要求第1部分：枸杞酒	GB/T 41405.1—2022	国家市场监督管理总局国家标准化管理委员会	宁夏红枸杞产业有限公司、中国食品发酵工业研究院有限公司、中国酒业协会、宁夏食品安全协会	

表 2 现行枸杞行业标准名录

序号	标准名称	标准编号	标准主管部门	标准主要起草单位	备注
1	无公害食品 枸杞生产技术规程	NY/T 5249—2004	农业部	宁夏农林科学院农副产品贮藏加工研究所	
2	植物新品种特异性、一致性和稳定性测试指南 枸杞	NY/T 2528—2013	农业部	青海省农林科学院	
3	绿色食品 枸杞及枸杞制品	NY/T 1051—2014	农业部	农业部枸杞产品质量监督检验测试中心	
4	枸杞中甜菜碱含量的测定 高效液相色谱法	NY/T 2947—2016	农业部	农业部枸杞产品质量监督检验测试中心	
5	枸杞干燥技术规范	NY/T 2966—2016	农业部	农业部规划设计院、国家枸杞工程中心	

（续）

序号	标准名称	标准编号	标准主管部门	标准主要起草单位	备注
6	农药田间药效试验准则第19部分：除草剂防治枸杞地杂草	NY/T 1464.19—2007	农业部	农业部农业检定所	
7	农药田间药效试验准则第63部分：杀虫剂防治枸杞刺皮瘿螨	NY/T 1464.63—2017	农业部	农业部农药检定所、新疆生产建设兵团农业技术推广总站	
8	枸杞中黄酮类化合物的测定	NY/T 3903—2021	农业农村部	宁夏农产品质量标准与检测技术研究所（农业农村部枸杞产品质量监督检验测试中心）、中国农业科学院农产品加工研究所	
9	黑果枸杞等级规格	NY/T 4343—2023	农业农村部	北京市农林科学院质量标准与检测技术研究所、宁夏农产品质量标准与检测技术研究所等	
10	植物新品种特异性、一致性、稳定性测试指南 枸杞属	LY/T 2099—2013	国家林业局	中国林业科学研究院沙漠林业实验中心	
11	进出口枸杞子检验规程	SN/T 0878—2000	国家出入境检验检疫局	宁夏出入境检验检疫局	
12	农业气象观测规范 枸杞	QX/T 282—2015	中国气象局	宁夏气象科学研究所	
13	枸杞炭疽病发生气象等级	QX/T 283—2015	中国气象局	宁夏气象科学研究所	
14	枸杞多糖	QB/T 5176—2017	工业和信息化部	百瑞源枸杞股份有限公司	
15	枸杞浆	GH/T 1237—2019	供销合作总社	中华全国供销合作总社济南果品研究院	
16	枸杞清汁	GH/T 1271—2019	供销合作总社	中华全国供销合作总社济南果品研究院	
17	鲜枸杞	GH/T 1302—2020	供销合作总社	中华全国供销合作总社济南果品研究院	

表3 现行枸杞地方标准名录

省份	序号	标准名称	标准编号	标准主管部门	标准主要起草单位	备注
宁夏	1	枸杞干果储藏管理技术规程	DB64/T 399-2004	宁夏回族自治区质量技术监督局	宁夏枸杞协会	
	2	'宁杞4号'枸杞栽培技术规程	DB64/T 478—2006	宁夏回族自治区质量技术监督局	中宁县枸杞产业管理局、宁夏林木种苗管理总站	
	3	枸杞红瘿蚊地膜覆盖防治操作技术	DB64/T 554—2009	宁夏回族自治区质量技术监督局	宁夏农林科学院植物保护研究所	
	4	枸杞苗木质量	DB64/T 676—2010	宁夏回族自治区质量技术监督局	宁夏枸杞工程技术研究中心	
	5	'宁杞5号'枸杞栽培技术规程	DB64/T 771—2012	宁夏回族自治区质量技术监督局	宁夏农林科学院枸杞工程技术研究中心	

（续）

省份	序号	标准名称	标准编号	标准主管部门	标准主要起草单位	备注
	6	枸杞病虫害监测预报技术规程	DB64/T 852—2013	宁夏回族自治区质量技术监督局	宁夏农林科学院植物保护研究所	
	7	枸杞微咸水滴灌技术规程	DB64/T 889—2013	宁夏回族自治区质量技术监督局	宁夏农林科学院农业资源与环境研究所	
	8	宁夏枸杞栽培技术规程	DB64/T 940—2013	宁夏回族自治区质量技术监督局	国家枸杞工程技术研究中心	
	9	枸杞病虫害机械化防治技术规程	DB64/T 1065—2015	宁夏回族自治区质量技术监督局	宁夏农业机械技术推广总站	
	12	枸杞促早栽培技术规程	DB64/T 1141—2015	宁夏回族自治区质量技术监督局	宁夏枸杞工程技术研究中心	
	13	枸杞机械化中耕技术规程	DB64/T 1151—2015	宁夏回族自治区质量技术监督局	宁夏农业机械技术推广站	
	14	枸杞滴灌高效节水技术规程	DB64/T 1160—2015	宁夏回族自治区质量技术监督局	宁夏枸杞工程技术研究中心	
	15	枸杞品种鉴定技术规程SSR分子标记法	DB64/T 1203—2016	宁夏回族自治区质量技术监督局	宁夏农林科学院枸杞工程技术研究所	
	16	枸杞水肥一体化技术规程	DB64/T 1204—2016	宁夏回族自治区质量技术监督局	宁夏农林科学院农业资源与环境研究所	
	17	枸杞鲜果秋延后栽培技术规程	DB64/T 1205—2016	宁夏回族自治区质量技术监督局	宁夏农林科学院枸杞工程技术研究所	
宁夏	18	枸杞良种采穗圃营建技术规程	DB64/T 1206—2016	宁夏回族自治区质量技术监督局	中宁县林场	
	19	'宁杞8号'枸杞栽培技术规程	DB64/T 1207—2016	宁夏回族自治区质量技术监督局	宁夏林业研究所股份有限公司	
	20	'宁杞9号'枸杞栽培技术规程	DB64/T 1208—2016	宁夏回族自治区质量技术监督局	宁夏林业研究所股份有限公司	
	21	枸杞周年扦插育苗技术规程	DB64/T 1209—2016	宁夏回族自治区质量技术监督局	中宁县杞鑫枸杞苗木专业合作社	
	22	枸杞优质苗木繁育技术规程	DB64/T 1210—2016	宁夏回族自治区质量技术监督局	宁夏农林科学院枸杞工程技术研究所	
	23	枸杞实蝇绿色防控技术规程	DB64/T 1211—2016	宁夏回族自治区质量技术监督局	宁夏农林科学院植物保护研究所	
	24	枸杞篱架栽培技术规程	DB64/T 1212—2016	宁夏回族自治区质量技术监督局	宁夏农林科学院枸杞工程技术研究所	
	25	枸杞病虫害防治农药安全使用规范	DB64/T 1213—2016	宁夏回族自治区质量技术监督局	宁夏农林科学院植物保护研究所	
	26	宁夏富硒农产品标准（水稻、玉米、小麦及枸杞干果）	DB64/T 1221—2016	宁夏回族自治区质量技术监督局	宁夏回族自治区国土资源调查监测院	
	27	农机节水农艺一体化生产技术规程第2部分：枸杞	DB64/T 1289.2—2016	宁夏回族自治区质量技术监督局	宁夏水利科学研究院	

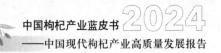

（续）

省份	序号	标准名称	标准编号	标准主管部门	标准主要起草单位	备注
宁夏	28	枸杞及枸杞籽油中玉米黄质、β-胡萝卜素和叶黄素的测定	DB64/T 1514—2017	宁夏回族自治区质量技术监督局	宁夏食品检测中心	
	29	'宁杞7号'枸杞栽培技术规程	DB64/T 772—2018	宁夏回族自治区质量技术监督局	宁夏农林科学院枸杞工程技术研究中心	
	30	'宁农杞9号'枸杞栽培技术规程	DB64/T 1568—2018	宁夏回族自治区市场监管厅	宁夏农林科学院枸杞工程技术研究所	
	31	优质枸杞基地建设规范	DB64/T 1574—2018	宁夏回族自治区市场监管厅	宁夏枸杞产业发展中心	
	32	枸杞品种抗性鉴定 枸杞瘿螨	DB64/T 1575—2018	宁夏回族自治区市场监管厅	宁夏农林科学院植物保护研究所	
	33	枸杞虫害生态调控技术规程	DB64/T 1576—2018	宁夏回族自治区市场监管厅	宁夏农林科学院植物保护研究所	
	34	枸杞机械化生产示范园区建设规范	DB64/T 1579—2018	宁夏回族自治区市场监管厅	宁夏农业机械技术推广站	
	35	中宁枸杞	DB64/T 1640—2019	宁夏回族自治区市场监管厅	中宁县枸杞产业发展服务中心	
	36	枸杞加工良好规范	DB64/T 1648—2019	宁夏回族自治区市场监管厅	宁夏食品安全协会	
	37	枸杞包装通则	DB64/T 1649—2019	宁夏回族自治区市场监管厅	宁夏食品安全协会	
	38	枸杞贮存要求	DB64/T 1650—2019	宁夏回族自治区市场监管厅	宁夏食品安全协会	
	39	枸杞交易市场建设经营管理规范	DB64/T 1651—2019	宁夏回族自治区市场监管厅	宁夏食品安全协会	
	40	枸杞追溯要求	DB64/T 1652—2019	宁夏回族自治区市场监管厅	宁夏食品安全协会	
	41	枸杞蚜虫气象服务技术规程	DB64/T 1687—2020	宁夏回族自治区市场监管厅	中卫市气象局	
	42	宁夏枸杞干果商品规格等级规范	DB64/T 1764—2020	宁夏回族自治区市场监管厅	宁夏农产品质量标准与检测技术研究所等	
	43	'宁杞10号'枸杞栽培技术规程	DB64/T 1810—2021	宁夏回族自治区市场监督管理厅	中宁县杞鑫枸杞苗木专业合作社	
	44	宁夏"六特"产业高质量发展标准体系 第2部分：枸杞	DB64/T 1830.2—2022	宁夏回族自治区质量技术监督局	宁夏回族自治区市场监督管理厅	代替1639
	45	枸杞气候资源道地性评价	DB64/T 1859/7—2022	宁夏回族自治区市场监管厅	宁夏回族自治区气象科学研究所	
	46	枸杞病虫害防治农药使用规范	DB64/T 1213—2023	宁夏回族自治区市场监督管理厅	宁夏农林科学院植物保护研究所	

（续）

省份	序号	标准名称	标准编号	标准主管部门	标准主要起草单位	备注
宁夏	47	宁夏枸杞及其制品质量检测体系建设规范	DB64/T 1869—2023	宁夏回族自治区质量技术监督局	宁夏回族自治区食品检测研究院(国家市场监管重点实验室(枸杞和葡萄酒质量安全))	
新疆	48	精河枸杞品种'精杞1号'	DB65/T 2084.1—2003	新疆维吾尔自治区质量技术监督局	精河县质量技术监督局、精河县林业局	
	49	精河枸杞品种'精杞2号'	DB65/T 2084.2—2003	新疆维吾尔自治区质量技术监督局	精河县质量技术监督局、精河县林业局	
	50	枸杞测土配方施肥技术规程	DB65/T 2092—2003	新疆维吾尔自治区质量技术监督局		
	51	枸杞红瘿蚊无公害防治技术规程	DB65/T 3329—2011	新疆维吾尔自治区质量技术监督局		
	52	枸杞瘿螨类无公害防治技术规程	DB65/T 3330—2011	新疆维吾尔自治区质量技术监督局		
	53	枸杞标准体系总则	DB65/T 2083—2012	新疆维吾尔自治区质量技术监督局		
	54	枸杞育苗技术规程	DB65/T 2087—2012	新疆维吾尔自治区质量技术监督局		
	55	枸杞有害生物防治技术规程	DB65/T 2091—2012	新疆维吾尔自治区质量技术监督局		
	56	绿色食品 枸杞生产技术规程	DB65/T 3354—2012	新疆维吾尔自治区质量技术监督局		
	57	有机食品 枸杞生产技术规程	DB65/T 3359—2012	新疆维吾尔自治区质量技术监督局		
	58	黑果枸杞原花青素含量的测定 液相谱法	DB65/T 4039—2017	新疆维吾尔自治区质量技术监督局		
	59	黑果枸杞高效栽培技术规程	DB65/T 4161—2018	新疆维吾尔自治区质量技术监督局		
	60	生态健康果园'精杞1号''精杞2号'栽培技术规程	DB65/T 4186—2019	新疆维吾尔自治区质量技术监督局		
	61	干制枸杞果品质量分级	DB65/T 4474—2021	新疆维吾尔自治区质量技术监督局		
	62	特色林果枸杞绿色生产技术规范	DB65/T 4605—2022	新疆维吾尔自治区质量技术监督局		
	63	枸杞夏果期高温热害预警等级	DB 6527/T 007—2023	新疆维吾尔自治区质量技术监督局		
	64	农业气象观测规范 黑果枸杞	DB 6527/T 008—2023	新疆维吾尔自治区质量技术监督局		
青海	65	黑果枸杞组织培养育苗技术规范	DB63/T1716—2018	青海省市场监督管理局		

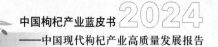
（续）

省份	序号	标准名称	标准编号	标准主管部门	标准主要起草单位	备注
青海	66	地理标志产品 柴达木枸杞	DB63/T1759—2019	青海省市场监督管理局		
	67	枸杞有机栽培基地建设技术规程	DB63/T 1420—2020	青海省市场监督管理局		
	68	黑果枸杞有机栽培基地建设技术规程	DB63/T 1791—2020	青海省市场监督管理局		
	69	枸杞根腐病无公害综合防控技术规范	DB63/T 1866—2020	青海省市场监督管理局		
	70	柴达木绿色枸杞生产质量控制规范	DB63/T 1133—2023	青海省市场监督管理局		
	71	食品安全地方标准 枸杞芽茶	DBS63/0004—2021	青海省市场监督管理局		
	72	食品安全地方标准 黑果枸杞	DBS63/0010—2021	青海省市场监督管理局		
	73	食品安全地方标准 黑果枸杞中花青素含量的测定	DBS63/0011—2021	青海省市场监督管理局		
甘肃	74	绿色农业 枸杞林下鸡放养技术规程	DB62/T 2271—2012	甘肃省质量技术监督局		
	75	地理标志产品 民勤枸杞	DB62/T 2752—2017	甘肃省质量技术监督局		
	76	绿色食品 枸杞套南瓜生产技术规程	DB62/T 2809—2017	甘肃省质量技术监督局		
	77	地理标志产品 靖远枸杞	DB62/T 2379—2019	甘肃省质量技术监督局		
	78	枸杞温室育苗技术规程	DB62/T 4719—2023	甘肃省质量技术监督局		
	79	枸杞品种'甘杞2号'	DB62/T 4808—2023	甘肃省质量技术监督局		
	80	绿色食品 枸杞生产技术规程	DB62/T 1809—2022	甘肃省质量技术监督局		
	81	枸杞品种'甘杞1号'	DB62/T 4492—2022	甘肃省质量技术监督局		
内蒙古	82	内蒙古地方菜 枸杞扒白菜	DB15/T 741—2014	内蒙古自治区质量技术监督局		
	83	盐碱土壤枸杞咸淡水轮灌技术规程	DB15/T 1018—2016	内蒙古自治区质量技术监督局		
	84	黑果枸杞育苗技术规程	DB15/T 1289—2017	内蒙古自治区质量技术监督局		

（续）

省份	序号	标准名称	标准编号	标准主管部门	标准主要起草单位	备注
内蒙古	85	枸杞扦插育苗及建园技术规程	DB15/T 1288—2017	内蒙古自治区质量技术监督局		
	86	黑果枸杞栽培技术规程	DB15/T 2435—2021	内蒙古自治区质量技术监督局		
山东	87	黑果枸杞栽培技术规程	DB37/T 3984—2020	山东省市场监督管理厅		
黑龙江	88	枸杞扦插育苗技术规程	DB23/T 2022—2017	黑龙江省质量技术监督局		
广西	89	叶用枸杞生产技术规程	DB45/T 423—2007	广西壮族自治区质量技术监督局		
陕西	90	黑果枸杞育苗及造林技术规程	DB6108/T 29—2021	陕西榆林市场监督管理局		
河北	91	枸杞丰产栽培技术规程	DB1307/T 330—2020	河北市场监督管理局		

（宁夏枸杞产业发展中心马利奋整理）

附录 2

《本草纲目》对枸杞子、地骨皮定义
及 32 个经典方剂记载*

（一）枸杞、地骨皮

本草纲目　第十二卷　木部

【释名】

亦称枸棘、天精、苦杞、甜菜、地骨、地辅、地仙、却暑、羊乳、仙人杖、西王母杖。

【集解】

（别录曰）枸杞生常山平泽，及诸丘陵阪岸。（颂曰）今处处有之。春生苗，叶如石榴叶而软薄堪食，俗呼为甜菜。其茎于高三五尺，作丛。六月、七月生小红紫花。随便结红实，形微长如枣核。其根名地骨。诗小雅云，集于苞杞"陆玑诗疏云，一名苦杞。春生，作羹茹微苦。其茎似莓。其子秋熟，正赤。茎、叶及子服之，轻身益气。今人相传谓枸杞与构棘二种相类。其实形长而枝无刺者，真枸杞也。圆而有刺者，枸棘也，不堪入药。马志注溲疏条云：溲疏有刺，枸杞无刺，以此为别。溲疏亦有巨骨之名，如枸杞之名地骨，当亦相类，用之宜辨。或云：溲疏以高大者为别，是不然也。今枸杞极有高大者，入药尤神良。（宗奭曰）枸杞、枸棘，徒劳分别。凡杞未有无刺者。虽大至于成架，尚亦有棘。但此物小则刺多，大则刺少，正如酸枣与棘，其实一物也。[时珍曰]古者枸杞、地骨取常山者为上，其他丘陵阪岸者皆可用。后世惟取陕西者良，而又以甘州者为绝品。今陕之兰州、灵州、九原以西枸杞，并是大树，其叶厚根粗。河西及甘州者，其子圆如樱桃，暴干紧小少核，干亦红润甘美，味如葡萄，可作果食，异于他处者。

【气味】

苦，寒，无毒。

【主治】

主五脏内邪气，热中消渴，风痹及风湿。久服，坚筋骨，轻身不老，耐寒暑。另可下胸胁气，治客热头痛，补内伤大劳嘘吸，滋阴，利大小肠。补精气诸不足，易颜色，变

资料来源：《本草纲目》（下册），人民卫生出版社，1982。

白，明目安神，令人长寿。

苗〔气味〕苦，寒。〔主治〕除烦益志，补五劳七伤。壮心气。去皮肤骨节间风，消热毒，散疮肿。和羊肉做羹吃，益人，除风明目。作代茶饮，止渴，消热烦，益阳事，解面毒。与乳酪相恶。汁注目中，去风痛赤膜昏痛，去上焦心肺客热。

地骨皮〔气味〕苦，寒。〔主治〕细锉，拌面煮熟，吞之，去肾家风，益精气。去骨热消渴。解骨蒸肌热消渴，风湿痹，坚筋骨，凉血。治在表无定之风邪，传尸有汗之骨蒸泻肾火，降肺中伏火，去胞中火，退热，补正气。治上膈吐血。煎汤漱口，可止齿血，治骨槽风。治金疮神验去下焦肝肾虚热。

（二）32 个经典方剂

1. 枸杞煎

治虚方，退虚热，轻身益气，令一切痈疽永不发。用枸杞三十斤(春夏用茎、叶，秋冬用根、实)。以水一石，取煮五斗，以滓再煮取五斗，澄清去滓，再煎取二斗，入锅煎如汤收之。每早酒服一合。

2. 金髓煎

枸杞子逐日摘红熟者，不拘多少，以无灰酒浸之，蜡纸封固，勿令泄气。两月足，取入沙盆中擂烂，滤取汁，同浸酒入银锅内，慢火熬之。不住手搅，恐粘住不匀。候成膏如膏如饧，净瓶密收。每早温酒服二大匙，夜卧再服。百日身轻气壮，积年不辍，可以羽化也。

3. 枸杞酒

外台秘要云：补虚，去劳热，长肌肉，益颜色，肥健人，治肝虚冲感下泪。用生枸杞子五升捣破，绢袋盛，浸好酒二斗中，密封勿泄气，二七日。服之任性，勿醉。经验后方：枸杞酒：变白，耐老轻身。用枸杞子二升(十月壬癸日，面东采之)，以好酒二升，瓷瓶内浸三七日。乃添生地黄汁三升，搅匀密封。至立春前三十日，开瓶。每空心暖饮一盏，至立春后髭发却黑。勿食芜荑、葱、蒜。

4. 四神丸

治肾经虚损，眼目昏花，或云翳遮睛。甘州枸杞子一斤，好酒润透，分作四分，四两用蜀椒一两炒，四两用小茴香一两炒，四两用脂麻一两炒，四两用川楝肉一两炒。拣出枸杞，加熟地黄、白术、白茯苓各一两，为末，炼蜜丸，日服。

5. 肝虚下泪

枸杞子二升，绢袋盛，浸一斗酒中(密封)三七日，饮之。

6. 目赤生翳

枸杞子捣汁，日点三五次，神验。

7. 面黯皯疱

枸杞子十斤，生地黄三斤，为末。每服方寸匕，温酒下，日三服。久则童颜。

8. 注夏虚病

枸杞子、五味子研细，滚水泡，封三日，代茶饮效。

9. 地骨酒

壮筋骨，补精髓，延年耐老。枸杞根、生地黄、甘菊花各一斤，捣碎，以水一石，煮取汁五斗，炊糯米五斗，细麹拌勾，入瓮如常封酿。待熟澄清，日饮三盏。

10. 虚劳客热

枸杞根为末，白汤调服。有痼疾人勿服。

11. 骨蒸烦热

及一切虚劳烦热，大病后烦热，并用地仙散：地骨皮二两，防风一两，甘草(炙)半两。每用五钱，生姜五片，水煎服。

12. 热劳如燎

地骨皮二两，柴胡一两，为末。每服二钱，麦门冬汤下。

13. 虚劳苦渴

骨节烦热，或寒。用枸杞根白皮(切)五升，麦门冬三升，小麦二升，水二斗，煮至麦熟，去滓。每服一升，口渴即饮。

14. 肾虚腰痛

枸杞根、杜仲、萆薢各一斤，好酒三斗渍之，罂中密封，锅中煮一日。饮之任意。

15. 吐血不止

枸杞根、子、皮为散，水煎。日日饮之。

16. 小便出血

新地骨皮洗净，捣自然汁(无汁则以水煎汁)。每服一盏，入酒少许，食前温服。

17. 带下脉数

枸杞根一斤，生地黄五斤，酒一斗，煮五升。日日服之。

18. 天行赤目

暴肿。地骨皮三斤，水三斗，煮三升，去滓，入盐一两，取二升。频频洗点。

19. 风虫牙痛

枸杞根白皮，煎醋漱之，虫即出。亦可煎水饮。

20. 口舌糜烂

地骨皮汤：治膀胱移热于小肠，上为口糜，生疮溃烂，心胃壅热，水谷不下。用柴胡、地骨皮各三钱，水煎服之。

21. 小儿耳疳

生于耳后，肾疳也。地骨皮一味，煎汤洗之。仍以香油调末搽之。

22. 气瘘疳疮

多年不愈者。应效散(又名托里散)：用地骨皮(冬月者)为末。每用纸捻蘸入疮内。频用自然生肉。更以米饮服二钱，一日三服。

23. 男子下疳

先以浆水洗之，后搽地骨皮末。生肌止痛。

24. 妇人阴肿

或生疮。枸杞根煎水，频洗。

25. 十三种疔

春三月上建日采叶(名天精)，夏三月上建日采枝(名枸杞)，秋三月上建日采子(名却老)，冬三月上建日采根(名地骨)，并暴干为末(如不得依法采，但得一种亦可)。用绯缯一片裹药。牛黄一梧子大，反钩棘针三七枚，赤小豆七粒，为末。先于缯上铺乱发一鸡子大，乃铺牛黄等末，卷作团，以发束定，熨斗中炒令沸，沸定，刮捣为末。以一方寸匕，合前枸杞末二匕，空心酒服二钱半，日再服。

26. 痈疽恶疮

脓血不止。地骨皮不拘多少，洗净，刮去粗皮，取细白穰。以粗皮同骨煎汤洗，令脓血尽。以细穰贴之，立效。有一朝士，腹胁间病疽经岁。或以地骨皮煎汤淋洗，出血一二升。家人惧，欲止之。病者曰，疽似少快。更淋之，用五升许，血渐淡乃止。以细穰贴之，次日结痂愈。

27. 瘭疽出汗

着手、足、肩、背，累累如赤豆。用枸杞根、葵根叶煮汁，煎如饴。随意服之。

28. 足趾鸡眼

作痛作疮。地骨皮同红花研细傅之，次日即愈。

29. 火赫毒疮

此患急防毒气入心腹。枸杞叶捣汁服，立瘥。

30. 目涩有翳

枸杞叶二两，车前叶一两，挼汁，以桑叶裹，悬阴地一夜。取汁点之，不过三五度。

31. 五劳七伤

庶事衰弱。枸杞叶半斤(切)，粳米二合，豉汁和，煮作粥。日日食之良。

32. 澡浴除病

正月一日，二月二日，三月三日，四月四日，以至十二月十二日，皆用枸杞叶煎汤洗澡。令人光泽，百病不生。

附录3
《中华人民共和国药典》(2020版)
枸杞子、地骨皮定义

枸 杞 子

本品为茄科植物宁夏枸杞 *Lycium barbarum* L. 的干燥成熟果实。夏、秋二季果实呈红色时采收,热风烘干,除去果梗,或晾至皮皱后,晒干,除去果梗。

【性状】本品呈类纺锤形或椭圆形,长 6~20mm,直径 3~10mm。表面红色或暗红色,顶端有小突起状的花柱痕,基部有白色的果梗痕。果皮柔韧,皱缩;果肉肉质,柔润。种子 20~50 粒,类肾形,扁而翘,长 1.5~1.9mm,宽 1~1.7mm,表面浅黄色或棕黄色。气微,味甜。

【鉴别】本品粉末黄橙色或红棕色。外果皮表皮细胞表面观呈类多角形或长多角形,垂周壁平直或细波状弯曲,外平周壁表面有平行的角质条纹。中果皮薄壁细胞呈类多角形,壁薄,胞腔内含橙红色或红棕色球形颗粒。种皮石细胞表面观不规则多角形,壁厚,波状弯曲,层纹清晰。

取本品 0.5g,加水 35mL,加热煮沸 15 分钟,放冷,滤过,滤液用乙酸乙酯 15mL 振摇提取,分取乙酸乙酯液,浓缩至 1mL,作为供试品溶液。另取枸杞子对照药材 0.5g,同法制成对照药材溶液。照薄层色谱法(通则 0502)试验,吸取上述两种溶液各 5μl,分别点于同一硅胶 G 薄层板上,以乙酸乙酯-三氯甲烷-甲酸(3∶2∶1)为展开剂,展开,取出,晾干,置紫外光灯(365nm)下检视。供试品色谱中,在与对照药材色谱相应的位置上,显相同颜色的荧光斑点。

【检查】

水分　不得超过 13.0%(通则 0832 第二法,温度为 80℃)。

总灰分　不得超过 5.0%(通则 2302)。

重金属及有害元素　照铅、镉、砷、汞、铜测定法(通则 2321 原子吸收分光光度法或电感耦合等离子体质谱法)测定,铅不得超过 5mg/kg;镉不得超过 1mg/kg;砷不得超过 2mg/kg;汞不得超过 0.2mg/kg;铜不得超过 20mg/kg。

【浸出物】按照水溶性浸出物测定法(通则 2201)项下的热浸法测定,不得少于 55.0%。

【含量测定】枸杞多糖

对照品溶液的制备　取无水葡萄糖对照品 25mg,精密称定,置 250mL 量瓶中,加水适量溶解，稀释至刻度，摇匀，即得(每1mL中含无水葡萄糖0.1mg)。

标准曲线的制备 精密量取对照品溶液0.2mL、0.4mL、0.6mL、0.8mL、1.0mL，分别置具塞试管中，分别加水补至2.0mL，各精密加入5%苯酚溶液1mL，摇匀，迅速精密加入硫酸5mL，摇匀，放置10分钟，置40℃水浴中保温15分钟，取出，迅速冷却至室温，以相应的试剂为空白，照紫外-可见分光光度法(通则0401)，在490nm的波长处测定吸光度，以吸光度为纵坐标，浓度为横坐标，绘制标准曲线。

测定法 取本品粗粉约0.5g，精密称定，加乙醚100mL，加热回流1小时，静置，放冷，小心弃去乙醚液，残渣置水浴上挥尽乙醚。加入80%乙醇100mL，加热回流1小时，趁热滤过，滤渣与滤器用热80%乙醇30mL分次洗涤，滤渣连同滤纸置烧瓶中，加水150mL，加热回流2小时。趁热滤过，用少量热水洗涤滤器，合并滤液与洗液，放冷，移至250mL量瓶中，用水稀释至刻度，摇匀，精密量取1mL，置具塞试管中，加水1.0mL，按照标准曲线制备项下的方法，自"各精密加入5%苯酚溶液1mL"起，依法测定吸光度，从标准曲线上读出供试品溶液中含葡萄糖的质量(mg)，计算，即得。

本品按干燥品计算，含枸杞多糖以葡萄糖($C_6H_{12}O_6$)计，不得少于1.8%。

甜菜碱 照高效液相色谱法(通则0512)测定。

色谱条件与系统适用性试验 以氨基键合硅胶为填充剂；以乙腈-水(85:15)为流动相；检测波长为195nm。理论板数按甜菜碱峰计算应不低于3000。

对照品溶液的制备 取甜菜碱对照品适量，精密称定，加水制成每1mL含0.17mg的溶液，即得。

供试品溶液的制备 取本品粉碎，取约1g，精密称定，置具塞锥形瓶中，精密加入甲醇50mL，密塞，称定重量，加热回流1小时，放冷，再称定重量，用甲醇补足减失的重量，摇匀，滤过。精密量取续滤液2mL，置碱性氧化铝固相萃取柱(2g)上，用乙醇30mL洗脱，收集洗脱液，蒸干，残渣加水溶解，转移至2mL量瓶中，加水至刻度，摇匀，滤过，取续滤液，即得。

测定法 分别精密吸取对照品溶液与供试品溶液各10μL，注入液相色谱仪，测定，即得。

本品按干燥品计算，含甜菜碱($C_5H_{11}NO_2$)不得少于0.50%。

【性味与归经】甘，平。归肝、肾经。

【功能与主治】滋补肝肾，益精明目。用于虚劳精亏，腰膝酸痛，眩晕耳鸣，阳萎遗精，内热消渴，血虚萎黄，目昏不明。

【用法与用量】6~12g。

【贮藏】置阴凉干燥处，防闷热，防潮，防蛀。

地 骨 皮

本品为茄科植物枸杞 *Lycium chinense* Mill. 或宁夏枸杞 *Lycium barbarum* L. 的干燥根皮。春初或秋后采挖根部，洗净，剥取根皮，晒干。

【性状】本品呈筒状或槽状，长3~10cm，宽0.5~1.5cm，厚0.1~0.3cm。外表面灰黄色至棕黄色，粗糙，有不规则纵裂纹，易成鳞片状剥落。内表面黄白色至灰黄色，较平坦，有细纵纹。体轻，质脆，易折断，断面不平坦，外层黄棕色，内层灰白色。气微，味微甘而后苦。

【鉴别】

(1)本品横切面：木栓层为4~10余列细胞，其外有较厚的落皮层。韧皮射线大多宽1列细胞；纤维单个散在或2至数个成束。薄壁细胞含草酸钙砂晶，并含多数淀粉粒。

(2)取本品粉末1.5g，加甲醇15mL，超声处理30分钟，滤过，滤液蒸干，残渣加甲醇1mL使溶解，作为供试品溶液。另取地骨皮对照药材1.5g，同法制成对照药材溶液。按照薄层色谱法(通则0502)试验，吸取上述两种溶液各5μL，分别点于同一硅胶G薄层板上，以甲苯-丙酮-甲酸(10：1：0.1)为展开剂，展开，取出，晾干，置紫外光灯(365nm)下检视。供试品色谱中，在与对照药材色谱相应的位置上，显相同颜色的荧光斑点。

【检查】

水分　不得超过11.0%(通则0832第二法)。

总灰分　不得超过11.0%(通则2302)。

酸不溶性灰分　不得超过3.0%(通则2302)。

饮片

【炮制】除去杂质及残余木心，洗净，晒干或低温干燥。

【性状】本品呈筒状或槽状，长短不一。外表面灰黄色至棕黄色，粗糙，有不规则纵裂纹，易成鳞片状剥落。内表面黄白色至灰黄色，较平坦，有细纵纹。体轻，质脆，易折断，断面不平坦，外层黄棕色，内层灰白色。气微，味微甘而后苦。

【鉴别】【检查】同药材。

【性味与归经】甘，寒。归肺、肝、肾经。

【功能与主治】凉血除蒸，清肺降火。用于阴虚潮热，骨蒸盗汗，肺热咳嗽，咯血，衄血，内热消渴。

【用法与用量】9~15g。

【贮藏】置干燥处。

附录 4
既是食品又是药品的品种名单

既是食品又是药品的品种名单[*]

第一批

《中华人民共和国食品卫生法》(试行)第八条规定的按照传统既是食品又是药品的物品名单如下：

一、《中华人民共和国药典》85年版和中国医学科学院卫生研究所编著的《食物成分表》(1981年第三版，野菜类除外)中同时列入的品种。

二、乌梢蛇、蝮蛇、酸枣仁、牡蛎、栀子、甘草、代代花、罗汉果、肉桂、决明子、莱菔子、陈皮、砂仁、乌梅、肉豆蔻、白芷、菊花、藿香、沙棘、郁李仁、青果、薤白、薄荷、丁香、高良姜、白果、香橼、火麻仁、桔红、茯苓、香薷、红花、紫苏。

第二批

各省、自治区、直辖市食品卫生监督检验所或卫生防疫站：

为便于各地执法，卫生部责成我所公布《禁止食品加药卫生管理办法》附件中第一部分即《中华人民共和国药典》85年版和中国预防医学科学院卫生研究所编著的《食物成分表》(1981年第三版，野菜类除外)中同时列入的品种，名单如下：

八角茴香、刀豆、姜(生姜、干姜)、枣(大枣、酸枣、黑枣)、山药、山楂、小茴香、木瓜、龙眼肉(桂圆)、白扁豆、百合、花椒、芡实、赤小豆、佛手、青果、杏仁(甜、苦)、昆布、桃仁、莲子、桑椹、菊苣、淡豆豉、黑芝麻、黑胡椒、蜂蜜、榧子、薏苡仁、枸杞子。

资料来源：原国家卫生部卫生监督检验所1989年发布，文号：食监检字第23号。

附录 5
《道地药材 第53部分：宁夏枸杞》
（T/CACM 1020.53—2019）

道地药材 第53部分：宁夏枸杞 *

1 范围

T/CACM 1020 的本部分规定了道地药材宁夏枸杞的来源及形态、历史沿革、道地产区及生境特征、质量特征。

本部分适用于中华人民共和国境内道地药材宁夏枸杞的生产、销售、鉴定及使用。

2 规范性引用文件

下列文件对于本文件的应用是必不可少的。凡是注日期的引用文件，仅注日期的版本适用于本文件。凡是不注日期的引用文件，其最新版本（包括所有的修改单）适用于本文件。

T/CACM 1020.1—2016 道地药材 第1部分：标准编制通则

中华人民共和国药典一部

3 术语和定义

T/CACM 1020.1—2016 界定的以及下列术语和定义适用于本文件。

3.1

宁夏枸杞

产于以宁夏中宁为核心产区及其周边地区的栽培枸杞子。

4 来源及形态

4.1 来源

本品为茄科植物宁夏枸杞 *Lycium barbarum* L. 的干燥成熟果实。

4.2 形态特征

落叶灌木或小乔木，高 0.8~2.5m。茎直立，灰黄色至灰褐色，上部多分枝，常形成伞状树冠。枝条细长、柔弱，先端常下垂，有纵棱纹，无毛而微显光泽，有不生叶的短棘和生叶、花的长棘刺。叶互生或簇生，披针形或长椭圆状披针形，先端短渐尖或急尖，基部楔形稍下延，全缘，长 2~3cm，宽 4~6mm，栽培者长达 12cm，宽 1.5~2m，略带肉质，

资料来源：中华中医药学会 2019 年发布，见：《道地药材标准汇编》（上册），北京科学技术出版社，2020.

侧脉不明显。花腋生，常 2~8 朵簇生；花枝长 1~2cm，向先端渐增粗；花萼钟状，长 4~5mm，通常 2 中裂，裂片边缘具半透明膜质，先端边缘具纤毛；花冠漏斗状，紫红色，简部长 8~10mm，5 裂，裂片较花冠筒短，卵形，先端圆钝，边缘无缘毛；雄蕊 5，较花冠稍短，花丝下端与花冠筒基部相连，基部稍上处的花冠筒内壁生有一圈白色苷毛；雌蕊 1，较雄蕊略短，花柱线形，柱头头状，2 浅裂。浆果红色或橙红色，倒卵形至卵形，长 1~2.5cm，直径 6~9mm，萼宿存。种子 20~50，扁平肾形。花期 5~10 月，果期 6~10 月。

5 历史沿革

5.1 品种沿革

我国春秋时期的《诗经》中有不少枸杞的记载，由此可见早在 2000 多年前的西周时期就已开始种植枸杞。枸杞药用最早记载于《神农本草经》，被列为上品，但《神农本草经》对其原植物形态未加描述，只指出它"生平泽"。从古至今枸杞的产地并非一成不变。《名医别录》记载："枸杞，生常山平泽及诸丘陵阪岸。"《名医别录》记载中的"常山"即现今河北曲阳西北的恒山一带。《本草经集注》记载："今出堂邑(今南京附近)，而石头烽火楼下最多。"从所记载的区域来看，上述所分布的是枸杞 Lycium chinense Mill. 及其变种北方枸杞 Lycium chinense Mill. var. potaninii (Pojark.) A. M. Lu，至今河北巨鹿一带仍有栽培，近代商品中的"血枸杞"也是同种。至唐代孙思邈《千金翼方》云："甘州者为真，叶厚大者是。大体出河西诸郡，其次江池间圩埂上者。实圆如樱桃。全少核，暴干如饼，极膏润有味。"甘州即今之甘肃张掖中部，河西走廊中段。河西泛指黄河以西，汉唐时代指现今甘肃、青海黄河以西的地区，即河西走廊和潢水流域。随着历朝历代行政区划的变化，甘州后曾隶属陕西、甘肃等地。北宋时期《梦溪笔谈》曰："枸杞，陕西极边生者，高丈余，大可作柱，叶长数寸，无刺，根皮如厚朴，甘美异于他处者。"陕西指现在的河南陕县西部。

明代《本草纲目》记载："古者枸杞、地骨，取常山者为上，其他丘陵阪岸者皆可用，后世惟取陕西者良，而又以甘州者为绝品，今陕之兰州(今兰州周边)、灵州(今宁夏灵武西南)、九原(今内蒙古五原)以西，枸杞并是大树，其叶厚，根粗。河西(今甘肃省西部、内蒙古西部等黄河以西一带)及甘州者，其子圆如樱桃，暴干紧小，少核，干亦红润甘美，味如葡萄，可作果食，异与他处者，则入药大抵以河西者为上。"《物理小识》中记载"西宁子少而味甘，他处子多。惠安堡枸杞遍野，秋熟最盛"。

清代，枸杞产区相对集中，王孟英在《归砚录》里认为"甘枸杞以甘州得名，河以西遍地皆产，惟凉州镇番卫瞭江石所产独佳"。乾隆年间的《中卫县志》称："宁安一带，家种杞园，各省入药甘枸杞皆宁产也。"由此可见，枸杞子分布品种与产地，古之多以"常山为上"，但随着枸杞的栽培，清代后期被推崇的枸杞主产自宁安(今宁夏中宁)一带，且被广泛认可。

古籍中对枸杞子的基原植物未做明确注明，植物形态描述的文字基本类似且简短粗糙，但结合附图可判断为茄科枸杞属植物，尤以《植物名实图考》中的枸杞图最为准确。同时按照古籍中对枸杞子的果实颜色、形状、叶片着生方式、花的数量等形态特征，在《中国植物志》中分布于中国的 7 个种、3 个变种枸杞属植物中进行筛查，发现最早分布的枸杞子是宁夏枸杞 Lycium barbarum L.、中华枸杞 Lycium chinense Mill 及其变种北方枸杞 Lycium chinense Mill. var. potaninii (Pojark.) A. M. Lu 的果实，结合滋味特征可判断其中味甘

美者为宁夏枸杞 *Lycium barbarum* L. 。从物种的变迁及性状与滋味的描述来看，枸杞产区已转移至西北等地，药用品种变迁为宁夏、甘肃等地的宁夏枸杞 *Lycium barbarum* L. 。

枸杞子入药，经历野生、人工驯化、传统栽培、规范化种植的阶段。《中华人民共和国药典》收载品种从 1963 年版的茄科植物宁夏枸杞 *Lycium barbarum* L. 或枸杞 *Lycium chinense* Mill. 的干燥成熟果实，到 1977 年版至今规定为茄科植物宁夏枸杞 *Lycium barbarum* L. 的干燥成熟果实，认可了宁夏枸杞的药用主流。《中药大辞典》收录枸杞子药材主产于宁夏。2008 年《中华人民共和国国家标准》（GBT19742—2008）中地理标志产品宁夏枸杞批准保护的范围是位于宁夏境内北纬 36°45′~39°30′，东经 105°16′~106°80′的区域。

5.2　产地沿革

自《名医别录》开始有产地记载直到今天，枸杞子的品质优劣均与产地相结合进行阐述，且从古至今枸杞子的产地不断变迁。在几千年的应用过程中，经过漫长的临床优选，枸杞由全国广泛分布的枸杞 *Lycium chinense* Mill. 等逐步变迁为宁夏中宁及其周边的宁夏枸杞 *Lycium barbarum* L. ，且形成规模种植，以宁夏为道地产区，体现了道地药材"经中医临床长期优选出来"的特点，具体详见品种沿革。宁夏枸杞产地沿革见表 1。

表 1　宁夏枸杞产地沿革

年代	出处	产地及评价
南北朝	《名医别录》	枸杞，生常山平泽及诸丘陵阪岸
	《本草经集注》	今出堂邑，而石头烽火楼下最多
唐	《千金翼方》	甘州者为真，叶厚大者是。大体出河西诸郡，其次江池间圩埂上者。实圆如樱桃，全少核，暴干如饼，极膏润有味
明	《本草纲目》	古者枸杞、地骨，取常山者为上，其他丘陵阪岸者皆可用，后世惟取陕西者良，而又以甘州者为绝品，今陕之兰州、灵州、九原以西，枸杞并是大树，其叶厚，根粗，河西及甘州者，其子圆如樱桃，暴干紧小，少核，干亦红润甘美，味如葡萄，可作果食，已与他处者，则入药抵以河西者为上
	《物理小识》	西宁子少而味甘，他处子多。惠安堡枸杞遍野，秋熟最盛
清	《归砚录》	甘枸杞以甘州得名，河以西遍地皆产，惟凉州镇备卫瞭江石所产独佳
	《中卫县志》	宁安一带，家种杞园，各省入药甘枸杞皆宁产也
现代	《地理标志产品 宁夏枸杞》（GB/T 19742—2008）	批准保护的范围位于北纬 36°45′~39°30′，东经 105°16′~106°80′

6　道地产区及生境特征

6.1　道地产区

以宁夏中宁为核心产区及其周边地区。

6.2　生境特征

宁夏中宁及其周边地区大陆性气候明显，温差大、日照充足，气候干燥。年平均降水量 200~400mm，多集中在 7~9 月。年平均气温 5.4~12.5℃，年平均日照时数 2600~3000h。土壤多为土粒分散、疏松多孔、排水良好的轻壤土，pH 7.5~8.5，有利于枸杞喜光、喜肥、耐寒、耐旱、耐盐碱的特点。此外，宁夏枸杞生长区域地处宁夏平原，黄河与清水河的交汇提供了优良的水利与土质资源，贺兰山山脉作为天然屏障阻挡了寒冷的空气和风沙，从而形成了"塞上江南"——宁夏枸杞道地产区独特的区域生态环境。

7 质量特征

7.1 质量要求

应符合《中华人民共和国药典》对枸杞子的相关质量规定。

7.2 性状特征

枸杞呈类纺锤形或椭圆形、卵圆形、类球形、长椭圆形，长 6 ~ 20mm，直径 3 ~ 10mm。表面红色或暗红色，先端有小突起状的花柱痕，基部有白色的果梗痕。果皮柔韧，皱缩；果肉肉质，柔润，果实轻压后结团，不易松散。种子 20 ~ 50，类肾形，扁而翘，长 1.5 ~ 1.9mm，宽 1 ~ 1.7mm，表面浅黄色或棕黄色。气微，味甜或甘甜或味甘而酸。

宁夏枸杞呈类纺锤形或椭圆形。果实轻压后结团，易松散。种子表面棕黄色。气微，味甜。以粒大、色红、肉厚、籽少、味甜者为佳。

宁夏枸杞与其他产地枸杞性状鉴别要点见表 2。

表 2 宁夏枸杞与其他产地枸杞性状鉴别要点

比较项目	宁夏枸杞	其他产地枸杞
形状	类纺锤形或椭圆形	类纺锤形或椭圆形、卵圆形、类球形、长椭圆形
颜色	红色或暗红色	红色或暗红色
滋味	味甜	味甜或甘甜或微甘而酸
质地	柔润，果实轻压后结团，易松散	柔润，果实轻压后结团，不易松散
种子颜色	棕黄色	浅黄色或棕黄色

附录 6
《中药材商品规格等级 枸杞子》
（T/CACM 1021.50—2018）

中药材商品规格等级 枸杞子[*]

1 范围

本部分规定了枸杞子的商品规格等级。

本部分适用于枸杞子药材生产、流通以及使用过程中的商品规格等级评价。

2 规范性引用文件

下列文件对于本部分的应用是必不可少的。凡是注明日期的引用文件，仅所注明日期的版本适用本部分。凡是不注明日期的引用文件，其最新版本（包括所有的修改版本）适用于本部分。

T/CACM：1021.1—2016 中药材商品规格等级编制通则

3 术语和定义

T/CACM 1021.1—2016 以及下列术语和定义适用于本部分。

3.1 枸杞子

本品为茄科植物宁夏枸杞 *Lycium barbarum* L. 的干燥成熟果实。夏、秋二季果实猩红色时采收，热风烘干、除去果梗，或晾至皮皱后，晒干，除去果梗。

3.2 油果

成熟过度或雨后采摘的鲜果因烘干或晾晒不当、保管不好，颜色变深，明显与正常枸杞子不同的颗粒。

3.3 不完善粒

破碎粒、未成熟粒、油果尚有使用价值的枸杞子。

3.4 50 克粒数

每 50 克枸杞子药材的粒数。

4 规格等级划分

根据市场流通情况，按照产地和粒数等分为四个等级。应符合表 1 要求。

资料来源：此标准由中华中医药学会 2018 年发布，见：《中药材商品规格等级标准汇编》（第一辑），中国中医药出版社，2018.

表1 规格等级划分

等级	性状描述		
	共同点	区别点	
		粒数(粒/50克)	不完善粒(%)
一等	呈类纺锤形或椭圆形,表面红色或暗红色,顶端有小突起状的花柱痕,基部有白色的果梗痕。果皮柔韧,皱缩;果肉肉质,柔润。种子20~50粒,类肾形,扁而翘,表面浅黄色或棕黄色。气微,味甜	≤280	≤1.0
二等		≤370	≤1.5
三等		≤580	≤3.0
四等		≤900	≤3.0

注:①枸杞子药材产地较多,且不同产地间性状差异明显,而按照产地无法明显量化界定,且还存在种系的复杂性问题,缺乏一定的可操作性,故本部分不按产地进行商品规格划分;②由于不同产地大小存在差异,但均以大小、均匀度、饱调度、色泽、口感等进行划分,因此本部分等级划分给出示例,可做参考;③关于枸杞子药材历史产区沿革参见附录A;④关于枸杞子西材品质评价沿革参见附录B。

5 要求

除符合T/CACM1021.1—2016第7章规定外,还应符合下列要求:

——无变色;

——不走油;

——无虫蛀;

——无霉变;

——杂质不得过3%。

附录A(资料性附录)
枸杞子药材历史产区沿革

枸杞子最早记载于《神农本草经》,曰:"味苦寒,主五内邪气,热中,消渴,久服坚筋骨,轻身不老。"但无植物产地描述。

成书于汉魏之际的《名医别录》曰:"枸杞,生常山平泽及诸丘陵阪岸。"《本草经集注》载,"生常山平泽,及诸丘陵阪岸上,今出堂邑,而石头烽火楼下最多。"常山即现今河北曲阳西北的恒山一带。

至唐代孙思邈《千金翼方》云:"甘州者为真,叶厚大者是。大体出河西诸郡,其次江池间圩埂上者。"河西在汉唐时代指今甘肃、青海黄河以西,即河西走廊和湟水流域。甘州即今之甘肃省张掖市中部,河西走廊中段。随着历朝历代行政区划的变化,甘州曾隶属陕西、甘肃等地。

北宋《梦溪笔谈》曰:"枸杞,陕西极边生者,高丈余,大可柱,叶长数寸,无刺,根皮如厚朴,甘美异于他处者。"陕西指现在的河南省陕县西部。

明代《本草纲目》称"全国入药杞子,皆宁产也",并总结"古者枸杞、地骨,取常山者为上,其他丘陵阪岸者皆可用,后世惟取陕西者良,而又以甘州者为绝品,今陕之兰州(今兰州周边)、灵州(今宁夏灵武西南)、九原(今包头西)以西"。

而后至清代乾隆年间的《中卫县志》称:"宁安一带,家种杞园,各省入药甘枸杞皆宁产也。"

　　枸杞生于砂质土、黄土沟沿、路旁、村边，主产于宁夏、甘肃、青海、新疆等地，我国东北及西北各省区沙区均有分布。对比古今枸杞子分布与产地可知，自古以来，枸杞子一直广泛分布于全国各地，但自明清后以宁夏中宁枸杞质优为共识。

附录 B(资料性附录)
枸杞子药材品质评价沿革

　　古之多以"常山为上"，此后基本未离"出河西，甘州为上"的记载。

　　明代《本草纲目》将宁夏枸杞列为上品，并总结"枸杞并是大树，其叶厚，根粗，河西及甘州者，其子圆如樱桃，曝干紧小，少核，干亦红润甘美，味如葡萄，可作果食，已与他处者，则入药大抵以河西者为上"。明代《本草述》首次将药物的性味与道地性联系。明代《物理小识》中记载"西宁子少而味甘，他处子多，惠安堡枸杞遍野，秋熟最盛"。

　　清代王孟英的《归砚录》里认为"甘枸杞以甘州得名，河以西遍地皆产，惟凉州镇番卫瞭江石所产独佳"。还有曹炳章《增订伪药条辨》云："枸杞子，陕西潼关长城边出者，肉厚糯润，紫红色，颗粒粗长，味甘者为佳。宁夏产者，粒大色红有蒂，略次。东北关外行之。甘肃镇番长城边出者，粒细红圆活，味亦甘，此货过霉天即变黑，甚难久藏，略次。他如闽、浙及各地所产者，旧地皆曰土杞子，粒小，味甘淡皆苦，肉薄性微凉，不入补益药，为最次。"《朔方道志》也有"枸杞宁安堡者佳"的记载。可以看出随着时代的变迁，枸杞子的品质和质量优劣均与产地相结合阐述。

　　综上，历代对于枸杞子的规格等级划分强调产地质量，以宁夏枸杞子为道地药材，并在此基础上结合性状，如果实的大小、形状、色泽、气味等进行评价。为制定枸杞子商品规格等级标准提供了依据。

《枸杞》(GB/T 18672—2014)

枸　杞[*]

1　范围

本标准规定了枸杞的质量要求、试验方法、检验规则、标志、包装、运输和贮存。

本标准适用于经干燥加工制成的各品种的枸杞成熟果实。

2　规范性引用文件

下列文件对于本文件的应用是必不可少的。凡是注日期的引用文件，仅注日期的版本适用于本文件。凡是不注日期的引用文件，其最新版本(包括所有的修改单)适用于本文件。

GB 5009.3 食品安全国家标准食品中水分的测定

GB 5009.4 食品安全国家标准食品中灰分的测定

GB 5009.5 食品安全国家标准食品中蛋白质的测定

GB/T 5009.6 食品中脂肪的测定

GB/T 6682 分析实验室用水规格和试验方法

GB 7718 食品安全国家标准预包装食品标签通则

SN/T 0878 进出口枸杞子检验规程

定量包装商品计量监督管理办法国家质量监督检验检疫总局令(2005)第 75 号

3　术语和定义

下列术语和定义适用于本文件。

3.1　外观

整批枸杞的颜色、光泽、颗粒均匀整齐度和洁净度。

3.2　杂质

一切非本品物质。

3.3　不完善粒

尚有使用价值的枸杞破碎粒、未成熟粒和油果。

3.3.1　破碎粒

失去部分达颗粒体积三分之一以上的颗粒。

注：此标准由中华人民共和国国家质量监督检验检疫总局、中国国家标准化管理委员会发布。

3.3.2 未成熟粒

颗粒不饱满，果肉少而干瘪，颜色过淡，明显与正常枸杞不同的颗粒。

3.3.3 油果

成熟过度或雨后采摘的鲜果因烘干或晾晒不当，保管不好，颜色变深，明显与正常枸杞不同的颗粒。

3.4 无使用价值颗粒

被虫蛀、粒面病斑面积达 $2~mm^2$ 以上、发霉、黑变、变质的颗粒。

3.5 百粒重

100 粒枸杞的克数。

3.6 粒度

50g 枸杞所含颗粒的个数。

4 质量要求

4.1 感官指标

感官指标应符合表 1 的规定。

表 1 感官指标

项目	等级及要求			
	特优	特级	甲级	乙级
形状	类纺锤形，略扁，稍皱缩	类纺锤形，略扁，稍皱缩	类纺锤形，略扁，稍皱缩	类纺锤形，略扁，稍皱缩
杂质	不得检出	不得检出	不得检出	不得检出
色泽	果皮鲜红、紫红色或枣红色	果皮鲜红、紫红色或枣红色	果皮鲜红、紫红色或枣红色	果皮鲜红、紫红色或枣红色
滋味、气味	具有枸杞应有的滋味、气味	具有枸杞应有的滋味、气味	具有枸杞应有的滋味、气味	具有枸杞应有的滋味、气味
不完善粒质量分数(%)	≤1.0	≤1.5	≤3.0	≤3.0
无使用价值颗粒	不允许有	不允许有	不允许有	不允许有

4.2 理化指标

理化指标应符合表 2 的规定。

表 2 理化指标

项目	等级及指标			
	特优	特级	甲级	乙级
粒度(粒/50g)	≤280	≤370	≤580	≤900
枸杞多糖(g/100g)	≥3.0	≥3.0	≥3.0	≥3.0
水分(g/100g)	≤13.0	≤13.0	≤13.0	≤13.0
总糖(以葡萄糖计)(g/100g)	≥45.0	≥39.8	≥24.8	≥24.8
蛋白质(g/100g)	≥10.0	≥10.0	≥10.0	≥10.0

（续）

项目	等级及指标			
	特优	特级	甲级	乙级
脂肪(g/100g)	≤5.0	≤5.0	≤5.0	≤5.0
灰分(g/100g)	≤6.0	≤6.0	≤6.0	≤6.0
百粒重(g/100g)	≥17.8	≥13.5	≥8.6	≥5.6

5　试验方法

5.1　感官检验

按 SN/T 0878 规定执行。

5.2　粒度、百粒重的测定

按 SN/T 0878 规定执行。

5.3　枸杞多糖的测定

按附录 A 规定执行。

5.4　水分的测定

按 GB 5009.3 减压干燥法或蒸馏法规定执行。

5.5　总糖的测定

按附录 B 规定执行。

5.6　蛋白质的测定

按 GB 5009.5 规定执行。

5.7　脂肪的测定

按 GB/T 5009.6 规定执行。

5.8　灰分的测定

按 GB 5009.4 规定执行。

6　检验规则

6.1　组批

由相同的加工方法生产的同一批次、同一品种、同一等级的产品为一批产品。

6.2　抽样

从同批产品的不同部位经随机抽取 1‰，每批至少抽 2kg 样品，分别做感官、理化检验，留样。

6.3　检验分类

6.3.1　出厂检验

出厂检验项目包括：感官指标、粒度、百粒重、水分。产品经生产单位质检部门检验合格附合格证，方可出厂。

6.3.2　型式检验

型式检验每年进行一次，在有下列情况之一时应随时进行：

a) 新产品投产时；

b) 原料、工艺有较大改变、可能影响产品质量时；

c)出厂检验结果与上次型式检验结果差异较大时；

d)质量监督机构提出要求时。

6.4 判定规则

型式检验项目如有一项不符合本标准，判该批产品为不合格，不得复验。出厂检验如有不合格项时，则应在同批产品中加倍抽样，对不合格项目复验，以复验结果为准。

7 标志、包装、运输和贮存

7.1 标志

标志应符合 GB 7718 的规定。

7.2 包装

7.2.1 包装容器(袋)应用干燥、清洁、无异味并符合国家食品卫生要求的包装材料。

7.2.2 包装要牢固、防潮、整洁、美观、无异味，能保护枸杞的品质，便于装卸、仓储和运输。

7.2.3 预包装产品净含量允差应符合《定量包装商品计量监督管理办法》的规定。

7.3 运输

运输工具应清洁、干燥、无异味、无污染。运输时应防雨防潮，严禁与有毒、有害、有异味、易污染的物品混装、混运。

7.4 贮存

产品应贮存于清洁、阴凉、干燥、无异味的仓库中。不得与有毒、有害、有异味及易污染的物品共同存放。

附录 A 枸杞多糖测定
（规范性附录）

A.1 原理

用 80%乙醇溶液提取以除去单糖、低聚糖、甙类及生物碱等干扰性成分，然后用水提取其中所含的多糖类成分。多糖类成分在硫酸作用下，先水解成单糖，并迅速脱水生成糖醛衍生物，然后和苯酚缩合成有色化合物，用分光光度法于适当波长处测定其多糖含量。

A.2 仪器和设备

A.2.1 实验室用样品粉碎机。

A.2.2 分析天平，感量 0.0001 g。

A.2.3 分光光度计，用 10 mm 比色杯，可在 490 nm 下测吸光度。

A.2.4 玻璃回流装置。

A.2.5 电热恒温水浴。

A.2.6 玻璃仪器，250 mL 容量瓶、各规格移液管、25 mL 具塞试管。

A.3 试剂配制

除非另有说明，在分析中仅使用确认为分析纯的试剂和 GB/T 6682 中规定的至少三级的水。

A.3.1 80%乙醇溶液：用 95%乙醇或无水乙醇加适量水配制。

A.3.2 硫酸。

A.3.3 苯酚液：取苯酚100 g，加铝片0.1 g与碳酸氢钠0.05 g，蒸馏收集172℃馏分，称取此馏分10 g，加水150 mL，置于棕色瓶中即得。

A.4 试样的选取和制备

取具有代表性试样200 g，用四分法将试样缩减至100 g，粉碎至均匀，装于袋中置干燥皿中保存，防止吸潮。

A.5 测定步骤

A.5.1 样品溶液的制备

准确称取样品粉末0.4 g（精确到0.0001 g），置于圆底烧瓶中，加80%乙醇溶液200 mL，回流提取1 h，趁热过滤，烧瓶用80%热乙醇溶液洗涤3~4次，残渣用80%热乙醇溶液洗涤8~10次，每次约10 mL，残渣用热水洗至原烧瓶中，加水100 mL，加热回流提取1 h，趁热过滤，残渣用热水洗涤8~10次，每次约10 mL，洗液并入滤液，冷却后移入250 mL容量瓶中，用水定容，待测。

A.5.2 标准曲线的绘制

准确称取105℃干燥恒重的标准葡萄糖0.1 g（精确到0.0001 g），加水溶解并定容至1000 mL，准确吸取此标准溶液0.1、0.2、0.4、0.6、0.8、1.0 mL分置于具塞试管中，各加水至2.0 mL，再各加苯酚液1.0 mL，摇匀，迅速滴加硫酸5.0 mL，摇匀后放置5 min，置沸水浴中加热15 min，取出冷却至室温；另以水2 mL加苯酚和硫酸，同上操作为空白对照，于490 nm处测定吸光度，绘制标准曲线。

A.5.3 试样的测定

准确吸取待测液一定量（视待测液含量而定），加水至2.0 mL，以下操作按标准曲线绘制的方法测定吸光度，根据标准曲线查出吸取的待测液中葡萄糖的质量。

A.6 测定结果的计算

A.6.1 计算公式

多糖含量按式（A.1）计算：

$$W = \frac{p \times 250 \times f}{m \times V \times 10^6} \times 100 \tag{A.1}$$

式中：

W——多糖含量，单位为克每百克（g/100g）；

p——吸取的待测液中葡萄糖的质量，单位为微克（μg）；

f——3.19，葡萄糖换算多糖的换算因子；

m——试样质量，单位为克（g）；

V——吸取待测液的体积，单位为毫升（mL）。

A.6.2 重复性

每个试样取两个平行样进行测定，以其算术平均值为测定结果，小数点后保留2位。在重复条件下两次独立测定结果的绝对差值不得超过算术平均值的10%。

附录 B　总糖测定
（规范性附录）

B.1　原理

在沸热条件下，用还原糖溶液滴定一定量的费林试剂时，将费林试剂中的二价铜还原为一价铜，以亚甲基蓝为指示剂，稍过量的还原糖立即使蓝色的氧化型亚甲基蓝还原为无色的还原型亚甲基蓝。

B.2　仪器设备

B.2.1　实验室用样品粉碎机。

B.2.2　电热恒温水浴。

B.2.3　100~200 W 小电炉。

B.2.4　玻璃仪器：100 mL、250 mL 容量瓶，250 mL 锥形瓶，半微量滴定管。

B.3　试剂配制

除非另有说明，在分析中仅使用确认为分析纯的试剂和 GB/T 6682 中规定的至少三级的水。

B.3.1　费林试剂甲液：称取 34.6 g 硫酸铜（$CuSO_4 \cdot 5H_2O$）溶于水中并定容至 500 mL，贮存于棕色瓶中。

B.3.2　费林试剂乙液：称取 173 g 酒石酸钾钠及 50 g 氢氧化钠，溶于水中并定容至 500 mL，贮存于橡胶塞试剂瓶中。

B.3.3　乙酸锌溶液：称取 21.9 g 乙酸锌，溶于水中，加入 3 mL 冰乙酸，加水定容至 100 mL。

B.3.4　10%亚铁氰化钾溶液：称取 10.0 g 亚铁氰化钾溶于水中并定容至 100 mL。

B.3.5　6 mol/L 盐酸：量取 50 mL 浓盐酸（相对密度 1.19），加水定容至 100 mL。

B.3.6　200 g/L 氢氧化钠溶液：称取 20 g 氢氧化钠溶于水中并定容至 100 mL。

B.3.7　0.1%甲基红溶液：称取 0.1 g 甲基红溶于乙醇中并定容至 100 mL。

B.3.8　亚甲基蓝指示剂：称取 0.1 g 亚甲基蓝溶于水中并定容至 100 mL。

B.3.9　葡萄糖标准溶液：精密称取 1 g（精确到 0.0001 g），经过 98~100 ℃ 干燥至恒重的葡萄糖，加适量水溶解，再加入 5 mL 盐酸，加水定容至 1000 mL。此溶液每毫升相当于 1 mg 葡萄糖。

B.4　样品溶液制备

B.4.1　取具有代表性试样 200 g，用四分法将试样缩减至 100 g，粉碎至均匀，准确称取 2.00~3.00 g 样品，转入 250 mL 容量瓶中，加水至容积约为 200 mL，置 80±2℃ 水浴保温 30 min，其间摇动数次，取出冷却至室温，加入乙酸锌及亚铁氰化钾溶液各 5 mL 摇匀，用水定容。过滤（弃去初滤液约 30 mL），滤液备用。

B.4.2　吸取滤液 50 mL 于 100 mL 容量瓶中，加入 6 mol/L 盐酸 10 mL，在 75~80 ℃ 水浴中加热水解 15 min，取出冷却至室温，加甲基红指示剂一滴，用 200 g/L 氢氧化钠溶液中和，然后用水定容，备用。

B.5 测定步骤

B.5.1 标定碱性酒石酸铜溶液

吸取费林试剂甲液、乙液各 2.0 mL,置于 250 mL 锥形瓶中,再补加 15.0 mL 葡萄糖标准溶液,从滴定管中加入比预测量少 1~2 mL 葡萄糖标准溶液,将此混合液置于小电炉加热煮沸,立即加入亚甲基蓝指示剂 5 滴,并继续以 2~3 滴/s 的滴速滴定至二价铜离子完全被还原生成砖红色氧化亚铜沉淀,溶液蓝色褪尽为终点,记录消耗葡萄糖标准溶液总体积(V_0)。

B.5.2 样品溶液测定

吸取费林试剂甲液、乙液各 2.0 mL,置于 250 mL 锥形瓶中,再吸待测液 5.0~10.0 mL(V_1)(吸取量视样品含量高低而定),补加适量葡萄糖标准溶液(如果样品含量高则不补加),然后从滴定管中加入比预测量少 1~2 mL 的葡萄糖标准溶液,将此混合液置于小电炉加热煮沸,立即加入亚甲基蓝指示剂 5 滴,并继续以 2~3 滴/s 的滴速滴定至二价铜离子完全被还原生成砖红色氧化亚铜沉淀,溶液蓝色褪尽为终点,记录消耗葡萄糖标准溶液总体积(V_2)。

B.6 测定结果的计算

B.6.1 计算公式

总糖含量按式(B.1)计算:

$$W = \frac{(V_0 - V_2) \times p \times A \times 250}{m \times V_1 \times 10^3} \times 100 \qquad (B.1)$$

式中:

W——总糖含量(以葡萄糖计),单位为克每百克(g/100g);

V_0——标定费林试剂消耗的葡萄糖标准溶液总体积,单位为毫升(mL);

V_1——吸取样品溶液体积,单位为毫升(mL);

V_2——样品溶液所消耗的葡萄糖标准溶液总体积,单位为毫升(mL);

250——定容体积,单位为毫升(mL);

A——稀释倍数;

m——样品质量单位为克(g);

p——葡萄糖标准溶液的质量浓度,单位为克每升(g/L);

10°——由毫克换算为克时的系数。

B.6.2 重复性

每个试样取两个平行样进行测定,以其算术平均值为测定结果,小数点后保留 1 位。在重复条件下两次独立测定结果的绝对差值不得超过算术平均值的 10%。

附录 8
《食品安全地方标准 枸杞》
（DB 64s/001—2022）

食品安全地方标准　枸杞[*]

1　范围

本文件规定了枸杞的技术要求、食品添加剂、生产加工过程的卫生要求、试验方法、检验规则、标志、包装、运输、贮存。

本文件适用于经热风干燥或自然干燥加工制成的各品种的枸杞干果。

2　规范性引用文件

下列文件中的内容通过文中的规范性引用而构成本文件必不可少的条款。其中，注日期的引用文件，仅该日期对应的版本适用于本文件；不注日期的引用文件，其最新版本（包括所有的修改单）适用于本文件。

GB 2760　食品安全国家标准 食品添加剂使用标准

GB 2763　食品安全国家标准　食品中农药最大残留限量

GB 5009.12 食品安全国家标准　食品中铅的测定

GB 5009.15 食品安全国家标准　食品中镉的测定

GB 5009.34 食品安全国家标准　食品中二氧化硫的测定

GB 7718　食品安全国家标准　预包装食品标签通则

GB 14881 食品安全国家标准　食品生产通用卫生规范

GB 23200.10 食品安全国家标准　桑枝、金银花、枸杞子和荷叶中 488 种农药及相关化学品残留量的测定　气相色谱-质谱法

GB 23200.11 食品安全国家标准　桑枝、金银花、枸杞子和荷叶中 413 种农药及相关化学品残留量的测定　液相色谱-质谱法

GB 29921 食品安全国家标准　食品中致病菌限量

DB 64/T1764 宁夏枸杞干果商品规格等级规范

原国家质量监督检验检疫总局令（2005）第 75 号《定量包装商品计量监督管理规定》

注：此标准由宁夏回族自治区卫生健康委员会发布。

3　术语和定义

本文件没有需要界定的术语和定义。

4　技术要求

4.1　原料要求

原料应符合相应的食品安全标准和有关规定。

4.2　基本要求

应符合 DB 64/T1764 中的相关规定。

4.3　感官要求

应符合 DB 64/T1764 中的相关规定。

4.4　理化要求

应符合 DB 64/T1764 中的相关规定。

4.5　食品安全要求

食品安全要求应符合表 1 规定。

表 1　食品安全要求

项目	要求
铅(以 Pb 计)(mg/kg)	≤1.0
镉(以 Cd 计)(mg/kg)	≤0.3
二氧化硫(mg/kg)	应符合 GB 2760 水果干类规定
啶虫脒(mg/kg)	≤2
吡虫啉(mg/kg)	≤1
多菌灵(mg/kg)	≤5
氯氰菊酯(mg/kg)	≤2
氯氟氰菊酯(mg/kg)	≤0.1
苯醚甲环唑(mg/kg)	≤0.3
克百威(mg/kg)	≤0.02
吡蚜酮(mg/kg)	≤2
阿维菌素(mg/kg)	≤0.1
除虫菊素(mg/kg)	≤0.5
致病菌	应符合 GB 29921 即食果蔬制品规定

注：①根据《中华人民共和国农药管理条例》，剧毒和高毒农药不得在生产中使用；②如食品安全国家标准及相关国家规定中上述项目和限量值有调整，且严于本标准规定，按最新国家标准及规定执行；③其他农药的残留量应符合 GB 2763 的规定。

5　食品添加剂

5.1　食品添加剂质量应符合相应的标准和有关规定。

5.2　食品添加剂的品种和使用量应符合 GB 2760 的规定。

6　生产加工过程的卫生要求

应符合 GB 14881 的规定。

7　试验方法

7.1　感官要求、理化要求按 DB 64/T1764 中规定方法检验。

7.2 铅按 GB 5009.12 规定方法检验。

7.3 镉按 GB 5009.15 规定方法检验。

7.4 二氧化硫按 GB 5009.34 规定方法检验。

7.5 农药残留按 GB 23200.10 或 GB 23200.11 规定方法检验。本文件规定的农药残留限量检测方法，如有其他国家标准，行业标准以及部门公告的检测方法，且其检出限和定量限能满足限量值要求时，在检测时可采用。

7.6 致病菌按 GB 29921 规定方法检验

8 检验规则

8.1 组批

在同一生产周期内，由相同的加工方法生产的同一质量等级的产品为一批。

8.2 抽样

在每批产品中随机抽取样品，所抽样品应满足检验要求。

8.3 检验分类

8.3.1 出厂检验

出厂检验项目包括净含量、感官要求、粒度、水分、二氧化硫。每批产品须经检验合格后方可出厂。

8.3.2 型式检验

型式检验每年进行一次，在有下列情况之一时亦应随时进行：

a) 新产品投产时；

b) 原料、工艺有较大改变，可能影响产品质量时；

c) 出厂检验结果与上次型式检验结果差异较大时；

d) 监管部门提出要求时。

8.4 判定规则

检验如有不合格项，可在同批产品中加倍抽样，对不合格项目复检，以复检结果为准。微生物指标不合格不得复检。

9 标志、包装、运输、贮存

9.1 标志

标志应符合 GB 7718 的规定。

9.2 包装

应使用符合国家食品卫生要求的包装材料，包装严密，能保护产品质量。包装定量误差应符合原国家质量监督检验检疫总局令(2005)第 75 号。

9.3 运输

应使用食品专用运输车，运输中应防止日晒、雨淋。不得与有毒、有害及有异味的物品一同运输。

9.4 贮存

应贮存在清洁、卫生、阴凉、干燥处。不得与有毒、有害及有异味的物品一同存放。产品码放应离地面 10cm 以上、离墙壁 20cm 以上。

附录9
《宁夏枸杞干果商品规格等级规范》
（DB 64/T 1764—2020）

宁夏枸杞干果商品规格等级规范[*]

1 范围

本文件规定了宁夏枸杞干果商品规格等级的术语和定义、要求、检验、标志、包装、运输和贮存。

本文件适用于宁夏境内北纬 36°45′~39°30′，东经 105°16′~106°80′ 区域范围内种植，并经热风干燥或自然干燥加工制成的宁夏枸杞干果商品规格等级的划分。

2 规范性引用文件

下列文件中的内容通过文中的规范性引用而构成本文件必不可少的条款。其中，注日期的引用文件，仅该日期对应的版本适用于本文件；不注日期的引用文件，其最新版本（包括所有的修改单）适用于本文件。

GB 7718 食品安全国家标准 预包装食品标签通则

GB/T 18672 枸杞

NY/T 2947 枸杞中甜菜碱含量的测定 高效液相色谱法

SN/T 0878 进出口枸杞子检验规程

《中华人民共和国药典》

原国家质量监督检验检疫总局令（2005）第 75 号《定量包装商品计量监督管理办法》

3 术语和定义

GB/T18672 界定的以及下列术语和定义适用于本文件。

3.1 宁夏枸杞干果

茄科植物宁夏枸杞 *Lycium barbarum* L. 的干燥成熟果实。

3.2 '宁杞1号'

人工采用单株选优方法，从宁夏枸杞群体中选育出的第一个丰产、优质品种。

3.3 其他枸杞良种

人工通过遗传育种或单株选优等方法，从宁夏枸杞 *Lycium Barbarum* L. 中选育的优良品种。

注：此标准由宁夏回族自治区市场监督管理厅发布。

4 要求

4.1 基本要求

宁夏枸杞干果应符合下列基本要求:

a)枸杞经捏实,松开后不结块,易散开;

b)无虫蛀,无霉变,无损伤,颗粒完整;

c)果面清洁,无正常视力可见外来异物。

4.2 规格等级

宁夏枸杞干果商品规格等级按个体大小划分,以每50g枸杞干果所含颗粒个数确定,等级分为特优、特级、甲级、乙级,同规格等级个体大小应基本均匀。

4.3 感官要求

感官要求应符合表1的规定。

表1 感官要求

项目	特优	特级	甲级	乙级
形状	类纺锤形略扁,长椭圆形,表面皱缩,条纹清晰			
色泽	果皮暗红色、紫红色或枣红色,果实基部多具白色果梗痕			
滋味、气味	甘甜,味微苦,余味甘,具有枸杞特有的果香味			
杂质	不得检出			
无使用价值颗粒	不允许有			
不完善粒(%)	≤1.0	≤1.5	≤3.0	≤3.0

4.4 理化要求

理化要求应符合表2的规定。

表2 理化要求

项目		特优	特级	甲级	乙级
粒度(粒/50g)	'宁杞1号'	≤350	351~580	581~900	>900
	其他枸杞良种	≤280	281~350	351~580	581~900
总糖(以葡萄糖计)(g/100g)		≥39.8	≥39.8	≥24.8	≥24.8
枸杞多糖(g/100g)		≥3.3			
甜菜碱(g/100g)		≥0.5			
水分(g/100g)		≤13.0			
蛋白质(g/100g)		≥10.0			
脂肪(g/100g)		≤5.0			
灰分(g/100g)		≤6.0			

4.5 安全指标

安全指标应符合相应的食品安全国家标准或《中华人民共和国药典》,也应符合国家相关规定及宁夏食品安全地方标准的要求。

5 检验

5.1 检验规则

由相同的加工方法生产的同一批次、同一品种、同一等级的产品为一批产品,从同批产品的不同部位经随机抽取 1‰,每批至少抽 2kg 样品作为检验样品。检验如有不合格项,可在同批产品中加倍抽样,对不合格项目复验,以复验结果为准。

5.2 试验方法

5.2.1 感官要求的各项目的检验按 SN/T 0878 规定执行。

5.2.2 粒度、总糖、蛋白质、脂肪、灰分的检验按 GB/T 18672 规定执行。

5.2.3 枸杞多糖的检验按 GB/T 18672 或《中华人民共和国药典》枸杞子项下规定执行。

5.2.4 甜菜碱的检验按 NY/T 2947 或《中华人民共和国药典》枸杞子项下规定执行。

5.2.5 水分的检验按 GB/T 18672 或《中华人民共和国药典》枸杞子项下规定执行。

6 标志、包装、运输、贮存

6.1 标志

标志应符合 GB 7718 的规定。

6.2 包装

6.2.1 包装容器(袋)应用干燥、清洁、无异味并符合国家食品卫生要求的包装材料。

6.2.2 包装要牢固、防潮、整洁、美观、无异味,能保护枸杞的品质,便于装卸、仓储和运输。

6.2.3 预包装产品净含量允差应符合原国家质量监督检验检疫总局令(2005)第75 号。

6.3 运输

运输工具应清洁、干燥、无异味、无污染。运输时应防雨防潮,严禁与有毒、有害、有异味、易污染的物品混装、混运。

6.4 贮存

产品应贮存于清洁、阴凉、干燥、无异味的仓库中。不得与有毒、有害、有异味及易污染的物品共同存放。

后　记

　　发展新质生产力，推动高质量发展已经成为新时代的最强音、发展的主旋律。值此新中国成立第 75 周年之际，《中国枸杞产业蓝皮书(2024)》付梓问世了！这是全国枸杞行业的一件大事，也是现代枸杞产业高质量发展的阶段性盛事！

　　《中国枸杞产业蓝皮书(2024)》(标准版)的编辑出版，是全国枸杞人心血和汗水的结晶。本书由宁夏回族自治区政协主席、党组书记、现代枸杞产业高质量发展省级包抓领导陈雍同志，宁夏回族自治区人大常委会副主任、现代枸杞产业高质量发展省级包抓领导董玲同志，宁夏回族自治区人民政府副主席刘军同志，宁夏回族自治区政协副主席、现代枸杞产业高质量发展省级包抓领导刘可为同志在百忙之中，为《中国枸杞产业蓝皮书(2024)》把脉定向、亲自指导。本书由宁夏回族自治区林业和草原局与国家林业和草原局发展研究中心共同负责，宁夏回族自治区林业和草原局党组书记、局长戴培吉，原党组书记、局长徐庆林，国家林业和草原局发展研究中心李淑新主任对编撰工作精心研究、审定方案，宁夏回族自治区林业和草原局党组成员、副局长王自新，国家林业和草原局发展研究中心巴连柱、菅宁红副主任协调各方、加快推进。甘肃省林业和草原局、青海省农业农村厅、新疆维吾尔自治区林业和草原局、内蒙古自治区林业和草原局、河北省农业农村厅等省(自治区)枸杞产业主管部门领导给予大力支持并组织相关专家积极撰稿，国家林业和草原局发展研究中心毛炎新处长等领导和专家统筹协调、悉心指导。国家林业和草原局林业和草原改革发展司王俊中司长，高俊凯、岳兴亮等对该书提出了宝贵意见和建议。宁夏回族自治区市场监管厅、卫生健康委、科学技术厅、财政厅、北方民族大学、宁夏气象局、银川海关、宁夏农林科学院对蓝皮书的编撰工作高度重视。宁夏枸杞产业发展中心与北方民族大学经济学院、宁夏回族自治区市场监督管理厅标准化处、中国科学院兰州化学物理研究所、国家市场监督管理总局国家枸杞产品质量检验检测中心(宁夏)(宁夏药品检验研究院)、科技部国家枸杞工程技术研究中心(宁夏农林科学院枸杞科学研究所)、农业农村部枸杞产品质量监督检验测试中心(宁夏农产品质量标准与检测技术研究所)、宁夏农林科学院植物保护研究所、宁夏气象科学研究所、宁夏农林科学院农业经济与信息技术研究所、宁夏标准化研究院、国家级枸杞检测重点实验室(银川海关技术中心)、甘肃省林业科技推广站、青海大学农林科学院、青海省农业技术推广站、新疆林业科学研究院经济林研究所、新疆维吾尔自治区林果产业发展中心、内蒙古自治区林业科学研究院、内蒙古自治区林业和草原监测规划院、宁夏食品安全协会、宁夏食品标准技术委员会、宁夏标准化协会、中国检验认证集团宁夏有限公司、宁夏中宁枸杞产业创新研究院等科研机构、行业协会的专家团队精诚合作,几易其稿,不断修改完善,精益求精。中国经济林协会枸杞分会、宁夏枸杞协会、宁夏林学会等行业协会(学会)负责人全程参与,鼎力支持、合力推进,多次参加编审讨论,确保本书编撰工作的顺利进行。

习近平总书记指出,"标准决定质量,有什么样的标准就有什么样的质量,只有高标准才有高质量"。为全国枸杞行业标准体系建设指明了方向,提供了根本遵循。当今世界,科技创新和数字化赋能浪潮汹涌而至,随着全球化进程的加速,枸杞走向国际市场面临着前所未有的机遇与挑战。标准是引领行业发展、产品升级的关键。标准化在便利经贸往来、支撑产业发展、促进科技进步、规范行业管理中的重要作用也日益凸显。在此背景下,编撰《中国枸杞产业蓝皮书(2024)》(标准版)有重要现实意义和深远历史意义。

编委会集结了一支专业精湛、富有激情的团队,编者聚焦"产业高质量发展与标准化",满怀对现代枸杞产业的情感和热爱,以严谨的态度、扎实的学术功底、娴熟的专业技能,紧密围绕枸杞产业标准体系建设的热点、难点问题深入研究,集结成稿。大家的辛勤付出确保了《中国枸杞产业蓝皮书(2024)》

的质量和水平，为中国现代枸杞产业高质量发展提供了有力的理论支撑和实践指导。在此，蓝皮书编委会向关心、支持、参与本书编撰工作的全国枸杞行业领导、专家、企业家及社会各界朋友表示诚挚的感谢！

站在新的历史起点上，编委会将继续关注全国现代枸杞产业高质量发展动态与趋势。未来，将不断完善蓝皮书内容，培育发展新质生产力，推动全国现代枸杞产业高质量发展。我们坚信，在全社会的共同努力下，现代枸杞产业定能乘风破浪、续写辉煌。

由于时间仓促，且编者水平有限，不足之处在所难免，敬请读者谅解，大家的支持就是我们前行的最大动力。

最后，衷心希望广大读者拨冗提出宝贵意见和建议，让我们携手共进，共同书写现代枸杞产业更加灿烂的明天！

本书编委会

2024 年 3 月 20 日